U0720444

抗日战争专题研究

张宪文 朱庆葆 主编

第六辑
战时经济与社会

抗战时期中央银行体制研究

刘慧宇 著

江苏人民出版社

图书在版编目(CIP)数据

抗战时期中央银行体制研究 / 刘慧宇著. --南京:江苏人民出版社,2022.8

(抗日战争专题研究 / 张宪文,朱庆葆主编)

ISBN 978-7-214-27226-3

Ⅰ. ①抗… Ⅱ. ①刘… Ⅲ. ① 中央银行-银行体制-研究-中国-1931-1945 Ⅳ. ①F832.96

中国版本图书馆 CIP 数据核字(2022)第 097460 号

书　　名	抗战时期中央银行体制研究
著　　者	刘慧宇
责任编辑	马晓晓　曹富林
装帧设计	刘亭亭
责任监制	王　娟
出版发行	江苏人民出版社
地　　址	南京市湖南路1号A楼,邮编:210009
照　　排	江苏凤凰制版有限公司
印　　刷	苏州市越洋印刷有限公司
开　　本	652毫米×960毫米　1/16
印　　张	29　插页4
字　　数	338千字
版　　次	2022年8月第1版
印　　次	2022年8月第1次印刷
标准书号	ISBN 978-7-214-27226-3
定　　价	118.00元

(江苏人民出版社图书凡印装错误可向承印厂调换)

教育部哲学社会科学研究重大委托项目
2021年度国家出版基金资助项目
南京大学“双一流”建设卓越计划项目
“十四五”国家重点出版物出版专项规划项目

合作单位

南京大学　北京大学　南开大学　武汉大学
复旦大学　浙江大学　山东大学
台湾中国近代史学会

学术顾问

金冲及　章开沅　魏宏运　张玉法　张海鹏
姜义华　杨冬权　胡德坤　吕芳上　王建朗

编纂委员会

总　序

张宪文　朱庆葆

日本侵华与中国抗日战争是近代中国最重大的历史事件。中国人民经过14年艰苦卓绝的英勇奋战，付出惨重的生命和财产的代价，终于取得伟大的胜利。

自1945年抗日战争结束至2015年，度过了漫长的70年。对这一影响中国和世界历史进程的重大事件，国内外历史学界已经做过大量的学术研究，出版了许多论著。2015年7月30日，在抗日战争胜利70周年前夕，中共中央政治局就中国人民抗日战争的回顾和思考进行集体学习，习近平总书记发表重要讲话，指示学术界应该广为搜集整理历史资料，大力加强对抗日战争历史的研究。半个月后，中共中央宣传部迅速制定抗日战争研究的专项规划。8月下旬，时任中共中央宣传部部长刘奇葆召开中央各有关部委、国家科研机构和部分高校代表出席的专题会议，动员全面贯彻习总书记的讲话精神，武汉大学和南京大学的代表出席该会。

在这一形势下，教育部部领导和社会科学司决定推动全国高校积极投入抗战历史研究，积极支持南京大学联合有关高校建立抗战研究协同创新中心，并于南京中央饭店召开了由数十所高校的百余位教授、学者参加的抗战历史研讨会。台湾“中国近代史学会”也派出十多位学者，在吕芳上、陈立文教授率领下出席会议，共同协商在新时代深入开展抗战历史研究的具体方案。台湾著名资深教授蒋永敬在会议上发表了热情洋溢的讲话。经过几个月的酝酿和准备，南京大学决定牵头联合我国在抗战历史研究方面有深厚学术基础的北京大学、南开大学、武汉大学、复旦大学、浙江大学、山东大学及台湾“中国近代史学会”，组织两岸历史学者共同组建编纂委员会，深入开展抗日战争专题研究。中央档案馆和中国第二历史档案馆也积极支持。在南京中央饭店学术会议基础上，编纂委员会初步筛选出130个备选课题。

南京大学多次举行党政联席会议和校学术委员会会议，专门研究支持这一重大学术工程。学校两届领导班子均提出具体措施支持本项工作，还派出时任校党委副书记朱庆葆教授直接领导，校社科处也做了大量工作。南京大学将本项目纳入学校“双一流”建设卓越计划，并陆续提供大量经费支持。

江苏省委、省政府以及江苏省委宣传部，均曾批示支持抗战历史研究项目。国家教育部社科司将本项研究列为哲学社会科学研究重大委托项目，并要求项目完成和出版后，努力成为高等学校代表性、标志性的优秀成果。

本项目编纂委员会考察了抗战历史研究的学术史和已有的成果状况，坚持把学术创新放在第一位，坚持填补以往学术研究的空白，不做重复性、整体性的发展史研究，以此推动抗战历史研究在已有基础上不断向前发展。

本项目坚持学术创新，扩大研究方向和范围。从以往十分关注的“九·一八”事变向前延伸至日本国内，研究日本为什么发动侵华战争，日本在早期做了哪些战争准备，其中包括思想、政治、物质、军事、人力等方面的准备。而在战争进入中国南方之后，日本开始实施一号作战，将战争引出中国国境，即引向亚太地区，对东南亚各国及东南亚地区的西方盟国势力发动残酷战争。特别是日军偷袭美军重要海军基地珍珠港，不仅给美军造成严重的军事损失，也引发了日本法西斯逐步走向灭亡的太平洋战争。由此，美国转变为支援中国抗战的主要盟国。拓展研究范围，研究日本战争准备和研究亚太地区的抗日战争，有利于进一步揭露日本妄图占领中国、侵占亚洲、独霸世界的阴谋。

本项目以民族战争、全民抗战、敌后和正面战场相互支持相互依靠的抗战整体，来分析和认识中国抗日战争全局。课题以国共两党合作为基础，运用大量史实，明确两党在抗日战争中的地位和作用，正确认识各民族、各阶级对抗日战争的贡献。本项目内容涉及中日双方战争准备、战时军事斗争、战时政治外交、战时经济文化、战时社会变迁、中共抗战、敌后根据地建设以及日本在华统治和暴行等方面，从不同视角和不同层面，深入阐明抗日战争的曲折艰难历程，以深刻说明中国抗日战争的重大意义，进一步促进中华民族的伟大复兴。

对于学界已经研究得甚为完善的课题，本项目进一步开拓新的研究角度和深化研究内容。如对山西抗战的研究更加侧重于国共合作抗战；对武汉会战的研究将进一步厘清抗战中期中国政治、经济、社会的变迁及国共之间新的友好关系。抗战前期国民党军队丢失大片国土，而中国共产党在十分艰难的状况下，在敌后逐步收复失地，建立抗日根据地。本项目要求各根据地相关研究课题，应在以往学界成果基础上，着力考察根据地在社会改造、经济、政治、人才培养等方面，如何探索和积累经验，为1949年后的新中国建设提供有益的借鉴。抗战时期文学艺术界以其特有的文化功能，在揭露日军罪行、动员广大民众投入抗战方面，发挥了重要作用。我们尝试与艺术界合作,动员南京艺术学院的教授撰写了与抗日战争相关的电影、美术、音乐等方面的著作。

本项目编纂委员会坚持鼓励各位作者努力挖掘、搜集第一手历史资料,为建立创新性的学术观点打下坚实基础。编纂委员会要求全体作者坚决贯彻严谨的治学作风,坚持严肃的学术道德,恪守学术规范,不得出现任何抄袭行为。对此,编纂委员会对全部书稿进行了两次“查重”,以争取各个研究课题达到较高的学术水平,减少学术差错。同时,还聘请了数十位资深专家,对每部书稿从不同角度进行了五轮审稿。

本项目自2015年酝酿、启动,至2021年开始编辑出版,是一项巨大的学术工程,它是教育部重点研究基地南京大学中华民国史研究中心一直坚持的重大学术方向。百余位学者、教授,六年时间里付出了艰辛的劳动,对抗战历史研究做出了重要贡献!编纂委员会向全体作者,向教育部、江苏省委省政府以及各学术合作院校,向江苏凤凰出版传媒集团暨江苏人民出版社,向全体编辑人员,表示最崇高的敬意和诚挚的感谢!

目　录

图表目录

导 论

一、研究背景：近代中国中央银行体制演变的特殊性

（一）范式呈现：早期中国的国家银行与中央银行特点

晚清以降的社会转型和经济增长，其主要动力是近代部门的发展。所谓近代部门，是指“经济活动建立在国外引进产品、原材料、技术及制度安排基础之上的部门”①。在非生产领域，货币体系和融资中介的革新较大幅度地提高了经济效率，保障了新式制造业和商业的发展。② 中央银行是一国金融体系的核心，就近代中央银行制度演进而言，中国国情既在某种程度上契合了 18 世纪以来欧美中央银行之一般规律，也明显表现出其特殊性。首先，在中央银行产生前，各国均已存在其他形式的国家银行、国民银行或公立银行。在清末，（大清）中国银行、交通银行都是国家主导创设的国家银行，而且无论是晚清还是民国政府，都曾明确表示大清银行

---

① [美]托马斯·罗斯基著，唐巧天、毛立坤、姜修宪译，李天锋、吴松弟校：《战前中国经济的增长》，杭州：浙江大学出版社 2009 年版，第 1 页。

② 关于 1914—1936 年金融资本对经济发展相关性的计量检验，参见杜恂诚：《金融业在近代中国经济中的地位》，《上海财经大学学报》2012 年第 1 期，第 12—19 页。

(中国银行)即“中央银行”。北洋时期,以华资银行业为核心的新式金融体系基本形成,包括中国银行在内的主要新式银行及其管理者普遍选择疏离政府而保持银行的独立性,1916 年的停兑风潮被认为是华资银行家专业主义的独立宣言。由于主要管理者和商股股东的坚持与努力,北洋时期的中国银行、交通银行发展成中国最重要的商业银行,私人资本获得了相对于政府资本的优势地位,其承袭自户部银行、大清银行、交通部的国家银行色彩逐渐淡化。政府主导的国家银行建设进程因此迟滞,作为现代金融市场枢纽和国家金融调控主体的中央银行在北洋政府时期未能设立。新生的南京国民政府必须重新考虑中央银行的发展模式和实现路径。

实际上,中国中央银行的实践始于更早的广州国民政府。1924 年,在各国争设中央银行的潮流中,孙中山领导的广州国民政府创设中央银行,但此时国民政府尚未完成统一,所谓中央银行不过是经理广东一省财政并因应北伐军用的机关而已,不是真正意义上的中央银行。当时正值一战以后,世界各国为恢复和发展经济计,尝试以中央银行为主体管理信用,调节金融,稳定物价,配合国家经济政策,纷纷开始了中央银行的创设和改革。在国内,货币发行紊乱,银钱行号旋设旋歇,政府金融监管无力,凡此种种,都需要更加有效的金融调控体系。当时理论界已经出现诸多关于中央银行创设的呼声,但现实中的阻力很大。银行界人士对一家由国民政府直接控制的中央银行心怀芥蒂,这使得改组中国银行为央行的提议遭到断然拒绝。

1928 年,南京国民政府完成全国形式上的统一,必须着手筹设中央银行,中国近代真正的中央银行的发展历程由此开启。由于国家政体、社会制度、经济体制与经济金融发展水平等情况的不同,各国的中央银行体制模式选择也有差异。南京国民政府秉承孙中山发展国家资本、节制私人资本的经济主张,受国家主义思潮影响,以统制经济为基本的经济取向，这也是南京国民政府中央银行建设的基本立场。

南京国民政府中央银行是国有资本性质的单一制中央银行，这与当时世界各国公私资本合组中央银行的通行做法明显不同。然而，由于历史渊源和自身实力的限制，新成立的中央银行的发展尚待时日，需要经历一个过程。在相当长的时间内，中央银行职能，实际上由中国银行、中央银行、交通银行、中国农民银行等主要金融机构共同承担。从 20 世纪 20 年代末到 30 年代中期，国民政府通过对中国银行、交通银行私人资本的制约和人事方面的控制，构建了四行二局主导的中国统制金融体系，中央银行各项职能逐步加强，货币制度完成了从银铜跛行(复)本位向单一银元本位再到管理通货的转变。在抗战全面爆发以前，中国的中央银行体制从各主要行局的分离特许向国家主导的单一制中央银行转变，这也是国民政府经济统制体系构建的题中之义。到抗战全面爆发前夕，国民政府提出“中央储备银行”之议。这种演变中各行局的关系错综复杂。法币改革之后，中国银行、交通银行、中国农民银行同样具有了法定的法币发行权，即这 3 家银行与中央银行分享发行权的事实得以合法化。在人事安排上，中国银行、交通银行由宋子文一手掌控，中国农民银行更是蒋介石的私人领地，中央银行由孔祥熙主舵，孔虽得蒋一时之垂青，但与在金融界根基深厚的宋子文多有龃龉，中央银行与中国银行互生嫌隙，远未能号令各行。论自身实力、业务地位、主要领导者在金融界的根基，中央银行都没有明显优势。在这样的格局下，国民政府意图通过中央银行实力的提升和职能的完善形成单一制中央银行，存在诸多实际的困难。因此，即便没有抗日战争的全面爆发打断中央银行制度建设的路径谋划，单一制央行体制模式的落地也面临重要阻碍，中央储备银行的计划方案即使能够实施，也必然会受到国家行局势力的影响，从而使央行的体制模式呈现特殊性与国别差异。

（二）战争影响：四联总处主导下代中央银行制的形成

战前10年，持续不断的国内外局部战争——新军阀混战、中日危机、福建事变、第二次国内革命战争等影响了中央银行制度建设的外部环境。这一时期，政府财力捉襟见肘，内忧外患层出不穷，政府财政主要依赖于公债，实际上也就是依赖于中国银行、交通银行、各大商业银行以及背后的江浙银行家群体。因此，尽管中央银行已经设立，业务也有所进展，但战前的困难使得政府在中央银行体制构建方面难有大成。至少在理论和形式上，依据战前国民政府遵循单一制规范的中央银行发展思路，央行必须减少一般银行业务而专注于发行与金融调控。这种思路具有理论上的正确性，也符合主流国际经验。然而，与来自英格兰银行的洋顾问、留美归国的宋子文以及一众新式银行家、理论家不同，面对现实的蒋介石似乎对建设所谓地位超然的中央银行并不热衷，但也不得不对中央储备银行的筹议表示认同。抗日战争的全面爆发，打破了规范的单一制央行体制的发展思路。为适应全面抗战需要，国民政府将战费的筹集、资源的集中、对敌金融作战与金融市场平抑作为最重要的目标，为此需要建立一种与政府关系更加紧密、运行更加高效的战时金融体制。基于战前初步建构的以四行二局为中心的统制金融体系，国民政府和蒋介石选择在四行及其他国家行局之外增设枢纽机关——四联总处，其地位也从国家行局的联络机构变为凌驾于其上的统御机关，一种极为特殊的战时央行调控体制由此产生。全面抗战是四联总处主导的战时央行体制建构的根本原因，战费的筹集是核心目标。四联总处主导的中央银行体制不同于理论意义上规范的单一制、复合制或准中央银行体制，是中国近代中央银行发展初期，为应对战局并满足政府的金融统制目标需要而形成的央行非常规形态。

四联总处(1937—1948 年)从成立到终止约 12 年。在全面抗战期间,中国中央银行体制建构经历了一个关键而特殊的阶段。建立四联总处,是抗战全面爆发时国民政府在蒋介石直接督促下采取的一项紧急金融措施,目的是以其为国家最高金融决策和管理机构,统领国家银行,集中金融资源,维护金融稳定,以因应战时资金供需,调节经济,保障前方战事和后方发展。

二、研究内容、思路、难点与价值

本书研究主要的目标和内容,在于厘清近代中国中央银行体制建构的客观史实与基本规律。在论述思路方面,以战争对中央银行制度演进的影响为线索,逐步剖析 1927—1937 年局部战争与 1937—1945 年全面抗战阶段,中央银行作为单一机构与制度体系建设变化发展的差异性。抗战时期央行制度的异化是本书研究的重中之重,核心问题在于解构中央银行与四联总处职能及其关系,揭示出四联总处从产生到终止这一时段中央银行体制构建的特性,并分析四联总处主导的重要的战时中央银行制度——本书称为“代中央银行制”对抗战和战后的影响。总体上,本书将讨论战时国民政府中央银行体制演变、金融宏观调控模式及其作用和影响,包括组织特征、实施条件、政策手段选择等,拟从央行体制构架及其演变、职能设定与金融实际调控等方面,探讨战时宏观调控的效果和对战后金融的影响,特别是对支持长期抗战的意义和作用。在此基础上,从体制构建与制度变迁角度切入,阐释中央银行复合型体制形态向单一型体制形态过渡中的要素约束及其破解,总结中央银行发展特点与规律。通过对四联总处与中央银行复杂关系的梳理,以及以二者关系为核心的战时金融体制的研究,揭示国家行局博弈中中国金融的现代化进程。尝试探讨近代中国中央银行体制建设中体现出的国情特色、历史与时代差异所叠加的异质性，总结国际通行的中央银行制度框架中表现出的中国发展的特点与特殊规律，进一步总结国民政府战时金融管理的基本特征、总体模式及其运行中衍生的主要问题，同时深入剖析金融宏观调控的内在逻辑关系和因果得失。

战时中央银行体制的演化不仅有抗日战争这一复杂背景，也根植于战前其发展渊源与基础。一方面，这种央行体制的形成伴随着20世纪上半叶中国社会经济的现代化转型，但现代化经济部门的发展尤其是金融市场的发育还相当有限。在此情况下，经历全面抗战和解放战争，中央银行金融调控的核心目标转为对战时资源的统御与分配，同时维系社会经济的运行与发展。以持续战争为主要特征的发展环境与政策目标的异化，成为近代中央银行体制特殊性的根本原因。对战时央行体制及其特征的界定，不能简单地与现有的央行理论模式相对应，而应通过对近代中国央行发展历史的研究，进行科学的理论概括，进而丰富中央银行理论内容。另一方面，战时中国央行体制的发展演变非常复杂，涉及国家金融体系中财政部、各类财经类委员会及其关系、四联总处与包括中央银行在内主要国家行局及其关系、中央银行与其他行局及其关系。本书研究的主要任务是以战争对央行体制演变的影响为线索，围绕中央银行体制构建，全面系统地阐述和剖析四联总处与中央银行关系，以及中央银行与其他国家行局的关系，填补四联总处与中央银行及其相互关系研究的空白。国民政府战时金融体制的不断改革、四联总处的多次改组、中央银行职能范围的变化、货币和外汇政策的调整构成战时央行体制演变的多重维度，这也使得对战时央行体制阶段特征及体制变迁影响因素、制度绩效的讨论变得困难重重。因此，对抗战时期及战后初期中央银行体制特征的研究是近代中国中央银行历史研究的重点和难点，也是解释民国金融体制演变甚至时局变化趋势的关键点。

就四联总处而言，作为行使中央银行职能的金融管理机构，它在实际运行中最初主要限于负责国家金融机构间的协调联络，1939 年改组后才担负起金融调控职责。作为包括中央银行在内的国家行局的直接领导机关，它负责指挥、调度、支配和管制国家金融机构，其业务的开展依托于不同的国家行局，或曰国家行局在业务上共同配合四联总处履行国家最高金融决策和管理机关的职能，而同时中央银行身处其中，与四联总处的关系尤为独特。

1928 年国民政府创设中央银行时即将其作为中央银行体制建设的主体，只是因其自身建设滞后，无力独自承担应有职能而由当时的其他国家银行即中国银行、交通银行、中国农民银行辅佐共同承担，虽然对于强化中央银行职能成效明显，但至抗战全面爆发时终未完成中央银行体制与职能建设。既然通过这种横向的协作关系不足以推动中央银行职能完善，在抗战紧急关头，国民政府就试图通过纵向的隶属关系，即以四联总处为上级领导机关促进中央银行体制建设，但四联总处毕竟不是直接运营中央银行业务的金融机构，故从管理体制上逐步将中央银行职能归于中央银行独揽，如 1942 年统一发行权，完成了发行的银行这一职能转换，其他如政府的银行、银行的银行等一国中央银行普遍性职能亦如此逐步转换。以至当四联总处终止时，理论上说中央银行已经能够通过制度运作发挥国家金融宏观调控功能，当然实际运行远非如此，此乃内外多重复杂因素交合作用的结果。因此，四联总处与近代中国中央银行体制建构的复杂关系是本书研究的核心内容。与此相关的其他研究目标还包括厘清中央银行、四联总处主导下战时金融调控政策——货币发行、通货管理、利率及汇率政策等在抗战不同时期的演变过程及其各阶段特征、作用，涵盖战时金融宏观调控模式的总体特征及对抗战胜利的保障作用。在此基础上进一步剖析战时中央银行体制、职能、监管模式及其与国家金融统制的矛盾表现，探寻金融宏观调控实际运行成效与政策初衷相背离的根源，试就战时和战后金融业发展及陆续呈现的金融难题和困境给出符合历史的解答。

本书研究的主要价值。笔者赞成学术界这样一个认知，就是从金融角度审视抗战历史，可以用别样的思维方式和认知手段研究抗战历史，对于20世纪三四十年代中国历史研究将会产生新的认识成果，不论是相关领域的纵向维度，还是横向维度，不论是历史纵深的演进，还是横断面的展示，都将增添对这一时期历史研究的新内容，以丰富和深化中华民国史和中国近现代史的研究。基于此，本书努力追求也力争通过研究过程突出以下意义：

一是历史意义。从战前中央银行体制特征出发，突出战争及战费筹集对抗战时期央行体制演变的影响，讨论四联总处与中央银行及其相互关系，追踪中国中央银行体制与制度演变轨迹及其影响，有助于丰富金融史内容，拓深近现代中国金融史、银行史的研究。二是学理意义。从经济史、银行史、金融史角度研讨中央银行体制与职能演变的常规性和特殊性，以持久抗战下中央银行及其金融调控体制的异化为重点，提炼出不同外部环境下中央银行发展及其体制形成的可能模式和路径。三是现实意义。历史与现实同属于发展流程中的不同阶段。当今在金融全球化潮流中，我国正面临金融体制改革深化和金融制度创新的机遇和挑战，特别是在国际金融危机横扫全球后，作为改革核心任务之一的中央银行制度完善及其宏观调控作用发挥，不仅需要国际经验的参考，也需要本国历史的借鉴。对中国中央银行体制建设的历史性总结，可对当今我国银行体制改革、中央银行职能完善提供历史借鉴，同时也可兼而为当今金融全球化中世界金融体系变革提供国别经验的参考。

三、学术史回顾及简要评价

中央银行和四联总处研究是中国近现代金融史研究的重要论题，笔者将分而述之，并对与上述两个组织相关的重要研究文献分别梳理，而关于两者关系的研究则根据所述重点归入其中一部。

（一）有关中国近现代中央银行的研究

1. 中华人民共和国成立前

中央银行作为现代金融体系的枢纽，在晚清民国时期即受到社会各界持续的关注、讨论与研究。20 世纪初，留日知识分子群体最早将中央银行相关理论引进国内，自此关于中央银行的理论、学说、各国的实践开始在国内陆续出现。当时关于中央银行的报道、文章、著作主要分为三类：(1) 中央银行理论；(2) 各国中央银行历史与运行状况；(3) 北洋政府各派人物关于创设中央银行的计划、思路与主张；(4) 社会各界对设立中央银行的呼吁与主张。

从 20 世纪 30 年代初起，有关中央银行的专题著作陆续问世，先后有《各国中央银行比较论》（孙祖荫，商务印书馆 1929 年版）、《中央银行概论》（[英]克胥、[英]爱尔金著，陈清华译，商务印书馆 1931 年版）、《中央银行制度概论》（梁钜文，大东书局 1931 年版）、《中央银行之理论与实务》（陈天表，上海中华书局 1934 年版）、《中央银行论》（科克著，谭振民译，北京商务印书馆 1935 年版）、《中央银行论》（崔晓岑，商务印书馆 1935 年版）、《中央银行简论》（中央银行 1941 年编）、《中央银行新论》（第 · 考克著，陈思德、陈友三译，重庆财政评论社 1944 年版）、《中央银行概论》（陈行，银行通讯出版社 1948 年版）。国民政府中央银行经济研究处于 1934—1935 年编译出版德国、爱尔兰、希腊、丹麦、芬兰、挪威、瑞典、立陶宛、奥匈等国以及但泽、萨尔等地区的币制及中央银行法规，财政部币制研究委员会编纂的《各国中央银行条例纂要》(年份不详)则汇集了世界 34 个主要国家和地区的中央银行条例。以上中央银行专门著作除介绍中央银行一般理论和各国央行制度外，对中国中央银行的历史与发展趋势各有论述。此外，在当时银行、币制的重要著作中大多专门讨论中央银行问题，如吴承禧《中国的银行》、余捷琼《中国的新货币政策》、林维英《中国之新货币制度》等，对币制和金融体制改革中中央银行任务与地位都有专门论及。

从当时各主要财经报刊文章刊载情况看，抗战全面爆发以后，关于中央银行的讨论主要集中于央行战时经济体制的作用与职能完善，以及战时央行各项经济金融政策的发挥、战后央行制度的改革与经济恢复等方面。到 20 世纪 40 年代中后期，社会各界对中央银行最大的期许在于充分发挥调控作用，有效回笼法币，促进产业发展，抑制通货膨胀。

民国时期有关国民政府中央银行重要的资料汇编或行史文献主要有《中央银行规章汇编》(中央银行 1928、1935、1940 各年编)，《中央银行同人录》[中央银行人事处(秘书处)1931、1934—1937、1942、1946 各年编]，《中央银行稽核处稽字通函 1—5 辑》(中央银行秘书处 1928—1943 各年编)，中央银行第二、三届行务会议专刊(汇编)(中央银行 1933、1936 年编)，《中央银行战时物价特辑》(杨蔚，文化建设印刷公司 1942 年版)等，此外还有中央银行编辑出版的报刊《中央银行月报》《中央银行旬报》等。

2. 中华人民共和国成立后

1949 年后，在开展对国民政府金融垄断体系或对蒋介石、孔祥熙、宋子文等人物的批判中，中央银行作为国民政府官营金融体系之首，为许多文章论著涉及，但直接相关的学术论著较少。在早期的银行史研究论著中，中央银行一般作为四行二局之一被简要介绍(《中国银行业发展史》,张郁兰,上海人民出版社 1957 年版)。

20 世纪 80 年代中期以后,大陆与台湾地区都开始出现关于民国中央银行的专题研究成果。大陆方面,1986 年中国文史出版社出版了由寿充一、寿乐英主编的《中央银行史话》,这是第一部民国中央银行历史亲历者的回忆文集。洪葭管等最早对中央银行组织机构和业务概况进行了梳理,先后发表了《"四行两局"之首——中央银行》(《中国金融》1988 年第 9 期)、《旧中国的中央银行》(收录于《在金融史园地里漫步》,中国金融出版社 1990 年版)等文章。中国人民银行总行金融研究所金融历史研究室编的《近代中国金融业管理》(人民出版社 1990 年版)一书,专设"中央银行"一章,全面梳理了中央银行的发展历程。朱镇华《中国金融旧事》(中国国际广播出版社 1991 年版)则重点关注了抗战时期及战后中央银行发展情况。其他相关著作还有《论旧中国的中央银行》(姚会元,《湖南金融职工大学学报》1989 年第 3 期)、《旧中国中央银行的兴衰》(刘冰,《民国档案》1990 年第 4 期)、《旧中国的中央银行概况》(席长庚,《金融科学》1992 年第 3 期)等。政协西南地区文史资料协作会议编纂的《抗战时期的西南金融》(西南师范大学出版社 1994 年版)一书,收录了《抗战中迁渝的中央银行》(谷昆山)、《抗战中的贵州中央银行》(王灏祥)、《抗战时期的中央银行成都分行》(徐天逸)等文,以上文章多是对中央银行基本史实的概述。

中国台湾方面,20 世纪 90 年代前期,卓遵宏对南京国民政府时期的中央银行进行了相对系统的研究,先后发表了《中央银行之筹建及初期发展(1927—1935)》(收录于《"中华民国"建国八十年学术研讨会论文集》,台北近代"中国"出版社 1991 年版)、《金融恐慌与中央银行的发展(民国 23、24 年)》(收录于《第一届中华民国史专题论文研讨会会议论文集》,台北,1992 年)、《法币政策与中央银行的发展(1935年11月至1937年6月)》[收录于《"国父"建党一百周年学术研讨会论文集》,台北近代"中国"出版社1995年版]等专题论文。其史料整理方面的成果有《中央银行筹建及初期发展资料选辑》(《"国史馆"馆刊》1991年复刊第10期)、《抗战前三年中央银行史料选辑》(《"国史馆"馆刊》1992年复刊第12期)等。

学术界对民国中央银行的研究在20世纪90年代后期出现了显著的范式转换,即不再限于对中央银行历史事实的梳理和考证,开始利用现代中央银行理论分析民国中央银行职能演进,剖析中央银行在金融现代化背景中体制构建的规律与得失。这方面较早的专题论文和论著主要有刘慧宇的《中国近代中央银行体制演变刍议》(《民国档案》1997年第1期)和《中国中央银行研究(一九二八—一九四九)》(南京大学1997年博士学位论文,中国经济出版社1999年版)。此后一时期,作者分别对中央银行筹设的背景与原因、主要人物、抗战时期的中央银行职能演进、金融调控与监管等问题进行了深入系统的研究,形成大量专题论文。① 李桂花的论

① 1999—2002年,笔者关于中央银行史专题成果包括:《宋子文与中央银行的筹设》(《党史研究与教学》1999年第4期)、《战时金融管制与中央银行监管职能的强化》(《档案史料与研究》1999年第2期)、《论国民政府中央银行的组建及其角色定位》(《民国档案》1999年第3期)、《论抗战时期中央银行的职能建设》(《中国社会经济史研究》1999年第2期)、《论战时中央银行建设》(郑自来、董立仁编《纪念武汉抗战暨中山舰遇难60周年国际学术研讨会论文集》,湖北人民出版社1999年版)、《旧中国央行筹组的经济学分析》(中国社会科学院经济研究所编《政治经济学研究报告》I,社会科学文献出版社2000年版)、《孔祥熙与中央银行的发展》(《党史研究与教学》2000年第5期、《二十世纪初中国中央银行的筹设及其背景评析》(《江海学刊》2000年第5期)、《论抗战时期国民政府中央银行金融监管职能》(《南开经济研究》2001年第3期)、《国民政府中央银行反通货膨胀的主要措施及其绩效评析》(《民国研究》第6辑,南京大学学报特刊,2001年版)、《中央银行与国民政府货币现代化改革》(《民国档案》2002年第2期)、《国民政府中央银行宏观调控论》(《江西社会科学》2002年第3期)等。

文《论中国中央银行的形成时间、制度类型与功能演进》(《中国经济史研究》2001 年第 2 期)较早开始了对近代中国中央银行制度模式的讨论,从总体层面梳理民国中央银行制度在不同时期的类型特征。在杜恂诚主编的《上海金融的制度、功能与变迁》(上海人民出版社 2002 年版)一书中,李桂花在“中央银行”一章进一步阐述了上文的观点。她将近代中央银行发展的阶段特征先后归纳为“分立特许制”(1939 年以前)、“复合集中制”(1939—1942 年)、“单一集中制”(1942—1949 年),并在梳理中央银行主要职能演进过程的基础上,对央行不同发展阶段“最后贷款人”“货币供给”等主要政策目标的完成情况进行了讨论和评价。魏浩然、余海刚同样对央行不同阶段作为“发行的银行”“政府的银行”“银行的银行”三大职能的演变进行了简单的梳理。魏浩然和王培文还对央行设立的负面效应进行了评价,认为央行成为“国民政府强行扭断中国资本主义合乎规律性发展的切入点;于一定程度上强化了民族资产阶级的消极政治取向;沦为国民政府进行内战的财政性工具;导致中国的银行与财政重新合一”①。近年来,石涛基于新开放的档案和新刊行的史料,对抗战以前中央银行的创设、职能演进及币制改革的参与情形进行了更细致的梳理与研究。② 以上关于中央银行体制演变的总体研究,其结论基本未突破上世纪末本世纪初学界的见解。

更多的学者对近代央行单一职能的完善路径和特定阶段的运

① 魏浩然、余海刚:《南京国民政府时期中央银行现代化初探》,《平顶山师专学报》2003 年第 4 期,第 11—14 页;魏浩然、王培文:《南京国民政府中央银行设立的负面效应》,《党史研究与教学》2004 年第 2 期,第 84—87 页。

② 石涛:《南京国民政府中央银行研究(1928—1937)》,复旦大学博士学位论文,2010 年,该文 2012 年被上海远东出版社以同名出版。

行情况进行了进一步的研究。在单一职能的研究方面，首先是关于央行金融监管职能的研究，如刘慧宇、吴永光、周春英、柴松霞、王红曼、李永伟、张伟等在对不同时期金融监管或银行监管体制的研究中，都对作为重要监管主体的中央银行及其监管内容和监管机制进行了专门论述。[①] 学界对总体金融监管体制研究以银行监管为重点，核心问题在于讨论财政部、中央银行、四联总处等经济金融管理机构的相互关系、职能边界、权能隶属等。张秀莉、李永伟对央行货币发行及准备制度演变进行了梳理。[②] 万立明、李永伟以中央银行为主，论述了近代国库制度的演变轨迹。[③] 万立明专门探讨了作为金融市场清算枢纽的中央银行票据交换职能的完善。[④]

---

① 刘慧宇：《论抗战时期国民政府中央银行金融监管职能》，《南开经济研究》2001 年第 3 期，第 76—80 页；吴永光：《国民政府金融体制变迁研究》，广西师范大学 2006 年硕士学位论文；周春英：《近代中国银行监管制度探析》，《烟台师范学院学报(哲学社会科学版)》2006 年第 2 期，第 16—19 页、第 29 页；刘平：《近代中国银行监管制度研究(1897—1949)》，复旦大学 2008 年博士学位论文(同年以原名由复旦大学出版社出版)；柴松霞：《近代中国银行监管制度的特性》，《上海金融学院学报》2010 年第 1 期，第 56—61 页；王红曼：《抗战时期国民政府的银行监理体制探析》，《抗日战争研究》2010 年第 2 期，第 82—94 页；张伟：《抗战时期国民政府金融业监管的规制调适与模式重构——基于大后方实践的考察》，《西南政法大学学报》2017 年第 4 期，第 113—120 页。

② 张秀莉：《南京国民政府发行准备政策研究》，复旦大学博士学位论文，2008 年(2012 年上海远东出版社以《币信悖论：南京国民政府纸币发行准备政策研究》为名出版)；李永伟：《论南京国民政府中央银行货币发行制度的发展——以政府主导下的制度生成过程为视角》，《金融教学与研究》2010 年第 1 期，第 78—81 页。

③ 万立明：《南京国民政府时期国库制度的演进》，《江苏社会科学》2006 年第 3 期，第 154—158 页；李永伟：《南京国民政府中央银行之国库经理制度发展论——以政府主导下的制度生成过程为视角》，《江西财经大学学报》2009 年第 2 期，第 86—90 页。

④ 万立明：《南京国民政府时期中央银行票据清算职能的演变》，《近代史研究》2009 年第 5 期，第 90—101 页。

在中央银行主要职能演变过程和阶段特征不断明晰的同时，学界尝试用外部理论和其他学科的话语体系对近代中央银行历史进行讨论。主要有制度变迁和法律文本嬗变两种视角。夏友仁将制度变迁理论用于解释中央银行职能演变，认为中央银行制度是国民政府强制性的制度变迁，这也是其失败的症结。① 李永伟以制度变迁为逻辑主线，借助政策或制度文本分析，对中央银行各项职能的演变分别作了解释，产生了系列成果。但这种对所谓强制性制度变迁理性缺失的评判，分析和结论都相对单薄。也有很多学者侧重以法律文本为基础讨论中央银行的发展演变，魏浩然、潘健、聂柳、李永伟、常健、饶常林等在这方面有所贡献。② 新的研究视角从史料征引、学术范式的拓展方面丰富了中央银行史的研究，但此类以制度变迁或银行法规为线索的研究与以中央银行基本职能为重点的研究在基本逻辑、论述重点甚至基本观点方面并无太大差异。

有学者认为，清末重要的外商银行、大清银行，北洋时期的中国银行、交通银行等，即为当时实际意义上的中央银行。戴建兵认为，在甲午战争前后，外国银行就已经通过对白银进出口的经营而成为发行货币的银行，又通过对中国钱庄的掌控而成为实质上的

---

① 夏友仁：《国民政府中央银行制度研究》，郑州大学硕士学位论文，2003 年。

② 魏浩然：《中国中央银行的现代化（1928—1945）——以银行立法为视角》，广西师范大学硕士学位论文，2005 年；李永伟：《晚清中央银行法律制度发展论》，《广东金融学院学报》2007 年第 1 期，第 72—77 页；潘健：《论立法变革对近代中国中央银行的影响》，《中国经济史研究》2008 年第 2 期，第 94—102 页；聂柳：《中国近代银行监管立法研究》，华南理工大学硕士学位论文，2010 年；李永伟：《南京国民政府中央银行之金融监管制度发展论——以国家法文本为中心》，《政法学刊》2011 年第 3 期，第 64—70 页；常健、饶常林：《我国中央银行法律制度：历史考察与特点分析》，《中国矿业大学学报（社会科学版）》2014 年第 3 期，第 21—30 页。

银行的银行。甲午战争后，外国银行通过提供贷款而成为中国政府的银行，外商银行通过对新式企业的投资影响到地方财政。① 包蕾研究了大清银行则例、职能变化及其与一般钱庄、银行的区别。② 席长庚也指出因大清银行具有货币发行、经理国库、救济市面特种业务，因而是中国最早的中央银行。③ 易棉阳强调，虽然历届北洋政府都视中国银行、交通银行为其中央银行，但有其独特性。北洋时期的中央银行对中国金融业缺乏监管能力，没有垄断的纸币发行权，业务上也逐渐商业银行化。④ 郑晓燕、李永伟专门梳理了北洋政府尤其是中国银行作为中央银行在货币发行统一方面的努力。⑤ 民国时期，还有敌伪政权设立的被冠以“中央银行”名称的金融机构，如伪满“中国中央银行”、汪伪“中央银行”等，付丽颖、顾关

---

① 戴建兵：《隐形中央银行：甲午战争前后的外商银行》，《安徽师范大学学报（人文社会科学版）》2007 年第 3 期，第 277—285 页。实际上，学界对外商银行为清末之中央银行一说并未广泛接受，这种观点主要认为早期外商银行在中国新式金融业务和主要金融市场具有明显优势，可以影响钱庄、银行及华资银行。但清末和北洋时期政府明确规定大清银行和中国银行为国家银行或中央银行，随着华资银行的不断发展，外商银行的业务优势不断减弱。此外，外商银行的早期业务优势也是泛泛而论，很难说某一家银行最具有优势或某一家外资银行为当时中国的中央银行，因此本书在对中国早期央行历史回顾中亦不涉及外商银行。

② 包蕾：《清末中央银行之肇始（1905—1912）》，南京大学硕士学位论文，2011 年。

③ 席长庚：《中国历史上最早的中央银行——大清银行》，《经济师》1998 年第 2 期，第 104—105 页。

④ 易棉阳：《北洋时期中央银行的特点》，《许昌学院学报》2003 年第 1 期，第 99—102 页。

⑤ 郑晓燕、李永伟：《北洋时期中央银行统一发行制度的发展》，《当代经济》2008 年第 5 期。

林、朱佩禧等学者分别对这两家银行进行了持续的研究。①

在中央银行机构与制度研究不断充实的同时，关于近代中央银行思想理论的研究也有所进展。程霖对包括中央银行制度理论在内的各类银行理论思潮进行了系统的梳理，对晚清国家银行思想的兴起、北洋及南京国民政府时期中央银行设立的必要性、中央银行产权结构与组织形式、中央银行独立性等问题、中央银行职能等问题作了专门探讨。② 李昌宝的博士论文对近代中国中央银行思想发轫、发展、成熟等不同阶段的基本主张、代表人物和学说进行了系统的研究，对西方中央银行制度的演变及其相关学说的介绍尤为详细。③ 马腾关于近代金融监管思想的研究中，对中央银行监管的思想理论渊源也有所涉及。④

史料刊行方面，洪葭管主编的《中央银行史料(1928.11—1949.5)》(中国金融出版社2005年版)是近年出版的最重要的央

① 相关的研究成果主要包括付丽颖:《伪满洲国的中央银行制度》,《外国问题研究》2011年第2期,第12—17页;李娜:《伪满洲中央银行的设立及其阶段性特点》,《北华大学学报(社会科学版)》2017年第4期,第21—26页;顾关林:《汪伪中央储备银行始末》,《上海金融》1995年第6期,第37—38页;朱佩禧:《角力上海:伪中央储备银行成立及其原因探析》,《江苏社会科学》2007年第5期,第156—160页;朱佩禧:《汪伪中央储备银行研究》,复旦大学博士学位论文,2009年(2012年以《寄生与共生——汪伪中央储备银行研究》为名由同济大学出版社出版);郭思齐:《抗日战争时期伪满洲中央银行与汪伪中央储备银行货币发行比较研究》,《陕西学前师范学院学报》2017年第12期,第81—86页。

② 程霖:《中国近代银行制度建设思想研究(1895—1949)》,上海:上海财经大学出版社1999年版;程霖:《近代中国中央银行制度思想演进》,《财经研究》2005年第3期,第135—144页。

③ 李昌宝:《中国近代中央银行思想研究》,复旦大学博士学位论文,2007年以《近代中央银行思想变迁研究》为名于2012年由中国商业出版社出版。

④ 马腾:《近代中国金融监管思想研究》,中南财经政法大学博士学位论文,2013年。

行史料，涵盖原始档案、报刊资料、著作等，时间则覆盖中央银行存续全过程。石涛、何品对上海市档案馆藏中央银行史料（以1937—1949年为主）进行了整理，尤以业务会议记录、领导谈话记录为要。[①]《民国金融史料汇编》（国家图书馆出版社2011年版）收录了民国中央银行出版的《中央银行月报》（1932.08—1941.06、1946.01—1949.04）、《金融周报》（1936.01—1949.05），民国时期最重要的金融报刊之一《银行周报》（1917.05—1950.03）于2014年由南京出版社影印出版。

（二）有关四联总处的研究

与中央银行不同，民国时期关于四联总处的文献不多，基本是资料性的，研究性文献更少，主要散见于当时的财经类报刊，尤以四联总处的各类公函和业务进展介绍为多见。资料汇编主要是20世纪40年代四联总处的相关业务文书：（1）规章制度汇编，如《四联总处章则汇编》（1940）、《四联总处农业金融章则汇编》（1943）、《四联总处业务章则汇编》（1946）、《四联总处重要文献汇编》（1947）、《四联总处文献选辑》（1948）。（2）工作计划和报告：《四联总处三十一年度办理农业金融报告》（1942）、《四联总处四川省农贷视察团报告书》（1942）、《四联总处三十五年度工作报告》（1946）等。（3）人员及培训文书，如《四联总处银行人员训练所乙级班甲级班第一期毕业纪念册》（1944）、《四联总处之任务》（1944）、《四联总处同人录》（1947）等。

中华人民共和国成立以后，学界对四联总处的关注和研究与中央银行基本同步。1986年黄立人在南京召开的“民国档案与民

① 石涛、何品编注：《上海市档案馆藏近代中国金融变迁档案史料汇编·机构卷·中央银行》，上海：上海远东出版社2014年版。

国史”国际学术研讨会上发表《论抗战时期的四联总处》，产生了强烈反响，引起与会者的高度重视。钱大章(1987)《回忆“四联总处”的十年》(收录于《中央银行史话》)一文，对四联总处的创设、撤销和组织架构进行了详细的介绍。姜宏业阐述了四联总处的业务运作、市场调控及对中央银行的扶持作用。①《近代中国金融业管理》(中国人民银行总行金融研究所金融史研究室编，人民出版社 1990 年版)一书介绍了四联总处的组织机构和主要业务。黄立人在前期研究的基础上完成的《四联总处的产生、发展和衰亡》，是全面研究四联总处的第一篇学术文献。该文对四联总处的产生及其所处历史背景、其组织机构和职能、业务开展、历史作用等进行了全面的梳理与探讨，得出四联总处是战时国统区“金融与经济，宏观金融、经济与微观金融、经济的结合点”的结论。② 俞容志对四联总处的概述性梳理在分支机构、人事安排及其与中央银行的关系方面较黄文有所拓展。③ 1993 年重庆市档案馆、重庆市人民银行金融研究所编辑出版的《四联总处史料》，由中国档案出版社出版，这是迄今为止有关四联总处最重要的综合性史料集。魏宏运、赛光平对《四联总处史料》给予高度评价，呼吁进一步加强对抗战时期金融史的研究。④《四联总处史料》一

---

① 姜宏业:《四联总处与金融管理》,《中国经济史研究》1989 年第 2 期,第 120—130 页。

② 该文收入《四联总处史料》(代序)和作者的论文集《抗战时期大后方经济史研究》,北京:中国档案出版社 1998 年版。

③ 俞容志:《四行联合办事总处概述》,政协西南地区文史资料协作会议编:《抗战时期西南的金融》,重庆:西南师范大学出版社 1994 年版,第 237—252 页。

④ 魏宏运:《重视抗战时期金融史的研究——读〈四联总处史料〉》,《抗日战争研究》1994 年第 3 期,第 25—33 页;赛光平:《抗战时期经济、金融史研究的史料基础　当代中国经济、金融改革的历史借鉴——简评〈四联总处史料〉》,《重庆社会科学》1994 年第 2 期,第 90—91 页。

书的出版极大地促进了四联总处及抗战时期金融体制的研究。2003 年广西师范大学出版社出版的中国第二历史档案馆所编 64 卷《四联总处会议录》，收录了 379 次会议的文件，包括议事议程（报告事项、讨论事项、临时提议事项、附件）和会议记录。尤云弟以会议记录为底本，对《四联总处史料》进行了考辨与勘误。①

近年学界有关四联总处的研究主要围绕以下几方面展开：(1) 关于四联总处不同时期业务、职能的发展演变研究。杨菁较早研究了四联总处在构筑战时金融体系、巩固法币信用、推动后方经济建设和全国范围的金融资源均衡等方面的作用及局限。② 刘桢贵梳理了四联总处历次改组的过程。③ 伍野春、阮荣、尤云弟利用新近披露的蒋介石史料对蒋主导的四联总处设立及初期运作阶段的史实进行了考证。④ (2) 四联总处的业务贷款及其对后方区域经济发展的促进作用。刘桢贵、王红曼等学者对四联总处具体贷款业务——农贷、盐贷、工贷等进行了持续深入的研究，产生了一

① 尤云弟：《〈四联总处史料〉勘误 36 则——以中国第二历史档案馆编〈四联总处会议录〉档案原件影印本为参照》，《抗战史料研究》2017 年第 2 期，第 110—118 页。

② 杨菁：《四联总处与抗战时期的中国金融》，南京大学博士学位论文，1995 年；杨菁：《四联总处与战时金融》，《浙江大学学报（人文社会科学版）》2000 年第 3 期，第 45—50 页。

③ 刘桢贵：《浅析抗日战争时期四联总处的演变情况与功能》，《成都行政学院学报》2012 年第 3 期，第 83—86 页。

④ 伍野春、阮荣：《蒋介石与四联总处》，《民国档案》2001 年第 4 期；尤云弟：《四联总处的创建及初期运作》，《史学月刊》2013 年第 8 期，第 90—94 页。

系列专题研究成果。[①] 王红曼专题研究了四联总处对西南地区金融业、工业、农业发展的影响。[②] (3) 四联总处对战时金融的监管与调控,包括四联总处对货币发行的监管、对金融市场波动的调控[③],四

① 工矿业贷款方面:

刘桢贵:《试论抗日战争时期四联总处的工矿贴放政策》,《四川师范大学学报(社会科学版)》1997年第2期,第121—127页;王红曼:《抗日战争时期四联总处在西南地区的工农业经济投资》,《贵州民族学院学报(哲学社会科学版)》2007年第1期,第170—173页;王红曼:《抗日战争时期四联总处在西南地区的工业投资》,《贵阳学院学报(社会科学版)》2007年第6期,第40—44页;王红曼:《四联总处与战时西南地区工业》,《贵州社会科学》2007年第1期,第146—150页;刘桢贵:《抗日战争时期四联总处战时工贷政策演变》,《乐山师范学院学报》2013年第9期,第93—98页;刘桢贵:《四联总处战时工矿贷款政策成效评析》,《内江师范学院学报》2014年第1期,第98—102页;高蓉芳:《抗战时期四联总处在广西的工贷研究》,《绵阳师范学院学报》2015年第1期,第150—155页;高蓉芳:《抗战时期四联总处在广西的工贷》,《文史春秋》2015年第2期,第57—61页;邬婷:《抗战时期四联总处的工贷政策》,《绥化学院学报》2016年第8期,第96—100页。

农业贷款方面:

刘桢贵:《对抗日战争时期四联总处农贷政策的几点思考》,《四川师范大学学报(社会科学版)》1998年第2期,第127—133页;王红曼:《四联总处与战时西南地区的农业》,《贵州社会科学》2008年第8期,第125—129页;易棉阳:《抗战时期四联总处农贷研究》,《中国农史》2010年第4期,第76—87页;刘桢贵:《抗日战争时期四联总处战时农贷政策刍论》,《成都行政学院学报》2012年第6期,第85—90页。

盐业贷款方面:

刘桢贵:《抗战时期四联总处与战时盐业运输》,《四川理工学院学报(社会科学版)》2014年第1期,第39—46页。

② 王红曼:《四联总处与战时西南地区经济》,上海:复旦大学出版社2011年版。

③ 王红曼:《"四联总处"对战时货币发行的法律监管》,《中国社会经济史研究》2008年第3期,第99—104页;王红曼:《四联总处对战时银行机构的法律监管》,《安徽史学》2008年第6期,第85—90页;王红曼:《四联总处对战时银行内汇业务的法律监管》,《兰州学刊》2012年第4期,第71—76页;尤云弟:《四联总处与抗战初期上海金融市场变动》,《民国档案》2016年第4期,第89—97页。

联总处主导下的国家行局专业化与中央银行体制的确立等。[①]（4）四联总处组织机构及分支行局的变动。[②] 易棉阳《金融统制与大后方经济——以四联总处为中心的考察》（北京大学出版社 2016 年版）和尤云弟《四联总处金融管理研究（1937—1948）》（浙江大学出版社 2019 年版）两部专著，可作为四联总处战时经济建设与金融监管方面研究的最新综合性成果。在史料征引方面，近年刊布的民国人物蒋介石、宋子文、孔祥熙、徐堪等相关档案史料被越来越多地用于中央银行及四联总处研究。

（三）简要评价

现有关于民国中央银行的成果无论是对某一专题的深化研究还是对相关理论的借鉴研究，多围绕中央银行职能展开，并将其某单一或多项职能表现作为分析对象，在研究方法上一般都是将中央银行所具有的实际职能与理论设定的规范职能相比对，经过比较分析和归纳总结，把研究中所呈现的契合度作为晚清之后中国中央银行发展水平的评价标准。事实上，这样的研究方法使得各类研究成果在理论架构和基本结论方面并没有表现出实质性区别。尽管研究视角和研究范式的趋同有助于学术共识的达成，但无疑也给学术研究带来一些共性问题。一是在研究内容方面，对

---

① 朱荫贵：《试论四联总处与中央银行》，《近代中国：金融与证券研究》，上海：上海人民出版社 2012 年版，第 102—117 页；刘桢贵：《四联总处与民国中央银行职能的逐步完善》，《成都行政学院学报》2012 年第 2 期，第 90—93 页；尤云弟：《战时金融的困境与应对：1942 年"四行专业化"述论》，《抗日战争研究》2015 年第 1 期，第 94—109 页；尤云弟：《四联总处金融管理研究》，复旦大学博士学位论文，2015 年，2019 年由浙江大学出版社出版。

② 冯国林：《"四行二局"会计处之筹设过程探析（1942—1944）》，《河北师范大学学报（哲学社会科学版）》2019 年第 2 期，第 56—62 页；杨凤琼：《四联总处重庆分处研究》，西南大学硕士学位论文，2016 年。

抗战全面爆发前央行制度研究多偏重于以央行职能演变为主线，对抗战全面爆发后央行制度研究集中于金融体制，主要侧重四联总处发展及其对中央银行职能完善的作用，而缺少对中央银行体制特性及其在20世纪三四十年代运行状况及复杂外部关系的研究。二是在研究方法方面，以理论层面的规范职能为标准评价历史上中国中央银行制度的得失功过，客观上淡化了中央银行制度建设及其发展演变的国别差异和时代差异。三是在研究理论方面，作为现代金融体系的核心，中央银行不仅是一个机构，更是一种制度，一种现代金融体制构建模式。目前学界对近代以来中国中央银行制度演变的理论探讨尚显薄弱，对不同历史阶段尤其是抗战全面爆发后，围绕中央银行所呈现的金融体制建构等方面的理论研究还有不少深化空间。

四联总处研究方面，现有相关成果从多角度透视，阐释其产生背景、法律规制、功能作用、人物贡献等，分析其历史得失及影响，开启了研究的新视界，令人耳目一新。不过关于四联总处与中央银行的关系及其展现，中央银行制度发展轨迹在其中的相应体现，亦即从中央银行体制建构中如何解构四联总处，或曰四联总处建制中，中央银行的地位、职能和作用究竟怎样，以及随后四联总处被裁撤与中央银行最终解体之间的关联如何等学术问题，尚未引起更多关注，而有关这些问题的研讨对于民国经济史特别是金融史的深化研究尤为必要。虽然从中央银行制度研究视角关注四联总处的研究，或是针对二者关系的研究，目前尚未有专题性成果产生，不过有些学者在相关研究中已有所涉及。学界比较认可的观点是：四联总处作为战时最高金融统制机关，对中央银行职能完善乃至中央银行制度的基本确立发挥了重要的扶持作用，四联总处代行中央银行部分职能，或促其转变成完全意义上的中央银行，或其改组后代表中央银行。对于中央银行体制的战时呈现形态，即四联总处主导中央银行金融调控和监管职能的战时金融体制特征，目前尚无更清晰的还原与界定，与之相关的一些重要问题如四联总处成立及其职能演变的历史动因与功能定位，四联总处与中央银行、财政部及其他国家行局的职能分界及其变化，经四联总处权力运作所形成的中央银行制度的内涵与缺陷等问题的研究，也都有待学界予以进一步关注并深入研究。

总体上，已有的研究在问题意识上有所欠缺，对近代中国中央银行体制及其特殊性的理论概括和论述尚显薄弱。近代中国经济上呈现个别大城市的发展与农村普遍凋敝的非均衡状态，现代产业部门孱弱，金融市场尚处于起步阶段，中央银行体制无法遵循长期自然演进的路径，央行创设与扶植主要由政府主导，又连续遭受战争（包括 20 世纪 20 年代的军阀混战和 30 年代的抗日战争）和金融风潮的影响，其发展模式呈现出明显的特殊性。需要从理论上归纳、阐述近代中国中央银行制度和金融调控体制。具体而言，战争和金融风潮（主要是战争）究竟如何影响中央银行，其影响机制和呈现形态的阶段性差异尤需进一步的讨论，这正是本书研究的立足点。

基于对既有研究成果的借鉴和对新近史料的利用，本书力求在抗战全面爆发后以战费筹集和战时金融调控为目标的中央银行体制模式研究方面有所突破，试以全面抗战时期四联总处金融运作及其与中央银行相互关系为分析重点，揭示中央银行体制构建的战时特征和影响因素。在史料征引方面，除中国第二历史档案馆、上海市档案馆、重庆市档案馆已出版的四联总处档案外，还利用了美国斯坦福大学胡佛研究所收藏的蒋介石日记、中国台湾地区收藏的蒋介石档案及稀见报刊、人物资料等新资料。本书认为，作为一种外来金融形式，中央银行在中国的发展实践过程曲折而特殊。全面抗战以前，国民政府致力于建设符合通行理论规范的单一制中央银行，尽管集中和垄断货币发行这一标志性职能尚未归属中央银行，但是国民政府努力将依附于主要专业银行的中央银行业务逐渐剥离出来并向中央银行集中，到20世纪30年代中期甚至有了设立中央储备银行的动议，期望建立一个符合世界潮流的形质相符、职能完备、名副其实的中央银行。然而令人遗憾的是，因为长期战乱和频繁的市场风潮，国家经济运行所需要的正常环境难以构建，国家金融赖以生存的条件因此更难营造，经济手段不得不让位于行政手段，国民政府统制行为趋于强化，这又延缓了中央银行的规范化发展进程。抗日战争全面爆发后，国民政府亟须建立以服务战争为宗旨的中央银行体制，力图以更高的效率集聚金融资源，调控并发展后方经济，全力保障前方战事，于是就必然要中断规范化的单一制中央银行的发展思路，致使中国历史上一个特殊的金融体制建构即四联总处主导的代中央银行制应时而生。

为战时经费与资源筹集、战时金融市场调控而构建的以四联总处为核心的战时中央银行体制，本书称之为代中央银行制。这是本书的原创概念，是在学习借鉴前人研究成果的基础上，对抗战时期四联总处金融运作实践进行学术研究的产物，是对一个历史事实加以剖析总结、思辨凝练的结果，而非历史上被确定了的概念性称谓，也就是说，历史上曾经呈现出的中央银行体制构建的实践形态，并未在当时被及时认知并加以归纳、概括和总结，或可称自觉行为。本书的主要目的，在于说明现代意义上的中央银行制度在民国时期从未真正实现，如果就客观实践而言，肇始于20世纪30年代末期的以四联总处主导的金融体制建构，即本书所称的代中央银行制，而这一体制建构并非是中央银行制度推进的主观自觉，不过是客观实践的呈现方式而已。为此本书在阐释其形成演变的历史过程，剖析其特殊的体制特征，探究其内在的因果逻辑的过程中，力图加以论证。还有一点需要说明，本书是对笔者 1999 年出版的专著《中国中央银行研究 1928—1949》的反思，也是对中央银行历史研究 20 年后的新思考，冀望同仁方家雅正。

四、研究框架与章节分布

本书除导论和结语外，分为七章。

第一章主要是从历史经验角度对战争与金融的相关性进行概述。重点讨论中央银行体制变化与战争的关系。第一节是全书的背景，概述全面抗战爆发前南京国民政府统制状况，主要从日本入侵与中国的应对、南京国民政府战前现代化建设成效两方面展开。第二节是关于战争金融理论文献及其在中国的传播与影响状况的回顾。战时中央银行的金融调控是战时金融理论的一部分，战时金融理论的核心是经费筹集问题。17 世纪以来资本主义列强争斗与海外殖民，使理论界对战争金融问题的认识越来越深刻，战费筹集，无外乎财政、金融两种方式。财政方式主要是征税、举债，金融方式重点在于国家银行发行权的集中与发行数量的增加。对于筹措战费，无论是债款的经募与保管还是发行的集中与增加，都依赖国家银行或中央银行。因为近代中国的特殊国情，战争金融理论在中国受到更多的关注。到 20 世纪 30 年代前期，随着中日危机日益加重，关于战时金融与国家银行调控、战费筹措方式与效率、战争双方金融对抗等问题，已经得到广泛的讨论和明确的认知，这很大程度上得益于对一战中欧美各国财政金融举措及其成败的经验借鉴。关于战争与中央银行关系问题的进一步讨论，应该从有关早期国家银行、中央银行的历史事实中寻求答案。第一章第三节以英格兰银行、法兰西银行和美国联邦储备银行为例，详细梳理这些银行在其中央银行地位正式确立之前与战争的渊源。以此说明，战争是中央银行体制演变发展的主要动力之一，也是战时金融创新的成果，中外概莫能外，这也是本书分析论述的逻辑起点。

第二章主要论述近代中国中央银行体制演变的经济金融背景，即南京国民政府时期中国金融的基本国情。论述主要围绕3个方面，一是战前中国币制与国际货币体系，币制的演变是货币发行结构的基础，而发行权的集中是中央银行制度确立的关键。近代中国的币制可以概括为以白银本位为核心的分散发行制度。银两（包括虚银两）是大额结算和记账的主要货币，流通中主要用银元、银角、铜元以及以这些货币为单位的纸币。金属货币因重量、成色、流通区域差异而形成了极其复杂的汇兑与结算体系。以白银为核心的货币本位与东西方主要大国的金本位制迥然不同，在国际贸易和货币金融体系中，中国所受到的影响也很复杂。1929年开始的全球经济大萧条及白银价格下降反有利于中国，在国际贸易和白银流动方面，中国获得了短暂的收益。其后美国的白银收购政策给中国带来了灾难性影响，白银的大量流失形成了长期的通货紧缩，这也是南京国民政府进行法币改革，实施外汇本位管理通货的直接原因。白银本位的终结从根本上改变了其后货币的发行方式与发行结构，央行制度演变的根本约束条件也由此改变。二是国家银行与统制金融体系的完善，国民政府通过创设或控制大型银行或专门邮政、农业金融机构的方式，初步建立了统制金融体系。其中，中央银行为最重要的新设国家金融机构，且采用国有独资方式（这一点与绝大多数国家的做法明显不同）。在这一过程中，商业金融势力与国家金融力量相比，逐渐居于弱势。三是战前国民政府严峻的财政状况。这既是战前央行发展的约束条件，更是战时为筹建战费而构建四联总处为中心的特殊央行体制的主要背景。战前10年，因局部战事频发，地方势力离心，税制不健全，国民政府始终处于财政赤字状态。宋子文等虽有紧缩军费平衡预算的努力，却也收效甚微。内债收入始终在政府收入结构中占较大比重。政府偿债负担沉重，频繁的内债整理又损害了政府的信誉，尤其是政府与江浙银行家群体的关系。战前的情况决定了抗战时期政府金融体系调整与战费筹集的方式和途径。

第三、四章为抗战以前中央银行体制演变的情况。中国国家主导的新式银行建设肇始于清末的中国银行和交通银行。政府和商股股东在经历了民国初年的股权与控制权的争执后，随着商股势力的增强，两行在20世纪一二十年代出现了明显的商业化、独立化发展趋势。但中交两行尤其是中国银行钞票在金融市场上占据优势地位，在公债承销、官款经收方面也发挥着重要作用。可以认为，这一时期以商业化为方向的中交两行，仍然部分承担着中央银行的职能(外汇市场始终由外资银行控制)。南京国民政府成立之后，创设了新的中央银行并极力扶持。由于中交两行根基深厚，直到全面抗战爆发，中央银行在地位和业务方面仍弱于中国银行，但自身也有了长足的进步，资本和规模增加，在纸币发行、国库经理、公债承销等方面进步明显。法币改革完成后，中央银行与中国银行、交通银行、中国农民银行共同获得了法币发行地位，实际由这几家银行共同承担中央银行职能，有学者称为中央银行的“分立特许制”。另一方面，国民政府在表面上并未放弃单一制央行的发展目标，全面抗战爆发前期，国民政府在外国专家的提议下通过的关于中央储备银行的议案即为明证。这也说明战前央行体制实践形态与理论目标有所偏差。

第五、六章为本书研究的最重要部分，主要阐述全面抗战时期代中央银行体制的演变过程与模式特征。四联总处的设立是战时金融体制的调整和创新。一开始四联总处只是作为四大国家银行的联络协调机构，其设立属于大战初期金融动荡和通货紧缩的应时之举。到1939年，抗战进入相持阶段，长期抗战已成定局，政府战费筹集、金融调控的任务更趋严重。此时四联总处进行了第一次改组，成为有权统御国家行局的金融枢纽，其职能范围几乎包括了战时金融的一切方面。以此为标志，四联总处主导的战时央行体制——代央行制正式形成。改组后四联总处的金融运作成效明显，但业务范围过于宽泛导致职权不清，机构设置繁冗，人事纷杂而低效，四行之间的矛盾与争执时常出现。更主要的是，战局的恶化带来的军费激增、外汇储备的减少，已经使得政府只能借助更多的纸币增发来渡过难关。四联总处第二次改组的主要目的是实现四行的专业化分工，将钞券发行、统筹外汇收付、代理国库、汇解军政款项、调剂金融市场等职能交由中央银行负责。中央银行应有的职能，至少在法律规范层面完成了统一。需要注意的是，再次调整只是结构性的，并未改变战时四联总处的职能范围，代央行制的总体框架也没有变化。代央行制在战时的金融运作以战费和资源筹集为首要目标，对战争胜利居功至伟，同时也因为在通货发行、汇率、物价管理等方面的失误，促使恶性通胀成为抗战后期严重的社会问题，这也是代央行制运作的最大恶果。

第七章主要是从抗战末期和战后初期的金融体制，尤其是代央行制度的调整角度，来反观战时代央行制的问题与缺陷。战后初期，法币泛滥，物价高涨，国家垄断制造业和贸易、政府信誉下降，腐败问题日趋严重。面对战后恢复和重建任务，政府在战后初期需要对战时的代央行制进行调整。市场化、自由化是战后各国金融改革的主流方向，国民政府一度掌握大量的外汇黄金储备与物资，宋子文主导了战后以开放外汇市场和贸易管制为重点的市场化改革，以中央银行为实施主体，通过外汇和黄金的出售来回笼流通中的过量法币，其结果是，宋子文消耗了巨额储备却没有能够稳定法币币值，最终黯然离场。金融调控的政策配合问题、金融官僚阶层的严重腐败以及无度的财政扩张政策，造成了战后金融领域调整的彻底失败，这实际上也是所谓规范性中央银行复归后运作的失败。在四联总处弱化以后走向前台的所谓形式上职能完备的中央银行，根本无力实施有效的金融调控。在不断加剧的恶性通胀之下，一切体制、手段和形式上的调整都是徒劳。单一制中央银行在近代中国从未存在，战后的中央银行这一金融机构，实际上只是抗战时期代中央银行体制调整后的一具空壳。

第一章　战争金融:抗战胜利的基本保障

“中日战争不是任何别的战争,乃是半殖民地半封建的中国和帝国主义的日本之间在20世纪30年代进行的一个决死的战争”,是一场“全面的全民族的抗战”①。诚然,抗日战争的伟大胜利作为历史本身给出的印鉴,高扬了中华民族英勇不屈的精神和顽强坚韧的斗志。

在人类社会发展的历史进程中,伴随文明与野蛮的较量,战争因其极端残酷和惨烈,不可避免地造成巨大的物质损耗和生命劫难。日本发动的全面侵华战争,是20世纪中国历史上一场空前深重的国难,在时间、空间以及国人受害的程度上,大大超过以往任何一次外来的侵略战争。对于交战双方而言,这场战争不仅仅是两国军事实力的较量,更是两国经济实力的较量,而这后一种较量则集中体现在两国财力及其集聚效力上,由此金融成为决定战争胜负的关键要素。著名的美国经济学家查尔斯·金德尔伯格在关于战争金融主题的学术论述中,提出过一个广为人知的鲜明论断,即“钱是战争的支柱”。他称,“据说战争是一个‘敏感的东西’,我

---

① 毛泽东:《论持久战》(1938年5月),《毛泽东选集》第2卷,北京:人民出版社1952年版,第415页。

们猜想这句话的意思是战争喜欢硬币。按照路易十四的说法，最后一枚几尼总会获胜”。他认为“战争是一个温室，因为它对财力是一项极沉重的负担，而这些财力要通过金融来筹集”，并借用1499年孔多梯埃尔·吉安·恰科姆·德·特里武尔齐奥回答路易十二的问询所言，即占领米兰需要的是“三件东西：钱、钱、钱”，来强调金融对战争的重要性。①

毋庸置疑，战争与金融密切相关，金融是战争得以进行的基本保障，战争又从各方面影响金融。一般来说以满足战争需要为目的、为战争筹款和提供相关服务的金融体系及金融活动都属于战争金融的范畴。战争金融能力是一国战争能力的重要组成部分，合理高效的战争金融运作是影响历史上的战争进程和结局的重要因素，也是战争制胜的重要力量。

第一节 抗战爆发前的南京国民政府

一、日本入侵与中国抗战

1931年9月18日夜晚，日本关东军的所谓铁道“守备队”炸毁了沈阳柳条湖附近的南满铁路路轨，随后嫁祸于中国军队，以此作为炮轰沈阳北大营的借口，是为“九一八”事变。次日，日军侵占沈阳，随即占领东北三省。至1932年2月，东北全境沦陷，日本趁势建立起伪满洲国傀儡政权，开始对东北人民实施长达十余年的奴役和殖民统治。“九一八”事变是日本帝国主义长期以来推行对华

① [美]查尔斯·金德尔伯格著，徐子健等译，何健雄校：《西欧金融史》（第二版），北京：中国金融出版社2010年版，第5页。

侵略扩张政策的必然结果,也是企图把中国变为其独占的殖民地而采取的重要步骤。“九一八”事变之后,南京国民政府采取妥协政策以避免冲突扩大,反而进一步刺激了日本的侵略野心,致使日军接连在华北、上海等地制造事端,挑起战事,并于 1937 年 7 月 7 日挑起卢沟桥事变,抗日战争随之全面爆发。

追根溯源,日本所发动的侵华战争,当为其传统的扩张思维和国际秩序观念在施政上的野蛮实验。日本的扩张思维已有 400 多年的历史,始自丰臣秀吉,传于佐藤信渊、山县有朋、福泽谕吉等重要的后继者。日本的扩张思维,早于其本国统一之际开始膨胀,明治维新至第二次世界大战告败达到顶峰。扩张思维不仅为军界奉行,也为学界推崇,不仅为统治者所秉持,也为社会民众所接受,成为压倒一切的主流思维。19 世纪 70 年代日本开始迈向军国主义,表现为对外贪婪地伺机扩张,对内则大肆扩充现役和常备军队,规定内阁陆军大臣和海军大臣须由现役军人担任,同时竭力发展军工企业,对国民尤其是学生普遍进行军事训练,灌输军国主义思想。1878 年,日本设立基本上由将校级军官组成的参谋本部,直接隶属于天皇,对天皇负直接责任,且独立处理军务,地位与内阁平行,不受内阁和议会干涉。1927 年 4 月田中义一内阁成立,随即召开“东方会议”,最终确立了侵略中国东北进而吞并全中国的政策。

20 世纪二三十年代,已跻身世界强国之林的日本,同样不能免于席卷全球的经济大萧条。早在 1920—1921 年日本国内就发生了经济危机,将第一次世界大战期间和战后初期集聚起来的财富消耗殆尽。此后灾难性事件连年不断,如 1923 年关东大地震,1927 年金融危机爆发……天灾人祸严重影响日本国内的发展,以至于工农业生产停滞不前,当时日本工业生产平均增长速度只有 3%,远低于欧美列强;农业总产量一直低于 1919 年的水平,大米产量几乎刚刚与明治时期持平，农民生活困苦不堪；对外贸易更是连年入超，导致黄金储备锐减，整个社会民生凋敝，财政困顿，经济萎靡。为应对金融危机，日本在1930年1月宣布恢复金本位制，解除黄金出口禁令(即所谓"金解禁")，实行通货紧缩政策。但是，当此之时起于1929年的世界经济危机于1930年春波及日本，导致大量黄金外流，日元升值，削弱了日货在国际市场的竞争力，而外贸的缩减又直接波及国内的工农业生产，由此更加深了经济危机。1930年日本秋季稻谷丰收，米价却暴跌一半以上，"谷贱伤农"，出现空前的"丰收饥馑"，农村一片凄凉。同时，由于国际上中国和印度市场的缩减，日本的棉纺织品输出量也深受影响，大批工厂倒闭，失业工人激增。在百业凋残的情况下，日本国内矛盾不断激化，各地工厂、农村纷纷起而抗议，加之所统治的朝鲜、中国台湾等地反日民族起义骤起，日本陷入空前窘境。①

为摆脱困境，早在金融危机之初，田中义一内阁就开始预谋向中国寻求出路，计划在中国东北这一对日本生存"有重大利害关系"之地，推行其"满蒙积极政策"，以求"为东方打开新局面，造就我国(日本)新大陆"②。同时，日本少壮派军人和民间右翼团体也极力宣传和美化在"满洲"建立其"王道乐土"的迷梦，认为"满蒙的资源很是丰富，有着作为国防资源所必需的所有的资源，是帝国自给自足所绝对必要的地区"，"必须对控制满蒙资源，改变日本国内产业等进行充分的研究和准备"，诱使更多的日本人把眼光转向对华侵略。就在"九一八"事变前数日，关东军参谋板垣征四郎竟然

---

① 中国科学院经济研究所世界经济研究室编:《主要资本主义国家经济统计集1848—1960》，北京:世界知识出版社1962年版，第425—426页。

②《多田骏声明》(1935年9月24日)，复旦大学历史系日本史组编译:《日本帝国主义对外侵略史料选编1931—1945》，上海:上海人民出版社1985年版，第178—179页。

算过一笔细账,“日本为了从美国进口……合计要付出三四亿日元。这笔款项正可以用开发满蒙来抵销。就是说,从鞍山供给铁,从抚顺供给煤,从鞍山又可以供给炼铁的副产品硫铵,从吉林方面的大森林取得木材,从满蒙可以绰绰有余地供给三亿日元”,东北丰饶的耕地、大豆和杂粮、畜产等等,将对解决日本的粮食、饲料、马匹供给等起到重大作用。① 可见以侵略行为缓解国内危机,转移国内矛盾并非出自少数极端者,而是日本国内的主导思想。占领东北,对日本生存和发展意义攸关,由此“九一八”事变不可避免。

另一方面,在此背景下遭受铁蹄践踏的东北不仅饱受侵略,亦经受经济危机打击,工商业衰落,农村破产,市场购买力下降,民生凋敝,因而反抗日本侵占的武装斗争从未停息,抵制日货运动遍及各地,由此也给日本占领军以沉重打击。同时,随着世界经济危机影响的加深,国际经济领域出现空前的贸易战与货币战,日本外贸除1935年外,几乎年年入超,导致财政更加困难;基础农业同样没有挣脱危机,农村连年遭灾,继1930年“丰收饥馑”之后,1931年和1932年连续两年严重歉收,1933年又一次遭遇“丰收饥馑”,1934年再遭天灾而致歉收。此外,由于日本在中国占领区实行排他性的经济政策,加深了与美英等主要资本主义国家的矛盾,在贸易战中,西方各国除对日货的输入加以限制之外,还从原料的输出上对其加以垄断和限制,致使依赖原料进口的日本备受打击。再加上东北连年战火不断,经济萎靡不振,市场容量有限,原料也不能满足日本战争经济日益发展的需要。总之,侵占东北之初,日本并没有找到摆脱困境的出路。

在这种情况下,日本军国主义者又把眼光移向关内,试图以

① 《从军事上所见到的满蒙》(1931年3月),复旦大学历史系日本史组编译:《日本帝国主义对外侵略史料选编1931—1945》,第7—11页。

“日、满经济区”为基础，蚕食扩大而为“日、满、华经济区”，其侵略整个中国的野心昭然若揭，并迅即采取行动以求美梦成真。于是，在军事上日军超越东北范围，抵达长城，进占关内。1933 年 2 月占领热河，5 月，攻陷长城各口，进逼察哈尔和平津地区。5 月 31 日，迫签《塘沽协定》，将冀东强行划为“非武装区”。1935 年 6 月，通过《何梅协定》《秦土协定》，迫使中国军队撤出河北和察哈尔，强定两省为“非武装区”。11 月，在关东军和“中国驻屯军”的武力护持下，以汉奸殷汝耕为首的“冀东防共自治政府”成立，内蒙古也宣布“自治”。12 月，河北、察哈尔两省也成立伪政权“冀察政务委员会”，随即日本将侵略扩张的矛头直指华北，日本外相广田弘毅甚至狂妄宣称：“在与日满华三国的各种利害直接有关的华北方面，特别大大感到必要”①；关东军司令官兼驻满“大使”南次郎也肆无忌惮地表示：“此时，深感日本为了东亚百年大计，应排除一切障碍，特别有急于完成华北工作而向前迈进的必要。”②1935 年 5 月，日本陆海军中央部完成了《帝国国防方针》的第三次修改。同年 6 月，《帝国国防方针》及《用兵纲领》经裕仁天皇批准颁布。日本陆海军中央部在完成《帝国国防方针》和《用兵纲领》的修改后，展开新的政治攻势，促使议会通过适应扩大对外侵略的基本国策。1936 年至 1937 年春，日本政府连续三次制定《处理华北纲要》，两次作出《对中国实施的策略》，意欲加速其侵华步伐，把策划华北 5 省（河北、山东、山西、察哈尔、绥远）的完全“自治”作为日本外交战略目标的重点，以完成其将华北和中国本土分离的既定目标，并指派驻华北

---

①《广田外务大臣在第六十八次会议上的演说》(1936 年 1 月 21 日)，南开大学马列主义教研室中共党史教研组：《华北事变资料选编》，郑州：河南人民出版社 1983 年版，第 226 页。

②《南次郎驻满“大使”关于促进湖北分离工作对广田外相的建议》，复旦大学历史系日本史组编译：《日本帝国主义对外侵略史料选编 1931—1945》，第 182 页。

的“中国驻屯军”负责“予以指导”。同时鉴于中国人民反日运动的高涨，也强调策略手段，避免“操之过急”，对华北、华南及其他边远地区拟依先后缓急分别采取不同措施，或“促使分治”，或进行“经济开发”，或先作“资源调查”，逐步完成其目标计划。

1936 年 6 月，日本陆军参谋部制定《国防国策大纲》，这是一个涉及军事、外交、财政等各方面的国防政策纲领。8 月，在有首相、外相、陆相、海相、藏相参加的五相会议上，通过了所谓《国策基准》。《国策基准》首次把北进和南进两个方面的策划并列为国策，明确制定了向大陆和海洋同时扩张的全面侵略计划，由此日本的战争准备全面升级。1936 年日本陆海军中央部制定 1937 年度日军侵华作战计划，为了加以贯彻，日本陆军参谋部又发出《昭和十二年度帝国陆军作战计划要领》，具体规定日本陆军在华北方面的作战细节。然而，中国人民日益高涨的抗日救亡运动和抗日民族统一战线的形成，对日本的“日、满、华经济合作”的新构想予以最沉重的打击。于是，日本军国主义者在内外政策遭受挫折，“危机相迫而来”之际，就更加急于诉诸武力。美国驻日大使格鲁在其 1937 年元旦的日记中，对日本的对华政策给出分析和预测，认为日本在中国的一些谋划大多已归于失败，中国人抵抗日本的决心如此突然，“以致日本全国似皆有晴天霹雳之感”，对华政策肯定会有变化，“现在日本既已明白，用军事压力讹诈是不灵了，那也许就会试用别的侵略方法以控制华北”，“按什么程序，用什么方法，将受许多因素的影响，但扩张主义的贪欲是根本的……日本将会不惜使用一切手段以巩固对华北和蒙古的控制”。①

---

① [美]约瑟夫·C. 格鲁著，蒋相泽译：《使日十年》，北京：商务印书馆 1983 年版，第 193—194 页。

在此一时段的侵华过程中，日本政权的法西斯化加剧了侵华的军事行动。1931 年“九一八”事变前后，日本国内经过“三月事件”“十月事件”两次未遂的政变，推出少壮派军人的偶像荒木贞夫为陆相，增强了军部在政治上的地位。1932 年通过一系列的暗杀（“血盟团事件”）、政变（“五一五事件”），以暴力手段强行改变政治上层的力量配置，打击政党力量，树立军部在政治上的优势。“五一五”事件以后，日本内阁首相人选不再经过政党竞选，而是由元老征得军部同意提出人选，再经天皇任命。这标志着议会政治在日本已徒具形式，政党已失去作用，而军部的影响则进一步增强。此后，随着日本国内经济危机加剧，内外矛盾更加突出，其政治集团内部斗争也趋于激化，军部两派斗争的结果终于在 1936 年引爆“二二六”事件，产生了由统制派军人控制的广田弘毅内阁，其实质是统制派军人掌权，由此也开始了“改造日本”的行动，即“由天皇行使大权，取消政党政治，赋予军人改造国家权力”。到 1936 年春，日本国内建立了天皇制下的军阀专政，实质上完成了法西斯化的过程，也为进一步发动全面侵华战争准备了政治前提。①

随着战争政策的推行，日本加紧扩军备战。1936 年广田内阁制定了庞大的扩军备战计划。同年 11 月，日本陆海军在《帝国国防方针》中，要求进一步扩充兵力。根据这一总方针，陆军制定了充实军备 6 年计划，力求在 6 年内，使战时总兵力达到陆军 41 个师团，空军 142 个中队；海军计划在 5 年内新造包括 7 万吨级巨型战舰“大和号”和“武藏号”在内的 66 艘舰艇。要实现如此庞大的扩军备战计划，就必须占据丰富的资源区，为此日本军阀强烈要求占

① 周希奋：《从“柳条湖”到“卢沟桥”——浅论经济危机与日本全面侵华》，《暨南学报（哲学社会科学版）》1987 年第 3 期，第 10—19 页。

有中国的丰富资源。①

海军是积极推动日本发动全面侵华战争的急先锋。在侵华战争中,日本海军利用其制海权和制空权,击败中国海军,为日本陆军的登陆作战提供了前提和保证。当日本陆军深入中国腹地之后,日本海军对中国沿海地区实施全面封锁,给中国抗日战争带来了极大困难。日俄战争后,日本海军已成为东方一霸。1934 年日本退出“国联”后大力发展国防,扩充海军力量。1935 年 1 月 15 日,日本宣布退出军备限制会议,海军力量自此进入到无国际限制的扩张时代,陆海军力量得到迅猛发展,从而为侵华战争和太平洋战争准备了充分条件。到“七七”事变前,日本两次通过海军军备扩充计划:1934 年新造舰 39 艘,其中 2 艘为航空母舰;1937 年新造舰 70 艘,其中 2 艘为航空母舰。华盛顿会议后,日本新造舰共 313 艘,尚在服役期的舰艇 207 艘,总吨位达 110 余万吨,拥有舰载和陆基飞机 1 000 余架,建立起 7 支远洋作战部队。日本海军实力当时不仅在亚洲最强,即使与欧美大国相比,也属一流强国。早自甲午战争以来,日本除积极扩充军备外,还在中国沿海、沿江以租借方式广布舰艇,占领中国重要港湾,构筑封锁网,精心准备侵华战争。“七七”事变前,日本海军共有第一、第二、第三等 3 个舰队。其中,第一、第二舰队组成联合舰队,主要用于防范美国,也用于对中国沿海地区作战。第三舰队主要用于对华作战,其战略重点为以上海为中心的沿海地区和长江中下游地区。总之全面抗战爆发前,日本海军已经渗透到了中国东部、南部沿海地区以及长江流域中

① 胡德坤:《走向全面侵华战争之路——“七七”事变爆发前日本侵华政策初探》,《武汉大学学报(社会科学版)》1983 年版第 1 期,第 63 页。

下游地区。[①] 1936 年 8 月，日本陆军参谋本部和海军军令部制定《1937 年度对华作战计划》，提出日本陆海军协同作战，进攻中国华北、华中、华南地区。从广田内阁到近卫内阁，1937 年 6 月上旬，日本已建立起发动全面侵华战争的"准战时体制"，在"七七"事变后，则完成了从"准战时体制"向战时体制的转变。

第一次世界大战曾经在一个时期内给了日本帝国主义独霸中国的机会。1914 年第一次世界大战爆发后，日本意欲扩大侵略中国，以对德国宣战的名义侵入山东，以实现其扩张野心，受到英美等国列强的遏制。不过，当"九一八"事变昭示日本侵略野心之时，英美等国的绥靖政策则在事实上成了日本侵略扩张野心的助推器。国际社会奉行绥靖主义政策，使日本全面侵华无所顾忌。英美等西方国家对日本的侵略姑息纵容，有其自身考虑。日本的地理位置，有着特殊的战略地位。英美等西方列强一方面要利用日本牵制苏联；另一方面又要对其不断膨胀的军国主义野心加以扼制，以防侵害到列强利益。从历史上看，日本最初侵略中国台湾就是以美国为后盾的，侵略朝鲜则是依靠了英国的后援。自日本开埠以来，英国一贯把日本当作其在远东地区对抗沙俄的前哨基地。

"九一八"事变后，中国于 1931 年 9 月 21 日向"国联"提出申诉，请求"国联"制止日本对东北的侵略。在英法等国的操纵下，"国联"通过一项决议，对侵略者和被侵略者不加区分，要求中日双方停止一切冲突，撤退各自的军队，把东北划为"非武装地区"，由国际共管。而且，当"国联"在巴黎开会讨论日军侵华问题时，英国外交大臣甚至要求中国尊重日本在东北所享有的、条约所规定的

---

① 谢茜：《日本海权的崛起与全面侵华战争》，《武汉大学学报（人文科学版）》2011 年第 1 期，第 93—94 页。

权利。12 月 10 日,“国联”派遣一个所谓中立调查团就地调查中日关系,中日双方都保证避免军事行动。然而日本却于 1932 年 1 月进攻辽西,1 月 3 日攻占锦州。面对这种形势,美国国务卿史汀生向总统胡佛建议美国和其他国家对日本实行经济制裁,却被胡佛拒绝,于是史汀生草拟了一个“美国关于满洲事变的照会”,于 1 月 7 日分送中日两国政府。照会对日本在中国东北的侵略行径只是采取“不承认主义”的态度,即便其中对日本表达了不痛不痒的所谓政治上的谴责,还是引起美国国务院的关注,以致迅即于次日发表补充声明,宣称美国无意争夺日本在东北的权利,只要此项协议不损害美国的在华利益,美国不拟干涉中国和日本将来可能达成的解决事件的协议,以此强调美国的立场。西方大国的表态,无疑促使日本更加肆无忌惮地展开对中国的侵略,结果在 2 月 5 日,日军竟然占领了哈尔滨。在绥靖政策的纵容下,日军在此前后短短的 100 多天里,完成了对中国东北三省的武装侵占。

1932 年 1 月 21 日,“国联”组成以英国“国联”代表李顿为首的调查团调查所谓的中日冲突。日本为了迫使蒋介石政府承认其侵占东北的事实,转移国际社会对中国东北的视线,在上海挑起“一·二八”事变。日本进攻上海,直接触犯了英美在华利益,英美对日本的这次军事行动表示出强硬态度,对日本发出严重警告和抗议,并先后向上海派出海军舰队及陆战队,同时决定通过“国联”理事会向日本施加更大压力。2 月 16 日,英国联合了除中日两国之外的“国联”理事向日本发出照会,谴责日本违反“国联”盟约及《九国公约》。2 月 29 日,“国联”理事会决定接受中国代表的要求,将中日纠纷提交“国联”全体大会讨论,并宣布将于 3 月 3 日召开全体大会临时会议。对于“国联”所奉行的对日政策,英国《观察家报》则一语道破天机:“我们原谅日本……的行动,但是……任意进攻所有国际利益都汇合在那里的上海，则是另一个问题。”①

日本利用国际社会将注意力转移到上海之机，于 1932 年 3 月 1 日宣布成立“满洲国”。为了保住在满蒙的既得利益，3 月 14 日，日本停止军事行动，5 月 5 日，中日双方经过多次谈判，签订《淞沪停战协定》。但日本的侵略步伐并未就此停止，1932 年 10 月 2 日，李顿调查团的报告书由“国联”正式发表，承认东北属于中国领土，否认“满洲国”是“独立运动”的产物，不认可“满洲国”的现状，但是也不主张将东北恢复到事变前的形势，而是提出了一个荒谬意见，即对东北实行“高度自治”，聘请外国顾问，国际共管，实际欲将中国东北变为列强诸国共同宰割的地区。1933 年 2 月 24 日，“国联”大会以 42 票赞成和日本 1 票反对，通过了该报告书，并声明对“满洲国”不给予事实上或法律上的承认。报告书尽管偏袒日本，但日本拒不接受“国联”决议，于 3 月 27 日发表声明，声称日本对中国东北的侵略是“自卫”，还称中国应对事变“负全部责任”，并宣布退出“国联”，以示用武力独占中国的决心。

日本侵占中国东北后进而向华北扩张。1933 年 5 月 31 日，蒋介石政府与日本签订《塘沽协定》。但日本并不满足在中国的既得利益，1934 年 4 月 17 日，日本外务省国际信息和情报部主任天羽英二发表“非正式”的《天羽声明》，公开把中国视为日本独占的殖民地和“保护国”。对此，美国继续采取姑息政策。《天羽声明》发表后，约翰逊总统竟声称“无论目前还是将来，我们更感兴趣的，不是中国的独立，而是美国在太平洋上的行动自由”。1935 年 8 月，日本外相广田弘毅提出对华关系三原则，即蒋介石所说接受它“就

① 郝晏华：《从秘密谈判到共赴国难：国共两党第二次合作形成探微》，北京：北京燕山出版社 1992 年版，第 19 页。

是灭亡”的“广田三原则”。对此,美国国务卿赫尔也只是声明美国正密切注视着该地区内发生的事情,而未采取任何实际行动。1936 年 8 月,当日本召开五相会议谋划独占中国和东亚时,美国国务卿却指示其远东司制定相应方案,以尽量减少与日本的摩擦。1937 年 7 月 7 日日本发动全面侵华战争,英美仍然继续采取纵容侵略的绥靖政策。英国一方面承认日本在华北拥有驻兵、演习的权利,要求中日双方进行停火谈判,以阻止事态的进一步扩大;另一方面希望与日本达成协议,重建 1922 年以前的关系。1937 年 10 月 13 日,在英国内阁会议上,首相张伯伦明确表示反对制裁日本。10 月 23 日,英国驻日大使克莱琪在给外交大臣艾登的报告中也称,英国应对中日交战双方维持友好关系,以便在和平谈判和事后发挥作用。美国国务卿赫尔在 7 月 12 日公开宣布,在中日冲突中,美国政府对日本应采取“友好的、公正无私的态度”。7 月 16 日赫尔还发表了《关于国际政策基本原则》的声明,强调“本着互相帮助和调解的精神执行既定的条约程序”。8 月,美国驻日大使格鲁致电赫尔,更明白地表示了美国的立场,亦即在“中立”“不干涉”的幌子下纵容日本的对外侵略。

1937 年 7 月 16 日,中国政府向日本以外的《九国公约》缔约国送交备忘录,提请注意日本在华北的侵略行为违反了《九国公约》和“国联”盟约。9 月 12 日,中国正式向国联提出申诉,要求根据“国联”盟约采取必要行动。而英国把持的“国联”在 10 月份才通过决议,虽然指出日本违反《九国公约》和《巴黎公约》,但并未明确宣布日本的侵略行径,尽管同时也要求各国给予中国道义支持,但没有任何实际的措施,更未对日本进行制裁。相反,美国的贷款和战略物资源源不断地输入日本,自 1931 年日本发动“九一八”事变侵占中国东北之后,美日之间的贸易非但没有减少,反而有所增加,美国对日贸易额从1932年的6 400万美元上升到1937年的63 000万美元,5年间增长近10倍。[①] 对此,时任美国国务卿史汀生后来也曾承认,“日本的侵略得到我国大力支持。这种侵略行为不仅受到支持,而且我们的援助是如此有效,如此举足轻重,如若断绝援助,这种侵略就可能被制止和停止”[②]。1937年11月3日,“九国公约会议”在布鲁塞尔召开,与会者19国,日本拒绝参加。会上,中国代表要求对日本实行经济制裁,停止提供给日本贷款和军用物资,并给予中国军事援助,却遭到拒绝。比利时外交大臣宣称,这次会议不是审讯日本的“国际法庭”,而是要不偏不倚地做“调停”工作。美国代表表示本国不会考虑制裁日本的问题。会议期间,美国总统罗斯福以国内舆论为由,反对任何制裁日本的建议。英国表示决不带头对日本采取行动,首相张伯伦甚至表示:“到这个会议上去谈论经济制裁、经济压力和武力是完全错误的。我们是在这里缔造和平,而不是扩大冲突。”[③]会议发表的宣言只是重申《九国公约》的原则,要求中日双方停止敌对行动。由于日本一直拒绝参加,会议进行到11月24日,只好宣布无限期休会。

显而易见,利益驱使英美等国在国际社会对日本施以绥靖政策,以求各自平衡。在当时的国际社会,德国的崛起和1936年11月《日德反共协定》的签订,使苏联被德国牵制;意大利侵略埃塞俄比亚和西班牙内战,使英法等国列强被牵制而无暇顾及远东。英、

---

① 黄玉军、陈海宏:《英美的对日绥靖与日本发动全面侵华战争》,《理论学刊》2009年第2期,第105—108页。

② 吴木生:《东亚国际关系格局1894—1945》,天津:天津社会科学院出版社2001年版,第198页。

③ 军事科学院军事历史研究部:《第二次世界大战史·第1卷·大战的起源、酝酿与爆发》,北京:军事科学出版社2015年版,第442页。

美等国虽然同日本存在尖锐矛盾,但美英更为关注的是德、意引起的欧洲紧张局势和本国问题,害怕日本配合德、意在东方对其实行攻击,同时也敌视社会主义国家苏联,害怕中国人民革命力量的兴起会危及其殖民利益,因而不但不制止日本的侵略扩张,反而对其实行绥靖政策,甚至阴谋以中国的部分领土主权为筹码来缓和同日本之间的矛盾,并意欲把日本军国主义祸水引向苏联。当然,中国国力不足和国民政府的软弱无力也给日本侵华提供了可乘之机。国民党虽名义上“统一”了中国,但各派军阀争斗从未停息,政治力量一盘散沙的局面并没有得到根本改观。日本因此对中国更为轻视,并不过多忧虑来自中国的抵抗,从“九一八”事变到伪满洲国成立,再到“华北自治”,大有蚕食鲸吞之势。

随着民族危机逐步加深,中国国内抗日要求日益强烈,中国共产党以民族大义为要,促使西安事变和平解决,以此为国共合作建立抗日民族统一战线奠定了基础,中华民族出现空前团结一致的新局面。国民政府在此背景驱动下,不断积聚经济实力,同时也在加紧军事备战。1937 年 7 月 7 日夜,日本“中国驻屯军”蓄谋在卢沟桥发动军事挑衅,引发“七七”事变,开启了对中国的全面侵略,随后国民政府主席蒋介石在庐山发表《对于卢沟桥事件之严正表示》谈话,宣称“临到最后关头,便只有拼全民族的生命,以救国家生存。最后关头一到,我们只有牺牲到底,抗战到底”,“地无分南北,年不分老幼,皆有守土抗战之责”,表明出对日军挑衅的严正立场。[①] 7 月 28 日、30 日,日军相继占领北平、天津,7 月 31 日,蒋介

① 蒋介石:《对于卢沟桥事件之严正表示》(1937 年 7 月 17 日),中共北京市委党史研究室编:《北京地区抗日运动史料汇编 · 第 3 辑 · 1935.9—1945.8》,北京:中国文史出版社 1996 年版,第 185—187 页。

石发表《告全体将士书》,指出“和平既然绝望,只有抗战到底”,宣告战争已经全面爆发。“七七”卢沟桥事变揭开了中国全面抗战的序幕,中国乃至整个世界从此进入一个新的历史时期。1941 年 12 月 7 日日本发动太平洋战争,12 月 9 日国民政府在重庆正式对日宣战,1945 年 8 月 15 日,日本宣布无条件投降。

自 1931 年至 1945 年,历经 14 年残酷而悲壮的漫长的战争岁月,中国进行了艰苦卓绝的伟大抗战,取得了震撼人心的战果,虽付出沉重代价,却用中华民族之魂与中国人民的钢铁意志和血肉之躯,捍卫了自由和正义,赢得了和平和发展,为世界作出了巨大贡献。亲历全程并作为国民政府财经顾问的美国人杨格(Arthur N. Young),在 20 世纪 60 年代出版的著作中给出数据,书中论及中日战争时说道:“中国最为突出的贡献是与日本陆军和空军的一部分重要兵力,以及部分海军作战,牵制了世界战场的敌方力量。在中国孤军奋战的 1937—1941 年,日本实际在华兵力从 50 万人左右扩充到 75 万人,驻东三省的则从 20 万人左右增至 70 万人。在这一阶段的大多数时间里,在华实际兵力有一半处于战备状态。当太平洋战争于 1941 年 12 月爆发时,中国正在与日军 22 个师外加 20 个旅交战,相比起来,日本在其发动的南海、马来亚和缅甸战役中仅调用了 10 个师 3 个旅。在 1942—1943 年的多数时候,日本对在华行动采取一种稍显消极的态度,其在华实际兵力基本保持不变。”①根据日本复员厅 1950 年的调查,战争结束时,日本陆军实际在华数量为 104.97 万人。而日本当时的海外驻军总数为 234.35万人(不包括向苏军投降的人数)。在整个战争期间,中国

① [美]阿瑟・N. 杨格著,李雯雯译,于杰校译:《抗战外援:1937—1945 年的外国援助与中日货币战》,成都:四川人民出版社 2019 年版,第 446 页。

平均牵制了日本近一半的海外驻军。在中国独自抗战期间,该数字明显超出了50%的比例;在太平洋战争初期,它接近2/3;到战争结束时,撇开在东三省的不算,尚有一半左右的日本海外驻军实际留在中国境内。① 由于兵力牵制,1937—1941年,中国令日本丧失了发动其他冒险的可能性。此后,中国又在太平洋战争期间牵制住了日本可用于对美英作战的大量兵力。珍珠港事件之后,中国的持续抵抗又为美国提供了一处可用来牵制日本的空中力量,以及在中国打击其地面部队及运输的基地,从而起到了损耗日本战力的作用。美国也得以在日军后方的华东建立气象站,借此搜集的情报对太平洋地区的海军和空军来说都无比珍贵。②

在世界反法西斯战争中,中国抗日战争开始时间最早,持续时间最长,抗击日军最多,付出代价最大,发挥了不可替代的巨大作用。据不完全统计,在抗日战争期间,中国军民伤亡3 500多万人;按1937年的汇率折算,中国直接经济损失1 000多亿美元,间接经济损失5 000多亿美元。③ 据美国学者斯特林·西格雷夫在其著作《黄金武士——二战日本掠夺亚洲巨额黄金黑幕》中提及,战争期间,裕仁天皇委派其叔父朝香宫鸡彦和弟弟秩父宫雍仁、三笠宫崇仁和表兄竹田宫恒德负责"金百合计划",具体由日本宪兵队、大公司、黑社会负责执行,日本皇室从南京掠夺走的黄金至少6 000吨。总之,以此巨大牺牲,中国通过全面抗战,尤其是在太平洋战

① [美]阿瑟·N. 杨格:《抗战外援:1937—1945年的外国援助与中日货币战》,第447页。

② [美]阿瑟·N. 杨格:《抗战外援:1937—1945年的外国援助与中日货币战》,第448页。

③ 胡锦涛:《在纪念中国人民抗日战争暨世界反法西斯战争胜利60周年大会的讲话》,《人民日报》2005年9月4日。

争期间，为最终耗尽日本财力并配合同盟国作战作出了重大贡献，“中国通过运送包括锡、钨、锑、汞、桐油、猪鬃和丝绸在内的价值两亿多美元的战略物资，配合了盟军作战”①。据杨格统计，在整个战争期间，中国可能消耗了日本近35%的战争费用，在日本340亿美元的总额中，中国占120亿。② 中国自身的抗战代价极高，抗战爆发前的中国仅仅是一个能勉强维持温饱的国家，国民收入总体水平很低，能够用于军事开支的部分更是捉襟见肘。然而，正是在这样一种财力条件下，中国不仅坚持了持久抗战，而且取得了最终胜利，正如杨格所说：“任何时候，货币金额作为中国战争投入的衡量标准都很误导人。中国人民以很多令经济统计学家无法评估的方式负担了极其沉重的战争开支。”③

二、面向现代化转型的南京国民政府

南京国民政府建立前后，中国正处于全球化浪潮推动下的现代化转型的重要时期。国民政府自建立开始至抗战全面爆发，在应对各种复杂多变的内外矛盾和情势中，一方面以欧美日等国家为文明范本，寻求现代化发展道路，另一方面努力改革旧制，发展经济，变革社会，增强国力，有较好的积累。通过两方面的努力，国民政府为持久抵抗日本的入侵和占领，打下了良好的物质基础。

美国著名的比较现代化研究学者布莱克（C. E. Black）曾系统

---

① [美]阿瑟・N. 杨格：《抗战外援：1937—1945年的外国援助与中日货币战》，第448页。

② [美]阿瑟・N. 杨格：《抗战外援：1937—1945年的外国援助与中日货币战》，第447页。

③ [美]阿瑟・N. 杨格：《抗战外援：1937—1945年的外国援助与中日货币战》，第449页。

阐述了人类历史上出现过的三次革命性变革:第一次大约发生在100万年前,人类经过亿万年进化而出现;第二次革命性转变,指人类从原始状态进入文明社会;第三次发生在近几个世纪,全世界不同的地域、不同的民族和不同的国家从农业文明或游牧文明逐渐过渡到工业文明。就整个世界历史发展进程而言,人类历史的第一、二次革命性转变规模较小,范围较窄,人类文明的发展相对隔绝与孤立,世界市场还未形成;而第三次革命性转变则大为不同,伴随着15世纪新航路的开辟,世界经济文化交流空前加强,西方资本主义迅速发展,工业文明亦率先在欧洲崛起,致使整个世界格局发生深远变化。同以往人类社会的其他文明形态相比,工业文明以其扩张力与创造性,使人类社会生产力水平达到前所未有的高度。但同时工业文明的崛起也伴随着对外殖民扩张与武力侵略,因而使广大亚非拉地区逐渐沦为西方的殖民地。①

许纪霖、陈达凯两位学者将布莱克的第三次大转变解读为现代化,并进一步指出"现代化"是一个持续动态演进中的历史概念,认为整个人类的现代化进程最早从西欧开启,随后扩张到世界其他地区。作为人类历史变迁的潮流,现代化趋势不可阻挡。自20世纪开始,世界各国相继卷入现代化的浪潮之中。"欧洲是世界上首先变成现代的部分地区,世界的其余部分则正在进行一个持续的现代化过程"②。从现代化的时间推演历史来看,现代化又被人们称为欧化、西方化或工业化,显然这是"西方中心论"思想的表

---

① [美]C. E. 布莱克著,景跃进、张静译:《现代化的动力:一个比较史的研究》,杭州:浙江人民出版社1989年版,第1—2页。

② [美]帕尔默,科尔顿:《近现代世界史》,1971年原文版第4页,转引自罗荣渠:《现代化新论续编——东亚与中国的现代化进程》,北京:北京大学出版社1997年版,第19页。

现。从文明发展来看,中外学者都曾对现代化的含义进行过阐释,西方或许是现代化的发源地,但并不是实现现代化的唯一模式。事实上,现代化作为人类历史上最为剧烈的社会变革,经历了一个漫长、复杂、多层次的演进过程,其内涵亦极其丰富。总体而言,在世界历史发展进程中,现代化不仅仅促使人类社会伴随着工业革命从农业文明迈向工业文明,更是在这场社会变革的推动下,推进社会各领域、各方面发生了深刻的变化,从经济领域的剧烈变动,进而影响到政治文明发展、社会价值嬗变、知识科技繁荣等。“现代化并非一个简单的向欧美国家的认同过程,其间必然蕴含着每个国家在各自的历史文化视野中对现代化的不同价值取向和模式选择。现代化也不仅仅是生产方式的转变或工艺技术的进步,它是一个民族在其历史变迁过程中文明结构的重新塑造,是包括经济、社会、政治、文化诸层面在内的全方位转型。”①可见,对一个国家来说,现代化是一个动态演进的长时段的、全方位的历史发展过程,也是其中某个节点上的立体展现。

美国社会学家 M. J. 列维按现代化的前景,将不同国家、地区、民族的现代化分为三大类型,即“先行者”“早期的后来者”及“其他的后来者”。“先行者”以英、美、法等国为典型个案,这一类国家的现代化起步早,动力主要源自社会内部的新因素,故无前人的经验可供借鉴,全凭自身摸索前进。“早期的后来者”主要是指除英法之外的众多欧洲国家以及苏联。在现代化过程中,它们与早期先行者国家交流频繁。“其他的后来者”国家与“先行者”早期并无接触,直至现代化开启加速发展阶段,这些国家与先行者的联系才密

① 许纪霖、陈达凯:《中国现代化史 1800—1949》(第 1 卷),上海:上海三联书店 1995 年版,第 1—2 页。

切起来。[①] 中国学者罗荣渠以“创新性变革与传导性变革两种方式之不同”,将不同现代化道路总结为两大类型,“内源型现代化”和“外源或外诱型现代化”,认为内源型现代化国家主要是由于内部社会自身的创新,其外来因素占次要地位;外源型现代化则主要是由于受到外部挑战而诱发社会内部的政治、经济及思想文化变迁,其内部因素居于次要地位。[②]

中国的现代化比对上述两种类型而言,当属于外源、外诱型。从时间上推演,早在明朝时期,随着海上通道的开拓和中西经济文化的交流,西方文明伴随着宗教的渗透和科技的传入开始叩响中国古老文明的大门,利玛窦、汤若望等人应为早期文明使者。在此后润物无声的潜移默化中,早期现代化推进两百余年,直至 19 世纪上半叶,清朝政府处在国际风云变幻之际,迎来史上最为震撼的冲击,就是源自内部传统文明的危机。特别是鸦片战争期间西方列强以坚船利炮的极端方式撕裂中国引为自傲的文明形态时,西方式的文明示范展示出另一种迥然不同的发展道路,并吸引着国人不断学习探索。其结果,中国没有在内部矛盾冲突后走向历史上反复多次的王朝更替的道路,而是对西方文明的暴烈冲击予以开放式的回应,在备受屈辱的野蛮践踏后,将历史引向与以往迥然不同的发展道路,汇入散发血腥的全球化大潮中,在厚重的传统文明的裂变中展示了鲜明的现代化态度和行动。可以说,自 19 世纪以来,在遭受到侵略和霸权威胁的过程中,中国也深受其文明的示范性启发和带动,自觉或不自觉地步入现代化历程,由农业文明向

---

① [美]M. J. 列维著,吴荫译:《现代化的后来者与幸存者》,北京:知识出版社 1990 年版,第 2—3 页。

② 罗荣渠:《现代化新论:世界与中国的现代化进程》(增订版),北京:商务印书馆 2004 年版,第 131 页。

现代工业文明转型。一般而言,现代化的模式是异常复杂且多元化的,就中国而言,并非简单地对西方的冲击予以回应,因为在较长历史时期内,中国不仅面临外部的挑战,很大程度上还有源于自身内部的威胁,如威胁中央政权的地方割据问题等,“中国历史的内部要素与西方文明的示范效应叠加在一起共同制约着中国现代化的反应类型与历史走向”①,故而中国的现代化带有其特殊的历史表现和时代烙印。

考察中国的现代化,可以发现,虽然其与西方舶来示范效应及历史传统惯性驱动密切相关,但并不产生传统即抗拒、现代即发展的线性对应反应。现代化是多面的,它在给人类社会带来丰厚物质文明的同时,也带来巨大灾难,危与机并存,进与退同步。在现代化的演进过程中,伴随着传统旧秩序的瓦解,新的社会因素不可避免地与其产生冲突,故现代化是“同时具有创新和破坏作用的过程,它既提供了新的机会,也可能使人类付出混乱和痛苦的极大代价”②。中国作为后来的现代化国家,在现代化过程中有很多便利条件,可以直接借鉴先行发达国家的经验、技术等,但也有很多不利因素,如列维提到的差距和规模问题、资金短缺问题、高速追赶问题、协调和控制问题等等,中国亦普遍存在。③ 此外,近代中国内忧外患,国内社会动荡,政治衰败,经济落后,又有来自外部的威胁,故近代中国的现代化缺乏一个强有力的组织领导者以及稳定的内外环境,旧传统一直在顽强抵抗新的现代化因素,致使中国现代化的运行背景极其复杂、严酷。但值得注意的是,在每个国家、

① 许纪霖、陈达凯:《中国现代化史 1800—1949》(第1卷),第3页。

② [美]C. E. 布莱克:《现代化的动力:一个比较史的研究》,第24页。

③ [美]M. J. 列维:《现代化的后来者与幸存者》,第8页。

民族的现代化过程中,自身的历史传统,常常成为现代化转型的显性影响,如何将中国历史传统中的思想文化精华,在现代化过程中加以积极利用,同时理智剔除糟粕,无疑对成功推行现代化具有重要意义。

基于上述关于现代化的理论认知,南京国民政府建立后主导的现代化转型发展,其过程也充满中国式的回应和制约,并影响其发展走向和结局。1927 年南京国民政府建立之前,中国甚至以废除帝制、建立民国的革命方式,走过了晚清即已开始的 30 多年的革新图强的现代化实践历程。洋务运动开启中国史上第一次输入式改革,从千年农耕文明向工业文明转型。虽然改革者倡议,"我朝处数千年未有之奇局,自应建数千年来未有之奇业。若事事必拘守成法,恐日即于危弱而终无以自强"之呼声,[①]然而,此时的中国依然积贫积弱,国内形势依然一片混乱,没有一个真正意义上的中央政府,军阀割据,内战连年,经济颓败,产业不兴,国库空虚,国家积贫积弱。北洋政府深陷债务的恶性循环中,羸弱无能,财政流于形式,没有完整的财政管理体系,关税盐税等主要税收来源把持于外国人手中,货币体系复杂,流通混乱。中国在国际上成为列强欺凌的主要对象。

1927 年 4 月 18 日,蒋介石凭借军事实力在南京成立国民政府,实行以党治国的党治国家模式,开始了统治中国 22 年的历史。以蒋介石为首的国民党试图通过孙中山倡导的"军政—训政—宪政"的建国三阶段实现其声称的政治奋斗目标,在中国建成三民主义。南京国民政府建立初始,当务之急便是稳定政权,重构权力中

① 李鸿章:《妥议铁路事宜折》(光绪六年十二月初一),顾廷龙、戴逸主编:《李鸿章全集 9·奏议九》,合肥:安徽教育出版社 2008 年版,第 254 页。

心,形成新的国家秩序。国民党虽推翻北洋军阀的强人权威政治统治,却沿袭其政治理念,过于迷信权力。以致“民国初年,从革命一开始发生,就注重权力,无法建立一个新的民国,有民国之名,而无民国之实”①。

1928年随着第二次北伐完成,新疆通电归顺南京国民政府,旋即东北三省改旗易帜,国民党形式上统一了全国。同年10月8日国民党中央执行委员会通过《训政纲领》,宣布进入“以党治国”的训政时期,“以党统政”“以党训民”,实现对国家政治和社会生活的全面统治,蒋介石也逐步成为国民党和国民党政权的权力核心。

1928年12月,北洋军阀结束了在中国的统治,1930年中原大战结束,南京国民政府实现了统一中国的目标。当然这里所谓统一,只局限于形式而已,南京国民政府的实际统治范围事实上只有沿海、沿江数省,因为军阀出身的军事将领还在各自势力范围内控制着不少军队,并不完全服从中央政府的命令,中国仍然具有明显的地域分散性,当然中央通过军费补给、政治倾向宣传或利益诉求等手段对其施加影响,也使政令在偏远地区的分量日益提升,但距离完全的国家权威仍然很遥远。② 除了投入大量军事武装力量“围剿”红军,分化打击国民党地方军事实力派,还要应对日本的严重威胁。如何捭阖三重危机?国民政府面对有限资源,倾向于对内实行武力统一,“消灭反侧”;对外“寻求与日本较长时间的妥协”。③ 1931年7月23日,蒋介石发表文告,正式将“安内攘外”作为基本

① 许纪霖:《迷信“权力”的辛亥革命不会彻底》,《参花·文化视界》2011年第7期,第12—18页。

② [美]阿瑟·N.杨格:《抗战外援:1937—1945年的外国援助与中日货币战》,第5—9页。

③ 张群:《我与日本七十年》,台北:财团法人中日关系研究会1980年版,第45页。

国策,声称在“外患日急,国势阽危”之际,“以卧薪尝胆之精神,作安内攘外之奋斗,以忍辱负重之毅力,雪党国百年之奇耻”,“以有组织之努力”,“必期于最短期间,剿灭赤匪,保全民命,削平叛乱,完成统一”,①试图通过“安内攘外”之举确立并巩固国民党的权威,营造出有利于建设和发展的环境。此外,国民党中央政权对地方军事实力派的分化和打击也有了新的进展。1931 年后,地方军事实力派大规模反蒋军事活动大体停止,1933—1934 年,用武力来“安内”的对象主要剩下中国共产党。南京政府利用“追剿”红军之机,把势力深入西南、西北地区。1935 年 1 月蒋介石派遣贺国光率中央军参谋团入川,自 3 月至 10 月,蒋介石本人坐镇四川,设行营于重庆,负责督导西南军政事务,推行“统一化”的督察专员等行政财政改革,增强了西南对中央政权的向心力。中央行政军事力量进入西南三省,可谓袁世凯之后的首次。此举加强了南京政府对西南的控制,也使西南各省“更深地卷入到全中国的政治生活当中去”②。

国民政府对日妥协退让政策,使得日本蚕食中国主权的贪欲日益膨胀,纵容日本势力迅速向关内进逼。如前文所述,1933 年 5 月国民政府与日本签订《塘沽协定》,事实上承认了日本对中国东北的强占,并隐忍其对华北的侵入。1935 年 6 月,国民党中央军从河北撤出,促使华北危机空前加剧。1932 年中国军队在上海与日本军队短期开战,表现出令国人振奋的坚决抵抗的决心和力量,使日本军队不得不撤退。这次胜利意义非凡,可谓在经历了 150 年

① 蒋介石:《告全国同胞一致安内攘外》,蒋介石言论汇编编辑委员会编:《蒋“总统”言论汇编》第 21 卷,台北:正中书局 1956 年版,第 14 页。

② [日]石岛纪之:《国民政府的“统一化”政策和抗日战争》,《“民国档案与民国史国际讨论会”论文集》,1986 年编印,第 289 页。

的外侮后，中国人第一次卓有成效地抵抗了用现代武器装备的外国军队。

伴随日本入侵带来的战争威胁日益加深，国民党也在着手准备应战。特别是在国内民众抗日呼声压力下，国民党1932年2月即曾拟定全面对日防卫计划，1933年后加紧修建国防工事，建立军事工厂，筹建海、空军，由德国军事顾问帮助，着手建设中国现代军队的基础工作，1932年年中，聘请美国顾问帮助建立一支现代空军。但是，正如杨格指出的，作为一个军事家和现实主义者，蒋介石清楚以当时的条件，中国不可能赢得与日本的战争。为了避免过早与日本决战，蒋介石压制了一些影响因素，对日本的扩张侵略，事实上也没有采取任何具体行动加以及时遏制，反而颁布"敦睦邦交令"，严厉镇压民众抗日行动。东北地区地域辽阔，资源丰富，土地肥沃，是中国倚重的财源要地。蒋介石对日本的妥协，导致东北沦丧，这给中国带来了惨重的损失。

作为一个中央政权，国民政府对待日本进逼采取的妥协退让政策，不仅严重损害其政治权威，也造成大部分国民从心理上对其产生严重疏离，可以说信心危机伴随着国民政府始终，从成立到终结，信心危机或有形或无形地影响着国民政府方方面面的政策和制度实施的成效。此时的中国内忧外患，国民党内部派系斗争不断，外部有日本侵略威胁，导致"国家政治中枢机构长期处于虚弱的地位，缺乏调节国内社会关系的基本效能"；经济上，"南京国民政府对社会的抽取超过了社会可资抽取资源的限度"，使社会财富无节制向国家集中，导致民众的不满，同时，南京国民政府对社会的供给能力又颇为欠缺，"无法提供社会发展所需的国家安全、产权保护等基本的公共物品"；在意识形态领域，始终无法形成统一的价值体系，信仰危机严峻，故"只享有权力而不尽义务的政府面临着各种利益集团要求参与政治、改组政府的压力。然而在既得利益集团的主导下,南京国民政府无力通过制度创新,以超越其原有功能,容纳新兴利益集团而完成变革。其低下的调适能力使南京国民政府丧失了政治转型的历史机遇,失去了合法性基础"①。总之,在20世纪整个二三十年代,南京国民政府所面临的复杂政治危机并未得到有效解决。尽管如此,至1937年中国内部局势基本平稳,蒋介石亦取得了党内最高领导人地位,个人威望极高,美国大使纳尔逊·T.詹森在其报告中曾指出,中国国内的主流观点是"国家存续离不开蒋介石的领导"②。与此同时,南京国民政府在1927—1937年这10年间经济建设方面亦可圈可点,但日本的入侵和占领,中断了中国现代化发展的势头。不过,到抗战全面爆发的1937年,南京国民政府历经10年的现代化积累,为持久抗战打下了基础。

现代化转型中的南京国民政府,相对北洋政府来说,有着明确的政治信仰和治国主张。国民党信奉国家主义,在经济上主张发展国营经济,节制民间资本,在经济增长模式上,国民政府推行优先发展国营企业的战略。国民党创始人孙中山历来主张由国家节制资本,他在1902年《民报》中宣布"中国自三代以来,已有井田之义,我国革命之后成立民主政府,当可借镜古义而实行土地国有"③。到1912年中华民国成立时,他尤其强调"民国政府拟将国

① 杨丹伟:《论南京国民政府的合法性》,《江苏社会科学》1999年第1期,第101—107页。

② [美]阿瑟·N.杨格:《抗战外援:1937—1945年的外国援助与中日货币战》,第6页。

③ 张朋园:《梁启超与清季革命》,长春:吉林出版集团有限责任公司2007年版,第243页。

内所有铁路、航业、运河及其他重要事业，一律改为国有”①。蒋介石组建南京国民政府后，对外宣示经济主权，对内强调中央政府的干预职能，将计划经济作为国家宏观经济政策依据，构建出一整套统制经济体系，表现出一个集权型政权的基本特征。1928 年 7 月，美国与国民政府达成协议，同意中国关税自立。随后英、法、日等国相继宣布承认中国的海关自主权。1931 年，国民政府废除了流弊深重的厘金制度，促进商品流通和贸易往来。这两大举措，为建立一个统一的国民经济体系创造了至关重要的条件。

在宏观经济政策上，1937 年 2 月国民党五届三中全会通过《中国经济建设方案》，明确“中国经济建设之政策，应为计划经济”②。通过《国民政府训政时期施政宣言》，明确表示：“若夫产业之有独占性质，而为国家之基本工业，则不得委诸个人，而当由国家经营之。此类事业，乃政府今后努力建设之主要目标，并将确定步骤，以求实行。以国民急切之需要而言之，必须首谋开发社会经济所赖以为发动之基本工业。”③同时在配套的《建设大纲草案》中予以细化，“凡关系全国之交通事业，如铁路、国道、电报、电话、无线电等；有独占性质之公用事业，如水力电、商港、市街、市公用事业；关系国家前途之基本工业及矿业，如钢铁业、基本化学工业、大煤矿、铁矿、煤油矿、铜矿等，悉由国家建设经营之”④。可见所列领域，均

---

① 张朋园：《梁启超与清季革命》，第 162 页。

②《五届三中全会〈中国经济建设方案〉决议案(摘录)》(1937 年 2 月 19 日)，江苏省中华民国工商税收史料编写组、中国第二历史档案馆：《中华民国工商税收史料选编》第一辑《综合类(上)》，南京：南京大学出版社 1996 年版，第 205 页。

③“中华民国建设委员会丛刊”编辑委员会：《“国家”建设丛刊》第 6 册，台北：正中书局 1971 年版，第 39 页。

④ 孙科：《建国大纲草案》，铁道部，1928 年编印，第 1—16 页。

为能源、资源型的上游产业,关乎国计民生之要义。国民政府随后将这一原则落实到各项具体建设计划中,作为实施指导,如"基本工业建设计划"(1928 年)、"实业建设程序案"(1931 年)、"国家建设初期方案"、"实业四年建设计划"(1933 年)、"重工业五年计划"(1935 年)、"中国经济建设方案"(1937 年)、国民经济建设运动等。1928 年至 1937 年,是中国历史上国营工业快速发展的高峰期,许多大型的冶金、燃料、化工、电气及军工企业在这段时间创建,由此,经济史上所谓"黄金十年"亦可称为国有经济的"黄金十年"。①

国民党在以党治国为特征的现代化转型中,使国家主义成为主流选择,一方面来自中国"大一统"思想文化传统的影响。自宋代以后中国经济逐渐形成的大一统中央集权体制下的超稳定结构的经济形态,阻碍了以工业文明为特征的现代化发展需要。不过,当面临外敌侵略处于民族危亡的紧要关头,强国御侮,维持国家统一和中央集权的大一统原则,应该是中国取得主权独立并使中华文明绵延不断的共识。国民政府发展国营经济、节制民间资本的国家经济策略应是植根于历史素有的土壤中,并在内外条件具备时瓜熟蒂落的结果。另一方面也汲取了西方国家的经验。在 20 世纪 20 年代后期,欧洲和北美都爆发了严重的经济危机,各国先后推行国家控制重要产业、优先发展重工业的政策。其中,德国、苏联两个超级军事和经济强国相继崛起。美国也在 1929 年沉陷于著名的"大萧条时代",整体经济水平倒退至 1913 年,罗斯福担任总统后实行新政,同样以国家管制和优先发展重工业为战略,带有强烈的国家干预主义倾向。发生在德国、苏联以及美国的这些

---

① [美]费正清主编,杨品泉等译:《剑桥中华民国史》(上卷),北京:中国社会科学出版社 1994 年版,第 61 页。

景象，无疑深刻地影响了中国的变革。

在战火燃起、外敌入侵之际，国民政府确立制度化的国家主义，使得国家可以掌握并控制重要资源，有计划地安排国家重大产业计划，对抗战大局无疑具有积极意义，但是因此也容易造成政府利用其垄断地位与私人企业争夺资源，并且压制私人企业发展的弊端，并导致经济上的诸多问题。不过就国民党统治的历史而言，或可以说政治权力制度在更宏观的层面上为经济运行规定了一种基本环境，形成了所谓的“统率性规则”，①抑或可以凭借现代化转型中传统性因素与现代性因素交互影响，来窥视国民政府的转型特色。

战争需要金钱。杨格20世纪60年代回忆在中国工作的这段历史时说：“20世纪30年代的总体环境对资本积累并不是很有利。与军事上的资金需求相呼应的是稳定国内秩序，以及在1931年之后着手准备与日本之间的正面对抗。”“因为资金短缺即意味着内部混乱、外部灾难。”②1928年年中，从北洋政府手中接管了政权的南京国民政府立即着手扩大固定收入来源：重获关税自主权使得海关收入大幅提高；对盐、烟草、棉纱和其他商品课税的国内税收制度则促进了财政收入持续增长。国民政府还逐步取消了“厘金”这一施行多年的对国内商品流通征税的制度。然而当日本侵略将战火燃向中华大地之时，中国正在向现代化转型的历史进程被迫中断。在抗击侵略的过程中，如何汇聚国家财富？国民政府也不可避免地经历着金融现代化的考验。

① 相关论述参见C. E. 林德布洛姆著，王逸舟译：《政治与市场：世界的政治—经济制度》，上海：上海人民出版社1997年版。

② [美]阿瑟·N. 杨格：《抗战外援：1937—1945年的外国援助与中日货币战》，第13页。

第二节　战争金融理论准备与经验借鉴

一、战争金融理论及其在中国的影响

18世纪以前与战争经济金融相关的理论阐述散见于古典经济学家们的文献中。如威廉・配第(William Petty)提出,军费是国家公共支出中的重要部分,在平时军费不应少于全部经费中的任何项目,战时或有战争威胁时,战费则会比其他项目多得多。① 他在《政治算数》的第一章阐述了影响战费的基本因素之一——国家的地理位置。他认为一个国家地理位置越优越则国防或战争费用越低。② 古典经济学宗师亚当・斯密(Adam Smith)认为社会分工是产生战费的重要原因,社会分工越来越细,战争规模也逐渐扩大,武器军需无需参战人自己提供,而是由国家供给。随着科技的发展,武器装备也越来越复杂,战费也相应增加。他认为战费负担的基本原则是全社会各尽其能,视各人收入多寡而定。③ 大卫・李嘉图(David Ricardo)强调,筹措战费最好的方式是征税,因为征税不会将负担遗留给后世,也会对政府发动或加入战争形成制约。④ 在古典经济学时期,相关理论已经涉及战时经济和战费等核心问题,但战争金融理论体系的形成尚待时日。

现代战争经济理论学说,起源于对资本主义世界战争经验的

---

① [英]威廉・配第著,陈冬野等译:《赋税论》,北京:商务印书馆1963年版,第17页。

② [英]威廉・配第:《政治算数》,北京:商务印书馆1978年版,第20页。

③ 库桂生:《国防教育学说史》,北京:高等教育出版社2003年版,第8页。

④ [英]大卫・李嘉图著,郭大力等译:《政治经济学及赋税原理》,北京:商务印书馆1972年版,第225—226页。

总结。18 世纪初期的西班牙王位继承战争、18 世纪中期的 7 年之战、1870 年普法战争、1904 年日俄战争、1912 年巴尔干战争等，战争的规模、范围、影响等已经远超以前的局部战争。到 19 世纪末 20 世纪初，欧洲形成了同盟国与协约国两大军事同盟，世界性大战已经迫在眉睫，现代战争经济金融理论也在频发的战争中逐步得到完善。在第一次世界大战爆发的前夜，英国经济学者赫斯特(Hurst，《经济学家》杂志编辑)出版了《战争的政治经济学》，这一著作在现代战争经济理论领域具有开创性意义，对战争与经济发展、财政、工业体系的关系进行了深入剖析，其基本结论成为后世战争经济学的基石。第一次世界大战极大地促进了战争经济学的发展，真正开启了学术界对战争经济金融理论的系统研究。① 这一时期的研究以现实战争为着眼点，故将规模空前的第一次世界大战的准备、过程、结果及后续影响作为关注焦点。战后不久，主流经济学家庇古(Pigou)完成了对战争经济学基本体系的建构，使之成为古典经济学的分支之一。1921 年庇古从金融角度对战争现象进行了深入的研究，提出以下观点：(1) 战争的根本原因之一在于经济利益的追求，而金融家是参与利益追求的重要群体。(2) 发动战争可用资源包括实物与现金两类，资金的来源包括增加生产所得、减少个人消费、减少投资及现有资本的转移使用等。(3) 战费筹措方式主要包括增税、举债和银行信用的创造，并详细介绍了公债与信用创造的基本方式。(4) 战时经费与物资集中须配合以全面的经济统制，包括物价统制、消费和生产物资的定额分配等。② 庇古战时经济金融理论承袭古典经济学自由主义思想，也是其福

① 库桂生：《国防教育学说史》，第 14—15 页。

② 相关论述参见[英]毕高著，温晋城译：《战争经济学》，上海：启智书局 1933 年版。

利经济学理论的一部分,其基本主张是战争应减少国民的福利损失。与之相对应,一战中德国国防军二号人物鲁登道夫(Erich Ludendorff)根据一战的实际经验,在1932年提出“总体战”论,主张在经济层面国家可将一切物质力量用于战斗,实现平时经济战时化的持续准备,而总体战正是二战中德国的基本战略。总之,战费的筹措及货币政策的运用已经成为这一时期战时经济理论的重点。

凯恩斯(Keynes)对战争经济理论的最终形成卓有贡献。1915年即第一次世界大战爆发不久,凯恩斯到英国财政部任职,兼任英格兰银行理事,亲历了英国战时经费的筹措。战后他又以英国财政部首席代表、经济顾问身份参加巴黎和会,直至二战再次担任英国财政部顾问,成为二战战费筹划的重要智囊。凯恩斯在著名的《就业、利息和货币通论》中,将战争和军费支出作为增加有效需求,缓解经济危机的手段之一,为扩军备战找到了有利于经济发展的最重要的理论依据。在其最后一本著作《如何筹措战费》中,凯恩斯进一步申明战时经济的总体特点是总需求大于总供给,当战时需求与国民消费需求同时增加,供求平衡的关键在于处理好战争需求与国民需求之间的关系。凯恩斯认为,对于筹措战费,税收、公债、征收海外资产、通货膨胀、工资、物价与消费品管制、专营事业等各种手段各有利弊。战时通货总体有增发倾向,个人货币收入也会增加,但在有效供给一定的情况下,听任民众支出货币的唯一结果就是物价的提高。

凯恩斯提出征税是筹集战费的重要方式,但对于数量庞大的中低收入阶层不宜过度采用重税筹费。公债发行需要注意公平性,因为资本家必然是公债的主要承担者,过高的公债收益将造成群体收入分配更大的不公平。定量分配、价格和工资管制对于供求均衡及战费筹措并无作用，最终只会适得其反，造成浪费和市场秩序的破坏。[①] 凯恩斯倡导以延期支付为中心的战时财政金融动员模式。所谓延期支付，是指通过政府干预，对大多数人的部分货币收入实行储蓄，以待战后支付。也就是说，通过储蓄动员，暂时放弃一部分收入的消费权利，延缓到战后行使。这部分储蓄动员的资金便形成战费的重要部分。延期支付是带有强制性质的，但一般不会给民众带来重大的牺牲，社会消费的抑制有利于政府战费的筹集并减少通胀的危险。[②]

战争金融理论在中国的传播，同样始于对一战各国金融政策的观察，从 1914 年起到一战结束以后，有关英、法、德、美等国的战时金融政策与市场变动的报道屡见报端。1915 年东方通讯社《德国经济与战争之关系》中文本出版。一战中中国参加协约国一方，主要负责战时劳工的征募与输出，1917 年北洋政府财政部曾设“战时财政金融审议会”，规定职能为“审查评议关于战时整理财政金融事宜”，实际仅为研究币制与关税改革的短期研究机构。[③] 1919—1921 年北洋政府内政部和国务院主编的《欧战期间杂记》(经济类)、《经济丛编》(第 1—8 册)编译了有关一战后欧美各国财政金融的专题文献达数十篇，多是关于诸国战时战费筹措与金融调控，涉战时金融组织、外汇、公债、证券、通货、税收等各端。[④]

---

① 刘业础:《军事经济学说史》，北京:军事科学出版社 1995 年版，第 239—241 页。

② 邱一鸣、贾军:《凯恩斯财政动员思想初探》，《军事经济研究》1995 年第 12 期，第 13 页。

③《特别记录(专记对德奥宣战事宜):战时财政金融审议会规则》(六年九月七日公布财政部令第一九五号)，《司法公报》1917 年第 81 期，第 14 页。

④ 北京图书馆:《民国时期总书目 1911—1949 · 经济》(上)，北京:书目文献出版社 1993 年版，第 75—76 页。

1922 年出版的《欧战财政纪要》,对一战交战各国战费开支、财政政策、战时税收、国债与金融状况及本国总体财力进行了系统的梳理,战时金融部分主要为各国战时币制述要与通货数量统计。① 1931 年以后,日本侵略野心昭然若揭,国人对战时财政金融理论、中日战争经济力量评估、中国财政金融事业改革等问题的讨论渐多。不少重要战时财政金融理论专著先后被引译。② 本国学者也开始对战时金融理论专题介绍,其中关于战费筹措方式和金融政策运用的主张较庇古的论述并无实质性突破,在基本政策思路方面更倾向于政府的严格统制。

东北、华北的沦陷及"一·二八"事变使全民族深感中日全面战争迫在眉睫,朝野上下越来越关注各国战时财政金融的既往经验和理论阐述,并思考中国财政金融的战时准备,以及改进现状的办法。欧美大量战时经济理论文献传入中国后,随着民族危机的加深,中国的知识分子开始形成自己的战时经济理论观,以关吉玉等学者为代表。关吉玉 1930 年赴德国柏林学习财经,1932 年回国,1934 年任庐山军官训练团教官,1935 年改任四川财政特派员。他在留德期间对欧战财经问题有过系统研究,1933 年、1936 年先后出版《战时财政》《中国战时经济》等专著,认为战争胜败的关键在于国家战时财力能否维持战争的需要,租税和公债是筹集战费的两个最重要的途径,长期而言,租税要优于公债,租税不仅可以

① 陈灿:《欧战财政纪要》,上海:商务印书馆 1922 年版,第 78—119 页。

② 主要有《战时经济概论》(著者不详,李四良译,军用图书社 1932 年版)、《战时经济学》([英]庇古著,温晋城译,启智书局 1933 年版)、《战争与经济》([日]正木千秋著,艾秀峰编译,大公报社 1934 年版)、《战争经济学》([苏联]M. 莎维兹基著,谢木城译,华南图书社 1937 年版)、《全民战争》(即《总体战》)([德]鲁登道夫著,董问樵译,商务印书馆 1937 年版)等。

抑制民众消费和通货膨胀，而且也有利于维护公债信用。经费募集的基本策略是以租税为主，公债为辅。结合战前中国的税制状况，关吉玉提出在可能的中日战争发生后以内地为主的税制改革思路。至于公债发行，他更倾向于在战争初期通过发行公债渡过难关，同时改革税制，逐渐使租税取代公债在战费结构中的地位，而募集公债的核心在于维持信用，主要是处理好新债和旧债的关系。①

二、经验借鉴：一战中欧洲各国的政策选择

欧洲各国因国库充裕程度与财政经费管理等方面的差异，在一战前对军费准备采取了两种迥然不同的方式。其一，为财政金融作特殊的战时准备。其二，将战时财政金融形态容纳于平时。德国战前特殊准备在各国中做得最好，早在一战前 20 年就吸取普法战争（1870—1871 年）教训，为未来战争积极进行财政金融准备。德国从法国获取 50 亿法郎赔款，除偿付 15.5 亿法郎战时军费外，余款中 1.2 亿储存于战时金库，其余皆作为币制改革与充实中央银行之用。战后德国将经济建设经费与战费完全分开，并于 19 世纪末期实施“密克尔计划”，即整顿军部预算，将战时最初一个月动员费分摊入各年预算。1901 年战时海陆军军费会议提高最初一月战费储备，从 4.5 亿马克增加到 6.5 亿马克。1906 年因英法接近，德皇召开财政准备会议，财政部提出战初 3 个月，战费、应付金融恐慌及支持工商业发展共需 29 亿马克，而现金仅有战时基金 1.2 亿马克及帝国银行准备金 10 亿马克，依此准备可发行纸币 20 亿马

① 具体内容参见关吉玉：《中国战时经济》，国民政府军事委员会委员长行营，1936 年编印。

克。会议当即议定批准帝国银行发行小额纸币以收集民间金货。巴尔干战争后,德国战费准备进一步扩张,1912 年预计前 3 个月战费在 45 亿马克,次年参谋本部估计战时一年经费在百亿马克以上,决定增加战时基金至 3.6 亿,并加征遗产税与所得税,加铸银币。此外拟增发小额纸币与管制国际汇兑,并做好准备应对战时的金融孤立。① 正因为有长期周密之准备,德国于一战初期才能迅速调集军队。

英、法等国在一战前对财政金融并无特别准备,但两国中央银行制度之完善对战时金融的调控大有裨益。英国为当时世界金融中心,早在 1844 年《英格兰银行条例》通过后即垄断了英国银行券的发行。法国对战时财经准备始于 1874 年巴黎金融危机之后,并随法兰西银行地位逐步提升而趋于完备。当年法国政府决定,法兰西银行货币为法定货币,可推行于全国各地。法兰西银行可发行 100 法郎以下小额纸币,除法兰西银行外,其他各行禁止发行纸币,发行开始统一。1911 年政府与法兰西银行秘密协定,战争爆发时法兰西银行以 90 亿法郎、阿尔及利亚银行以 50 亿法郎为限对政府提供贷款。② 作为一战最大受益者的美国,到战争前期的 1913 年,联邦储备银行体系建构亦已初步完成。③

1914 年 7 月,欧洲各国均觉战事不可避免,金融市场日渐紧张,危机四伏。各国金融市场自奥匈对塞尔维亚最后通牒之日起,卖盘兴起,金融机构贷款与票据取现需求剧增,一般银行亦急于收

① 胡善恒:《战时之金融准备——昔日之英德法与今日之日本》,《时事月报》,1934 年第 10 卷第 3 期,第 167—169 页。

② 郑森禹:《战时财政金融紧急对策》,《绸缪月刊》1936 年第 2 卷第 6 期,第 6 页。

③ 何伯雄:《战时财政金融问题之研究》,《申报月刊》1935 年第 4 卷第 6 期,第 59—62 页。

回债务或变现资产。维也纳、安特卫普、蒙特利尔、多伦多、马德里等地股票交易所于7月27日(奥匈对塞尔维亚宣战前日)停市,29日因俄军动员,柏林、彼得堡交易所停业,30日巴黎交易所停业,31日金融中心伦敦交易所停市,纽约交易所受影响同时暂停。金融风潮自7月25日起至8月1日达到顶点,伦敦金融市场常年流通票据金额在3亿英镑左右,一时梗阻难行,证券市价狂泄,通货奇缺,相关证券经纪人、贴现人、承兑人亟待央行救济。法国金融业虽不如英国发达,但因其国民财富大多得益于国外投资(20%投资于俄国、智利、墨西哥,其余主要在南美诸国),战事一起,证券跌价,难以脱手,银行此项抵押资产几乎沦为废纸。更严重的是德军进占法东北棉铁工业基地,致使法国财政经济受损极惨。① 各国遭遇银行蜂拥提兑,仅8月3日一天,柏林储蓄银行支出竟达2.3亿马克,英格兰银行数日间因提存及金货兑换损失正货储备1.38亿英镑。②

战前准备最充分的德国对风潮作出迅速反应,1914年7月27日帝国首相将事先准备好的法案调印完毕,7月31日帝国银行及全国分行奉令停止兑现,8月1日对俄宣战后常备军由80万人增加至200万人。德国随即发布财政金融动员令:战时准备金及国家其他现金准备集中交付帝国银行;最初两日的战争动员经费7.5亿马克由帝国银行向政府作短期贷款;帝国银行对经济界作广泛信用保证;国内各大都市立即设立放款金库,发行无准备金之放款金库证券,以办理抵押借款,金库券有10元以下小面额者,可流通市面以增加市场筹码;设立借贷所向小商人和手工业者提供贷款;

---

① 沈廖:《欧战战时金融政策之检讨》,《银行期刊》1936年第4期,第72—74页。

② 沈中临:《战时金融恐慌及其对策》,《留东学报》1936年第1期,第3、第10页。

设立战时信用银行,办理信用或抵押贷款。① 8月2日,变更银行法令,停止国库券和帝国银行纸币兑现义务,禁止现金输出,以纸币广泛收集民间金货。至此,德国实际放弃了金本位制度。② 8月4日颁布的《关于追加德意志预算法》规定,首相有安排50亿马克临时费用支出的权力。帝国金库证券大部分由帝国银行贴现,此券及其他国家所发各种证券、银行承兑商品票据均可为钞票发行保证准备,表示放弃了金本位制度。③ 8月6日联邦参议院布告,汇票及支票展期1个月,其后又展期至1915年5月,政府授权民事法庭斟酌延期长期债务。④ 总体上,德国战时的初期应对较为有序,对金融市场波动和社会资金需求反应迅速,主要因为事先准备周密。帝国银行对政府、工商业、小生产者的贴现或放款增长极快,到7月31日总额为7亿马克(7月23日仅为2亿马克),到8月15日增加到11.52亿马克。⑤

1914年8月2日英国政府颁布支付犹豫法令,除工资薪金、5镑以下债务、租税、运费、公债及银行存款外,其他债务延期一月(后延至10月4日),估计延付债务达20亿英镑。为缓解金融市场票据流通问题,又顾虑其作为世界金融中心信用地位,英格兰银行宣布维持钞票兑现,对证券按六成价值作抵押放款且准予金融机构对其申请重贴现。至于英格兰银行所担之责及承受之损失,皆

---

① 何伯雄:《战时财政金融问题之研究》,第59—60页。

② 沈廖:《欧战战时金融政策之检讨》,第72—73页。

③ 原规定帝国银行钞票发行必须有1/3的现金准备,其他2/3为商业票据,而根据改进后的发行准备规则,政府国库券与贷款处票据均可作为发行准备。

④ 郑森禹:《战时财政金融紧急对策》,第6—7页。

⑤ 吴克刚:《战时金融与币制》,上海:文化生活出版社1937年版,第17—18页。

由政府承认赔偿。① 8月6日颁布《通货与纸币法》,由财政部在银行钞票之外另发财政部钞票(由英格兰银行代发且强制流通),邮局汇票亦可自由流通,以节约金货支付。在财政方面,首先由英格兰银行向政府垫款,启动特别会计金变更,将减债基金275万英镑提充战费。8月19日,发行国库券1 500万镑。② 经英政府与英格兰银行奋力筹划,各项金融票据之流转通货交易状况转好,国际信用得以维持。法国政府首先宣布7月31日至8月31日流通票据一律延期,适用范围较英国更广,甚至房租也在内,损失部分由政府补偿,后法兰西银行于8月5日宣布钞票停止兑现。③ 为限制过度提存,规定对250法郎以上存款只可提取一半(以下可照数提出),储蓄银行存款每周提取不得超过50法郎。④ 至于贴现放款一项,法兰西银行亦尽力承做,从7月27日到8月1日一周内商业票据贴现即由3.16亿法郎增至6.08亿法郎。⑤

各国在战争初期为消弭恐慌,疏通金融及应付战费,相继紧急调整财政金融政策,尽管侧重点有所差异,但主要围绕债务延期、票据贴现、扩大发行等方面。这些政策基本在随后的战争中继续沿用,然而由于战争的长期持续对财经政策的实施有了新的要求,政府必须在战初政策的基础上进一步完善和调整,主要表现在:战争初期的部分政策是为应付暂时紧急之需而定,很难长期持续,如全面的延期支付与紧急的通货紧缩,只能为一时之举。战争常态化后,财政政策的主要目标从应付恐慌、暂时的经费筹集转向持续

① 何伯雄:《战时财政金融问题之研究》,第60页。

② 郑森禹:《战时财政金融紧急对策》,第7—8页。

③ 何伯雄:《战时财政金融问题之研究》,第62页。

④ 莫萱元:《战时金融政策》,重庆:正中书局1938年版,第14页。

⑤ 吴克刚:《战时金融与币制》,第6页。

的经费供给及有效的战时经济建设。需要建设完善的战时财经体制,实现不同组织机构、政策工具、战略目标的统筹与协调。此外,战争形势、外交关系的变化也是影响战时财政金融政策选择的重要因素。

纸币的增发是战时最普遍的金融现象,几乎是所有国家的必然选择。如英国通过在央行纸币外强制流通的政府纸币以实现通货的供给,在放松了"比尔法案"限制,规定可以另发政府纸币且可作为英格兰银行发行准备后,纸币流通额逐年增加。1918 年较 1914 年增加了 5.7 倍,其中政府纸币增加超过 11 倍,英格兰银行纸币增加了 1.2 倍。[①] 在相应准备金构成中,金货占比从 1915 年 8 月的 61%下降到 1919 年 7 月底的 8.4%。[②] 为更好地集中金储备,英国政府在英属殖民地、自治领澳大利亚、南非、加拿大等地设金货收集机构,集中金货运输回国,结果使整个战时英格兰银行黄金储备较战前增加了一倍,因此战时虽有大量黄金支出,国内全部存金也仅减少了 1 500 万英镑。[③] 为维护英镑汇价及对外支付,英国实施了外汇管制,同时动员、集中借入或收购国人持有的国外(主要是美国)的有价证券。财政政策方面,战前投资于美国证券的英国资产约 7 亿英镑,到 1917 年初至少 4 亿镑已由政府掌握。[④] 根据 1919 年 2 月英国财政部报告,政府战时共借得内外债 364.5 亿美元,战争终了共欠内外债约 63 亿英镑。[⑤] 债务收入是英国战费来源大宗,约占全部战费的 69%,税收收入约占 30%,包括所得

① 莫萱元:《战时金融政策》,第 29 页。

② 顾思浩:《英国战时金融的财政的调度》,《经理月刊》1936 年第 3 卷第 6 期,第 69 页。

③ 沈廖:《欧战战时金融政策之检讨》,第 76 页。

④ 陈燦章:《战时金融统制之研究》,《勷勤大学季刊》1935 年第 1 卷第 1 期,第 65 页。

⑤ 卫挺生:《英国欧战时之金融》,《时事月报》1932 年第 6 卷第 3 期,第 28 页。

税、战时利得税、关税、国产税、遗产税等，另为其他零星收入，战时英格兰银行对政府直接垫款仅 4 200 万英镑。战费支出以外，政府对产业投资亦实施统制，对军需工业及生活必需品低利融资，于国家无直接利益或紧急需要之投资，则完全禁止。[①] 英国专设顾问委员会负责投资款项贷放审核，由英格兰银行总裁、工商部及议员代表 3 人组成。[②]

如前所述，法国战时财经政策的特点首先是延期支付，应用极为广泛，部分债务甚至延期至战事结束。延期支付总额至 1914 年 8 月底高达 9 亿法郎，后陆续收回，到 1915 年 12 月减少近 2/3，战争结束后尚余延期债务超过 2 亿。[③] 在贴放款项部分收回后，法兰西银行放款重点转向对政府的直接借款，1915 年 4 月 15 日政府借款达 10 亿法郎，较战争初期猛增近 60％，1917 年再增加到 21 亿，直至 1918 年底达到最高值 44 亿法郎。[④] 法兰西银行实力远逊于英格兰银行，金货集中也收效甚微，央行金货准备自 1915 年后逐年下降，1918 年较 1914 年中减少二成。因此，法兰西银行得以维持战时金融的办法，主要依靠直接发行不兑现纸币一途，这也使得法国成为一战中协约国一方通货膨胀最严重的国家。法兰西银行发行的银行券 1914 年 7 月为 66 亿，1915 年为 133 亿，1916 年为 166 亿，1917 年为 223 亿，1918 年高达 302 亿。[⑤] 为解决流通中小

---

① 顾思浩:《英国战时金融的财政的调度》,第 71—74 页。

② 莫萱元:《战时金融政策》,第 30 页。

③ 莫萱元:《战时金融政策》,第 13—14 页。

④ 吴克刚:《战时金融与币制》,第 7—8 页。

⑤ 莫萱元:《战时金融政策》,正中书局 1938 年版,第 27 页。陈燦章:《战时金融统制之研究》,第 58 页。至于陈文中“金元”所指币种,存疑。关于法国战时纸币发行额与前文相差较大。1914 年 8 月为 11.8 亿金元,到 10 月初即增至 18.5 亿元,1918 年底至 60.5 亿。

额辅币缺乏问题,又特许自治团体及商会发行小额辅币,种类逾100种且毫无发行准备,法国币制之乱与央行调控之难,可见一斑。[①] 随着战局的恶化,同盟国的通货膨胀较协约国更为严重。德国纸币分为帝国银行券、贷放金库券、帝国金库券、私立银行券数种。纸币发行激增主要因为帝国银行券与贷放金库券的增加,同盟国其他各国如奥匈、俄国等均采取类似金融政策,即发行扩张、增加贴放、停止纸币兑现、集中金货等。奥匈帝国战前钞票发行额为4.26亿金元,1918年10月增到54亿。通胀的恶化带来汇价的狂泄与国内物价的骤升,1915年底奥匈克朗在瑞士、荷兰、纽约猛跌40%—50%,1915年7月国内物价较战前上涨86%,之后情况进一步恶化,到1918年底,政府不得不重发临时钞票,年底金融几乎完全崩溃。[②] 其中原因,主要是奥国央行制度远不如其他欧洲国家完善,完全以政府滥发及直接垫款为筹措战费的方法,贴现、放款及一般银行业务无所进展。

表1-1　德国战时银行券发行概况　　单位:百万马克

年度	1914	1915	1916	1917	1918
帝国银行券	3 167.8	5 644.8	7 073.4	9 330.5	14 159.9
贷放金库券	—	725.3	1 068.2	4 641.1	7 966
帝国金库券	182.9	277.4	331	346	340
私立银行券	143.8	138	149	155	180
纸币合计	3 494.5	6 785.5	8 621.6	14 472.6	22 645.9

数据来源:莫萱元,《战时金融政策》,第45—46页。

① 莫萱元:《战时金融政策》,第19页。

② 吴克刚:《战时金融与币制》,第24—31页。

表1-2 英国纸币发行情况 **单位:千镑**

年度	1914	1915	1916	1917	1918
政府纸币	88 422	261 526	509 459	697 783	1 079 471
英格兰银行纸币	106 684	137 917	145 689	164 814	233 293
合计	195 106	399 443	655 148	862 597	1 312 764

数据来源:莫萱元,《战时金融政策》,第29页。

三、战争金融理论的主要特征与政策体系

一战中各国所采取的财政金融政策大多相似,只是金融统制程度、政策重点各异,其结果也迥然不同。战后的金融家和学者们,根据战时各国的政策选择,形成了相对完备的战时金融政策体系的理论框架。20世纪30年代以后,随着世界范围的金融统制和战备趋势强化,中国朝野各界依据一战时的经验教训,对战时金融的政策体系进行了详尽的阐述与评析,成为中国财经领域战前筹划和战时体制构建的理论基础。

战时金融与平时金融之所以不同,在于战时金融以满足战时需要而不是经济利益为根本追求,国家统制金融体系,主导金融资源。战时金融管理与金融运行的基本原则,可作如下归纳①:(1)货币制度方面,不固守金本位而采取管理通货制度,实行一定程度通货膨胀,但须维持币值的相对稳定。不完全依据现金准备多寡决定利率,而是根据货币供需、财政状况及经济发展需要确定资金价格。(2)汇率政策方面,放弃自由浮动的汇率制度,严格管制外汇,平衡国际收支,维持合理汇价。(3)资金运营方面,立足战时需要,引导资金向特定产业的投入,资金使用不完全追求经济收

① 莫萱元:《战时金融政策》,第6—10页。

益。(4) 央行制度方面,由中央银行直接统制全国金融,以央行为战时金融组织体系的中心,实施通货管理、汇兑管制、公债承销等,加强对非国家系统金融机构的指导与监督。(5) 金融政策与财政政策协调,筹措战费与战时经济发展并举。

战时金融主要包括资金的运用和通货的管理两方面,即战时金融统制,其内涵分资金的统制与通货的统制。资金统制又分资本统制和汇兑统制。通货统制分为通货发行统制、公定价格统制、债务关系统制等。① 资本统制是对资金分配和投资的限制,引导对军工或其他必要产业的投资,包括政府或国营公司的直接投资以及对其他主体投资非必要产业的限制。禁止创设以金融投机、非正当利益获取或资本逃避为目的的公司或证券发行,因之又涉及对证券市场的影响与管制问题。对于所鼓励的投资可执行低利率政策。资本统制可以特设专门委员会或其他新式的审核机关,如一战时英国的"顾问委员会",美国的"资本发行委员会",政府通常还会设立或培育垄断性的商业性金融或产业组织,如美国一战中的"战时金融公司"。汇兑统制包括对国内(如敌占区)、国外的资金流动的管理。国际汇兑管制禁止或限制金货或外汇资产的输出,保持汇价以维护国家信用。政府或中央银行设立外汇及汇价管理机关。

通货膨胀是战时最主要的货币现象,对通货管制最重要的是对通货发行的管理。战时通货发行主要呈现如下特征:(1) 发行集中于中央银行或出现向中央银行集中的趋势。(2) 发行准备降低或被完全放弃,停止或限制纸币兑现。发行规模扩大,为满足流通

---

① 陈建晨:《战时金融的特殊性与统制》,《新中华》1934 年第 2 卷第 13 期,第 102—104 页。

需要发行或授权发行临时货币或小额辅币。(3) 抑制过分通货膨胀是政府或中央银行的重要目标,政府或中央银行通过出售金货、公债、鼓励存款或限制贷款等方式回收货币或降低货币的流通速度。通货膨胀或物资短缺会引起战时价格的普遍上涨,在过度通货膨胀造成生活必需品或其他重要物资价格过度上涨时,政府会进行必要的价格限制或物资配额。但直接的价格或物资管制在持续恶化通胀中效果十分有限。通货管理的另一种情形是债务管制,即对不同债务关系支付义务的延续,包括商业银行对存款提取的限制。在战争初期,实施债务普遍延期,以求尽快缓解市场波动。

实际上,战时财政政策与金融政策密不可分,相互配合,相互影响。财政上内债的发行、外债的举借、税制改革与税率的提高、金融机构对财政的垫款、财政支出结构的转变与调整等措施,无不受货币发行的影响,并主要由银行等金融机构负责实施。在战争进行的不同阶段,金融政策与财政政策的相对重要程度也有不同。在战争初期,应对紧急金融风潮与实现平时向战时金融体制过渡,情况最为复杂。一战中,欧洲各国战争初期的财经政策主要有,金融方面,债务延期、现金集中、增发纸币;财政方面,动用战争准备金、转移支付、银行垫款、公债发行等。① 后续的政策目标是长期的,包括对所统制的资金进行合理分配、应付持续的战费支出和物资供给、维护物价与汇价的相对稳定,以及税收制度与货币发行制度的改革等。

在战时金融统制的机构设置方面,依据金融统制的基本内涵和政策重点,借鉴一战中英美等国的经验,战前有学者建议于战时

---

① 沈廖:《欧战战时金融政策之检讨》,第 74 页。

分别设置通货统制局和资金统制局,前者负责纸币发行、通货内外价值稳定、物价统制及延期支付的办理;后者负责战时资金分配和投资审核,配合战费资金的筹措。① 对一般金融机构资金分配业务的部门设置,著名经济学家余捷琼认为可按业务分为:国外信用部,专营外汇、外债业务、进出口贸易信用。工业信用部,专管工业部分即工厂的资金贷放。农业信用部,专管农业生产资金的调剂。人民日常生活信用部,负责民众日常生活所需小额资金的调剂。②

第三节 战争与金融创新:中央银行的制度缘起

中央银行是商品经济发展到一定阶段的产物。到 17 世纪前后,商业银行的银行券发行风险、最后贷款人问题、票据交换成本问题成为制约金融市场有序运行的主要矛盾,政府开始通过设立或认可的方式在银行券发行及其他方面赋予特定银行优先或垄断的地位,中央银行制度由此萌生。瑞典银行(里克斯银行)1668 年由瑞典政府改组为国家银行,是为最早的国家银行。1694 年英国国会以敕令形式设立英格兰银行,成为近代中央银行发展史上的里程碑,到 19 世纪中期英格兰银行已经垄断了货币发行权并具有商业银行的"最后贷款人"职能。到 18 世纪末,"国家银行"的概念逐渐明晰。到 19 世纪末,各主要资本主义国家(及其部分重要殖民地)都出现了商业银行向中央银行演进的趋势,先后有美国第一银行(1791)、法兰西银行(1800)、芬兰银行(1809)、荷兰国家银行

---

① 赵超构:《战时金融之特殊性与统制方法》,《经理月刊》1936 年第 3 卷第 3 期,第 98—101 页。

② 余捷琼:《论战时金融》,《银行周报》1936 年第 20 卷第 44 期,第 3 页。

(1814)、美国第二银行(1816)、挪威银行(1817)、奥地利国家银行(1817)、丹麦国家银行(1818)、葡萄牙银行(1821)、爪哇银行(1828)、西班牙银行(1828)、希腊国家银行(1842)、比利时国家银行(1850)、俄罗斯银行(1860)、德国国家银行(1875)、保加利亚国家银行(1879)、罗马尼亚国家银行(1880)、日本银行(1882)、塞尔维亚国家银行(1883)、意大利银行(1893)、乌拉圭银行(1896)、埃及国家银行(1898)等。"中央银行之起源,虽远自十八世纪,然考其成立之初,实出于自然之演进,故创设时未尝有一定之方式,所谓应时势之需求而产生者也。……迨至十九世纪末叶及二十世纪初年,中央银行制度已立,于是始有公然之讨论与人工之设计……"①到 19 世纪末才开始有关于中央银行的系统理论阐述与制度设计。

中央银行制度的衍生,自然根植于社会经济发展尤其是国家或地区金融体系运行的客观需求,但这并不足以解释政府在早期中央银行体系自然发展或人为设计过程中发挥的关键性作用,是政府而非其他市场主体在关键时点逐步赋予了中央银行某些特权,如发行权的集中到垄断、准备金的集中、经理国库或公债等。政府对中央银行的干预往往具有更直接的意图,即将中央银行作为基于某些特定用途的大规模资金筹集的来源,最常见者即应付庞大的战费支出。梳理各国中央银行的早期发展史,似乎应该重新审视中央银行与战争的关系,可以说战争或革命是中央银行基本运行体制确立和创新的主要动力之一。

具有简单存贷款功能的私人银行,一般被认为起源于货币兑换商,早在公元前 5 世纪雅典城邦时期即已出现,东方中国在春秋

① 崔晓岑:《中央银行论》,上海:商务印书馆 1935 年版,第 2—3 页。

后期也开始出现第一次货币经济的高潮。汇兑和转账是银行业重要的业务创新,分别出现在公元 8 世纪的中国唐代和中世纪后期的意大利。以意大利为中心的南欧地区,商业贸易的繁荣催生了数量众多但规模很小的清算银行,15 世纪 90 年代经济萧条以后,私营清算银行大量倒闭。16 世纪下半期,意大利开始发展出公立性质的清算银行或汇划银行,如巴勒那银行(1552)、都灵的圣保罗银行(1563)、热那亚的圣乔治银行(1586)、威尼斯的利亚托广场银行(1587)、米兰的圣安东尼奥银行(1593)、威尼斯汇划银行(1619)等。① 公共清算银行体系的发展极大改善了意大利的金融环境,提高了所在城市的清算效率。这些银行受市政当局的直接控制,银行的管理者只承担单纯的管理职能。其实早在 15 世纪早期,西班牙就出现过不少公立清算银行,只是由于中央权力较大,相较于同时期的私营银行并未获得明显成功,其发展远不如意大利。公立清算银行本质上是以贸易清算业务为中心的城市银行,威尼斯等城市共和国政府在其中也不存在独立的利益,与后来以发行和金融调节为主要任务的中央银行旨趣迥异。

一、战争与英格兰银行的演变

与政府的密切关系似乎成了中央银行与生俱来的特征。作为现代中央银行公认的鼻祖,英格兰银行的诞生过程颇堪玩味。从 16 世纪开始,英格兰的银行业务——金银及铸币保管、放款、钱币兑换与款项汇兑都由羊毛商人、包税人、典当经纪人、谷物商人、金

① [英]E. E. 里奇、C. H. 威尔逊主编,高德步等译:《剑桥欧洲经济史 · 第 5 卷 · 近代早期的欧洲经济组织》,北京:经济科学出版社 2002 年版,第 290 页。

匠等兼营，其中成长为银行家的主要是伦敦等大城市的金匠。[①] 起初商人款项主要存放于伦敦塔皇家造币厂，1640 年英国爆发资产阶级革命，查理一世为筹措军费镇压苏格兰人民起义被迫恢复议会，在议会斗争中下议院则要求限制王权。6 月 27 日，国王宣布强取造币厂私人存金 12 万英镑，转为强制性贷款。查理一世此举有损皇家造币厂的声誉，却给经营存款业务的金匠带来了更多的机会，英国内战爆发也使更多人有了财产保全的需求。查理二世复辟后，与法国进行了旷日持久的战争，政府和王室对战费的需求远远大于税收的增长及金匠的放款。17 世纪 70 年代初，查理二世积极联络法国发动第三次对荷兰的战争，于 1672 年晓谕王室度支局，不再偿还对金匠的欠款，所涉欠款超过 130 万英镑，牵累公众存户万余人，后经多次诉讼，直至威廉三世时政府才予以承认，但也仅以国债而不是现金偿还。[②]

金业商人自此与王室保持距离。当 1689 年威廉三世发动英法战争时再也无法得到相应的帮助，只得课以重税。当商人再次愿意借款给政府时，利息以外更要求设立有发行权的金融机关。最终议会通过议案，由金业主们募集 120 万英镑借款给政府，同时也作为新生英格兰银行的资本金。银行除享有发行权外，业务还包括生金银买卖、收受政府存款、商业期票贴现、货物押款等。英格兰银行获 8%年息和 4 000 英镑的管理费，政府每年付息合计约在 10 万英镑上下。[③] 随着业务的发展，越来越多的金匠、银行家在英格兰银行开设账户，甚至放弃自己的银行券而使用英格兰银行

① 王志军:《欧美金融发展史》，天津:南开大学出版社 2013 年版，第 33 页。

② 杨德森:《英格兰银行史》，上海:商务印书馆 1926 年版，第 4 页。

③ 王志军:《欧美金融发展史》，第 35 页。

的银行券。其后英格兰银行也曾因同业竞争、股价跌落而陷入困境,钞票一度停兑。1697 年英法战争进入尾声,政府需款甚急,乃批准扩充英格兰银行资本,可以政府债券凭证认购,最多不超过认购股本的 80%,意在减轻政府债务负担。政府给予英格兰银行几项特权,规定伪造该行钞票等同于伪造国王货币,判处死刑;银行地产免税;延长营业时间;英格兰银行存续期间不得成立任何银行性质的股份公司。实际上战争带来的政府财政压力推动了英格兰银行的成长,1708 年法案又禁止 6 人以上团体从事银行业务,并允许英格兰银行资本再扩充一倍,代理发行国库兑换券 250 万英镑。英格兰银行则许可贷款给政府 64 万英镑,不计利息并认购国库券,至此在伦敦金融市场已享有最高地位。当时英国政府需款的主要原因是,英荷联军正在与法西联军就西班牙王位继承及西班牙海外殖民地的控制权问题进行战争。

“南海泡沫”以后,英格兰银行地位更加稳固,但对 6 人团体禁止从事银行事业的规定,反催生了众多的小银行,所发钞票杂乱不一,甚至商店等亦有所发行,小额辅币券泛滥,一如 20 世纪初期之中国。与此同时,大量的借款与特权的赋予,也使得英格兰银行与政府更加接近。北美独立战争爆发后,政府需款更切,银行对政府频繁且难以收回的垫款使英格兰银行发行大增,市面流通竟然发生贴水。1796 年底法国舰队侵入威尔士港,市面发生挤兑,英格兰银行钞票流通量与库存现金骤减,1797 年政府下令银行停止兑现并强令纸币流通,英国政府信用大为降低,不得不再求助于国内外银行家。1800 年英国政府甚至与巴林银行和两家小银行商定 2 050万英镑借款,而政府每接受 100 英镑借款就至少要发行 157 英镑债券。1793—1816 年,主要是拿破仑战争期间,英国政府在各类银行贷款总计 9.11 亿英镑,而实际得到的资金仅 5.9 亿英镑,近

40%的借款成了银行的收益。[①] 英国虽然赢得了战争,但工商业大受损伤,银行普遍停止兑现。英格兰银行在此前基本维持了稳健的经营政策,纸币虽停兑,但价格贴水并不多,各地方银行纸币兑换不以黄金而以英格兰银行纸币为准备。由此,英格兰银行渐有调节各地发行的能力,纸币使用也逐渐成为民众的普遍习惯。

纸币停兑后,英格兰银行得以收储更多黄金。1798 年银行券发行规模在 1 600 万英镑左右,库存现金在 700 万英镑以上。银行一度要恢复 5 镑以下小额纸币兑现,但未被政府允许。后因金价上涨和战事反复,恢复兑现之议一再推迟,1816—1817 年的经济危机中,近 90 家私人发行银行破产,直至 1818 年英格兰银行才正式恢复兑现。但不久因欧洲恢复和平,外国多有向英国借款者,普奥等国纷纷搜罗黄金以准备改革币制,黄金价格一路走高,照常兑现存在实际困难。政府的停兑令要求受到议员普遍反对,遂议定减少银行纸币发行额,按规定比例向造币厂缴存黄金,同时限制政府对英格兰银行借款,政府须归还欠款 1 000 万英镑,此后政府向英格兰银行借款需经议会同意方为有效。1821 年 5 月以后,英格兰银行正常兑现。1825—1826 年众多中小发行银行面临挤兑,最终由英格兰银行以所存黄金平息风潮,发挥了平抑金融市场风险的重要作用。为规范发行,1826 年《银行法案》规定准许在伦敦方圆 65 千米以外的地区设立股份制银行,同时要求乡村银行 5 镑以下小额钞票限期收回。1833 年《银行牌照方案》规定,自 1834 年起英格兰银行纸币作为法偿货币,英格兰银行随时可以向持有者兑付金币,1845 年该行纸币在苏格兰地区也具有了法偿效力。[②]

---

① 王志军:《欧美金融发展史》,第 68 页。

② 吴国培:《英国金融制度》,北京:中国金融出版社 2016 年版,第 81—86 页。

在经历了1839年的兑付危机后,关于货币发行准备问题发生了所谓"通货学派"与"银行学派"的论辩。银行学派认为银行纸币是为了商业发展需求,只要供求相应,可由银行自由发行。银行保持兑现,则纸币自然回归银行而无通货膨胀之虞。货币学派主张,银行纸币为一种通货凭证,但与一般商业票据性质不同。钞票发行额过大,即使可以兑现也可能造成恐慌和投机,应该对纸币发行额进行总量的限制。[①] 1844年新的银行法案"比尔法案"是英格兰银行发展史上最重要的文件,基本采取货币学派的主张。规定此后在英格兰和威尔士不再设立新的发行银行,已停发者不得再发,在发者加以限制,采取最高发行额制度,超额需有十足准备。各银行放弃或被收回的发行券发行权则由英格兰银行继承。英格兰银行分成发行部与业务部两个独立部门,银行券发行总额为4 200万英镑,以2 800万英镑黄金和1 400万英镑证券为保证。[②] 以后历次金融危机中英格兰银行的黄金储备大幅减少,而危机中往往需要注入更多流动性,因此对英格兰银行发行限额与金货担保的规定不得不一再放宽。"比尔法案"为英格兰银行法案的根基,"举国上下,咸信为遏止金融危机恐慌之惟一利器","从此英国币制伸缩力完全依赖英格兰银行正金准备矣"[③]。

英格兰银行发行的集中经历了一个漫长的发展过程。1884年共有发行银行300余家,计私人发行银行207家,发行额515万余英镑,股份公司制银行72家,流通钞票不到350万镑。到1855年10月,先后有47家银行停止发钞,发行额71.2万余英镑由英格兰

---

① 杨德森:《英格兰银行史》,第79页。

② 崔晓岑:《中央银行论》,第15页。

③ 杨德森:《英格兰银行史》,第80—81页。

银行继承,此后英格兰银行发行屡有增加。但到 1896 年英国境内发钞银行除英格兰银行外仍有不少,私人银行 56 家,发行定额 200 余万英镑,股份制银行 35 家,发行额亦近 200 万英镑。至 1908 年有私家银行 12 家,股份制银行 14 家,发行总额不到 150 万英镑。1914 年仍余私家银行 8 家,股份制银行 6 家。直至一战爆发,英国金融全赖英格兰银行运筹,其中央银行之地位已臻完善,1926 年发行权完全集中①,英格兰银行基本确立了中央银行地位。除发行权集中外,英格兰银行也开始对国内银行进行规范性限制,管理维持货币本位,为具有流动性压力的银行提供资金等,成为稳定英国金融业的主要力量。②

二、战争对美国中央银行制度的影响③

美国中央银行制度即联合储备银行制,被认为是"二十世纪预为设计之中央银行"之先例。这种多中心分散储备的中央银行模式,与英格兰银行为代表的单一集中式中央银行迥然不同,主要基于美国分权式的政治结构和自由化的政治倾向。但如果溯源美国中央银行制度的早期形态,还是可以发现,在影响中央银行体制发展演变的核心要素方面,美国和世界其他国家并没有多少差异,战争始终是影响中央银行体制的最关键因素之一。从北美独立战争、南北战争到第一次世界大战,战争的直接需求或战后的金融问题,带来中央银行制度的重大变革。17 世纪早期英格兰在北美洲开始建立殖民地,最初普遍流行实物货币——粮食、皮毛、烟草等

① 崔晓岑:《中央银行论》,第 16 页。

② 王志军:《欧美金融发展史》,第 87 页。

③ 本部分主要参考王志军:《欧美金融发展史》,"美国金融发展史"部分。

和贝壳货币,来自英国、西班牙、葡萄牙等国的货币十分稀少。

货币媒介的缺乏触发了纸币印刷的热情,1690 年马萨诸塞州就曾为支付出征加拿大魁北克士兵的军饷而发行过信用券。此种信用券以税收为担保,兼有短期票据与信用货币性质,可用于纳税或兑换金银。此后其他殖民地纷纷效仿,出于战争融资或补充通货需要而发行信用券。此后因为信用券发行有泛滥趋势,英国于 1764 年完全禁止殖民地发行纸币。1775 年 4 月,莱克星顿一声枪响,美国独立战争就此拉开序幕。当时北美殖民地在中央层面没有完善的国家财政体系,更没有支持战争融资的金融系统。当时大陆会议无权向各州征税,只能转向借债。但无论是内债还是外债筹集的效果都不理想,1776 年大陆会议发行利率 4%的三年期债券,应者寥寥。1777 年不得不将利率提高到 6%,也只筹得 6 330 万美元。不久政府无法兑现兑付现金及付息承诺,于 1782 年 3 月停止现金付息,债券凭证价格急剧下降。外债方面,在北美军队逐渐取得优势后,政府开始能够从法国、荷兰、西班牙等国贷款,整个独立战争期间不过 780 万美元,其中法国贷出 640 万美元。借债的收入微乎其微,发行信用券是美国政府筹款更重要的方式。战争开始两个月以后,大陆会议通过议案,同意发行 200 万西班牙元信用券,即所谓“大陆券”,各邦也开始发行自己的纸币或信用凭证。到 1775 年末,大陆会议发行了 500 万美元的大陆券,其时尚能与金银保持平价。第二年再增发 1 900 万美元后,大陆券开始贬值,到年底已经仅为面值的七成左右,随后大陆券价格不断下挫。政府别无他法,只能一次次用新钞赎回已经贬值的旧纸币。到 1779 年,纸币发行额已经高达1.4亿美元,约为 1777 年的 10 倍。1781 年 1 美元金属铸币值 80 美元大陆券。尽管大陆券引起了严重的贬值,政府信用大损,但它是支持美国进行独立战争直至取得胜利最重要的支持力。汉密尔顿(Hamilton)、富兰克林(Franklin)等美国的开国元老们都充分肯定了大陆券。富兰克林认为,“大陆券是一个非常好的机制,当我们发行它时,它就履行其职能,它给了部队军饷和服装,提供了粮食和弹药,当不得不过量发行时,它就通过贬值自己偿还了”①。

美利坚合众国诞生后,有鉴于战时金融体系的不完善,首任财政部长汉密尔顿开始了新国家金融体系的设计。首先是通过承认大陆会议和联邦国会期间的所有外债(包括各州所欠债务),按债券票面价格偿还。他不仅创立了美元为单位的铸币体系,还积极推动仿效英格兰银行成例,设立合众国银行(国家银行)。该银行股本由政府和公众共同认购。作为中央银行,合众国银行可以发行纸币,不能超过银行股本,纸币需与铸币保持稳定兑换关系,银行的其他业务包括代理国库税款、吸收存款、发放贷款等。北美第一合众国银行于 1791 年成立,负责代理政府资金收支,发行统一的美元货币。1792 年 5 月,第一合众国银行向美国政府发放了 40 万美元的第一笔贷款,主要用于支持镇压印第安人的战争。第一合众国银行经营趋于保守,崇尚稳健,通过纸币发行及与州银行的款项往来,部分承担了中央银行职能,对新生的共和国尤其是初期战事的支持也发挥了重大的作用。然而由于政治因素,主要是汉密尔顿的反对者们,如托马斯·杰斐逊(Thomas Jefferson)和约翰·克莱(John Claye)等,反对设立第一合众银行。杰斐逊从一开始就认为第一合众银行的设立违宪,其主要错误是外国股东数量过多及与州银行之间的竞争所致。1801 年杰斐逊就任美国总统后开始出售政府持有的合众银行股份,并将政府资金存入州银行。

① 王志军:《欧美金融发展史》,第 193 页。

1811 年第一合众银行因没有能够继续获得银行牌照而在到期后关闭。

1812 年,英法战事正酣,英国限制贸易政策甚至发展到直接掠夺美国商船,英国在美国西北部与印第安人的联合也让美国人不满。英美两国之间战火重燃,史称“1812 年战争”。美国在战争筹款方面几乎没有什么准备,而当时的州立银行体系无法做到发行通用银行券并顺利进行铸币兑付。美国国会于 1816 年通过设立第二合众国银行法案。第二合众国银行与第一合众银行大体相似,1817 年成立后业绩尚好,不仅恢复了州立银行的纸币兑现,通过结算约束州立银行钞票发行,甚至有将本行纸币发展成全国统一通货的趋势,且顺利应对了 1827—1828 年经济危机。然而,当时对州银行采取的限制措施引起了各州对第二合众银行的制裁。新任总统民主党领袖安德鲁·杰克逊(Andrew Jackson)也不满于第二合众银行对州银行的限制,以及其股份主要被东部金融家与外国人(主要是英国人)持有的事实。不久,国会所通过的对第二合众银行重新发放牌照的议案被总统否决,该银行不得不转而改为州立银行并很快倒闭。第二合众银行与第一合众银行的诞生都是基于战争后国家金融体系发展的需要,其失败原因也如出一辙。这两家银行的倒闭并不是因为业务经营,而是政治势力的立场与理念,政党与派系分歧,以及中央与地方州的矛盾。这也说明,单一制特征的中央银行体制在美国的政治环境中很难发展起来。

自此以后进入州立银行发展时期。州立银行从 1834 年的 506 家增加到 1853 年的 1 456 家。政府公款也存于州银行,但有鉴于随后多次发生的金融恐慌,政府开始有意建设相对独立的国库制度。1861 年美国内战爆发后,尽管在税收收入和公债收入方面北方都远胜于南方,但摆在联邦政府面前的更大问题是缺乏全国性的通货,战费筹措受到极大影响。当时有 7 000 多种各银行发行的面额不同的银行券,以及数量众多的伪券。政府希望有一种通行法偿货币,不仅可以取代眼花缭乱的银行券,更可以直接作为政府的战费融资方式。1861 年底,财政部长蔡斯向国会提出发行"全国性通货"议案,第二年初《法偿方案》通过,由财政部发行1.5亿美元的财政票据,该票据完全基于国家信用的法偿货币,可用于除关税和债券利息外的任何形式的支付,但不得兑现。该纸币因其背部绿色,被称为"绿背纸",是美国联邦政府发行的第一种纸币,很快在流通中被广泛接受,从根本上改善了联邦政府的战时融资能力。为限制甚至消除州银行纸币发行的影响,蔡斯随后提议创立国民银行取代州银行以发行钞票。1864 年《国民银行法案》通过,根据所在地人口差异对国民银行设置了资本额要求,并规定银行由联邦政府发放牌照,发行国民银行钞票必须向财政部购买规定规模的国债。国民银行纸币由国民政府统一印制,形式一致,仅发行银行不一样,不同国民银行接受彼此纸币。1864 年的《全国通货法案》又要求银行金银准备由国民银行保管,为存款额的 25%,规定纽约为中央储备城市,其他还有 18 个储备城市。普通银行以 25%现金提交给储备城市国民银行;储备城市国民银行规定,现金储备的一半可以存入中央储备城市纽约的国民银行。至于储备城市之外的国民银行,要保存相当于存款和银行券 15%的流动性准备,其中 60%存于储备城市国民银行。1865 年,又规定对州银行券征收 10%的税,因发行成本高昂,州银行随即停止发钞,纸币终于统一于国民银行券,美国国民银行—州银行的二元银行体制基本形成。

此后,美国银行业又加快发展的步伐,国民银行、州银行及一般商业银行规模数量迅速增加。但到 19 世纪 70 年代,国民银行体系也出现了明显的问题。70 年代以后,美国金融市场先后在 1873

年、1884年、1893年、1907年发生大规模的危机,几乎每10年就有一次。崔晓岑曾经对美国国民银行制度的缺陷作出如下概括:(1)国民银行发钞根据政府之债票,其发钞增减以票价之涨落为衡,而不按诸商业之需要,故缺乏伸缩性,进而信用亦缺乏伸缩性。(2)乡村银行以其存款准备金存于城市国民银行,城市国民银行再存之于金融中心之国民银行。然而一遇紧急需要,无一城市国民银行能尽中央银行之调剂职能。(3)因国库独立制度之存在,财政金融急缓不能相济。(4)此种储备制度,城乡间款项汇兑、票据清算程序复杂,汇率不一。[①] 证券危机是金融危机的直接表现,但危机发生后国民银行对于金融机构的融资需求根本没有太多有效办法,无非是放松银行准备金规定、政府多发债票以增通货数量等,只是治标之法。美国的政治家和金融家们开始考虑对金融体系进行新的调整。但到底是对证券市场进行严格的管制还是改变无弹性的货币供给制度,政治家们各执一端。国会倾向于创造一种更具有弹性的货币制度,于1908年成立货币委员会来探究银行制度、币制的缺陷以及金融危机频发的原因。委员会历经数年,遍考欧洲各国银行制度,认为关键在于中央银行需要在金融脆弱之时提供流动性。

根据考察结论,参议员奥德里奇向国会提交了创设中央银行议案——实际上这个议案是对私营银行业巨头意见的反映,同时参考了英格兰银行的模式,中央银行在危机时向私营银行提供流动性,但银行家不希望出现一个受政府控制的中央银行。奥德里奇提议成立一个银行同业联盟组织——“美国储备协会”履行中央银行职能,分为一个总行和15个分行,地区分行设立于各大城市,由所在地区的私营银行控制。中央银行为政府财政代理,持有政

---

① 崔晓岑:《中央银行论》,第32页。

府存款并操作外汇、商业票据、再贴现等，加入储备协会的银行以存款形式共同形成并持有储备资金。按照这个方案，中央银行将由大私营银行家主要是美国东北部的银行家们掌握，政府的影响力则十分有限。[①] 奥德里奇的方案虽然遭到了民主党方面的质疑，最终还是达到了目的。新方案的要点是，在12个大区域建立为私营银行所有的联邦储备银行，作为银行的银行，但不与个人发生银行关系。在华盛顿设立一个7人组成的联邦储备委员会（财政部长和货币监理署长为当然成员，其他由总统任命），作为协同和制定总体政策的机构，以保证政府对中央银行发生影响。以上原则由1913年《联邦储备法案》确定，同时确立以下原则：(1) 美联储可以持有政府存款；(2) 联邦储备银行负责在危机时接受担保品后向其他银行注入流动性；(3) 联邦储备银行以规定资产为担保发行联邦储备券，国民银行的货币发行权被取消。

美国中央银行制度由此确立，它立足于原有国民银行-州银行体系的基本现状，基于战争和危机时期的教训，希望创造出一种政府与商业银行共同发挥作用的有弹性的货币供给制度。美国联邦储备制度实施正逢一战爆发，美国在战争初期，不论对英法等国的融资还是参战后战费的筹集都极大地依赖于新生的联邦储备银行系统的高效运作。美联储的诞生虽不是直接与战争相关，但仍有对早期国民银行体系因素的吸取。美联储诞生之后，经受了一战的考验，随即带来了20世纪20年代长期的经济繁荣。

① [美]迪恩·克罗绍著，吕随启译：《货币银行学：银行系统的原理和货币政策对现实的影响》，北京：中国市场出版社2008年版，第360—361页。

三、法兰西银行与战争关系

法国中央银行历史,一开始就因战争留下不愉悦的记载。1709年法国国王路易十四的财政官、大银行家塞缪尔·伯纳德(Samuel Bernard)拒绝为西班牙继承王位战争中的法国再次提供贷款,因为1708年该项贷款已达3 000万里弗,路易十四随即停止支付应偿债务,伯纳德最终破产。他曾提议建立发行银行券的公有银行,但未被采纳。[①] 1715年来自英国爱丁堡的约翰·劳(John Law)成功说服摄政的奥尔良公爵在巴黎设立通用银行,最初宣称目的是处理战争结束后受法庭审判的商人、银行家被剥夺的盈利,该银行可以发行纸币并管理皇家收入。通用银行最初的货币发行和业务经营取得了巨大的成功,但在1719年改为皇家银行后,当时法国正准备发动新的对西班牙的战争,银行开始放手发行巨额没有金银担保的银行券,并给狂热追逐密西西比公司股票的人们放款。密西西比公司也是约翰·劳的骗局。密西西比泡沫破灭后,约翰·劳出逃。因为当时通用银行纸币行用极广,所以其倒闭危害甚大,牵累社会公众尤其是一般小民不知凡几,对社会信用损伤不可估量。当时有改组通用银行为国家银行之议,但因法国大革命爆发一时难以施行。1776年法国财政大臣杜尔哥以英格兰银行为蓝本设立了贴现银行。这家银行发行纸币并对汇票贴现与再贴现;为政府代理国库,为银行同业提供清算场所。从业务范围来看,贴现银行具有后来的单一制央行的诸多特征,其纸币发行规模也很大,到1787年已经达到1亿法郎之巨。就在此时,路易十六政府强迫其贷款1亿元以换取30年期特许状并要求其改组。巨额贷

---

① [美]查尔斯·金德尔伯格:《西欧金融史》(第二版),第111页。

款让贴现银行因此很快失去信用，准备金持续下降，第 2 年即停止兑现，直至大革命时被清算。①

与法国后来的中央银行直接相关的战争是法国大革命，而法国大革命的动因之一是路易十五因参加 7 年战争和北美战争，陷入了严重的财政危机，民众负担沉重。1799 年底，拿破仑就任法兰西第一共和国督政府执政，为缓解大革命时期的金融萧条，扩张信贷以避免通货紧缩，拿破仑授权佩雷格(Pereg)等银行家筹设股份公司制的公共银行法兰西银行。法兰西银行资本纯为私人认购(3 000万法郎，一说 1/6 股份由国库承销)，被准予发行银行券，政府向法兰西银行借款不得超过银行资本金的规定比例，银行的行长和两名副行长均由政府任命。可见，法兰西银行不是商人自发兴建，而是由拿破仑利用其权威要求所创设，以私人资本组织，行国家银行之职。拿破仑曾因为商业贴现，银行拒绝其贷款而取消了银行发行权，且欲使法兰西银行独占发行并在外地广设分行，但遭到商业贴现银行的抵制。但随着业务的发展，法兰西银行基础渐趋稳固，到 19 世纪 40 年代中期，与几家地方银行共同分享发行权，发行规模最高已超过 2.5 亿法郎，分支机构 10 余处。其他业务在这一时期也获得了相应的发展，关于法兰西银行是否应该独占发行权在朝野有所争论。1840 年 6 月通过的一项法案将法兰西银行的发行特权展期到 1867 年，且规定地方银行特权非经政府允许不得展期。② 真正使得法兰西银行地位改善的是接下来的革命风暴。1848 年 2 月开始的持续革命造成了巴黎市面的恐慌，银行券持有者争相兑付。临时政府要求纸币停止兑现，中央银行与地方

① 王志军：《欧美金融发展史》，第 55 页。

② 杨德森：《法兰西银行史》，上海：商务印书馆 1926 年版，第 30 页。

银行纸币强制流通。因为法兰西银行纸币流通范围较广,而地方银行纸币发行偏于一方,在强制流通时自然是法兰西银行更受欢迎。

地方银行因无力保证其所发钞券的集中兑付纷纷歇业,法兰西银行则以此为契机积极合并地方银行。政府于 1848 年 4 月 27 日和 5 月 2 日连续两次发布法令,突然命令法兰西银行收并各地方银行,理由是地方银行纸币限于一地,不能调剂金融,徒增市面混乱,而政府认为法定纸币必须有能力通行全国。① 所谓合并以换股的形式进行,法兰西银行将一部分股份给地方银行的股东,换得地方银行的股份,资本金由6 800万法郎增加到 9 100 万法郎,各地方银行都被法兰西银行的分支行取代。至此,法兰西银行基本垄断法国信用纸币的发行,成为实际意义上的中央银行。② 因法兰西银行的贴现只限于存户,所以普通商业银行均在该行设立存款账户,实收集中存款准备之效,法兰西银行之贴现业务也以商业银行重贴现业务为多。③

综上所述,在世界主要中央银行发展演变的历史中,战争的激发和催生作用不言而喻。从金融角度看,战争是一种特定条件下的经济活动,驱动着经济活动的走向,引发金融创新。英国史学者认为,英国与其他国家的战争财政孕育了现代的“金融革命”。如前文提到的 1688 年爆发的英法战争,一直持续到 1694 年,使国库空虚的英国王室处于弹尽粮绝的困境,为了和法国人打下去,威廉三世将征税举债用到极致,不得已将特许发行权给予英格兰银行,堪称解决战争“钱荒”的经典。

---

① 杨德森:《法兰西银行史》,第 30 页。

② 王志军:《欧美金融发展史》,第 81 页。

③ 崔晓岑:《中央银行论》,第 22 页。

第二章　抗战爆发前中国金融基本国情

综合国力，是一个综合性指标，常被用于评估一个国家基本国情及其基本资源的总体水平，并据以评判其经济、政治、军事、科技、文化等各方面的实力。经济力量是国家力量的基础，而金融则在其中发挥举足轻重的助推作用。尤其当国家之间发生战争时，金融通过资源集聚功能、资源配置功能、风险管理功能等有效运作，能够合理地配置一国的资源，促进经济的发展，保障整个国民经济稳定运行，大大增强一国的国家力量，有力提供战争所需物质支持。

抗战时期中国的国家总体动员能力，完全基于战前的综合国力，其金融动员、战费筹措与金融调节能力，更直接仰赖于经济层面的国力表现，主要包括国家的产业发展水平、财政状况、国际支付及金融系统本身的运行情况。可以说抗日战争爆发前中国社会的经济发展水平，尤其是财政金融状况，对战时中国财经实力有决定性的影响，而货币制度、金融市场发育程度、财政收支状况以及相应的制度设计，则成为战时金融功能有效运行的前提和基础。

第一节　统制金融:南京国民政府银行国有化举措

一、自由化趋势:南京国民政府建立前的金融业

在鸦片战争之前,中国传统金融组织体系中没有出现类似欧美国家的股份制的银行机构。鸦片战争之后,外资银行开始落地中国,改变了中国传统金融组织结构。例如:丽如银行——上海最早出现的西式银行,也是在我国出现的第一家现代商业银行,其前身是西印度银行,于 1847 年在上海设立分行。此后随着通商口岸逐渐增开,更多外国银行进驻中国,英法德日美等国都纷纷在中国设立银行,影响较大的有麦加利银行、法兰西银行、汇丰银行、华俄道胜银行和花旗银行等。这些外国银行借助中国本土的钱庄进行金融渗透,同时又通过拆款等业务控制钱庄,致使中国的金融"完全操于外国银行及钱庄手中。如纸币的流通,外汇行市的决定,均为外国银行在金融界一种特殊的势力;如庄票的发行,银、洋、钱行市的议决,则为钱庄的一种特殊势力"①。

外国银行在中国的设立及其发展所带来的利益,激发了中国人自办银行的热情。洋务运动兴起后,国人对新式银行予以更多关注,并向清政府上书请办。此后清政府推行新政,提倡并鼓励开办银行。在此背景下,1896 年盛宣怀创办中国首家商业银行,1904 年清政府兴建户部银行作为国家银行。设立户部银行的目的在于整顿币制,推行纸币,以济助财政。除经营存贷款项等普通银行业

---

① 中国人民银行上海市分行金融研究室:《上海钱庄史料》,上海:上海人民出版社 1960 年版,第 56 页。

务外，户部银行还有承领银铜铸币、发行纸币、代理部库等特权。1906 年户部银行改称大清银行，1912 年中华民国建立后，该行又改组为中国银行，履行国家银行职能。据统计，截至 1911 年末，在中国本土设立的本国新式银行共有 16 家，资本达 2 155.5 万元；到 1925 年，增至 158 家，实收资本总额为 16 914 万元，本国银行数量已远远超过在华外国银行和中外合办银行。1912—1927 年，中国本土创办的新式银行达 311 家，创办资本总额约为 19 943.8 万元，其实力足以与外国银行和钱庄相抗衡。1925 年，从资本实力来看，外国在华银行占其中的 32.1%，中外合办银行占 4.6%，钱庄占 22.5%，而华资银行占到 40.8%。① 华资银行无论在钞票发行、对工商企业融资、对钱庄拆款等方面都已有较好表现，其实力和地位在金融领域已占有重要席位。

总之，鸦片战争后银行业在中国的蓬勃发展，不仅是晚清时期金融朝向现代化的一个标志，更为后世银行业发展奠定了基础。钱庄、票号等带有落后色彩的传统金融组织形态和运行手段逐步衰弱，而早期建立的新式银行对后世华资银行业的发展产生了重要而深远的影响。

随着清王朝的灭亡，中华民国建立，新的共和政体诞生。其时，建立在两千多年封建制度基础上的政治、经济制度分崩离析，而新的制度还在孵育之中，有关国家建设的理论和模式尚未出现，不论是从政治制度还是宏观经济管理模式等各方面，都未形成较为成熟的方案。从中央核心层面看，中央政府缺乏凝聚力和号召力；从地方层面看，在辛亥革命中先后独立的各省，继续晚清之后

---

① 唐传泗、黄汉民：《试论 1927 年以前的中国银行》，《中国近代经济史丛书》编委会：《中国近代经济史研究资料 4》，上海：上海社科院出版社 1985 年版，第 57—89 页。

的地方坐大局面。国家总体局势是，中央对地方失去了基本的控制。1916 年袁世凯去世后，地方军阀更是拥兵自重，割据一方，倡导所谓“联省自治”，中央政府走马灯般更换，社会思想自由，信仰体系松散，民间势力逐渐掌控关键性产业资源，社会精英和各类人才成为游离于统治系统外的活跃力量。总之，在中央权力出现真空，社会自由而混乱无序的状况下，中央政府除了具有象征意义之外，并不能很好地承担起国家职能。当时社会经济呈现放任自流的市场经济形态，其中重要的表现就是金融业的民营化。

1915 年，北洋政府为扩大军备，大肆印发钞票，导致纸币贬值，财政部为应付危机，宣布停止兑付，但中国银行上海分行公开违抗停兑令，以保全自身信誉。此后中国银行改组，扩大招募商股，经过 3 次扩募，到 1922 年，除官股 5 万元外，1 976.02 万元的总股本中，商股高达 99.75%，①昔日的国家银行就此实现了完全的民营化。受中行影响，交通银行也由官办转变为民营。与此同时，中国银行、交通银行此后把总部迁到上海，以远离政治中心北京。当时的经济界有一个共识，即希望学习美国，将政治中心与经济中心南北分立，以免互扰。

此外，1918 年上海的 12 家银行发起组建了上海银行公会。作为公会成员的银行家如宋汉章、陈光甫、李馥荪等，正值壮年多数毕业于欧美或日本的名校，受过现代经济、金融教育，学识、阅历与经验兼备。在他们的斡旋下，各地银行公会随后在北京联合组成全国银行公会联合会，使之成为一个可以与北京中央政府公开博弈，直接影响金融政策的银行家集团。1920 年秋，中央政府决定发

① 中国银行行史编辑委员会:《中国银行行史 1912—1949》，北京:中国金融出版社 1995 年版，第 36 页。

行政府债券，上海银行公会以旧债券清偿不力为理由，拒绝认购所有债券。中央政府只好派代表与银行家们谈判，最后同意建立统一的国债基金会，将关税余额作为偿债基金，再由英国人掌控的海关总税务司作为第三方进行管理，中央权威由此可见一斑。

从经济发展所依附的环境和相应的条件来看，第一次世界大战爆发后，外国在华金融势力相对减弱，中国国民在外国银行的存款减少，而同时中国民族产业资本融通资金的需求增强，这对中国经济来说是一个有利的发展机遇。新式工商业和银行业本应共同发展，但是在当时的中国，银行业与实体产业分离，银行并不以工商产业需求为发展指向，而是主要依附于政府的财政需求。北洋军阀政府财力羸弱，通常只能通过银行大举借债，此举刺激了银行业的发展。中国、交通两银行承销政府大量公债，但不可能承销数额庞大的全部公债，也不可能负担其他全部借款。而且，限于实力，中、交两行也经常要向民营银行拆款，才能够在经营公债或借款时有足够的能力调动头寸。中、交两行经营公债等政府借款和向民营银行拆款的高利率，刺激了民营银行的发展。1914—1919年，仅北京一地，历年新设商办和官商合办银行就达18家之多，其中大多数以从事公债投机为主业，视政府借款为投机盈利事业，“巧立回扣、手续、汇水各项名目，层层盘剥，与利息一并计算，恒有至五分以上者，殊属骇人听闻”①。据1925年的一项调查，全国华商银行141家，开设在京兆及直隶的就有37家，占26%以上。虽然有南北分立理念下的银行设立格局的存在，但在高利诱惑下，政府所在地与银行联系的便利性也不失为银行设立的重要考量

① 戴铭礼：《九六公债史》，《银行杂志》，1926年第3卷第6期，第57—64页。

因素①。

当然，经营公债不只为京都所在地的银行独揽，在其他城市特别是上海设立的银行也追求公债经营。总之，“国家公债以北京为发源之区，上海为集散之处，两地买卖最为繁赜”②，1918 年，中、交两行之外的 12 家最大的华资银行，大多拥有大量的各类政府公债券和政府库券。相应地，仿效国家银行，地方官办银行在业务经营上也主要同地方政府的财政发生密切关联，目的主要在于能够顺利发行钞票，以此解决军阀割据的军政费用所需，因此几乎完全受制于地方军阀，同一般工商企业联系甚少。

北洋时期，由于中央政府更替频繁，后任政府往往不承认前任政府的债务，放款的银行承受着无法收回借款的极大风险。因此，与银行纷纷设立相对应的是，银行倒闭现象也频繁出现，可谓成也萧何败也萧何。这种情境促使银行界不得不反思并努力谋求革新。第一次世界大战结束后，面对西方列强重新施加的强权压力，中国银行业开始调整经营方向，表示“政府对于财政计划设无根本上之改革，则银行界对于中央或各省借款凡流用于不生产事业者概不再行投资”，只承担“确为生产事业之借款”③。1920 年 1 月 15 日，由中、交两行牵头联合全国 27 家银行，组成国内银行团，在北京银行公会与北洋政府交通部签约承募政府 600 万元购车借款。签字后，银团再次重申对政府只承担生产事业借款的宗旨。秉承这样一种理念，中国银行深刻认识到营业方针及早变更的重要性，决心“由政府方面转移于商业方面”。“类如纸币之发行，不以金库

① 千家驹：《旧中国公债史资料》，北京：中华书局 1984 年版，第 14 页。

② 中国人民银行上海市分行金融研究室：《金城银行史料》，上海：上海人民出版社 1983 年版，第 127 页。

③ 千家驹：《旧中国公债史资料》，第 71 页。

支出为主，而以购买或贴现商业期票为主；顾客之招徕，不趋重于官厅之存款，而注意于商民之往来”[①]，同时调整机构设立的地区结构，多将分行设立在商业中心，以更好地落实营业方针的变革要求。与中国银行经营理念相同，交通银行也于1922年6月改革内设机构，调整经营方针，确立“发行独立，准备公开，着重汇兑”等商业性服务目标，对政府“偶有零星暂垫，也随时收回，毫无留滞”，即便是已贷出的高额政府借款，也以可靠抵押作为前提条件，其他“对于地方官厅之借款已坚持收缩主义，悉行设词婉拒”，强调“注重商业经营”的转型目标。[②] 为此，从1924年起，交行总管理处的一些要害部门也陆续由北京迁至天津，1928年总行迁至上海。

总体而言，北洋政府后期随着政府权威日渐衰落，银行业因之发生3个重要变化：一是商办银行实力逐渐超过国家银行并占据优势，表现在数量上远远超过官办和官商合办银行，在实收资本总额上也超过后者。即便在官商合办的银行里，商股大多也占有优势，并取得实际控制权。二是如中国银行、交通银行等带有国家银行性质的银行，大量增加商股，在资本结构组成上官股失去控制地位，这实际也意味着政府失去了对这类银行的有效控制。三是银行经营从热衷于公债转变为对民族工业的投资。政府公信力下降使公债信誉度随之降低，公债随之沦为市面投机的筹码，几同废纸，又致使银行对经营公债的热情大为降低。伴随国内经济的成长，银行在逐渐疏离政府的同时，对民间工业的投资兴趣日浓。基于上述变化，以数家大银行为中心的财阀集团先后形成，并成为北

---

① 中国银行总管理处：《中国银行报告·民国十八年》，1929年，第6页。

② 杜恂诚：《民族资本主义与旧中国政府1840—1937》，上海：上海社会科学院出版社1991年版，第167页。

洋政府财政上的主要支持者和操纵者。在业务经营上，这类财阀集团主要通过贷款、投资、直接经营和人事联系等方式，控制或影响着一大批工商企业。理论上说，与工业资本发生紧密关联，发挥对国民经济的调控作用，应为银行立业职责和使命，也是中国银行业走向现代化的必由之路。银行的商业化趋势预示着现代化的金融发展方向，即摆脱政府控制，归位到经济建设主流，形成银行和产业发展的良性互动，正如时评所言，银行业最危险的倾向，就是“喜与现政府为缘，以与政府往来为唯一之业务”，银行本不是绝对不应与政府往来，只是“现政府之恶劣如斯，军阀与官僚之贪婪若此，倘再贷以金钱，不啻掷珠玑于沧海，宁有璧还之一日”？值得庆幸的是，中国银行界已经摆脱了喜与政府为缘的营业格局，“及今迷途知返，觉悟非迟，亡羊补牢，救济未晚”。[①] 由此可见，南京国民政府建立之前，中国银行业在经营方向上发生重大转变，在现代化实践中卓有成效。北洋政府时期金融业的这些变化，如果能保持进一步发展的势头，对中国经济走向现代化并形成具有竞争优势的现代化国民经济体系，将具有重要促进作用。

令人遗憾的是，南京国民政府成立后，为适应内外形势变化，转变发展策略，通过追求“发达国家资本”，实行统制经济，进一步加强对金融业的控制。银行业首当其冲，在现代化发展方向上步入统制轨道。

二、银行的国有化改组与统制金融体系的建立

如前文所述，20 世纪 30 年代的中国，正置身于全球经济体系

---

① 余裴山：《吾国银行界应有之觉悟与今后之努力》，《银行周报》，1931 年第 7 卷第 45 期，第 2 页。

中，在经济全球化潮流冲击下，一方面要应对从半殖民地半封建社会到民族国家的转变，另一方面要在这种转变中融入国际社会，融入全球经济体系，谋求改革发展。20 世纪 30 年代，人们对世界的认识出现一种现象，就是世界将会变成散漫无序、碎片化、无统领者的状态，对所谓欧洲的“腐朽”表现出极大的悲观。奥特加·加西特则由此看出这一现象的反面，并预言：“欧洲列国的历历在目的腐朽难道不正是终有一天出现合众的欧洲，以统一取代多极的欧洲的必要的前奏吗？”①特别是伴随世界经济大萧条的到来，国有化倾向的强化，也反映出各国政府加强管控和统制，并在世界经济体系中寻求经济一体化的意向。

“统制经济”是国民党的宏观经济治理模式，在抗战时期或可称为有计划的国营经济，或是国家资本主义。不过，随着抗战胜利，国民党以推进国营经济为名，对民营经济实行挤压限制，在此过程中，使国家资本主义逐渐演变为官僚资本主义，进而使国家资源成为少数官僚资产者中饱私囊，蛀空国基的制度推手，此乃后话。

置身于时代背景下，金融在这种“统制”模式中亦被赋予全新概念，在辅助国家整体经济发展的过程中，面对新情况和新问题，迎来重大的变革，即走向金融统制。财经作家吴晓波说过，“任何经济变革都是政治理念在经济领域的投射性体现，经济制度是政治制度的影子，影子无法背叛本体”②。金融组织的构建是南京国民政府致力于金融建设的重要内容，与蒋介石所设想的经济建设

---

① 奥特加·加西特：《群众造反》，1932 年版，第 152 页。转引自[美]查尔斯·金德尔伯格：《西欧金融史》(第二版)，第 472 页。

② 吴晓波：《历代经济变革得失》，杭州：浙江大学出版社 2013 年版，第 151 页。

一样，自然也在全国上下“整个系统与整个计划中进行”①。

南京国民政府建立伊始，即着力统一全国，巩固政权，谋求发展。伴随世界全球化局势扩张，中国在开放融合的国际化道路上正经历国家治理模式选择的考问。特别是自 1929 年美国经济危机蔓延全球后，国家调控，政府干预经济的国际经验深刻影响着中国。在这种国际背景之下逐步形成的统制经济模式，开始成为中国经济主流。

抗日战争全面爆发之前，中国金融在自行发展过程中逐步走向国际化，抑或称在集聚现代性的过程中彰显国际化特征，同时又因本土内生因素的惯力作用而表现出传统的蜕变。传统与现代的博弈，使中国金融在自身演变过程中，特别是在抗战前 10 年间，已经具备了鲜明的趋向，即朝向现代性的国际化发展方向。具体表现在金融组织方面，则为统制势力不断增强，以垄断为特征的现代性金融组织体系初步形成。

需要提及的是，到 20 世纪 30 年代，随着世界经济恐慌的蔓延而来的萧条和萎靡，特别是 1936 年危机汹涌激荡，各国对于未来战争的心理预期也逐渐增强，并被具体化普及化，当时世界性的舆论将“第二次世界大战”即将爆发的预测转换成公众的呼声，备战的紧迫性和现实性尤为强烈。因为一旦战争发生，军事必需品一日不可或缺，其生产和流通构成巨大的经济管道，需要充足的货币金融为其运转提供基础性保障。时人对于决定战争胜负因素的认识较为客观和理性，“现代的战争因为战线的扩大，战斗方法的变化，决胜之所在，并不直接系于军事，而是间接系于军事，战时经济

① 王正华：《蒋中正“总统”档案—事略稿本 40》（民国二十六年一月至六月），台湾档案部门 2010 年版，第 145 页。

不过是平时经济的再组织，最后的胜利，完全系于全国经济力量。所以新式的军事专家有所谓三 M 主义，即指人（Man），财（Money），军需（Munition）是也”①。战争胜负“不是兵士们在战场上所能决定的，是要看国家的战时财政金融，有没有办法为枢纽”，“战争时期，动员需款，购械置弹需款，推而及之粮秣，被服，马匹及一切军用品的购置，制造，运输皆非金钱不可”，“款项不充，军实不足，虽有铁骑劲旅，终至败溃”。②

在当时国际经济不断融合的背景下，中国国民经济与世界经济相互依存的程度逐渐增高，如何调集国内一切资源，争取国外援助，把握战争资金，并且将资金以最有利于战争推进的方式，分配于一般产业和军需工业？金融的作用极为重要。国家在战时对金融采取统制办法，目的也是为了保障战费筹措和各项军需民用的供给，以及“促进出征士兵安慰”所需各类战争借贷或保险的落实。金融统制政策实施的核心机构当属中央银行，它有双重身份，一为国家最高金融管理机关，二为特殊的金融机构。不过据实而论，抗战爆发前后，尽管设立了以中央银行命名的国家银行，中国尚未形成中央银行制度。如此，战时特设金融机关的构建计划被紧急启动。金融如何备战，这是国民政府不能不考虑的问题。面对战时金融的特殊性职能要求，国民政府必须提早设计符合战时金融运作的独特计划，以便用于指导实践。

根据学者燕红忠的研究，始自 20 世纪 20 年代初，中国的金融业就有了较快的增长。1921—1936 年金融业年均增长率（以不变价格计）超过 10%，到 1936 年金融机构资产总额约为 82 亿元，为

---

① 焦蕴彭：《我国战时财政金融的检讨》，《木铎》1936 年第 1 卷第 6 期，第 2 页。

② 焦蕴彭：《我国战时财政金融的检讨》，第 2 页。

1921年的6.7倍,金融机构资产与国民生产总值比率从1920年的6%增加到1936年的28%。[①] 如果就战前金融业的改革而言,其至要者莫过于两方面,一是中央银行的设立与中央银行制度的逐渐完善;二是国家对重要银行实现了资本和人事控制,初步建立起统制金融组织体系。

1928年底中央银行正式成立,与中国银行、交通银行同时被赋予了发行兑换券、代理国库、经理公债等特殊职能,共同承担应属中央银行的部分职能,此后其实力不断增强,逐渐取得在国家银行甚至全国金融界的优势地位。但相较于中央银行应有之地位,战前中央银行的实力仍相去甚远,譬如尽管发行份额逐渐增加,但始终未获得绝对优势地位,更未完成发行统一。而其对政府巨额的公债承接和垫款,不仅影响其收益底线和独立性程度,更使其在公债市场的影响力大打折扣。又因股票市场和票据交易规模极小,几乎不可能通过调节重贴现率进行公开市场操作。而且,其内在组织人事任免,完全受国民政府左右,且与财政部互有龃龉,完全不利于其业务发展和政策操作。总之,战前国民政府中央银行根本无力实施货币金融的有效管理。这是战前金融业的最大弱点。有关中央银行问题,此处且不展开,留待下一章专门研讨。

在不断扶持中央银行的同时,国民政府一面开始实施对中国银行、交通银行、中国通商银行、中国实业银行、四明银行等重要商业银行的控制,一面创设中国农民银行、邮政储金汇业局、中央信托局、中国国货银行等由政府主导的新的金融机构。主要是通过出资创设、直接增股或在金融危机中注资"救济"等方式,国民政府

---

① 燕红忠:《中国的货币金融体系(1600—1949)——基于经济运行与经济现代化的研究》,北京:中国人民大学出版社2012年版,第308、第310页。

快速实现了对这些银行的资本或人事控制，完成了对金融领域的绝对统制。此外，国民政府还以主要银行为平台，出资或扶持国有的贸易和实业公司，如中国建设银公司，乃宋子文掌管中行后一手创建，专办公债承销、对政府直接借款、实业投资等业务。另中国银行、中央银行、交通银行等各为中心，形成了不同派系的金融实业体系。在地方，省市官办银行网络初步形成，与国家行局的分支机构共同掌握地方金融市场，致使普通商业银行地位下降，钱庄、典当等传统金融势力趋于衰微。总之，战前中央银行的发展与国有金融体系的形成，直接影响着战时金融体系的调整路径与金融政策调控的实施方式，即中央银行不能单独承担战时金融管理职责，只能通过重要国家行局的联合，共同完成战时的金融动员、市场调节与资源配置。不过战前金融机构的发展趋势也隐含着战时可能出现的问题：一是市场化的金融力量大减，在战时公债认购、产业扶持及对敌业务竞争方面难有作为。二是战时国家行局间具体采用何种协作方式，金融运行中的权力、资源和职责如何划分难以平衡。

如果就统制金融构建来说，从 1928 年开始，配合统制经济政策实施，国民政府对金融业进行政府干预，首先从完善立法建制开始。南京国民政府仿效西方先进国家经验，积极致力于财经与金融方面的制度法规建设。当时仅针对金融机构颁布的金融法规就超过 30 个，这些法规与之前相比，除了在法律文本上更加完善外，其实施力度也明显增强。这不仅是因为南京国民政府较北京政府具有更强大的政策掌控力和行政执行力，也是因为当时国家对重要金融机构的控制力大大增强，进而也降低了法规落实的难度。金融法规的作用既可以规范市场秩序，又可以使金融机构自身发展符合国家意志。政府此一行为一方面加强了对金融机构的管理和金融行业的垄断，另一方面也在客观上满足了金融机构本身对行业规范的需求，有利于金融机构、金融市场的良性发展。在立法的基础上，国民政府随即着手构建金融统制体系。

第一，对中交两行加以改组并进行控制。

中国银行和交通银行因其历史地位和自身实力，长期以来兼具国家银行和商业银行的双重身份，在华资银行中具有举足轻重的影响力。国家银行的身份虽然有利于银行自身的发展，但也因此受到诸多消极影响。南京国民政府成立后，意欲对中国、交通两行实行控制，先后两次增资入股于两行，并实现人事上的制约，完成了所谓对两行的专业化改组。因为两行与政府关系方面的差异，以及业务侧重点的偏向，国民政府对两行的干预路径也各有不同。

1928 年 10 月，《中国银行条例》23 条颁布，对北京政府时期的旧规予以变革，明定官股为股本总额的 1/5，官股董监事名额依照官股比例亦占 1/5，不经股东选举产生，而直接由财政部指派。董事长由政府就常务董事中指定，总经理则依旧由常务董事互选。由于商股占多数，商股董监事亦占多数，通常总经理必出于商股董事中。由此看，新条例在一定程度上对旧有的精神予以保留。① 同年 11 月，财政部核准公布《中国银行章程》69 条，中国银行依此改组，明定为经国民政府特许的国际汇兑银行，实行总经理负责制。根据章程，中行由政府出资 500 万（原有股本 2 000 万），总管理处移至上海。② 浙江实业银行董事长李铭为官股指定的董事长，张嘉

---

① 中国第二历史档案馆、中国人民银行江苏省分行、江苏省金融志编委会：《中华民国金融法规档案资料选编》，北京：档案出版社 1989 年版，第 538 页。
中国银行行史编辑委员会：《中国银行行史 1912—1949》，北京：中国金融出版社 1995 年版，第 156 页。

② 中国银行总行、中国第二历史档案馆：《中国银行行史资料汇编・上编（1912—1949）》（一），北京：档案出版社 1991 年版，第 380 页。

璈由股东推选为总经理，股东会选举张嘉璈、冯耿光、陈辉德、李铭、宋汉章为常务理事。中行被改组为国际汇兑银行后，国外汇兑部相应成立，国外分支行处也陆续设立，相关业务有明显进展。

《交通银行条例》与《交通银行章程》与此同时也先后颁布。交通银行依此进行改组，定位为国民政府特许的发展全国实业银行，额定股本为 1 000 万元，分为 10 万股，政府于资本总额中先后认股 2 万股。① 财政部指派卢学溥为董事长，顾立仁、唐寿民、徐寄庼为官股董事，原上海分行经理胡祖同任总经理，交行总行由天津移设上海。②

总之，这一时期国民政府开始对中交两行进行初步干预，但在资本和人事上并未获得绝对优势，两行总经理和常务理事基本上还是江浙金融界领袖。蒋介石对中交两行的现状颇有微词，“金融币制与发行不统一，其中关键，全在中交两行固执其历来吸吮国脉民膏之反时代之传统政策，而置国家与社会于不顾，若不断然矫正，则革命绝望，而民命亦被中交两行所断送”，“只有使三行绝对听命于中央，彻底合作，乃为国家民族唯一之生路”③。

1935 年 3 月底，国民政府训令中国银行增加股本总额为 4 500 万元，将政府所占股本总额由 500 万增加到 2 500 万，仅以发行未上市的金融公债充数。在资本控制之外，国民政府托词将总经理张嘉璈调离中国银行，改任为中央银行副总裁。对此张嘉璈也竭

① 中国第二历史档案馆、中国人民银行江苏省分行、江苏省金融志编委会：《中华民国金融法规档案资料选编》，第 550—553 页。

②《交通银行史》编委会：《交通银行史》(第二卷)，北京：商务印书馆 2015 年版，第 21—22 页。

③ 高素兰：《蒋中正“总统”档案：事略稿本 30》(民国二十四年三月至四月)，台湾档案部门 2008 年印行，第 170—171 页。

力争取，表示“璈与中国银行历史悠久，即行摆脱，深恐影响行基”，“间接及于财政金融”，因此恳请“暂行兼任中国银行总经理，一俟渡过难关，再行完全摆脱”，甚至找到蒋的盟兄黄郛说项，希望得到蒋介石的谅解，留任中行。① 蒋介石则坚持让他“完全脱离中国银行关系，而就政府其他任命，或调任其为中央银行副总裁，俾其专心致力于中央银行之发展”②。

对于国民政府的改组，中国银行董事会曾据理提出异议：(1) 以未上市之公债重当增资股本不合规定；(2) 中行即使要增资扩股，应由商股股东优先认购而不是由政府强制注资；(3) 对《中国银行条例》的再次修改未经股东同意。③ 财政部考虑强行调离张嘉璈已犯众怒，因此在官股份额方面稍加让步，将增加的官股额度调低为总额 1 500 万元，合原有官股 500 万元，共为 2 000 万元，④这样官商各占中行总股本的一半。在董事会改选方面，财政部同意董事会关于官股董事增加为 9 人，商股董事 12 人毋需改选的意见，⑤派宋子文等 9 人为官股董事，宋子文为董事长，宋汉章任总经理。⑥ 随后，同年 6 月国民政府颁布《修正中国银行条例》26 条，新条例已将总经理负责制改为董事长负责制。官股董事在 7 个常务

① 中国银行总行、中国第二历史档案馆：《中国银行行史资料汇编・上编(1912—1949)》(一)，第 383—385 页。

② 高素兰：《蒋中正“总统”档案：事略稿本 30》(民国二十四年三月至四月)，台湾档案部门 2008 年印行，第 171 页。

③ 中国银行总行、中国第二历史档案馆：《中国银行行史资料汇编・上编(1912—1949)》(一)，第 392 页。

④ 中国银行总行、中国第二历史档案馆：《中国银行行史资料汇编・上编(1912—1949)》(一)，第 392 页。

⑤ 中国银行行史编辑委员会：《中国银行行史 1912—1949》，第 381 页。

⑥ 中国银行总行、中国第二历史档案馆：《中国银行行史资料汇编・上编(1912—1949)》(一)，第 392 页。

董事中占得4席且宋子文担任董事长，另外董事会表决机制也作出了有利于官股董事的修改，由此官股股东更容易将自己的意志上升为银行的决策，国民政府基本实现了对中行的控制。①

交通银行的改组与中国银行多有相似之处，如增加官股，增加官派董事，改总经理负责制为董事长负责制等。但交通银行改组过程中的人事变动并不明显，原交行董事长和总经理皆得连任，这是因为早在1933年宋子文就顺利让其亲信胡笔江、唐寿民分别担任交行的董事长和总经理，胡笔江1938年在抗战中遇难，董事长一职则由钱新之接任。在资本方面，财政部对交通银行追加10万股计1 000万元，同样只以金融公债认缴。1935年6月，国民政府颁布《修正交通银行条例》26条，规定股本总额为2 000万元，分为20万股，每股100元，官股12万股，合计1 200万元，占总股本的一半以上。② 至于政府官股董事的指派，实际此时已无关紧要，直到1937年4月才派定人选。③

第二，对重要民族资本银行加以控制。

因经营困难被南京国民政府控制或兼并的银行，主要有中国通商银行、四明商业储蓄银行和中国实业银行，此3行与中国国货银行合称“小四行”。与中交两行的增资改组不同，国民政府对民族资本银行，选择在其经营陷入困境或规约出现问题时以救济的名义注资，进而加以人事上的控制。

中国通商银行是近代中国最早的中资银行，早期得益于创始

---

① 中国银行行史编辑委员会：《中国银行行史1912—1949》，第383—385页。

② 中国第二历史档案馆、中国人民银行江苏省分行、江苏省金融志编委会：《中华民国金融法规档案资料选编》，第593页。

③ 洪葭管：《中国金融通史·第四卷·国民政府时期（1927—1949）》，北京：中国金融出版社2008年版，第81—82页。

人盛宣怀特殊的地位和资源，发展不俗，却也因为与官场渊源过深，为晚清和北洋政府垫付巨款，背上了沉重包袱，再加上经营管理方面也缺乏新式银行应有的经营审慎原则与业务创新精神，引致诸多问题。与华资银行蓬勃发展势头不同，中国通商银行在20世纪20年代初期即表现出明显的发展颓势，1921年存款总额700多万两，而到1929年却只有680多万两，近10年间存款规模不升反降。[①] 银行业务主要依靠过度的钞票发行，到1934年底各项放款已近3 000万元，而存款总额仅为2 221万元，不仅存在存贷缺口，而且放款风险管控效率颇低，以至同一时期银行呆账达到1 276余万元，占总放款的58%。[②] 1935年白银风潮中，通商银行举步维艰陷入困境，不得不接受中、中、交3行接济，勉强度过危机。[③] 法币政策实施后，财政部迅速对通商银行的库存钞券进行清理接收，对其发行情况予以清查，接收其发行准备金，由此通商银行发行过度、准备空虚的事实暴露无遗。当时银行钞券发行总计2 800多万元，而全部发行准备仅为900余万元。1936年应缴现金准备和保证准备近2 000万元，却无力缴付。最终经过多次商议，行方同意将原有商股按一成五折价合法币52.5万元，官股以复兴公债注资347.5万元，资本总额计法币400万元。[④] 至此，政府轻而易举地控制了通商银行。

---

① 金研：《清末中国自办的第一家银行——中国通商银行史料》，《学术月刊》1961年第5期，第1—6页。

②《中国通商银行民国二十三年营业报告》，《银行周报》1935年第19卷第21期，第74—76页。

③ 陈礼茂：《论国民政府对中国通商、四明和中国实业三银行的改组》，《中国社会经济史研究》2005年第3期，第96—97页。

④ 杜月笙：《五十年来之中国通商银行》，中国通商银行：《五十年来之中国经济》，台北：华文书局1967年版，第7页。

四明商业储蓄银行在民营银行中有一定声誉，主要是宁波籍商人、钱庄主和银行家们为满足宁波工商界的在沪融资需求而设立。“橡皮风潮”过后，吸取投机经营教训，四明银行业务和经营范围进一步扩大，到 20 世纪 30 年代初，实收资本达到 225 万元。[①]该行经营的特色之一是通过大量投资房地产和有价证券，进而以房产为抵押进行大量放款。1934 年白银风潮前后，市面通货紧张，证券价格涨落无定，地产价格一落千丈[②]，房地产资产流通的凭证道契的流动性也大受影响，四明银行陷入严重困境。[③] 当时四明银行的地产资产贬值达 700 多万元，尚无人问津，各类证券资产损失 700 多万元，放款呆账 1 000 多万元，总计损失达 2 500 万元，其中主要负责人及工作人员违规挪用行款一项竟然高达 500 多万元。[④]

遭此损失，四明银行根本无法应付随后到来的更大的金融危机。1935 年 6 月，四明银行以各类债券作为抵押，向中、中、交 3 行借款 500 万元，以应对金融风潮中的挤兑。法币改革后，又面临追缴发行准备的厄运。虽经迭次缴纳，但因以往发行规模较大，到 1936 年 4 月，尚待缴付的准备金仍有 1 300 余万元，勉强缴齐后，银行账面出现 1 600 余万元的亏空。当时商股曾想增资 400 万元以救急，危机之中却无力认购。在这种情况下，国民政府遂同意增

---

① 冀春贤、闫国庆等:《浙商与中国近代金融制度的变迁》，北京:中国财政经济出版社 2008 年版，第 154 页。

② 杜恂诚:《中国近代经济史发展概论》，上海:上海财经大学出版社 2011 年版，第 142—166 页。

③ 所谓道契即租界(主要是上海租界)地契、地产凭证。由于开埠以后上海租界地价不断上涨，土地成为向行庄抵押融资的重要资产，道契因而为各金融机构(甚至是外商银行)普遍接受。20 世纪 30 年代中期上海地价下跌之前，道契在金融市场中具有良好的流动性。

④ 陈礼茂:《论国民政府对中国通商、四明和中国实业三银行的改组》，第 96 页。

资，将原有商股折价一成半合计33.75万元，政府注资 366.25 万元，致使官股占比跃居 91.6%[①]。随后在同年 6 月，国民政府指派中央银行南京分行经理李嘉隆担任四明银行总经理，后又指派财政部税务署署长吴启鼎为董事长，同时派任官股董事[②]，由此完成对该行的控制。

中国实业银行原系北洋交通系的金融势力，1919 年由周学熙、李士伟、熊希龄等人在天津筹设，额定资本为 2 000 万元，初期实收 220 万元左右。周学熙曾任北京政府财政总长，李士伟曾任中国银行总裁，熊希龄曾任北京政府国务总理，这些特殊的背景，俾使该行业务发展一直比较突出，平均每年盈余 450 万元，天津、上海两地业绩尤佳。[③] 1926 年该行存款总额 1 567 万元，在主要华资商业银行中位居第八。[④] 南京国民政府时期，中国实业银行业务得到进一步发展，存放款额和实收资本额均有增加，但年均纯收益较北洋时期有所下降，其主要弊端在于纸币发行规模较大，到 1934 年已发行兑换券 4 350 万元，占存款总额的七成以上，占比远高于一般商业银行。[⑤] 此外，放款方面失于严格审核，造成巨额坏账和投资损失，由此制约了其业务进一步拓展。

1935 年的金融风潮中，中国实业银行青岛分行发生挤兑，总经理刘晦之被牵连下台，遂由中央银行国库局局长胡祖同兼任该行

---

① 《四明银行行史资料》，《档案与史学》，2002 年第 6 期，第 16 页。

② 黎霞：《四明商业储蓄银行始末》，复旦大学中国金融史研究中心编：《中国金融史集刊・第二辑・近代上海金融组织研究》，上海：复旦大学出版社 2007 年版，第 41 页。

③ 《中国实业银行经营成绩》，《银行杂志》1927 年第 4 卷第 8—9 期，第 100 页。

④ 中国人民银行上海市分行金融研究所：《上海商业储蓄银行史料》，上海：上海人民出版社 1990 年版，第 265 页。

⑤ 中国银行总管理处经济研究室：《全国银行年鉴 1936》，上编 F，第 14—16 页。

总经理，原董事长龚仙洲留任。[①] 法币改革后国民政府对中国实业银行加以改组，原有股份折合新股 52.7 万元，财政部注入官股 347.3 万元，改组后董事长先由北京政府前国务总理龚心湛担任，1937 年又改由中央银行经济研究处处长傅汝霖担任，总经理则为中央银行业务局副局长周守良。[②]

第三，新设国有金融机构。

在改组中交两行，增资入股控制小三行的同时，国民政府更加重视建立新的国有或由政府控股的金融机构，以此培育官营资本在金融市场的势力。新成立的金融垄断组织包括银行性金融机构和特种金融机构两类，前者主要有国有独资的中央银行、官商合股的中国农民银行和中国国货银行，后者如邮政储金汇业局、中央信托局和中国建设银公司等。

中国国货银行系国民政府为扶助国内中小企业、促进国货生产而倡议成立，理论上属于专业银行范畴。取名国货银行，即表示对本国产业的支持，其职责实与国外工业银行或投资银行类似。第一次世界大战结束后，中国实业界掀起一股思潮，认为发展本国实业既可以抵制外国廉价产品的倾销，又可惠及农林等相关产业，促进商业发展，增加工人收入，[③]"实为吾国今后提倡国货，强国富民之唯一根本要图"[④]。专业金融机构的创设，亦可视为政府对这一思潮的回应。1928 年由南京国民政府官方筹办，但仍以私人名义，先是简派宋子文、孔祥熙、钱永铭等 10 多人为筹备委员，由孔

---

① 《胡孟嘉兼任中国实业银行总经理》，《银行周报》1935 年第 19 卷第 21 期，第 49 页。

② 陈礼茂：《论国民政府对中国、通商、四明和中国实业三银行的改组》，第 99 页。

③ 沈达时：《中国国货银行之使命与业务》，《商业月报》1929 年第 9 卷第 7 期，第 1—3 页。

④ 熊菊龄：《国货银行与中国》，《商业月报》1928 年第 8 卷第 12 期，第 1—2 页。

宋 2 人主持。国民政府额定国货银行股本总额为 2 000 万元(先收足 1/4),官股商占 40%以保证商股的积极性,政府先行认购 100 万元,于海关税款项下每月划拨 5 万元,作为商股保息基金。实际上,所谓商股,包括 10 多个省市政府的认购(100 万元),一般商股则由南洋及国内各大商埠工商业及私人认购募足 300 万元。① 1928 年 11 月 1 日召开股东创立会,设有董事 15 人,其中官股 6 人;常务董事 5 人,其中 2 人由政府在官股股东中指定,董事长在常务董事中互选,呈行政院指派,总经理及协理则由董事会聘任。监察人 9 人,其中官派 4 人。② 该行首任董事长为国民政府工商部(后改为实业部)部长孔祥熙,总经理初为朱成璋,朱成璋被上海黑社会杀害后,国民政府外交部总务司长宋子良改任总经理。③

从形式上看,中国国货银行资本及董事会组成似以商股为主,实际上该行几乎完全由政府控制,一是该行由政府提倡并实际筹办,董事长、总经理孔祥熙、宋子良均为政府财经要员。二是在该行大股东中,也有相当多的政府高层人士,如孔祥熙、宋子文、唐寿民、宋子良、叶琢堂、徐堪等,甚至蒋介石也名列其中,这些人本身就代表政府。④ 第三,国货银行成立时,曾明确宣称政府对其有实际的监督权,“乃由政府认股提倡,国民集资组设。故办理归诸商人,监督权操于政府”⑤。

中国农民银行 1935 年正式成立,是国民政府设立的专司全国农业金融的机构,远晚于中交两行甚至中央银行。不过,在此之前

---

① 毛壮侯:《中国国货银行访问记》,《国货评论刊》1928 年第 2 卷第 6 期,第 1—13 页。
② 《中国国货银行章程》,《银行月刊》1928 年第 8 卷第 8 期,第 323—325 页。
③ 《国货银行开幕记》,《银行周报》1929 年第 9 卷第 45 期,第 46—50 页。
④ 《中国国货银行股东创立会记》,《银行周报》1929 年第 13 卷第 43 期,第 30 页。
⑤ 《中国国货银行股东创立会记》,第 25—26 页。

该行经历了鄂豫皖3省“剿匪”司令部之农村金融救济处和“豫鄂皖赣四省农民银行”两个阶段。1932年，蒋介石在豫鄂皖3省“剿总”司令部之下设立4省农民银行，先由司令部拨款100万元，办理农业贷款和相关事宜，由司令部农村金融救济处具体负责，于豫鄂皖3省部分地区设救济分处。农村金融救济处成立后不久，豫鄂皖赣4省农民银行即行筹备，农村金融救济处长郭外峰兼任筹备委员会主任。4省农民银行额定资本1 000万元，先行收足250万元，由司令部先行拨付，经费来源于财政部划归“剿总”的特税项下。4省农民银行于1933年4月成立，设总行于汉口，总经理仍为郭外峰。农村金融救济处一时也未予撤销，二者相互独立。4省农行从事一般的农业金融工作，而救济处仅在十几个县区实施紧急的农业贷放业务，1935年初才奉令撤销。①

得益于蒋介石的特殊扶持，4省农民银行业务发展颇为迅速，除汉口总行外，4省各处分支机构次第设立，并向4省以外的地区积极拓展，到1935年上半年，新设杭州、南京、福州、厦门、西安、上海等分支行。② 该行大力开展兑换券发行业务，初期以小额货币和辅币为主，到成立当年年底已发行250多万元，次年发行额更是达到900万元左右。③ 到1934年底，该行各项放款总额就已达到

---

① 中国人民银行金融研究所:《中国农民银行》，北京:中国财政经济出版社1982年版，第27页。

②《四省农民银行扩大组织》，《银行周报》1935年第19卷第6期，第47页。

③《武汉金融志》办公室、中国人民银行武汉市分行金融研究室:《武汉近代货币史料》，武汉地方志编纂委员会办公室1982年编印，第155—157页。

8.49亿元，年纯收益超过100万元，经营业绩远超一般商业银行。① 1935年3月，蒋介石考虑到该行“成立2年有余，于调剂农村金融颇见成效。现4省之外，陕甘浙闽湘等省及京沪等市均次第入股，而其它各省农村金融，亦确有统筹调剂之必要”，提议扩大4省农民银行之营业，改该行为中国农民银行。②

中国农民银行为国民政府特许之专业银行，负有供给农民资金，复兴农村经济，促进农业生产的改良进步之责。总行1937年由汉迁沪，额定资本1 000万元，由财政部和各省市地方各认购250万元，总裁为孔祥熙，总经理为徐继庄（1937年4月改为叶琢堂）。作为特许经理农业金融的专业银行，除一般的商业银行业务外，其专门营业范围还包括对农业合作社、农业发展事业、水利备荒事业、经营农业仓库及农产、农具改良事业的放款等，为契合专业银行定位，该行章程规定其农业放款不得低于银行放款总额的60%。③ 中国农民银行在法币改革后取得了发行权，其所发行的纸币与法币同等使用，至此确定了其重要国家银行的地位，与中、中、交3行地位相当。中国农民银行改组后发行业务发展极快，兑换券3年左右发行规模增长10倍有余，农贷业务如合作事业放款、动产抵押、农仓放款、特别放款，亦有一定进展，尤以合作放款最为突出。④ 1935年底，该行合作放款额为281.6万，农民动产抵押近90

---

①《豫鄂皖赣四省农民银行民国二十三年度营业报告》，《银行周报》1935年第19卷第22期，第69—71页。

② 中国人民银行金融研究所：《中国农民银行》，第29—30页。

③ 中国第二历史档案馆、中国人民银行江苏省分行、江苏省金融志编委会：《中华民国金融法规档案资料选编》，北京：档案出版社1989年版，第604页。

④《战时经济统计：中国农民银行各种农村放款统计表》，《经济动员》1939年第3卷第5期，第28页。林和成：《改组中国农民银行为中央农民银行之检讨》，《湖大季刊》1936年第2卷第3期，第18页。

万元，农仓放款7万，特别放款38万，抗战爆发初期，合作放款竟达到1 460.5万元。[①] 其分支机构的铺设同样迅速，从1935年改组之初的23处，增加到1936年底的48处，农贷机构由1935年底的37家，经过两年发展，达87家之多。[②] 中国农民银行作为蒋介石一手控制的银行，奉命承担了大量垫付任务，其本身的经营绩效也因此大受影响。

邮政储金汇业局1930年于上海成立，专司全国邮政储金及汇兑业务。邮政机构兼营金融业务为近代以来各国通例，这是因为邮政机关有国家信用保障，为一般民众所信任。尤其是邮政分支机构遍布全国各地，无论通商大埠还是偏远山乡大都有邮政机构，因而开展储金和汇兑业务较各商业银行有其独特优势。早在19世纪40年代，各通商口岸的"领事代办邮务"，邮政机构即开始办理汇兑业务，其服务对象开始仅限各国本国商民，后来也面向中国人。中国本国邮政于1896年开办，1898年也开始受理汇款业务。民元以后，北京政府专门在交通部下成立邮政储金委员会，以筹办邮政储蓄业务。1917年交通部及其下属邮政司制定了《邮政储金暂行章程》和《邮政储金章程草案》，1918年正式公布《邮政储金条例》，1919年又颁布了《邮政储金法》和相关实施细则，邮政储金业务由此有了系统的法律规范。邮政储金业务属交通部业务范畴，业务由邮政总局主管，在总局内设储金股，各地邮务管理局附设邮

① 姚公振：《十年来之中国农民银行(续)》，《经济汇报》1942年第6卷第12期，第62页。
② 中国人民银行金融研究所：《中国农民银行》，第41页。

政储金管理局。[①] 最初的邮储业务比较简单，仅办理存簿及邮票储金[②]，此后邮储业务虽有所进展但进步并不快。南京国民政府成立初期，邮政金融业务年汇兑规模仅为亿元左右，邮政储金总额不及千万。[③] 鉴于邮政金融业务的重要性，并受世界主要国家邮政储金汇兑业务成效的示范影响，南京国民政府决定进一步推进邮政金融业务。1930 年邮政储金汇业总局于上海成立后，总局负责人称总办，时为刘书藩，副职称会办，时为沈叔玉和英籍人士麦伦达，职能部门设为总务、营业、会计、储金、汇兑等 5 处。[④] 1931 年上半年，邮政储金汇业局上海、武汉、南京分局成立，上海分局于 1933 年裁撤并入总局营业处，同年 7 月，《邮政储金汇业总局组织法》公布，总局总办、会办改称局长、副局长。[⑤] 根据《邮政储金法》规定，邮储业务已经不限于存簿储金，还包括支票储金、定期储金、划拨储金（实际未开办）等。

为进一步充实邮政储金汇业总局的业务，规范业务管理，1935 年 3 月，国民政府公布《邮政储金汇业局组织法》，将邮政储金汇业总局改为邮政储金汇业局，改由邮政总局主管，实行会计独立，一

---

① 中国第二历史档案馆、中国人民银行江苏省分行、江苏省金融志编委会：《中华民国金融法规档案资料选编》，第 340—341 页。

② 存簿储金类似于银行的活期储金，随时可以提存，以存簿为依据。存簿储金每次存入须满一元，未满一元的存户应向邮政储金机关领取储金格纸购贴邮票，至贴满存入。存簿储金的上限规定为 3 000 元，但许多分支机构并不执行。财政部财政科学研究所、中国第二历史档案馆：《国民政府财政金融税收档案史料 1927—1937》，北京：中国财政经济出版社 1994 年版，第 614 页。

③ 中国第二历史档案馆：《中华民国史档案资料汇编》第五辑第一编《财政经济（四）》，南京：江苏古籍出版社 1994 年版，第 763 页。

④《上海邮政储金汇业总局改称邮政储金汇业局》，洪葭管：《中央银行史料 1928.11—1949.5》（上卷），北京：中国金融出版社 2005 年版，第 281 页。

⑤ 中国银行经济研究室：《全国银行年鉴 1935》，E31。

切收支另立专账；邮政储金汇业局局长兼任邮政总局副局长。配合这一机构，国民政府成立邮政储金监察委员会，监察其收支账项与其他重要事务。此后邮政储金汇业局业务经营范围进一步拓展，扩大到包括证券或事业投资、抵押及质押放款、经营仓库、押汇、票据贴现、农业放款、简易人寿保险等 10 项业务。①

中央信托局，1935 年 10 月正式成立。信托是一种财产处分权和经营权的让渡，财产所有者为了获利或其他特定的目的，在达成一定契约的基础上将财产委托给受托方进行经营。信托公司“乃经营基于固有的信托关系之信托业务之营业公司”②，为了保证其收益，实际营业涉及几乎所有类型金融业务，如不动产信托、承受信托（承销债券股票之类）、存款信托、有价证券信托以及保险信托甚至储蓄等银行性金融业务。③ 中国的信托业最初由洋商开办，信托业草创初期存在营业与实体经济脱节，与交易所勾结进行股票投机等问题，最终在 20 世纪 20 年代初的“信交风潮”中整个行业遭受毁灭性打击。“信交风潮”过后，大量的交易所和信托公司倒闭，中国信托业进入低谷。

南京国民政府成立后，开始筹划创办官营信托机构，因为“政府方面有许多事件，需要委托商业机关经理，同时中央银行限于国家银行代理国库地位，实际上及手续上诸多不便，故特在中央银行之下，组织一信托事业独立机关，承办一切信托局所做业务，并办理各种信托及保险并提倡储蓄”④。客观而言，政府开办国营信托公司主要为了方便重要物资和武器装备的购买。再者，信托公司

---

①《邮政储金汇业局组织法》，《立法院公报》1935 年第 68 期，第 115—117 页。

② 薛光前：《信托公司概论（上）》，《商业月报》1932 年第 12 卷第 1 期，第 1 页。

③ 谢之受：《信托事业之概要》，《商学期刊》1930 年第 4 期，第 1—4 页。

④ 洪葭管：《中央银行史料 1928.11—1949.5》（上卷），第 191 页。

兼营储蓄业务，有利于集中社会资金，培养国民储蓄习惯，而且当时军人强制储蓄已成规模，客观上也需要专门办理的机构。① 当然官营信托业的发展对助力本国信托资本，对抗外来信托机构之垄断也有所裨益。②

1935 年 10 月，中央信托局由中央银行常务理事叶琢堂负责筹备设立。中央银行拨款 1 000 万元，作为中央银行组织之下的信托事业独立机关，实行会计独立。中央信托局最初仅办理购料、信托、储蓄 3 项业务，后增设保险部、虬江码头业务处、所得税税额审核处和中央储蓄会等。③ 中央信托局还受政府委托或特需办理有奖储蓄和军火购买。该局局长先由中央银行副行长张嘉璈兼任，张改任铁道部长后由叶琢堂接任。中央信托局所设中央储蓄会于 1936 年 3 月正式开业，由信托局拨款 500 万元，专办储蓄业务并经办所接手的万国储蓄会之有奖储蓄，由李树明任经理。由于政府提倡，中央储蓄会业务进展极快，开幕 1 个月，就售出 9 129 个全会（最高储蓄单位），到 1937 年 3 月已达 38 429 个全会。④

---

① 财政部财政科学研究所、中国第二历史档案馆：《国民政府财政金融税收档案史料 1927—1937》，第 589 页。

② 财政部财政科学研究所、中国第二历史档案馆：《国民政府财政金融税收档案史料 1927—1937》，第 587 页。

③ 戴建兵、陈晓荣：《中国货币金融史》，石家庄：河北教育出版社 2006 年版，第 273 页。

④ 洪葭管：《中央银行史料 1928.11—1949.5》（上卷），第 194 页。

第二节 从传统货币步入国际货币体系

一、中国传统货币的特点与积弊

中国货币已有四五千年历史。在漫长的社会历史演变中，货币制度缓慢而稳定地运行，直到欧美日本等列强以坚船利炮打开中国大门，中国货币才开始在全球化浪潮推动下登上现代化转型的历史舞台。相传中国货币起源于三皇五帝，到西周时期，一直都是以珍稀物品为交易媒介物，在物物交换的过程中逐渐将货币概念凝练出来。殷商时中国货币多用贝材，周朝出现金属货币，春秋战国时通行各种形状的铸币，中国也进入货币经济时代，为形成世界货币文化最早的国家。① 秦始皇统一 6 国，建立大秦，开始实行以郡县制为基础的大一统的中央集权制，由此也统一了全国货币，启用"半两钱"，即形制上为方孔圆形的铜钱，通行全国，从而为中国货币制度打下第一块基石。西汉武帝时期，推行整体化的国营经济体制改革，币制改革是其中最为重要的配套改革之一。公元前 119 年，汉武帝颁布"盗铸金钱者死罪令"，从此杜绝了民间铸钱的陈俗。公元前 118 年，又废止一切旧币，令官府统一专铸发行"五铢钱"。这种外圆内方的小铜钱，币面上以篆字铸出"五铢"，象征天地乾坤，奠定了中国铜钱的孔方形式。五铢钱是中国历史上铸造数量最多、通行时间最长的铜币，前后沿用了 740 年，直到唐代才被废止。尽管如此，铜铸方孔圆钱一直被后世历代沿用。

明代中期，大约 15 世纪中叶之后，欧洲人将西方银元传入中

---

① 石毓符：《中国货币金融史略》，天津：天津人民出版社 1984 年版，第 3—4 页。

国,朝廷对此并未加以管控,遂使银钱在沿海一带逐渐盛行,于是银与铜并用的制度即银铜复本位制初见雏形。明朝重臣张居正改革,在全国推行一条鞭法,规定“赋税合一,按亩征银”。明末以后规定征收田赋数额在1两以上者只收银两,并以法令明定制钱1 000准银1两,实际即以银两为赋税标准,而民间亦因银为贵重金属而多有偏好。虽未有政令法规明定,但白银自此被提升到本位货币或法定货币地位,走上国家财政舞台,成为国家财富的标志。清沿明制。到晚清时,用来支付赋税或完成跨省大规模交易的银锭或银元由私人供应,而使用量最大且用于地方小额零售交易的铜钱,则由政府铸造。①

银铜复本位制,在相对平稳的农业经济社会形态下,传统上历代朝廷素少予以约束和干预,对其任由市场驱动,民间经济活动自行因应,运行中尚能满足各方需求。但是,对开始步入现代化轨道的中国而言,这一币制却逐渐形成发展中的羁绊。

与银两不同,铜钱又称制钱,有固定的名称、形状、成色与重量,历代由政府铸钱局铸造,禁止民间私铸,是传统中国唯一由政府认定的货币,其形式、大小与价值由官方控制。但因其价值受制于重量与成色(即含铜或铅之比例),故而铜价的涨跌,直接影响到铜钱价格。铜制钱均由手工铸造,很容易被伪造,尤其当钱价超过铜价时,私铸更易盛行;而当铜价超过钱价时,则会出现毁钱售铜的现象。虽然中央掌管机关各有禁令,但民间甚至各省铸钱局并不严格遵行。② 各地各局虽铸本地之钱,但因本省本地以邻为壑的政策,致使铸钱难以相互畅通,鉴别、换算、交易极为不便,增加了

① 林满红:《银线:19世纪的世界与中国》,南京:江苏人民出版社2011年版,第2页。

② 魏建猷:《中国近代货币史》,合肥:黄山书社1986年版,第50—51页。

市面交易成本。银两与制钱并行流通，自然存在标准不统一、供需缺乏弹性、两者比价不稳定等问题，尤其不利于大额交易，难以适应较高水平的经济发展需要，譬如银与铜比价波动不定，直接影响银钱比价，极易引起市场骚乱，造成投机与物价涨跌，严重影响国计民生。再譬如银两、铜钱的供给缺乏弹性，无法跟上经济社会发展需要，更不能视经济繁荣与萧条情势，根据市场所需适时增减，合理调控。经济史家王业键就此曾指出，这是一个不良的制度，对市场货币流通量缺乏弹性，也缺乏调整供需额的功能。①

在中国货币市场流通中，除本国货币外，还有外国货币，主要是机制银元和银行纸币。鸦片战争后，贸易逆差和战争赔款使中国白银大量外流，引致货币危机进一步恶化。当时洋钱流通量大，流通范围也很广泛，而且外国银行凭借不平等条约和租界保障，在华发行各自的货币。据统计，当时外国银元与纸币约占全国货币流通总量的 30%。② 从香港流入内地的外国货币也是不计其数，"辅币输入香港后，随即流散，不但在广州与全广东普遍使用，在华北地区也开始流通"③，"只要通知中国人……再多的银辅币都可在几天内销售完"④。据此足见其时列强各国通过货币流通，把控中

---

① Yeh-chien Wang: "Evolution of the Chinese Monetary System, 1644—1850", in Ching-ming Hou and Tsong-shian Yu ed., "Modern Chinese Economic History", Taipei, The Institute of Economics, Academia Sinica, 1979, p. 433.

② 张宁:《中国近代"货币竞争"现象论析》,《光明日报》,2008 年 9 月 14 日,第 7 版。

③ Hong Kong: Papers Relating to the Importation of Subsidiary Coins, pp. 4 - 5, (6)-No. 26; Hong Kong Legislative Council Sessional Papers, 1887—1989, No. 5/89, pp. 126 - 127. 转引自卓遵宏、姜良芹、刘文宾、刘慧宇:《中华民国专题史 · 第 6 卷 · 南京国民政府十年经济建设》,南京:南京大学出版社 2015 年版,第 366 页。

④ Subsidiary Coins, p. 8, (9)- No. 58; Sessional Papers, 1887—1989, No. 5/89, p. 130. 转引自卓遵宏、姜良芹、刘文宾、刘慧宇:《中华民国专题史 · 第 6 卷 · 南京国民政府十年经济建设》,第 366 页。

国货币市场，恣意侵略中国金融，掠夺经济资源，严重侵害中国主权之情形。

以林则徐为代表的有识之士，先后奏请试铸西式银元。1887年两广总督张之洞指出，“以铸银元之赢余，补铸铜之利耗；既裕国用，且可藉此以保利权”①。不过，直至1889年初，广东造币厂才竣工建成，至李鸿章接任两广总督，银元才于1890年正式铸造。自此“中国人开始广泛使用新铸币，甚而取墨西哥银元而代之”②。此后各省纷纷仿效，不过所铸西式银元成色、重量不一，亦如传统铸币，这又造成了更大混乱。两元并行预示着中国的白银客观上对铸币的需求增加，不过清政府并没有及时认识到货币从称量向铸币转变的重要性。银两，属称量货币，对市场经济的发展极为不利，因为不同的地区有不同的称量平码，各地称量方式以及兑换比例的不同，加大了经商的成本和难度，商人们奔波经营于各地，有时却因银两交易中的不利而亏损。此时币制弊端对中国社会经济发展的负面影响已经初步显露。外国银元和中国自铸银元的流通，不仅仅意味着鸦片战争后中国金融开始朝着现代化的方向发展，也直面反映了当时社会两元币制的盛行和弊端。两元并用的币制从鸦片战争前初具雏形，在北洋政府时期得以盛行，直到1933年国民政府废两改元才最终结束。

除了铸币，历史上中国还有其他形式的货币，如纸币。美国著名学者费正清认为“唐代始创的纸钞，宋代再度起用。先是政府用汇票调动资金，继而使用期票，可转让票券，终至由政府发行全国

---

①《北华捷报》，1890年8月29日，第258页。转引自卓遵宏、姜良芹、刘文宾、刘慧宇：《中华民国专题史·第6卷·南京国民政府十年经济建设》，第366页。

②《北华捷报》，1890年8月29日，第258页。转引自卓遵宏、姜良芹、刘文宾、刘慧宇：《中华民国专题史·第6卷·南京国民政府十年经济建设》，第366页。

通用的纸币。马可·波罗(Marco Polo)于元朝时来到中国见到纸币时,与见到使用煤(为燃料)一样吃惊”①。唐代宪宗时,大约在公元800年,出现类似当今汇票的“飞钱”,俗称“便换”,这或许可谓纸币的雏形。当然大多学者认为纸币始于宋代,即960年至1279年期间,著名史学家陈寅恪曾浓墨盛赞宋代,称“华夏民族之文化,历数千载之演进,造极于赵宋之世”②,揣想交子的出现,与这一时期产业繁荣,贸易兴旺,创新氛围浓厚不无关系。不过因为这类币种流通期短,未能在全国普及推广。清朝因镇压太平天国运动,国库不足,户部遂发行官票,面额由1两至50两不等,旋即再发行大清宝钞,面额由200文至100千文不等。其面额虽大,但贬值亦快,终致被弃用,不过“钞票”一词却流行开来。③ 后世演进至19世纪末20世纪初,虽已有各种纸币得以发行,但一直没有被市场广泛接受而成为全国统一货币,更没有现代意义的中央银行体制去主导货币的发行与流通。反而是纸币的流通加剧了货币市场的混乱。

二、两元并行:清末民初的货币乱象

两元并行,前文已有提及,就是银两与银元并存制度。清末民初,中央政府在货币管理上依然沿用放任政策。市场充斥官私、新旧、中外等各式各样的货币,不仅在不同的经济层面自由流通,而且每一类型货币的内部又存有差异,在某一地区流通于市场的也可能有若干特定的货币,且不同地区各自有不同币别与计算标准,

---

① [美]费正清著,薛绚译:《费正清论中国》,台北:正中书局1998年版,第93页。

② 陈寅恪:《邓广铭〈宋史职官志考正〉序》,陈寅恪:《金明馆丛稿二编》,上海:上海古籍出版社1980年版,第245页。

③ 郭彦岗:《中国历代货币》,台北:商务印书馆1995年版,第102页。

币别间亦无稳定汇价，加上供需间经从业者的操纵，导致波动无常，大大恶化了货币体系混乱不堪的局面。

清末，银钱在流通中极为混乱。完全由民间自行铸造的银钱以银锭或银块等形式流通于市面，其名称、形状、成色与重量常因时因地而异，故无统一标准，而其价值则与实际重量、成色关联，实则具有商品的属性。按照传统，中国常以斤、两衡量重物，因而计量单位的"两"演变成银价单位，习称"银两"。各地区或各行业为方便计算与使用，多将银两经人工铸造成有固定形状、重量与成色的银锭，故而市面上流通的银两，常见的有马蹄（船）、圆、方块、砝码、葫芦等各类形状，五花八门，千奇百怪。据统计，在 1933 年银两被废除前，其种类不少于千种，①其中以马蹄形为多，俗称"元宝"。银两的价值取决于其重量与成色，而重量与成色标准一般由银号或银铺把持，操作中程序复杂也易生弊端，可谓银两的明显缺陷。由于各地、各行业所用之两的实际重量并不完全一致，因此货币单位的"两"，也因时因地而异，20 世纪初各省宝银"因地而生，随货而转，随俗而变，尤难得有详确之标准"②，总之，这种称量制度的货币，"既无统一本位，更无固定成色；各地权衡极为纷歧，彼此折合比率悬殊。上海之规元、汉口之洋例、天津之行化、北平之公砝，成色不同，兑用各异，凌乱庞杂，久为世病……至若关两、库平各有轻重，纳税完粮各异其用，申合频繁，不堪言状。妨碍商业，阻滞金融，殊非浅鲜"③。

---

① 张惠信：《中国银锭》，台北：齐格飞出版社 1988 年版，第 176 页。

② 张家骧：《中华币制史 · 第 2 编》，北京：民国大学出版社 1925 年版，第 2—3、第 10—11 页。

③ 秦孝仪：《革命文献 · 第 73 辑：抗战前国内建设史料——财政方面》，台北："中央党史会"1977 年版，第 140 页。

由上可知，此时货币制度应是以银两本位为核心，但各具体区域又继发衍生出不同的虚银本位，如上海之规元、天津之行化、汉口之洋例、北平之公砝、江苏等地之二七宝银、重庆之渝平等。于是国家上层也开始关注到统一币制的重要性。宣统年间，《币制则例》颁布，后因清政府统治被推翻而未真正得到实施。民国初年，政府有意整合货币，以统一银币、整肃币制。1914 年 2 月《国币条例》13 条颁布，随后 1 圆银币问世。因铸有袁世凯头像，俗称“袁大头”。发行以后，因式样新奇，形制统一，被商民喜用，得以在各地顺利推广，并逐渐取代市面流行的其他铸币，包括外国银元。

不过，这种统一局面维持未久，因北洋军阀割据自持，再起纷乱。至南京国民政府成立前，各地军阀为图谋私利，自铸或印行货币，致使银元与纸币铸印繁多，种类各异。当时，各省内货币纷杂无序，难以通行，再加上国内外汇率更多差异，涨落升降也无定律，纷繁混乱，难以设想。民国初年，随着商业经济的发展，银币作为国家货币，因其铸币优势，流通范围变得越来越广泛，但铸币制造的数量有限且品种多样，于是在实际流通中就形成了独特的两元并行货币体系。虽然银元流通日广，甚至在完粮纳税时都改用银元，但银两在商业往来和国际收支中仍用作计算单位。银元、银两制度并存，既增加了折算的困难，又增加了对外贸易的风险，使中国在国际结算中经常处于不利地位。同时，银元种类繁多，成色不一，价格有别。全国主要流通的是袁头币，但外国银元、省铸银元并未取消，并行流通，其铜辅币更是规格不一，五花八门。除此之外，流通于市场的还有形形色色的中外银行发行的银行券，即所谓纸币。

银两和银元不仅存在兑换和计算的负累，由此产生的洋厘更是广为人们所诟病。洋厘的存在，使“物价发生不自然之涨落”，

"银行为预防两元比价之涨落与两者换算之损失起见,须多一重准备","洋厘之涨落,使工商业成本增加"①。另外,洋厘的波动还助长了套利投机,在遇到金融恐慌时,两元的存底之差更扩大了市场风险。因此,时人认为两元并行对于商业而言,"其害不在厘金之下"②。

除货币标准在实际运行中难以统一,货币本身价值也极不稳定,银价涨跌起伏已为常态。这主要受两方面因素影响:一是中国银产量极小,大部分来自海外,官方不能有效控制银的输入量;二是走私现象较为普遍,官方对银价起落几近失控。晚清以后,中国被迫洞开国门,在全球经济体系中被裹挟而行。作为世界上最主要的银本位大国,中国的货币、金融与经济面对世界银价变动之时无法独善其身,因为白银在国际市场上扮演一般商品的角色,而在中国则充当通货,当国际银价低落,白银便涌入国内,当银价高涨,白银便流向国外,所以一旦白银大量外流,不仅会引发经济上一系列连锁反应,更会影响货币稳定,造成严重后果。

总之,两元并行,货币混乱,对商业发展弊害甚多,加上交易不便与中间盘剥,致使交易成本升高,不利货畅其流,制造了现实经济中的各种难题。国人对此早有诟病。1925 年 8 月,经济学者马寅初曾就此发表专门评论,指出"国内货币之不统一,人所尽知,各省往来,几若异国,故(上海)规元不能通用于汉口,(汉口)洋例不能通用于上海。即以京津而论,相距不过数百里,费时不到四小

① 程绍德:《民国二十二年废两改元运动之成功》,《社会科学研究》1935 年第 2 期,第 314 页。

② 程绍德:《民国二十二年废两改元运动之成功》,第 315 页。

时,然以两地银本位之不同,金融运用,遂发生许多之难题”,举例京津,“天津不用锭,北京不用宝”,天津向用行平白宝(重 50 两),北京向用长锭十足银(重 10 两),两地进行交易支付前须向钱庄或银行兑换锭银,津商兑换锭银时,在钱庄或银行遭折扣盘剥,所费不赀,无利可图,使得双方交易越发冷淡、商品流通不畅,致使市场萧条。又以东北为例,使用流通券为奉票,但其不能用于上海,若要付款,只有“间接汇兑,商人先用奉票购买日金,送至大连,托朝鲜银行汇至日本”,再由日元汇至上海,沪商使用需卖出日元以兑换上海规元。如是往来,非借助于日本不可。如此除受银行的盘剥不说,更甚者万一出现中日绝交或经济断绝的情况,就必须另谋出路。由此指出,一旦如此,经济贸易自然不能发达,国家也无法实现独立。①

需要注意的是,19 世纪中叶以后,中国社会性质逐渐发生改变,特别是随着工业化的推进,对外交流更加频繁,客观上也从更深层次更宽层面汇入国际经济发展体系,虽然引入当时西方先进国家经济制度,但是传统固有的观念和思维方式依然不动声色地发挥作用,束缚着现代化改革的同时,也引发新旧矛盾胶着,造成更大混乱。近代中国也正是在这种新旧纠结中推陈出新,寻求生存和发展之道。银铜复本位制在中国运行历史悠久,适合于稳定的农业经济社会,当中国进入世界经济范围,运行于国际货币体系时,观念、信息、知识等等必须随之及时更新。事实是中国没能与时俱进,总是因落后而陷于被动。

19 世纪,英国首先采行金本位制,到 1870 年以后,先进国家相

① 马寅初:《中国经济之分裂》,《马寅初演讲集》第 3 集,北京:北京晨报社 1926 年版,第 171—174 页。

继跟进，采用以黄金为本位币基准的金本位制，购贮黄金而抛售白银，引起世界银价暴跌。这种变革给仍在使用银本位的中国带来了更多挑战。

当时对外赔款还债须以金价计算，而纳税完粮均缴纳银两入库，因此兑换之间，造成不可估量的损失。不过这种制度差异造成的危困局面并不是即刻显现出来，而是经过了一个相对较长的过程。北洋政府主政时期，对于当时以农业为主的中国来说，特别是在对外商品交易中，以原材料、农产品输出为主，售价低廉有利于提高市场竞争力，反而占有一定优势，输出所得部分用以输入廉价的白银，对尚处于成长中的现代性经济来说，也因充裕的货币供应而得到快速发展，客观上暂时抵消因银价低落造成的损失。同时，国际上金贵银贱与银价下跌，使中国货币贬值，也吸引大量外资，促使中国实业兴起。但是无论历史将中国推送到什么样的“时间窗口”，货币混乱如此，不仅不利于工商业、对外贸易以及财政金融的发展，也无法保障人民安居乐业，更对国计民生与国家政权造成极大破坏性影响。

三、步入国际货币体系：南京国民政府的币制改革

面对来自外部的危机压力，新成立的南京国民政府急于整肃财政，改革币制，发展经济，增殖实力。回观历史，从 1933 年废两改元到 1935 年行用法币，国民政府基本完成了管理通货本位制的改革，这是抗战全面爆发前中国金融领域取得的最重要也是最基本的成绩。管理通货制的施行，使中国货币走入国际货币体系，融入全球化经济潮流中，从而才更有能力为持久抗战提供可靠的物质保障。

南京国民政府时期，以往货币流通之乱象迁延持续未能改观。

早在民国成立之初，国民党的领导人就认识到币制之于国家统一建设与发展的重要性。孙中山在就任临时大总统之前曾有过明确表示，“币制之改革亦当于最短期内实行”①，就任时则进一步提出，“币制以统一为要”②。蒋介石率军北伐期间对钱财的重要性也有深切体会，虽然此时他所认识的钱财还只是局限于国家与军事的宏观层面，对于货币如何运作，运行规律如何所知尚属有限，这从之后1935年9月蒋介石就“总理钱币革命之办法，为何必须设纸币收毁局，烧毁已失效用之死币”一事电问孔祥熙的记载中大致可以推知：蒋介石认为“若限制纸币发行之数，使之无死币之发生，岂不减少一层手续”，要求孔祥熙解答，“此收毁之利弊，究竟如何，请将实际内容详告为盼”③。为筹措军费，蒋介石屡与宋子文及银行界发生分歧乃至争执，这在其日记中屡屡可见：“为战费事，子文吝刻，使人难堪！”“子文……财政压制，不能发展自如，苦痛极矣。”“忧患以今日为甚……子文且以财政无法相要胁，办事困苦莫甚于经济相逼也。”“每月尚不足三百万元，可忧孰甚。”“为饷欠事，几彻夜不寐。”“银行界借款条件之苛，奸商之狡猾，筹款之为难，殊为可叹。”④为筹措军费，广州中央银行曾发行湘、赣、桂等3省流通券达200万元之多，仍属杯水车薪。军费主要还须仰赖上海金融家垫款，为此蒋介石多方求援，不胜其烦。在北伐过程中，筹款的艰辛

---

① 孙文：《与沪外国记者的谈话(1911年12月)》，《孙中山全集》(第1卷)，北京：中华书局1982年版，第582页。

②《大总统令江苏都督遵照财政部议复江南造币厂办法文(附原呈)》，中国社会科学院近代史所：《辛亥革命资料》，北京：中华书局1961年版，第288页。

③ 周美华编注：《蒋中正“总统”档案：事略稿本32》(民国二十四年七月至九月)，台湾档案部门2008年版，第602页。

④ 蒋介石日记1926年7月26日、12月26日、1927年1月4日，斯坦福大学胡佛研究所藏蒋中正日记手稿影印件，此类记载在蒋介石日记中俯拾皆是。

使蒋介石逐渐产生统一全国货币，改革清末以后货币金融乱象的计划。然而，国民政府统一初期，面对复杂纷乱的内外环境，蒋介石对中国币制虽有切肤之痛，却也无力即刻着手改革。

纸币的独立发行，并赋之于中央银行，并非意味着当时国民党政要、学界精英抑或社会名流对货币制度和中央银行的研究和认知达到成熟程度，实际上在当时的社会转型中，包括思想、理论、制度等各方面的准备都很不充分。辛亥革命胜利后，新旧势力明争暗斗，矛盾尖锐。新旧交接中，传统已不再能提供制度模本，而此前延续下来的开放意识，效法西方文明的惯性思维，使得有过欧美日本经历的新政府当权者转向西方，凡事皆取法西制。由此看来，此时无论发行纸币还是统一币制，均非审慎思考比较借鉴后的成熟选择，而是困境之下取法西制的临时应急之策。1926 年 11 月北伐军进攻上海之际，奉命在沪筹饷的孙鹤皋上书蒋介石，建议“统一全国币制一节，关系我军前途……查历年来军人不能成事，大半困于财政……计划政府能……将各银行纸币悉收归政府”①。1927 年 3 月，蔡元培草拟《革新浙江政务之计划》，提出实行钱币革命以筹措经费，借以供应北伐军的饷粮，进行建设。② 北伐军 1927 年 3 月 22 日攻克上海，次日进占南京，当时蒋介石也积极企盼改革币制，以便更能积极帮助革命事业。5 月 2 日蒋介石致电张静江，要求速于上海筹设中央银行，③4 日又发布命令，派周佩箴负责筹备；周佩箴奉命后即积极进行。以上所列史事，或可印证一二。

1928 年 6 月奉系退出关外，国民革命军进入京津，北伐胜利，

---

①《孙鹤皋呈书蒋中正函》(1927 年 2 月 16 日)，《蒋中正“总统”档案》，《特交档案，一般资料》，编号：160282。

② 孙常炜：《蔡元培先生年谱长编》(中册)，台湾档案部门 1981 年版，第 871—872 页。

③《蒋中正“总统”档案》(1927 年 5 月 2 日)，《革命文献·北伐时期》第 8 册，第 12 页。

南京国民政府掌控中央政权。此后直到抗战爆发前夕，蒋介石逐步取得国民党与国民政府的最高领导权威。其间，国民党一方面进行政策改革，一方面致力于国家建设，对于财政金融尤为重视。为获取支持与合作，宋子文邀请上海银行界与工商界领袖人物如张嘉璈、宋汉章、陈光甫、秦润卿、徐新六、虞洽卿、王晓籁、荣宗敬等近70人共商国家经济发展事宜，并出席1928年国民政府召开的全国经济会议。[①] 7月，国民政府又组织召开全国财政会议，审议《整理财政大纲案》。[②] 通过两会，国民政府决定统一通货，统一纸币发行权，设立中央银行，明确规定国币铸发权专属于国民政府，纸币发行权由中央银行独占，其他银行纸币，限期收回。[③] 1928年10月国民政府颁行《中央银行兑换券章程》10条，赋予中央银行发行兑换券高于其他银行兑换券的法律地位。[④] 宋子文在同年11月中央银行开幕式上强调，创设中央银行的目的，即为"统一国家之币制，统一全国之金库，调剂国内之金融"[⑤]。客观而言，纸币在当时改革之际，不过是国币的兑换券。虽然中央银行取得独占纸币发行之特权，但是对于市场上依然混乱无序的银币来说，国民政府此时只是在政策层面完成了币制改革方案，规划了国家对金融的最高管理权力，并未收获来自实践的成果。如前文提及北洋时期金融实况，此时依然如故，甚或更为严重。于是整顿全国货币，并

---

① 全国经济会议秘书处：《全国经济会议专刊》，财政部驻沪办事处1928年，第1—23页。

② 中国人民银行总行参事室：《中华民国货币史资料·第2辑·1924—1949》，上海：上海人民出版社1991年版，第60—62页。

③ 全国经济会议秘书处：《全国经济会议专刊》，第114—142页。

④ 中国第二历史档案馆，中国人民银行江苏省分行，江苏省金融志编委会：《中华民国金融法规档案资料选编》，北京：档案出版社1989年版，第363页。

⑤《中央银行开幕志要》，《银行月刊》1928年第8卷，第11号。

推进统一，成为此后国民政府财经工作持续关注的重点。

1929 年 3 月，国民党召开第三次全国代表大会，再次提出“统一货币之铸造权，与纸币之发行权，使外国货币不得充斥于国内之市场”①。旋即，财政部拟定货币统一计划大纲，由中央银行专属发行钞票，并收回地方与民营银行的纸币发行权，同时取缔钱庄、商号私发纸币；并将上海造币厂改组为中央造币厂。②

1929 年是一个特别需要关注的年份，正是这一年，从美国开始的世界经济危机爆发，随之造成世界性大萧条。中国亦被卷入危机，只是作为当时唯一沿用银币的大国，所经历的过程更加曲折艰难，其摆脱危机的尝试，也正是融入国际货币体系，同步于世界现代化的努力。中国素为白银进口的大国，1928—1931 年平均进口量仍达 1. 4 亿元，1931 年进口数额稍有下降，净进口银 6 800 万元。③ 印度原本与中国同为用银大国，自 1927 年实施金本位制，反成为国际白银的供给者。④ 当时世界各重要国家均已改行金本位制，世界银需要量因而顿减，供过于求，银的价格开始暴跌，而中国的银本位制，使得白银随着华侨汇款以及各国在华投资，源源流入国内，1931 年底上海白银存底为 2. 66 亿银元，至 1932 年底达 4. 38

①《中国国民党第三次全国代表大会关于政治报告决议案》(1929 年 3 月)，江苏省中华民国工商税收史料编写组、中国第二历史档案馆:《中华民国工商税收史料选编》第一辑《综合类(上)》，第 187 页。

② 秦孝仪:《革命文献・第 73 辑・抗战前国内建设史料——财政方面》，第 74—75 页。

③ 卓遵宏、姜良芹、刘文宾、刘慧宇:《中华民国专题史・第 6 卷・南京国民政府十年经济建设》，第 381 页。

④ 李宇平:《一九三〇年代前期金、银两个货币圈与亚洲国际金融秩序——以上海与孟买之短期资金动向与金融市场特质为中心的比较观察(1930—1935)》，李培德:《中国商业史:问题与方法》，香港:香港大学出版社 2012 年版，第 22 页。

亿银元，到1933年3月更达4.72亿银元的高峰。[①] 对中国来说，以银为计算单位，虽因产品廉价而易于销售，带来短期收益，但终究经不起长期考验。1930年5月中国禁止黄金输出，金价升高，上海卖出银汇兑购买金汇兑者增多，银元对英镑、日元汇率急跌，以上海为中心的银市场即趋停滞。与此同时，日本侵略行径不断升级，继"九一八"事变后，1932年初，"一·二八"事变又起，各地金融市场备受冲击，内地钱庄无法依期前往上海结账，金融市场濒于瘫痪，洋厘暴跌，百姓收藏银两，抛出银元，银两几近绝迹。此时全国出现银根枯竭，贸易失调，白银外流，物价下跌的经济现象，似有"全国总破产"之兆。[②] 当此紧要关头，国民政府决定废两改元。

1933年3月1日国民政府公布《废两改元令》，自3月10日起先从上海实施。规定以上海市面通用银两7钱1分5厘合银元1元为法定换算率，停开洋厘行市，所有银行钱庄均应以银元为本位币，并具体规定银两银元换算办法。[③] 3月3日立法院通过《银本位币铸造条例》及《银两银本位币换算计算法》，明确规定银本位币铸造专属中央造币厂，凡公私款项及一切交易，用银本位币授受等，旧有之1元银币，暂准与银本位币值流通等内容。[④] 自3月10日起先在上海市及江苏省内施行，凡公私款项及一切交易，按此规定以银币收付。自此所有公私款项收付、债权债务清算、交易税收、国外汇兑及各商店的货物市价，均改用银元计算，与此相应，上海钱业公会的洋厘行市也于同日停开。同年3月，中央造币厂开

---

① [美]阿瑟·N.杨格著，陈泽宪、陈霞飞译：《一九二七至一九三七年中国财政经济情况》，第217页。

② 余桓澄：《废两改元之平议》，《申报月刊》1933年第1卷第1期，第43页。

③ 中国人民银行上海市分行：《上海钱庄史料》，第157—165页。

④ 卓遵宏：《抗战前十年货币史资料》(一)，台湾档案部门1985年版，第165—171页。

铸新银元，俗称“孙头”或船洋。财政部复委托中央、中国、交通 3 行，合组上海银元银两兑换管理委员会，管理银元银两的兑换、调节，以免市面供求受阻。鉴于上海实施废两改元顺利无碍，财政部进一步决定，自 4 月 6 日起在全国实行废两改元，各地银行公会与外商银行业奉令支持。①

国民政府采行国际上一元化的货币制度，确定银本位制，顺应世界货币与经济发展形势，结束了币制紊乱的局面。在政治上宣告了中国的货币主权地位，同时在经济上降低了包括金融机构在内的市场主体的交易成本，消除了由此产生的市场波动风险，改变了金融机构之间的力量对比，促使金融行业有序进退，由此加强了政府对金融市场的控制力和货币政策的推动力，为随后实施法币政策扫除障碍，奠定基础。不过，中国币制在世界范围内依然存在重大运行风险，因为相对于世界上先进国家的币制而言，金属的银本位制仍属落后，尚未完全融入国际货币运行系统，随时面临边缘化而遭受打击。20 世纪 30 年代的中国正处于全球化经济网络中，在货币链条上，因国际经贸交流各国交互影响，中国再也无法独善其身。事实上，中国银元币制改革实行不久就受到美国白银政策的冲击，不少银元刚进入流通领域，便被运往海外贩卖营利，而同时由于国民政府的财力与中央造币厂的能力有限，新铸银元数量不足以取代旧银元，因而中国法定通货银元始终未能完成事实上的统一。可见，客观形势要求中国必须以更加开放的姿态融入国际货币体系，寻求进一步改革。

“废两改元”以银元币统一了两元并行的银本位币，有利于商品流通和经济发展，但并没有使中国货币制度趋于稳定。因为在

① 吴景平：《孔祥熙与宋子文》，《档案与史学》1994 年第 2 期，第 37 页。

当时世界银价剧烈动荡之际，中国货币以银为本位难免遭受冲击。世界银价的低迷，使得美国白银利益集团促使国会通过了一系列白银增购法案，购银法案授权美国财政部在国外收购白银，使银准备占到金银准备的1/4，最高限价不超过每盎司 1.29 美元。高价收购白银，引起世界银价暴涨，首先造成中国白银的巨额外流。在中国的外资银行利用治外法权便利，将自存的白银运输出口，“从1933 年底至 1935 年 9 月，上海外商银行的白银库存量减少了233 000万元，合 14 960 万海关两”①。为应对白银外流，国民政府于 1934 年 10 月开征白银出口税和平衡税，遂使不利局面得到一定程度的遏制，但因为不能强行禁止外商银行输出白银，这一措施的效果并不明显，随后近半年时间里还是有 2 728 万元白银的净流出。② 1935 年 4 月，美国进一步提高银价到每盎司 0.711 美元，伦敦市场则高达每盎司 0.81 美元，由此看来中国要有效减少白银外流必须取得外商银行的谅解。③ 经过斡旋，宋子文与主要外商银行达成所谓“君子协定”，要求其配合中国的白银政策，暂停装银出口，同时劝阻其各自的往来银行出口白银。由于得到各外商银行的配合，此后的半年内白银出口仅为 1 400 万元。④ 另外，1934 年和 1935 年白银走私异常猖獗，致使中国白银净出口总规模高达3.6亿海关两。⑤ 同时，白银走私又导致政府课税收效甚微。1934 年 7

---

① 郑友揆著，陈麟苏译，蒋学桢、汪熙校：《中国的对外贸易与工业发展(1840—1948年)：史实的分析》，上海：上海社会科学院出版社 1984 年版，第 104 页。

② 中国人民银行总参事室：《中华民国货币史资料・第 2 辑・1924—1949》，第 143—144 页。

③ 中国人民银行总参事室：《中华民国货币史资料・第 2 辑・1924—1949》，第 153 页。

④ 中国人民银行总参事室：《中华民国货币史资料・第 2 辑・1924—1949》，第 154 页。

⑤ 王玉茹、燕红忠：《世界市场价格变动与近代中国产业结构模式研究》，北京：人民出版社 2007 年版，第 36 页。

月南京国民政府颁布新税则，提高进口关税，实行后反而造成进口货物总值下降，使得关税收入连续锐减。另一方面，政府的财政支出却迅猛增加，1933 年实支总额 7 亿元，1935 年达 13 亿元，当年财政收支缺口高达 8 亿元。财政金融形势告急，币制改革迫在眉睫。①

此时，国民经济出现严重衰退之势，因通货紧缩，百业萧条。农村破产，工商业萎缩。上海批发物价指数 1932 年、1933 年、1934 年，分别下降 11.3%、7.7%、6.5%，通货紧缩之势渐成。② 1934 年金融、工商各业倒闭 510 家，1935 年倒闭总数更高达 1 065 家。1934—1935 两年间，上海市倒闭工厂 301 家、商店 723 家、金融业 148 家，其余各业歇业者不知凡几。③

货币、金融是现代经济体系运行的中枢命脉，货币紧缩引起了全面的经济危机，从而给国民政府带来空前的压力，促其从根本上解决货币问题。如前所述，为实现孙中山“钱币革命”的目标，南京国民政府便将健全货币、发展金融作为经济建设和国家安定的首要任务。当此危机之时，蒋介石再次特别加以重申。1935 年 9 月，在峨嵋军官训练团讲课时称，“有篇遗教……大家应当注意研究，并拿来教导国民的，就是所谓：钱币革命……照社会进化的趋势，纸币一定会取金银之地位而代之，成为惟一的钱币”④。对于货币本质的认识，孙中山确有先见之明，早年就曾指明，“在工商未发达之国，多以金银为之。其在工商已发达之国，财货溢于金钱千百万倍，则多以纸票代之矣。然则纸票者将必尽夺金银之用，而为未来之钱币，如金银之夺往昔之布帛刀具之用，而为钱币也。此天然之

---

① 杨荫溥：《民国财政史》，北京：中国财政经济出版社 1985 年版，第 43 页。

② 林维英著，朱义析译：《中国之新货币制度》，上海：商务印书馆 1937 年版，第 34 页。

③《上海工商金融等业倒闭停业统计》，《经济统计月志》1936 年第 3 卷第 12 期，第 68 页。

④ 卓遵宏：《抗战前十年货币史资料》(一)，第 91—92 页。

进化,势所必至,理有固然,今欲以人事速其进行,是谓之革命”。他力主“废金银,行钞券,以纾国困,而振工商”,并预言“以纸币代金银,则国家财政之困难立可纾,而社会工商事业亦必一跃千丈”①。孙中山首倡应用管理通货之纸币,成为此时面临危难的国民政府币制改革的方向。当此之时,也正是日本蓄谋侵华严重之时,大有兵临城下之势。内外交困中,蒋介石下定决心改革币制,敦促早日实施富有弹性的法币政策,这从其日记中可以观之。1935年7月16日记载:“预定……函孔(祥熙)速令金融统制日期。”②8月16日记载:“在庐山与孔祥熙、宋子文谈话太晚,因之夜不安眠……注意统一发行停止兑现之变化与预备……”③8月27日记载:“电孔部长曰:统一发行令有否发表,情形如何?实施后盼逐日电告,以免悬念。”④9月8日记载:“电孔部长曰:发行统一问题何时实行?”⑤9月30日记载:“庸之对于统一发行、公库保管之政策,议决而不实行,必待英人罗斯之到达,不知中国政治经济之生死关头,皆在日本。今彼不估量倭寇之心理与毒计,而一意以英款为可靠,且不信己之政策,而遥望罗斯洋鬼之赐惠,舍本逐末,可痛之至……呜呼!国人愚鲁而不识时势,党国安得而不危耶!”⑥上

---

① 孙中山:《钱币革命》,孙中山:《孙中山全集》第1卷,第94页。

② 周美华编注:《蒋中正“总统”档案:事略稿本32》,第33—34页。

③ 周美华编注:《蒋中正“总统”档案:事略稿本32》(民国二十四年七月至九月),第278—279页。

④ 周美华编注:《蒋中正“总统”档案:事略稿本32》(民国二十四年七月至九月),第360页。

⑤ 周美华编注:《蒋中正“总统”档案:事略稿本32》(民国二十四年七月至九月),第517页。

⑥ 周美华编注:《蒋中正“总统”档案:事略稿本33》(民国二十四年九月至十月),第479—480页。

述日记所载文字显示，蒋介石对于日本虎视眈眈之下中国币制改革的焦虑和迫切之情。同时也可推知，当时国民政府除了“钱币革命”的大概原则外，对于实现的具体办法还在多方商议之中。不过，可以明确的是，此次币制确立，旨在寻求从根本上摆脱金融危机与国际金银价格升降的影响，以纸币取代银元，禁止白银在市面流通，改变中国在全球化经济体系中的不利地位。

1935 年 6 月，财政部特别指派常务次长兼钱币司长徐堪负责研拟新币制。徐堪“独居南京郊区……草定实施法币政策办法 6 条”。外籍顾问李滋・罗斯等也同时参与机要。① 1935 年 11 月 3 日国民政府财政部颁布法币改革方案，共有 6 条：其一，自当年 11 月 4 日起，以中央、中国、交通等 3 行发行之钞票为法币。所有完粮纳税，及一切公私款项收付，概以法币为限，不得行使现金，违者没收。其二，3 行以外，曾经财政部核准发行之银行钞票，尚在流通者，准其照常行使。其发行数额与流通之总额，以截至 11 月 3 日为限。其三，设发行准备管理委员会办理法币准备金之保管、发行及收换事宜。其四，凡持有生银、银币、银锭、银块等，应自 11 月 4 日起，交由发行准备管理委员会，或兑换为法币使用。其五，旧有契约于到期日，概以法币结算收付。其六，中央、中国、交通等 3 行无限买卖外汇，以稳定法币对外汇价。② 显而易见，依此进行改革后的货币制，乃为有管理的币制，与国际上许多国家的货币制度类似，属于信用货币。

币制改革后，中央银行稳定汇率于每法币 0.30 美元和 14.5 便

---

① 卓遵宏：《徐堪传》，《民国丛书》编辑委员会：《中华民国名人传》第 8 册，台北：近代中国社 1988 年版，第 316—317 页。

② 中国第二历史档案馆、中国人民银行江苏省分行、江苏省金融志编委会：《中华民国金融法规档案资料选编》，第 401—403 页。

士，使法币在外汇市场上有了稳定价值，可以无限制地自由兑换。美国此时收购中国政府的白银，财政部长亨利·摩根索尝试将部分白银储备兑换成实用的美元和黄金，以示对中国法币改革的配合。截至1937年中，共花费6 700万美元，购得白银1.25亿盎司(1盎司约为28.35克)。得益于这笔额外的美元收入，中央银行令法币投机者在改革之后损失惨重。① 国民政府责令新组建的上海铸币厂在24小时内完成铸造镍铜辅币的任务，取缔过去那些价值不确定却又造成币制混乱的小额银铜硬币和小面值纸币。② 币制改革后，中国国际收支出现顺差，对外贸易蒸蒸日上，1937年上半年的外贸额比1936年同期高出了40%，③外汇资产也有了稳定增长。这一部分内容将在下文详述。

法币是中国货币史上第一次全面流通的不兑现的纸币，具有鲜明的现代性。法币改革，具有重要历史意义，其作用与影响巨大。法币的价值基础脱离贵金属，具有无限法偿能力，极具弹性，是当时现代化国家通行的管理币制。币制改革实施后，国民经济可以不再因国际金银价格的变动而起伏，货币市场因此得以稳定，金融危机获得调节的机制。法币对内不兑现，但为保证其信誉，国民政府特别规定除以现金做准备外，一切完粮纳税均可使用，另以无限制买卖外汇来稳定汇价。这项规定，应该是从中国的实际国情出发作出的，能够满足几千年来以贵金属为货币的中国民众的心理信任需求，因此也是得以顺利推行的基础。不过法币弹性发行，也因此受到限制，如果在健康稳定的金融环境中运行当无窒

---

① [美]阿瑟·N.杨格著，李雯雯译，于杰校译：《抗战外援：1937—1945年的外国援助与中日货币战》，成都：四川人民出版社2019年版，第11页。

② [美]阿瑟·N.杨格：《抗战外援：1937—1945年的外国援助与中日货币战》，第11页。

③ [美]阿瑟·N.杨格：《抗战外援：1937—1945年的外国援助与中日货币战》，第11页。

碍，一旦遇到非常或特殊情境，其可兑现性，在与外币关联的过程中可能会出现不可控情形，特别是当在整个国际化市场上受到不确定性因素影响时，这一规定对国家货币政策的目标实现可能产生影响。抗战时期，法币的通货膨胀问题，以及汇价在其中的影响问题，甚至于后来国民政府处理财政金融问题的方式问题，都从不同侧面揭示了法币制度的诸多不足。

无论如何，毕竟从当时来看，法币制度实施后中国金融开始步入正轨，经济也明显回升，国民经济呈现新气象。抗战爆发前，北自平津，南至广州，东起上海，西迄兰州，除少数地区外，均以法币流通。由于法币流通范围不断扩大，发行量随之急剧扩大。虽然仍有少数地区不遵守中央指令，继续发行纸币，外国纸币依旧不在政府控制之下，但大体而言，“现代化的内在力量和外在力量，在 1935 年的币制改革之后，都取得向前推动的巨大势头”①。

第三节　严峻的财经形势

一、战前财政经济的总体情况

首先，从社会经济运行的基本趋势分析。抗日战争爆发前中国社会的经济发展水平，尤其是政府财政方面的情况，对战时战费筹措以及战时财经体制建构具有决定性影响。战前的经济发展状况是战时国力的基础，南京国民政府主政的第一个 10 年（1928—1937 年），尽管面对频繁战事和动荡的世界经济环境影响，经济社

---

① [美]阿瑟・N. 杨格：《抗战外援：1937—1945 年的外国援助与中日货币战》，第448 页。

会发展仍然取得了重大成就。虽然后世学者对所谓“黄金十年”的评价并不一致，但无论是当时的经济统计资料抑或后世学者的估算都证明，这一时期实现了较快的总体经济增长。对战前10年中国经济总量的研究，自民国后期至今，学术界取得许多重要成果，其中主要有巫宝三1947年、刘佛丁与王玉茹1997年对1914年和1936年国民总收入的估算；叶孔嘉1977年利用各年份主要产业部门经济数据对1931—1936年的估算；刘巍1998年利用科布-道格拉斯生产函数估算了1927—1930年的生产总值，并对1931—1936年的数据进行了修正。① 罗斯基、杜恂诚等学者也对相关数据予以补充。虽然不同的测算方法使得研究结果略有差异，但对战前10年中国经济基本变化趋势的认知一致。据刘巍、陈昭等人2012年的估计，1936年国内生产总值较1927年增长24.47%，年均增长2.46%，国民收入总额及人均水平年均增长分别为2.46%和1.22%。刘佛丁、王玉茹从更长的时段考察了近代以来国民收入变化趋势，认为1887—1936年间存在着两个明显的中长期增长阶段，其中1914年到1936年年均增长1.45%（罗斯基对这一时期GDP年均增长水平的认定为1.5%—2%），高于1887年到1914年的1%，而从抗战爆发到中华人民共和国建立这一阶段，国民收入显著下降，年均下降2.4%。②

① 关于近代以来中国国内生产总值估算的学术史回顾及研究方法评价，参见刘巍、陈昭：《近代中国50年GDP的估算与经济增长研究（1887—1936）》，北京：经济科学出版社2012年版，第2—4页。

② 刘佛丁、王玉茹等：《中国近代经济发展史》，北京：高等教育出版社1999年版，第66页。

表 2 - 1　1927—1936 年中国国内生产总值/国民收入估计值

年份	GDP(亿元)	国民收入(亿元)	人均国民收入(美元)
1927	248.58	264.93	22.61
1928	257.11	274.03	23.3
1929	266.26	283.78	24.05
1930	276.21	294.38	24.86
1931	285.7	304.5	25.52
1932	294.7	314.09	26.13
1933	294.6	313.98	25.93
1934	269	286.7	23.55
1935	290.9	310.04	25.36
1936	309.4	329.76	26.8

数据来源:刘巍、陈昭,《近代中国 50 年 GDP 的估算与经济增长研究(1887—1936)》,北京:经济科学出版社 2012 年版,第 81、206—207 页。

在对 1936 年和 1911 年中国社会经济的变化加以比较后,叶孔嘉(1979)认为:"(中国经济)总产出有了明显可辨的增长。更重要的是,内部经济结构发生了显著变化,具体表现为资源从生产力低的部门显著地流向生产力高的部门,近代技术在制造业与运输业的推广,以及城市化水平也在提高。显然,经济近代化已经开始,尽管速度缓慢,并仅限于少数几个部门和地区。"①这里所谓的"少数几个部门"至少包括了轻工业、交通和新式金融业。时任国民政府财经顾问的美国人阿瑟·杨格在评判中国战前十年最重要也最

① K. C. Yeh, "China's National Income, 1931—1936", in *Modern Chinese Economic History*, ed Chi-ming Hou and Tzong-shian Yu(Taipei,1979), p. 120。转引自[美]托马斯·罗斯基:《战前中国经济的增长》,第 14 页。

关键的变化时，特别强调国民政府财政货币事务的改革与中央权力的加强，认为国民政府在克服了最初的财政困难后，财政部长宋子文在税收和公债领域取得了新的成就，并与金融资本家们形成了新的利益共同体。①

南京国民政府战前经济成效，主要表现为以下几方面：一是部分轻工业，如面粉、纺织、火柴、卷烟业等保持较高水平增长，国民政府在采矿、冶金、化学重工业领域的控制力增强。二是税制改革和公债发行成效显著，主要税种收入显著增加，基本实现关税自主权，初步理顺中央地方税收分配关系，国内公债收入成为政府财政收入的重要来源。三是国民政府主导的现代金融体系以及中央银行制度初步建立，废两改元与法币改革为经济现代化转型打下了良好基础。四是国家农业行政机构得到完善，现代农业技术开始应用在农业生产中，重要农产品开始受政府统制与支配。

从批评者的角度看，国民政府的成就不应该被过分夸大。因为即使在 1933 年，虽经过了数年的发展和改革，且严重的国际金融危机尚未到来，近代工业在整个中国国内生产总值所占比重也不超过 3%，在整个近代部门也仅占 13%。② 政府收支方面，战前 10 年始终未能实现财政平衡。财政收入过度依赖公债而军事支出沉重，军费支出长期占政府支出一半左右，仅在战前一两年略有缓解，而且有限的税收收入又集中于个别税种。金融方面，主要金融机构集中于少数大城市，银行收益过度依赖政府公债，传统金融机构普遍凋敝，中小城镇和农村金融资源极度匮乏。受国际金融环境影响，金融危机频发，政府主导的金融调控效果极为有限。在宏

① [美]阿瑟·N. 杨格：《一九二七至一九三七年中国财政经济情况》，第 5 页。

② [美]托马斯·罗斯基：《战前中国经济的增长》，第 21 页。

观上，政府也没有能够为经济发展提供一个有利环境。国民党内派系林立，政治分裂严重，中央政府与地方实力派的军事斗争和政治分化到1934年方才大致消弭。1931年日本侵占东北，1932年“一·二八”事变使金融中心上海遭受战火，此后华北地区逐步沦陷。1931年长江流域水灾泛滥，广大农村濒临破产，1933年以后世界银价变动造成金融领域空前危机，美国白银收购政策更是雪上加霜，中国出现了持续的经济紧缩，从1931年到1935年，连续4年批发物价指数下跌。

综合考察，战前10年国民政府总体经济增长并不能掩盖诸多问题，包括经济发展在空间和部门上的结构性失衡，政府财政能力羸弱，金融体系尚不健全，金融市场发育不足，持续的军事斗争，以及潜在的对日战争可能带来的经济上的负面影响等等。

其次，从战前国民政府财政收入情况分析。财政状况是一国战争能力的直接反映，战前国民政府财政无论是成就还是问题，都是战时经济动员和战费筹措的前提条件。

国民政府财政收入包括税收收入和非税收收入两部分。从税收方面看，1927年国民党掌握政权后，中央政府在改进税制和增加税收方面尝试诸多努力，取得了一定成效，但财政赤字缺口始终存在，财政支出增幅远高于收入增幅。1928—1935年，中央财政收入增长了103%，同期支出增长了156%，赤字增长了379%。① 尽管如此，国民政府在税收方面还是有所成就的。首先表现为税收组织体系的完善。财政部下属税务主管部门为关务署、盐务署和税务署，其中关盐两税以外的其他国税由税务署负责，地方税务体系也逐渐完善。其次，改革税种税制。1930年底裁撤厘金，开征统税

① 贾士毅：《中华民国财政史》，上海：商务印书馆1946年版，第16页。

表 2-2 1927—1936 年国民政府财政收支简况

单位：百万元；%

年度	实际支出总额	债款以外实收		税收结构(%)				支出结构(%)		
		总额	税收收入非债实收占比(%)	关税	盐税	统税	合计	军费	债务	实支/岁出占比
1927	150.8	77.3	60.2	27	44.7	12.9	84.6	87	1.1	88.1
1928	429.2	332.5	78.1	69.1	11.4	11.4	91.9	50.8	29.4	80.2
1929	533.7	438.1	95	59.7	26.4	8.8	94.9	45.5	29.5	75
1930	732.4	497.8	94.8	58.5	28.1	9.9	96.5	43.6	33.7	77.3
1931	681.7	553	96.9	60.1	23.4	14.4	97.9	44.5	34.9	79.4
1932	673.3	559.3	95	55.8	27.1	13.7	96.6	49.7	26.3	76
1933	801.6	621.6	95.2	53.4	26.9	15.9	96.2	48.5	26.3	74.8
1934	1 207	638.2	65.4	17.1	49.5	27.6	94.2	32.2	38	70.2
1935	1 328.5	513.1	75.1	6.2	47.9	39.6	93.7	27.1	26.8	53.9
1936	1 972.6	1 293.3	81.8	60.1	23.4	12.4	95.9	29.3	44.1	73.4

资料来源：杨荫溥，《民国财政史》，第 43—47、70 页。

的工作基本完成，这对于工商业者大有裨益。同时，争取外交谅解，基本实现关税自主，并通过关税税率的调整激励进出口贸易。另外整理盐税，废除包商制度，调整盐税附加税。特别需要提及的是，无论中央还是地方，大量的苛捐杂税被废除。到1934年，仅江浙等10省税收收入就实现了超过3倍的增长，国民政府初步构建起以关、盐、统三大税为重点的税收体系。在20世纪30年代前期，经过宋子文的税收筹划以及紧缩预算的有限努力，税收在总支出中的比重有过短暂的增加趋势，较高的年份甚至超过80%，但在1934年白银危机以后，实体经济普遍萧条，牵连税收收入状况急转直下。当然，不可回避的是战前的税制也存在很大的问题，税收的财富调节功能很弱。对许多日用进口品的关税，对纺织、火柴、面粉等产业的统税以及盐税都是间接性质的消费税，多是针对低收入群体日常必需品的税种，无法通过征税实现较好的税收调节。战前也有要求政府开拓直接税的呼声，但并未被政府采纳实施。当时国民政府在全国范围内征收的直接税只有田赋，而且已经在1928年划归地方政府。

通常，在一定的范围和限度内，增加税收是最理想的战费筹集手段。因为战前税制的诸多问题，在全面战争日益迫近之时，社会各界一致主张应该将税收收入的增加作为战费筹措的重要渠道，呼吁国民政府在战时增加直接税，主要是所得税、遗产税和战时利得税的征收。因为战争一旦爆发，战前的税收收入将受到极大影响，战时可能发生的沿海沦丧，不仅会影响进出口贸易，甚至各重要城市和海关、常关也将沦入敌手，关盐两税不可保障。20世纪30年代初，东北沦丧已使南京政府关税收入大为减少，而战争下沿海工厂企业内迁造成的停产和损失更会使统税基础大为动摇。其实战时增加直接税的做法，前鉴不远。一战中英美等国都大幅增加了直接税的征收力度，并取得较好成效，税收收入分别占英美两国战费的1/4和1/3。[①] 鉴于战时英国37%的战费来自直接税，而美国1918年所得税一项高达40亿元，在甘末尔建议下战前南京国民政府开始研究征收所得税问题。[②] 但因为所得税征收受到财政评估技术方法和专业人员方面等要求限制，多数论者对这一税收的征收实效并不乐观。当时所得税较易征收者为薪资所得，主要是公教人员的薪金，但根据规律和经验判断，战时必然出现的通货膨胀必将导致这些群体实际收入降低，境况窘迫，故而政府还需要专门对特定群体加薪，因此仅征收公职人员所得税于政府收入增加根本无益。至于遗产税，在战时更不容易，过分征收必然导致有产者将财富转移至外国银行而造成资本外逃。至于战时利得税，在理论上有助于抑制战时商人的过分得利，但因为当时主要商业公司都是国有大型企业，征收战时利得税与直接收取利润并无区别。总之，在既有或新增税收上，国民政府都存在各种现实的困难，很难获得显著突破，于战费筹措补益不大。

战前所谓非税收收入，主要指债务收入，税收收入的不足必然需要债务收入来弥补。从债务收入方面看，不外内债、外债两种。1927年5月，国民政府不再满足于直接的临时垫款，而拉开内债发行的序幕，先后发行江海关二五附税国库券和续发江海关二五附

---

① 马寅初：《庐山谈话经济组同人关于战时财政与金融之意见（上）》，《银行周报》1937年第21卷第41期，第2页。

②《所得税暂行条例》（一九三六年七月二十一日国民政府公布），《所得税暂行条例施行细则》（一九三六年八月二十二日行政院公布），韩君玲点校：《中华民国法规大全1912—1949》（点校本）第10卷《补编（上）》，北京：商务印书馆2016年版，第580—589页。

税国库券 7 000 万元。[①] 上海商界头面人物组成的国库券基金保管委员会(1932 年改为国债基金管理委员会)负责公债债券基金保管事宜,国民政府因之与江浙资本家开始了初步合作。最初的公债发行缓解了新生国民政府的燃眉之急,改变了单纯依靠商界垫款的筹款方式。1927 年 6 月至 1928 年 5 月的一年间,债券收入几乎占到政府全部收入的一半,而当时 90%的财政支出都用于军务,由此可知内债发行对北伐胜利以及新政权巩固的重要意义。为进一步提高举债信誉,国民政府宣称承认历届旧政府积欠,颁布《公债法》并组织公债基金保管机构,以确实税源作为债款担保。[②] 而对投资者更具吸引力的是宋子文采取的"厚利"政策,即债票以折扣方式向银钱业抵押借款,公开发售后再以市价结算,债息多定在 8 厘。1928—1933 年内债平均年息为 8.6%,实际年收益约在 17%左右,而当时各银行贷款利率一般为 6%—10%,定期存款利率为 8%—9%。[③] 除晚清和北洋时期遗留的 1.86 亿国币公债外,到 1931 年底国民政府至少发行了 25 种公债,面额合计超过 11 亿元,内债总收入超过 6 亿元,未清偿余额 7.53 亿元。这一时期公债债期短而利息高,受到广大工商业资本家尤其是金融机构的大力追捧。1932 年初日本占领东北,国民政府失去了大量税收,很难再担负每年约 2 亿元的公债本息,不得不于 1932 年对公债进行整理,延

① 续发江海关二五附税国库券先后发行过两次,1927 年 10 月孙科任财政部长时发行该项国库券 2 400 万元,由于江浙财团并未积极配合,实际售出很少。1928 年 1 月宋子文执掌财政部后,又加募 1 600 万元,合计 4 000 万元。见《申报》,1928 年 1 月 11 日报道。

② 1933 年以前南京国民政府内债主要由关、盐、统三税作为担保,关税担保64.7%,统税 19.5%,盐税 6.9%。卓遵宏、姜良芹、刘文宾、刘慧宇:《中华民国专题史·第六卷·南京国民政府十年经济建设》,第 246—247 页。

③ 吴承禧:《中国的银行》,上海:商务印书馆 1934 年版,第 58 页。

期减息偿付，债信因此受到影响，银行界虽有不满，因前期已有丰厚收入，又有感于政府此后将确实偿付的一再承诺，勉强表示理解。① 宋子文因紧缩财政、限制军费的主张与亲美反日态度，与蒋介石间渐生嫌隙，1933 年 10 月遂被孔祥熙取代。

孔祥熙一改宋子文主要依靠上海银行业、钱业公会承销公债的办法，更多依靠中央银行及少数与国家关系紧密的重要银行。此时因世界各国纷纷放弃金本位，世界银价上涨，中国经济开始进入普遍的萧条和通货紧缩，产业凋敝，白银进一步向上海等大城市集中。但在短期内，白银的集中反有利于政府公债的承销。1932 年到 1935 年初的 3 年间，国民政府发行了 15 种公债，面额共计9.6 亿元。1935 年因遭遇金融风潮，公债发行规模进一步提高，当年公债发行额超过 5 亿元，政府总计承担内债高达 12.7 亿元，当年内债还本付息额约 2.75 亿元。政府不希望如约承担如此高额的债务负担，1936 年再次强制整理公债，发行了 14.6 亿元的统一公债，用以替换 33 种 12.8 亿元的未偿公债，统一公债利率普遍下调，偿付期限也大幅延长，最长超过 20 年。这一举措受到金融界的强烈反对，公债市场价格急剧下降。国民政府再一次强行违约，虽令银行家们刻骨铭心，却也对之无可奈何。自此公债认募的主角就从私营行庄转向了国家行局。1934 年中央银行所持政府内债在上海 28 家重要银行中的份额已经由 1932 年的不到 0.1%增长到 1934 年的 32.7%。② 1935 年底，中、中、交、农 4 行掌握的政府公债已达 64.5%，中央银行独占 37.1%。③

① 张嘉璈著，于杰译：《通胀螺旋：中国货币经济全面崩溃的十年（1939—1949）》，北京：中信出版集团 2018 年版，第 131—132 页。

② 徐农：《中国国民经济的全貌》，《新中华》1936 年第 4 卷第 10 期，第 18—25 页。

③ 杨荫溥：《民国财政史》，第 67 页。

在对外债务方面，国民政府对晚清和北洋政府原有积欠且有确实担保者，照例偿付，对无担保者也尽力整理并加以承认。1927—1934年间，仅对北洋政府原有担保外债之偿付已达2.5亿银元。到1934年已获承认列入整理待还者不到11亿余元。① 至于国民政府战前新举借的外债规模，因相关信息并不完全为公众所知，并无确切统计。根据相关学者的估算，包括在华外商债款在内，战前国民政府举借外债总数大约4亿美元（达成公开借款合同的有14笔）。② 据杨格估计，战前中国需要担负的债务主要包括，外债4.48亿美元，内债22.85亿（合6.75亿美元），总额高达11.23亿美元，上述总额10%为国民政府所承认的旧债。③ 上述债务的统计没有确定的截止时间，大约在1936年底至1937年初。而另一份截至1937年7月1日的统计资料显示，国民政府的债务负担又略有增加。同时杨格给出了详细的债务结构信息：

表2-3　国民政府债务负担情况(1937年7月1日)

外国货币债务(外债)	折合美元(百万)	中国货币债务(内债)	法币(百万)
财政部	276	财政部	2 028
铁道部	163	教育部和铁道部	257
交通部	17	合计	2 285
合计	456	折合美元合计	682
承认旧债	118		
总计	1 138(百万美元)		

资料来源：[美]阿瑟·N.杨格著，陈冠庸译校，《中国的战时财政和通货膨胀(1937—1945)》，广州：广东省社会科学院原世界经济研究室2008年版，第49页。

---

① 杨荫溥：《民国财政史》，第63页。

② 刘秉麟：《近代中国外债史稿》，武汉：武汉大学出版社2007年版，第237页。

③ [美]阿瑟·N.杨格：《抗战外援：1937—1945年的外国援助与中日货币战》，第49页。

就总体而言，战前国民政府的外债信誉要优于内债。相较于艰难的税收增加方案，国民政府更愿意通过举债应付战费以填补财政缺口。因为举债更加迅捷，规模也可以根据需要确定，而税收的增加则必然会引起民众的反感。认购战时公债不属于义务性质，认购者可以表达爱国情怀，同时又能获得一定收益，尽管债息较低，却更易于为民众接受。回顾一战中各国的情况不难发现，大多数国家对公债的依赖程度都高过增税，德国更是主要依靠内债支撑战局。然而对于当时的中国而言，战前国民政府既有的债况至少对战时举债存在以下消极影响：一是战前举债基本以关盐统 3 税为担保，而且能用作担保的可靠税源已经所剩无几，以税收为凭再发新债似为天方夜谭，国民政府或只能以金银储备、物资或外汇作为保证发行新债。二是经过 10 余年的发展，公债早已成为政府弥补财政缺口的常规动作而非应急手段，经过两次大规模的整理，政府债信已在金融界及国内一般民众心中大为动摇，再发新债实难为民众认可。三是战前内债主要承担者已由商业银行转换为国家行局，而私营银钱业在战时更有可能因营业受损无力承担过多公债，如此国民政府公债几乎只能依靠国家行局认购，由此其吸收资金、调节金融的政策实效亦必大打折扣。四是战前中国已经形成了公债为主的证券市场，产业证券严重不足，战时政府和中央银行也无法利用金融票据实施调控。另外，公债发行、承销基本在政府系统内部完成，金融市场的价格生成机制不透明，极易造成贪腐舞弊，引发市场风潮。尽管如此，战争也为公债目标提供了客观上的便利。首先，出于爱国热情，民众对公债的认购情绪更高，更多的社会中下层个体会积极参与；其次，战时因政府统制，且投资渠道闭塞，资金流向单一，投资公债成为重要选择。

从国民政府角度看，外债相较于内债而言具有更大优势。首先，战前国民政府外债规模总体可控且债信尚好，即使在抗日战争全面爆发的 1937 年，外债偿付也顺利进行，对外信誉因而有所提升。其次战争前夕国民政府曾与欧美各国进行了广泛的借款协商。1937 年 5 月，孔祥熙赴英国参加英皇加冕典礼，借机与多国达成了初步借款意向，如已经确认的有英国广梅铁路借款 400 万镑、浦襄铁路借款 300 万镑、金融借款 2 000 万镑，美国续购白银协议、透支协议 5 000 万美元、美国进出口银行信用贷款 5 000 万美元，瑞士财政部 5 000 万法郎借款和中央银行 1 000 万法郎借款，法国中央银行借款 2 亿法郎，荷兰中央银行 1 000 万盾借款，合计折合 18 亿法币。后因战争爆发，这些借款意向未能兑现。① 显然，战时外债的成败并不主要取决于政府以往的信用，而更多受战时国际外交关系及战争局势的影响。

综上所述，国民政府战时经费的筹措存在诸多困难，各国通行的财政性融资手段，即税收和举债对国民政府而言已经没有太多空间。对于可能到来的全面战争，已经主政 10 年的国民政府，不仅未能如一战中的德国一般有计划地积累战时所需资财，而且在战争到来前就已经债台高筑，税收能力、政府信誉也不利于战时财政手段的进一步实施。

二、战前金银外汇储备规模与战费的初步谋划

金银外汇是战争的硬通货，不仅可以直接用于战时所需的对外贸易，更可作为公债、纸币发行的担保。有关战前中国白银数量的文献资料较为丰富，尽管不同来源的资料记录白银规模有所差异，但白银存量的变动趋势明确。第一次世界大战后白银存量逐

① 杨荫溥:《民国财政史》，第 64 页。

步上升，1931 年以后达到峰值，比一战后增加了 60%左右，1934—1936 年白银大量外流，1936 年末中国白银存量 24.16 亿元，其中银货币 19.91 亿元。① 另据记载，1936 年中国流通中的铜货币折合银价超过 2 亿元②，银行纸币 19.8 亿元③。

法币改革后，法币先后与英镑、美元挂钩，美国开始从中国收购白银。到 1937 年中，共购得 1.25 亿盎司(1 盎司约为 28.35 克)，计 6 700 万美元。④ 1937 年 7 月再售出 6 200 盎司，连同前项共收入 9 400 万美元。得益于这笔收入，国民政府能够维持法币最初汇价的稳定。⑤ 国民政府中央银行于 1930 年在纽约和伦敦开设了账户，到 1937 年已经积累起 2.11 亿美元的黄金和外汇准备。截至 1937 年 6 月 30 日，国民政府全部黄金、白银和外汇储备总额升至 3.79 亿美元。当时中国法币发行量为 18.97 亿元(相当于 5.65 亿美元)，其中政府银行 14.07 亿，省银行和地方银行 4.18 亿，私营银行 0.72 亿。金银外汇储备规模约为纸币总发行量的 67%。⑥ 战前中国政府掌握的金银外汇储备主要包括 4 500 万美元的黄金和7 400万美元的存款，在伦敦总价值 9 200 万美元的英镑存款和在其他英属殖民地的存款以及价值 1.68 亿美元的白银。在这些储备中，贵金属储备占到 44%，位于本土的储备超过了储备总量的 1/3，其中大部分在上海，包括价值 1.18 亿美元的白银和 1 200 万美元的黄金。⑦

---

① [美]托马斯 · 罗斯基:《战前中国经济的增长》，第 354 页。

② [美]托马斯 · 罗斯基:《战前中国经济的增长》，第 357 页。

③ 根据 1937 年《全国银行年鉴》的估计，不含东北地区和外国银行纸币，同期银行存款约 45.5 亿元。

④ [美]阿瑟 · N. 杨格:《抗战外援:1937—1945 年的外国援助与中日货币战》，第 10 页。

⑤ [美]阿瑟 · N. 杨格:《一九二七至一九三七年中国财政经济情况》，第 275 页。

⑥ [美]阿瑟 · N. 杨格:《中国的战时财政和通货膨胀(1937—1945)》，第 117 页。

⑦ [美]阿瑟 · N. 杨格:《抗战外援:1937—1945 年的外国援助与中日货币战》，第 35 页。

表 2-4　1937 年 6 月 30 日中国持有的外汇、黄金和白银　单位:百万美元

资产	存在国外或向国外运输途中	存在国内	合计
黄金(按每盎司 35 美元计)	32.8	12.4	45.2
美元	73.9	—	73.9
英镑(按每英镑合 4.95 美元计)	92	—	92
日元(按每元合 0.29 美元计)	0.1	—	0.1
白银(按每盎司 0.45 美元计)	49.4	118.3	167.7
合计	248.2	130.7	378.9

注:数据来源于中央银行。白银为 1937 年 6 月 26 日数字。1937 年 7 月 10 日,中国卖给美国财政部 6 200 万盎司白银。

文献来源:[美]阿瑟·N. 杨格,《一九二七至一九三七年中国财政经济情况》,第 275 页。

抗战爆发前后,国民政府更加积极地集中收兑金银外汇,取得明显成效,储备规模又略有提高。关于战前国民政府金银外汇存底,除上述统计外还有多种说法,大多除总额外无更具体的数据,可信度不如上文杨格对 1937 年 6 月 30 日之前金银外汇储备状况的统计,仅列之备考:

1935 年底中国华商银行库存现金(金银)价值 4.125 亿法币,到 1936 年底又新增白银 3 亿法币,合计 7 亿元左右。①

1937 年 7 月 15 日(一说 16 日),国民党中央政治会议举办庐山谈话会,邀请各党派和社会贤达讨论非常时期各项政策,前后共计两期。谈话会经济组专家建议集中全国金银。与会者估计当时中、中、交 3 行已集中金银计有 12 亿法币,此外广东流通有 1 亿左

① 叶青林:《抗战时的中国金融》,《创进》1937 年新 2 卷第 5 期,第 6、8 页。

右法币的港币(马寅初疑有误),在国外银行存款2亿法币。①

另据经济学家谷春帆撰文,到1937年7月底中、中、交、农4行金银外汇存底为9.39亿法币,约合3.2亿美元。1936年6月底,华商银行外汇头寸1.43亿法币,外国证券2 168万元,总计不过合5 000万美元。②

国民政府也积极推动以白银为担保的各种外债的商谈。前文提到1937年初孔祥熙商洽的各项借款即多以白银为担保。与美国大陆银行谈妥的1 200万美元借款以3 500万盎司白银担保;美国政府财政部一笔2 000万美元的借款,以5 000万盎司白银担保,按月发放。7月8日,之前一天卢沟桥事变的消息还未传到美国,孔祥熙与美国财长摩根索达成新购银协议,每盎司按照45美分成交。协议还约定,纽约联邦储备银行将提供不超过5 000万美元的借款,以中国积存的黄金为担保。到1937年7月8日,中美达成了1.88亿盎司价值9 400万美元的白银交易,当然,战争爆发时上述协定都还停留在纸面上。③

对日战费规模的初步估算与筹措计划,应为战争动员启动的必要程序,也是金融动员的第一步。实际上,因为战争局势本身难以事先预测,战费开支千头万绪,不测因素复杂之极,无论以何种方式预测,其结果必定不会精确。欧洲一战时的经验表明,战费的实际支出要远高于任何预测。但也不可否认,预测对抗战初期战费准备与战时动员的有效实施确有裨益,一战中德国最初的战局

---

① 马寅初:《庐山谈话经济组同人关于战时财政与金融之意见(上)》,《银行周报》1937年第21卷第41期,第5页。

② 谷春帆:《战时金融》,《社会经济月报》1936年第4卷第10期,第87页。

③ [美]阿瑟·N.杨格著:《抗战外援:1937—1945年的外国援助与中日货币战》,第36页。

优势即得益于此。抗战前夕，有学者参考一战中各国战费支出项目与规模，尤其对比德国战费，估计中国即将对日作战的经费情况，将战费科目分为动员费、纯战费、海陆空军修造费、国民给养费、预备费等，得出结论为，战争第一年需战费 804 亿法币，第二年需 2 800 亿，全期战费需近 12 000 亿。[①] 以第一年战费中需 20%之金银外汇即需 160 亿法币，而当时中国之储备不足 20 亿法币。如此天价估计，未免骇人听闻。抗战爆发之时，孔祥熙提交给蒋介石的报告中对战费所作的估计更符合实际。孔祥熙认为，中日战事与中国历年内战不同，中国因“设备粗陋，物价低贱，复以偏重防守，弹药之消耗节省”，因此战费所需必较欧美国家为低。另一方面，中国作战所需军需弹药基本不能自给，需用外汇购买。因此中日开战，中国军费必然激增且所需外汇应占军费之三至四成。以动员兵力 150 万人计，每年需军费 60 亿元，其中外汇支出在 20 亿至 25 亿元，国内费用约 40 亿元。实际上，根据战后的统计，国民政府第一年的抗战费用甚至远低于孔祥熙的估计，1937 年军费实际支出为13.77亿元，财政总支出 21.03 亿，军费支出占比65.48%，约为 1936 年的 2.5 倍。[②] 可见，战费之规模，只能依据国力和政府财力而定，与理论上的估计相去甚远。

孔祥熙对其所估计的第一年所需 60 亿元军费，也进行了初步的筹划。[③] 首先是 20 亿外币：国外汇兑及发行基金 8 亿元；收买国

---

① 钟光祖：《战时财政金融概论》，《中国建设》1937 年第 15 卷第 2 期，第 96 页。

② 吕芳上：《中国抗日战争史新编・四・战时社会》，台湾档案部门 2015 年印行，第 147 页。

③《我国战时之财政计划》（未载明日期，铅印件），H. H. Kung Papers, Box 44, Folder13, Hoover Institution Library and Archives, Stanford University. 转引自吕芳上：《中国抗日战争史新编・四・战时社会》，第 145 页。

人持有的外国证券 5 000 万元;征收各大都市现存白银 2 亿元;征收民间窖藏金银,此部分总额应超过 10 亿元,由中央银行或其他代理机构按伦敦市场白银行市以纸币或公债限期收买,否则强制征收,预计一年内可征得 5 亿元;征收国人在外国存款,限期申报并转至政府账户,照当时汇价给予法币或外币金银证券,逾期没收或惩罚,此项可得 1 亿至 1.5 亿。商请友邦停付外债本息,此项数目约 1.3 亿;在华侨聚居地发行当地货币计价的政府债券,以国有资产为担保;募集捐款,给予适当奖励或奖章。除上述各项外,其他的筹款渠道包括举借外债、增进对外出口,减少贸易逆差,出售国有资产,增加中国银行海外分支机构,吸收华侨存款等。由此可知,当时政府直接掌握的存量金银外汇资产只有外汇发行基金和各地现存白银 2 亿元,合计 10 亿元。收买外国证券、征集民间窖藏金银、停止偿付现有外债、争取华侨存款,亦应有所进展,至于国人在外存款、发行国外债券等,则有相当难度。

至于国内所需 40 亿元战费,筹措渠道不外增加租税、发行战时公债和政府信用借款。关于增加税收,孔祥熙指出,根据以往经验,税收的增加将十分有限,事繁而效微,不期望有很大成功,但为社会政策及负担之普遍公平计,也应有所动作。在关、盐、统税减少后可增加的税种包括消费税、所得税、财产税等。关于增发公债。孔祥熙对于战前公债问题应已有所顾虑,建议战时公债债息不宜低,尤其长期公债更应保证收益,且可向银行抵押。另一方面,战时公债可不设最高发行限额而仅依战争需要发行,认购不能放任,应具有强制或摊派性质,甚至建议被强制者必须认购长期公债,而积极认购者给予短期公债。关于信用借款,认为政府于有需要时,可向中、中、交、农 4 行要求垫款,在政府账户记作“存款”。由此可见,孔祥熙对上述筹资风险有清醒的认识,他也因此提醒蒋介石，除非能举借足够的外债，否则发行公债和直接借款等同于直接发行钞票，必然造成通货膨胀，其结果一是“物价高昂”，一是“外汇降跌”。对于物价问题，孔祥熙认为战时纸币多被收藏，通货紧缩，适当增发并无坏处，但增发纸币的同时必须做好物资供应；对汇价问题则主张由国家统制外汇或者以征收方式解决官定汇价与市场汇价之间的价差。应该说，孔祥熙对战时财政金融问题的主张基本合理，尽管以后的政策措施并未完全照此执行，但也得到部分实施。在战争刚刚爆发的1937年年中，金融市场剧烈波动和金融资产安全当为首要问题，国民政府需要拿出更多具体的应对之策。孔祥熙当时尚在欧洲，金融战线由宋子文临时主事，带领各大国家行局开始应对战时各种危机，就此国民政府正式拉开战时金融动员实践的序幕，整个社会运行也由平时转入战时，一切都在摸索中前行。

综上所论，战前10年国民经济各领域有了相当的发展，以轻工业和新式金融业为代表的新经济部门表现较为突出。经济发展带来国民政府威权的提升，这是中国能够支撑全面抗战的基础。金融领域，国家行局实力增长、货币本位制度改革与通货发行的相对集中也有利于后来战费筹措与战时金融体系的改革。但战前的发展状况尤其是财政金融领域的诸多问题至少在以下方面影响着战时金融运作的方式与效果：其一，在财政持续赤字，局部战事不断的情况下，国民政府不可能提前专设战时储备金库，因此尽管战前日本野心昭然若揭，国民政府也无法就战费作专门准备，即如德国一战前设置之战时准备金。其二，战前尚未形成以直接税为主的税收结构，战时税制改革将更加困难，战前对关税、盐税、统税过分依赖，以至当战时征税调节恶化后，税收必将受到消极影响。其三，公债已经成为战前政府弥补财政赤字的重要渠道，而连续的内债整理严重影响到政府的债信。金融统制政策削弱了普通商业银行的力量,以国家行局为主的内债承募格局不利于战时的公债发行,使举债一途必须充分依重外债方面。其四,币制改革完成了货币本位的转换,法币实行管理本位且发行权由国家银行享有,这使得战时货币增发成为可能,但过度的发行又可能带来恶性通货膨胀。同时币制改革让政府掌握了更多的金银外汇储备,但也因此需要担负起维护汇价的义务,并连带维持币信。其五,战前中央银行尽管实力不断增强,但作为一国央行之实际地位并未确立,中、中、交、农各行共同行使中央银行的职能。受限于国内金融市场的发育状况,中央银行金融调控的方式与可选的手段有限,对金融市场的影响力不足,这也是金融调控所面临的客观困难,政府必须以四行二局为基础,建立起有效的金融调控体制。

显然,面对即将到来的全面战争,战费问题是中国政府的头等大事。因为仅以最保守的战费估计而论,对比战前国民政府的财政状况和金融储备,战费筹集都是沉重的甚至难以企及的目标。如何立足于中国的实际,有效学习借鉴欧洲国家战时财政金融政策经验,并加以创新,形成切合中国实际需要的战时财政金融体制,可谓战争紧要关头对国民党统治当局的严峻考验。

第三章　国家银行:中央银行之滥觞及其早期实践

17世纪英国重商主义代表人物托马斯·孟(Thomas Mun)曾提出“财富是战争命脉”的论断,这也是其国防思想的核心观点。① 若要赢得战争,充裕的财富保证是最基本的备战要求。考察世界战争史,为战争筹款,成为金融发展演变历程中创新的动力来源。有“中央银行鼻祖”之称的英格兰银行在某种程度上可谓战争的副产品,其融资方式既为英国在战争中奠定了胜利的基础,也为世界金融树立了光辉不朽的里程碑。金德尔伯格(Kindle Berger)在《西欧金融史》一书中曾如是说:“金融革新发生在战争期间。例如,英格兰银行建立于在欧洲大陆被称为‘奥格斯堡联盟战争’的‘九年战争’当中。1800年拿破仑建立了法兰西银行用来为他的战争筹款助一臂之力,这些绝非出于偶然。”②就此,国内著名战略学者王湘穗指出,有什么样的金融体系,就有什么样的战争方式,“法英之间的战争,除了战场较量,也是掠夺和债务两种融资体系的竞

---

① 参见[日]坂入长太郎著,张淳译:《欧美财政思想史》,北京:中国财政经济出版社1987年版,第37页。

② [美]查尔斯·金德尔伯格:《西欧金融史》(第二版),第5页。

争。英国通过政府、信贷和商业机构的债务筹集战争经费，为反法同盟提供稳定的资金支持。滑铁卢的胜利，不仅是威灵顿公爵和伊顿公学的胜利，也是‘军用畿尼’和罗斯柴尔德汇票的胜利，更是英格兰银行和英国式战争融资体系的胜利”①。回观抗战爆发之前的中国，正如前文提及的，不断完善并发展壮大中央银行，已成为国人之共识，更是国民政府极力筹划的战略大事和要事。

与大多数国家中央银行起源及其早期历史类似，近代中国中央银行滥觞于清末的国家银行，20 世纪初期的欧美国家银行、中央银行学说，对当时中国国家银行的发展产生了重要影响。然而，在华资银行迅速发展的背景下，国家银行在北洋时期出现了明显的商业化倾向，而不是逐步完善成为规范意义上的中央银行。中国银行与交通银行，甚至与主要外商银行一起，实际发挥了部分中央银行的职能。在银本位制分散发行的格局下，商业化的国家银行不可能完全扮演中央银行的角色。北洋时期，政权分立，势力割据，北京政府无力新设中央银行，反而是广东革命政府成立了最早名为“中央银行”的机构。虽然其实质不过是广东政府军事斗争的筹款机关，在北伐初期效力尤多，这与其他国家中央银行多源自战争，似如出一辙。此外，以东北为势力范围的特务机关也积极筹划所谓“满洲中央银行”，为后来伪满中央银行之设想阶段。

① 王湘穗：《币缘论：货币政治的演化》，北京：中信出版社 2017 年版，第 93 页。

第一节　中央银行理论学说在中国的传播及影响

一、西学东渐:中央银行理论学说在中国的传播

关于中央银行的制度缘起及其作用,在第一章中有关战争与金融创新的命题中已加以简单阐述。大体而言,在世界金融发展史上,中央银行产生于17世纪后半期,形成于19世纪初叶。此前,伴随着商品经济的快速发展,中世纪以后欧洲大陆从事货币经营业的银行逐步兴盛起来,特别是资本主义生产方式的兴起,为其提供了绝好的发展机遇。当盈利变得越来越容易,又进一步激发了银行业对资本利益的无限追求,也使其控制货币财富的欲望更加膨胀,从而寻找一切可能的机会与政府合作,而政府对资金的大量需求使得这种合作成为可能。于是,那些掌握着合作机会的少数实力强大的银行蜕变成为拥有货币发行特权的新的银行,即政府的银行,或视之为国家银行,亦即中央银行。可以说,货币兑换商转变成商业银行的原动力在于对资本利益的追求,而当经营和控制货币日益有利可图时,拥有货币发行权的新的银行即后来所称的中央银行,便不断被催生而相继涌现。另一方面,由于资本主义经济自身固有的矛盾,不可避免的经济危机频繁出现,迫使资本主义国家政府从货币制度上寻找根源,企图通过发行银行券加以控制,规避和挽救不断出现的经济危机,于是,独占发行功能的中央银行也在政府的需求中得以诞生。随着经济的发展,中央银行几乎与经济危机共进退,其职能也都是在每次的经济危机之后不断加以改进、强化和完善,内容也逐渐扩大,并在世界范围内趋于一

致，得到广泛和普遍的认同。当然，即便到目前为止，中央银行还在不断发展和变革之中。综合而言，从理论上说，中央银行作为国家调节经济的重要机构，独享货币发行权，依法开展监督管理金融的活动，代表国家制定、执行金融政策，履行国家赋予的调节经济、稳定货币的任务。中央银行是独立的经济实体，既有别于商业银行和其他所有金融机构，也不同于国家管理经济的其他政府机构，不受利益集团或政府领导人的干预，具有相对独立性，也不与商业银行以及一切经济部门争利，没有自身的盈利目标，一切活动的宗旨是稳定货币、发展经济。

在中国传统的经济思维中，“银行”的概念属于舶来品，原生于早期欧洲。传统中国有关货币及经营货币的机构，虽然与银行有某些相似之处，但与之有本质的区别。至于中央银行，不论在传统中国金融理念中，还是在实际运行体系里，都还完全是陌生的。近代银行学说或谓创设银行的思潮在 19 世纪中期即洋务运动时期传入我国，魏源、容闳、郑观应等先后向国人介绍了现代银行的历史、类别与功用。19 世纪 80 年代，有关“官银行”“国家银行”的介绍或创设提倡开始见诸报端，虽然“官银行”“国家银行”的概念与中央银行并不完全吻合，但毕竟中央银行的精神实质开始借助这样的概念逐渐被国人认知。1881 年 2 月 10 日，《申报》刊载《借洋债不如开银行说》指出，“方今中国上下交困，采用不充极矣……诚能设一官银行，由户部印发钞票，而以官商之私财为附本，以资挹注”。1884 年，总税务司赫德所作《续旁观论》曾建议创设国家银行。1885 年八九月间，英商颐和洋行商董克锡格（英文名待考）、密克（Mick）在呈醇亲王奕譞及中堂李鸿章的禀告文中，建议创办国家银行，股份许官商认购，该银行有办理国家借款，存储海关银两、发行银票之

50 年独占权。[①] 考虑到胡雪岩阜康银号倒闭牵连甚广,李鸿章阅后作《拟设官银号节略》,建议以华资商贾为主设立国家银号,终被户部以洋商觊觎牟利之由驳回。[②] 钟天纬 1887 年作《中国创设铁路利弊论》,提出由国家开设银行,解决修筑铁路因借外债致利息负担沉重问题。钟天纬,字鹤笙,华亭人。他在同治年间肄业广方言馆,后随使西欧,曾赴德国考察,遍游远洋诸国,见闻益博,思路开阔。旋入上海翻译馆,任职 20 年,译书千数百卷,与英人傅兰雅(Johnfryer)译述成书数 10 种。晚年倡师范之议,设 3 等学堂于沪南桂墅里,举经济特科不应。[③]

郑观应最早对国家银行问题进行了相对系统的阐释。他在 1894 年著《盛世危言・银行》,将西方新式银行分为官银行和私银行两类,明确提出由国家筹办银行,户部派员监理,悉听商民入股,准其发行钞票。1895 年,顺天府尹胡燏芬上《变法自强折》,请"于京城设立官家银行归户部督理,省会分行归藩司经理,通商码头归关道总核,以自印钞票自铸造银币"[④]。1896 年,容闳向清政府建议在北京设立国家银行。他翻译了 1875 年的美国银行法律及其他有关法律作为参考,并吸收张荫桓的意见,上书户部尚书翁同龢

---

① 据叶世昌先生考证,两份呈文一文两用,内容相同。呈李鸿章的文后发表于 1886 年 1 月 27 日《申报》,题名为《谨拟有限国家银行恭呈宪揽》。呈奕譞文藏于中国第一历史档案馆,禀文 03－9528－055,怡和洋行商董克锡格、密克光绪十一年八月呈。

② 参见《李鸿章议设官银号节略》,中国人民银行山西省分行、山西财经学院、《山西票号史料》编写组:《山西票号史料》,太原:山西经济出版社 1990 年版,第 206 页。叶世昌:《光绪十一年八九月间关于设立国家银行的争论》,吴景平、戴建兵:《近代以来中国金融变迁的回顾与反思》,上海:上海远东出版社 2012 年版,第 3—11 页。

③ 徐侠:《清代松江府文学世家述考》(上册),北京:生活・读书・新知三联书店 2013 年版,第 175 页。

④ 胡燏芬:《变法自强折》(清光绪二十一年闰五月),陈度:《中国近代币制问题汇编》(一),台北:学海出版社 2012 年版,第 6 页。

并得到支持。容闳拟订《请创办银行章程》，[①]其中提出总银行资本1 000万两，由户部筹拨，分行则招商股，总行“与分行专做生意者不同”，该行的主要业务在于发行钞票，统一铸币，经理官款。当时户部拟委任容闳赴美国同其财政部磋商此事，并调查设立国家银行方法。因受到盛宣怀的阻挠而未成行。[②] 在此之前，关于官银号或国家银行的主张都是任由私人认股，只是由国家筹设并经理政府借款和官款存放，而容闳则明确提出国家银行总行完全由政府出资且不以联系商业为经营原则，这是最早明确提出以资本国有原则建立国家银行的主张。不过，容闳认为分支行可招商股。实际上，关于国家银行由官商合股是当时的主流思潮，尽管容闳的国有银行建设方案并不是完全国有性质的，但在当时仍属少数，这也是这一主张遭到盛宣怀反对的根本原因。在容闳上书的同年，盛宣怀亦上《条陈自强大计折》附《请设银行片》，他认为“银行乃商家之事”，应由户部简派大臣遴选各省绅商为银行之总董，召集商股500万元于北京、上海设立中国银行，并于各处设立分行。对于借鉴外国政府出资办银行之议，盛宣怀认为并不适合当时之中国，“然中外风气不同，部钞殷鉴未远，执官府之制度，运贸易之经纶，恐窒碍滋多，流弊斯集；或致委重西人，取资洋款，数千万金，咄磋立办，其词甚甘，其权在彼，利害之数未易计度”[③]。1899年，大臣庆宽上书请设国家银行，被军机大臣奕劻驳回，“与部库现行章程多所窒碍，且银行由洋员经理，不免事权旁属，若户部派员管理，则

---

① 容闳：《容闳自述》，合肥：安徽文艺出版社2014年版，第159—166页。

② 叶世昌、施正康：《中国近代市场经济思想》，上海：复旦大学出版社1998年版，第104页。

③ 盛宣怀：《请设银行片》，盛宣怀：《愚斋存稿初刊》卷一，1939年武进盛氏家刻本，中共中央党校党史教研室编：《中国近代经济史资料选编》，1985年，第143—144页。

商情隔膜，仍苦呼应不灵。倘或另设公司承办，则致请拨官款，图揽各省解款，徒供私家垄断，无益处度支。所拟开设国家银行，应无用议”①。

因为中央银行理论尚在形成之中，20世纪以前的中国，无论是官方还是学者，关于创设官银行或国家银行的议论都与后世所谓中央银行理论有明显区别。首先，其创设动机主要是为了便利政府款项收支，或发行钞票与外商争利。其次，在股本构成方面，当时主流的认知是国家银行股本应该由相当数量的商股构成，至于中央政府在国家银行运行中的作用与职权也未有明确主张。20世纪初，留日学者钱恂、谢霖等将中央银行相关理论介绍到国内。1901年，钱恂所著《财政四纲》，乃中国最早的银行制度理论著作，其中“银行卷”中的“银行分类”一篇，首次阐述了中央银行的性质与职能，并对西方主要国家及日本的中央银行制度进行了介绍和比较。② 1904年，早期留日学生刊物《日新学报》在报道清国“户部银行”时，称“清国设立中央银行”③。1911年，大清银行总账谢霖（毕业于日本明治大学），留日时所著《银行制度论》由中国图书公司出版，其书专设“中央银行”一章，明确介绍中央银行的内涵、沿革、组织、业务等内容。此后，关于各国中央银行制度，以及有关这类消息的介绍常见报端。随着国家银行、中央银行理论的不断传播，尤其是在清政府财政困难日益加剧的背景下，官方对设立国家银行的主张开始发生转变。1903年，清廷派振贝子、那桐、张允言

① 中国人民银行总参事室金融史料组：《中国近代货币史资料·第一辑·清政府统治时期》下册，北京：中华书局1964年版，第637页。

② 参见李昌宝：《近代中央银行思想变迁研究》，北京：中国商业出版社2012年版，第202页。

③《汇报：清国设立中央银行》，《日新学报》1904年第1篇，第17—18页。

3人赴日考察财政币制金融情况，研究国家银行筹设问题。1904年3月，奉命总理财政处的奕劻、户部尚书鹿传霖奏请由户部试办银行以整理币制，联系商业银行。1905年，清廷准如所请，成立户部银行，这是中国最早的官办银行。[①] 1906年，户部改称为“度支部”。1908年，户部银行更名为“大清银行”，同年，邮传部创设交通银行。

随着中国新式银行的不断设立，银行监管问题也被提上日程。同是在1908年，清政府颁行《银行通行则例》，这是中国第一部银行法规。1906年，实业家张謇在回复张之洞条陈的文章中，主张国家银行由国家敕令设立，授予特权。此外，对于民立银行及政府旧官银号中愿意发展为国家银行的，应当由政府入股，予其发钞、经理公款和政府债务特权，以此为中央银行之预备。1909年，盛宣怀从日本考察归国，对中央银行有了更深入的认识，遂改变此前完全由商办国家银行的主张，“夫齐其末必先揣其本，中央银行实发行国币根本之地也。不有中央银行，何以备悉商情，操纵国币……益觉使民信用，必当有中央操纵之权，方能收四海翕从之效”[②]，建议整理币制创设中央银行。1909年，梁启超在《中国财政改革私案》中，对照当时美国银行制度，认为现有中央银行制度，在货币发行上存在缺陷，中国不宜采用中央银行制而应效仿美国实行国民银行制度。[③]

20世纪初年，尤其是一战结束后，越来越多的国家开始创设中

① 孔祥贤：《大清银行行史》，南京：南京大学出版社1992年版，第67—78页。

② 盛宣怀：《请推广中央银行先齐币制折》，夏东元：《盛宣怀年谱长编》（下），上海：上海交通大学出版社2004年版，第895—896页。

③ 梁启超：《中国财政改革私案》，梁启超：《饮冰室合集·文集》第三册《饮冰室文集之八》，上海：中华书局1936年版，第42—45页。

央银行,中央银行制度得以在世界范围内推广并不断革新。20 世纪初,大清户部银行、朝鲜银行、玻利维亚银行、美国联邦储备银行等相继设立,尤其美联储模式开启了中央银行制度设计的新纪元。一战以后,为适应放弃金本位后所带来的货币本位制度的变化,并解决战争引起的通货膨胀问题,各国纷纷改组或新设中央银行。战后重要国际金融会议对中央银行制度屡有提倡,1920 年的布鲁塞尔会议及 1922 年的日内瓦会议建议,尚未设立中央银行的国家尽快设立,并要求各国中央银行保持对政府的独立性。"试历数一九一九年末以来之事例,新设或根本改组之行当约二十家,其有待改革即将实现者,又约三四家。"①同时,有关中央银行理论及事务的研究也较此前有显著进展,近代中央银行之理论、业务范畴、经营原则等在这一时期基本定型。

北洋时期,有关中央银行的理论探讨激增,各种主张、思潮、学说自圆其说,各成其理。当时,主要的或重要的理论家、财经事务首脑等各有自己对中央银行的见解,代表者如熊希龄、周学熙、梁启勋、康有为、梁启超、陈锦涛、马寅初、宋子文等。关于中央银行问题的论争,主要围绕中国银行改组和中央银行新设的各种主张展开,研究和讨论的核心在于"中国构建何种以中央银行为中心的银行体制",其关键问题是中央银行的结构与组织形式。

关于银行体系及中央银行地位问题,周学熙主张仿日本银行体制,建立以中央银行为核心,国际银行为龙头,商业银行为基础的银行体系,中央银行居于中心地位并独占货币发行权。康有为认为单一仿效某一国家的银行体制未必适合中国,主张采各主要国家中央银行体制之优长,上层用欧洲单一制中央银行集中货币

① 《战后之中央银行》,《中外经济周刊》1926 年总第 194 期,第 21 页。

发行和国际汇兑;中层用加拿大之组合银行及日本之特许银行,形成区域性银行团;下仿美国之国民银行,按规定购买公债发行钞票。梁启超则建议在初期采取中央银行和国民银行并行制,两者均掌握发行权,待中央银行地位稳固后逐步收回发行权,确立单一制的中央银行体制。① 关于中央银行确立的必要性,北洋时期在社会各界已经形成共识,不论币制的统一、财政的经理,还是金融体系的完善都需要建立强有力的中央银行。关于中央银行的资本结构问题,当时主流的思潮是循世界多数国家之例,实行资本民有,由商股或官商合组中央银行,但也有少数不同主张,如熊希龄在民国初年提出《创办国有中央银行议案》,认为中央银行所需资本巨大,商股筹集不易,且商股筹办易发生监管不力、徇私舞弊和罔顾公众利益等问题,应当以国家提供资本为宜。② 康有为则立足所主张的多层级银行体系,主张可以商业银行、钱庄按规定认购公债股票方式解决中央银行股本筹集问题,以此更能加深中央银行与一般商业银行之间的联系。

二、清末国家银行的创设与发展

清末新政时期乃有国家银行的创设与发展,户部银行是中国第一家全国性官办新式银行。关于户部银行的地位,户部尚书载泽后来在改户部银行为大清银行的奏折中言明,“臣部所设银行原

① 程霖:《近代银行制度建设思想研究(1859—1949)》,上海:上海财经大学出版社 1999 年版,第 65—74 页。

② 洪葭管:《中央银行史料 1928.11—1949.5》(上卷),第 10—11 页。

名户部银行,即中央银行”[1],故此,户部银行被认为是中国国家银行或中央银行之起源。因当时天津造币厂已经在建设中,为转运铸币及后续整齐币制需要,户部于1904年3月上奏,请由户部设立银行。所请获准后,户部即于当年四月再呈《试办银行章程》32条,拟设户部银行。其资本银400万两,分4万股,由户部筹认2万股,其余由官民人等认购。户部银行总行设于京师,津、沪、汉、粤、川等处酌设分行,未设分行处可与富商订立合同作代办。银行总办、副总办由政府选派,除经营一般存放款及汇兑业务外,特别规定该行受国家特别保护,市面银根紧张时可由户部发给库款接济,银元局铸造的银铜各币,均交该行承领,与商号直接往来,其余如招股、人事、发行等均有详细规定。此外,对于筹办将遇的困难,户部也一一坦言,主要为:

一则,“中国素未讲求商务,非如外国有财政、银行之学堂,预为储才之地,急切万难得许多精通此事可靠之人分布各处”。

二则,“中国商务初兴,人尚未知银行之利,股份之是否易招,贸易之能否繁盛,初办尚无把握”。

三则,“从前之钞票办理不善,又难以禁止商号出票,本行所发之票一时恐难以取信于民”。

四则,“本行设立有碍于商人把持市面,及官吏中饱私囊,创办之初易遭谣言和误会。户部同时上呈总办及副总办建议人选,由户部郎中张允言为总办,瑞丰为副总办”[2]。

---

①《度支部尚书载泽折——改户部银行为大清银行并厘定各银行则例》,中国人民银行总参事室金融史料组:《中国近代货币史资料》第1辑《清政府统治时期(下册)》,北京:中华书局1964年版,第1044页。

②《奏议录要:户部奏试办银行酌拟章程遴派妥员折》,《南洋官报》1904年第41期,第7—9页。

1905 年上半年，户部再以"天津造币总厂业经试铸必须有官行收发方可免市侩把持，则户部银行之设势难延缓"为由，建议在商股一时难以收齐的情况下，由户部拨银 50 万两先行开办，商股征集也同时进行。①

关于户部银行开办时官股实际股本，除有 50 万两一说外，当时有些报道不够准确，如据 1905 年《之罘报》消息，"户部银行不入商股统归国家筹办，上月余库内筹备 100 万两，直督指拨榆关内外铁路溢收余利款 50 万两，共计筹集 150 万两以为银行资本"②。《东方杂志》该年第一期关于户部银行消息则仍称已定户部拨出官款 200 万两。③ 实际上，根据《大清银行行史》载，光绪三十一年八月二十九日和九月十八日官股分别认缴 20 万两和 30 万两，共计 50 万两，1906 年由官股又分两次认缴 50 万两，商股认缴 100 万两。④ 最终，户部银行总行于 1905 年 9 月 27 日在北京成立，张允言以五品衔任银行总办。⑤ 关于分支机构的设立，虽在总行开设后屡有户部银行拟增设分行消息见诸报端，远者甚至到西藏、广东等地，但实际情形则有所不同。据《大清银行始末记》载，至光绪三十三年(1907)第一次股东大会前，户部银行共有总行、天津分行、上海分行、汉口分行、济南分行、张家口分行、奉天分行、库伦分行、营

---

①《奏议录要：户部奏试办京津上海等处银行大概情形并酌拟现行章程折》，《南洋官报》1905 年总第 771 期，第 1—2 页。

②《财政：户部开办银行纪闻　探闻赵次珊尚书近日与财政处会商议定户部银行》，《之罘报》1905 年第 4 期，第 21 页。

③《各省理财汇志：京师》，《东方杂志》1905 年第 1 期，第 14 页。

④ 孔祥贤：《大清银行行史》，第 85 页。

⑤ 开业时间参见孔祥贤：《大清银行行史》，第 69 页。张允言任职消息参见《紧急电报》，《山东官报》1905 年第 42 期，第 1 页。

口分行九家,主要集中于北方地区各大城市。[①] 户部银行设立后,其业务包括经存各种官款、代收各项捐税及钞票发行等,以发行纸币为主。光绪三十一年(1905)9 月开业之初,先在北京发行钞票。按照章程,所发行纸币分库平银 100 两、50 两、10 两、5 两、1 两 5 种及各种银元票。“凡本行纸币,公私出入款项,均准一律通用;应缴一切库款官款,准以此币照缴”[②]。光绪三十一年,户部银行发行银两票 53.7 万两,存银 58.6 万两;三十二年,发行银两票 288.3 万两,银元票 11.4 万两,库存银 169.2 万两;三十三年,发行银两票 154.2 万两,银元票 2.4 万两,库存银 85.4 万两,截至三十二年底净盈利 38.6 万两。[③] 从存世实物来看,大清户部银行所见银两票都是由北京户部银行签发的直型银两票,目前发行面额有 2 两、10 两、30 两 3 种面额。《中国历代货币大系·清纸币》著录有引自台湾《钱币天地》的北京户部银行 1 000 两空白银两票和京都户部银行通用银圆票。[④]

尽管清政府对户部银行寄予厚望,但当时中外各界亦有不少批评之声。在《试办银行章程》刚推出之时,《北京杂志》就刊载了一篇题为《户部银行章程驳议》的长文,认为户部所拟章程有诸多不合理之处,主要有二:一则中国素来官商之间隔阂已久,户部银行欲招商股成官商合办而官场之积习却未曾革除,因此合办之举难有成效。二则所拟银行章程与户部所颁行之商律多有不合之处,有违悖法规之嫌。作者将章程与商律一一对照,梳理章程有不合法规、官商股东不平等之处,如财务报告不呈送商股股东;总办

① 大清银行总清理处编:《大清银行始末记》,1915 年编印,第 133—150 页。

② 孔祥贤:《大清银行行史》,第 72 页。

③ 张家骧:《中华币制史》(上),第 139—149 页。

④ 周详编著:《清代钱币珍藏》,上海:上海科学技术出版社 2015 年版,第 21 页。

由政府直接选派；事项议决程序有利于政府而不利于小股东；理事、监事选举，总办、副总办任期与商律不合；关于整理币制之职权语焉不详，大而无当等等。①

1904 年，《东方杂志》刊载《论户部银行》一文，转述了《经济新报》对拟设户部银行的看法，“顷者我国设立户部银行，其事有类儿戏，中国人固莫或注意，即外人亦多以冷语相评”。文章认为，“中国通商银行与户部银行皆有中央银行之格式，其并行而不相协合，最不可界也”，理由有三：其一，比较户部银行与中国通商银行之规定营业范围发现，户部银行业务仅较通商银行有“收纳银元局所铸银元”一项之区别，其余皆同。其二，户部银行规定股本仅 400 万两，作为中央银行资力太过薄弱，虽有货币发行权也不能达到协调全国汇兑之作用。其三，即便银元局所铸银铜币交户部银行发放，其他银号私人所铸银号又放任自如，则此项职能形同虚设。②

有胜于无，尽管问题不少，但毕竟在中国开始了现代金融建设的早期尝试，而且，随着社会发展，中央银行的实践也在向前推进。光绪三十四年(1908)正月，度支部上《厘定各银行则例折》，称户部已改度支部，请将户部银行改为“大清银行”，同时厘定《大清银行则例》24 条、《普通银行则例》15 条、《殖业银行则例》34 条等均获准颁布，户部银行监督张允言依据则例拟定“现行详细章程”40 条。是年七月起，户部银行正式改为大清银行，资本也进一步得到充实，截至宣统二年中，官商各股收齐，计 1 000 万元，官商各半。《大清银行则例》对其业务范围有详细规定，除一般拆借、存放、汇兑、保管、代理等业务外，明定有代国家发行纸币之权、经度支部准许

---

①《户部银行章程驳议》，《北京杂志》1904 年第 1 期，第 31—39 页。

②《论户部银行》，《东方杂志》1904 年第 6 期，第 145—147 页。

可经理国库事务及公家一切款项,有代国家发行新币之责等,俨然为中央银行之雏形。[①] 在户部银行时期的第一次股东会议上,张允言既以中央银行职责定位为准绳,表明该行努力的方向,“但以现在币制未定,允言等才识不足,未能达到中央银行地步……俾办理完善,达到中国中央银行目的”[②],而当向前步入大清银行阶段,这一定位自当更为明确。

大清银行自光绪三十四年(1908)获准改名,至民国元年(1912)改组为中国银行,历时4年,共召开股东会4次,据之可窥得其营业状况大概。在纸币发行方面,光绪三十二年八月,张允言就上书呈请度支部,要求凡国库出入款项须搭用户部银行纸币。三十四年四月,再请度支部令各省推广大清银行纸币,均获准。大清银行纸币的推行有碍外国银行利益,光绪三十四年和宣统二年(1910),英、法、德公使曾分别照会度支部,名为询问大清银行纸币是否由政府担保,信用是否确实,实为对大清银行货币发行权的质疑与挑衅。宣统二年,度支部制定《厘定兑换纸币条例》,是为大清银行统一纸币发行的完整方案。该条例要点如下:一是,纸币发行为中央银行即大清银行独占之权,其他官银号及私商发行之纸币须限期收回。二是,纸币发行须有十足之准备,发行量由银行根据市面需要增减,不得滥发。三是,纸币视同国币,可随时兑换银元。四是,国家根据大清银行货币发行之余利按规定征税。五是,对私发和伪造依法严办。总之,则例的内容规定了大清银行对纸币发行的垄断权,并对发行准备、发行数量、发行税等问题作了说明,由此表明清政府欲借大清银行整理币制、统一发行的决心与愿望,其

① 孔祥贤:《大清银行行史》,第76—79页。

② 孔祥贤:《大清银行行史》,第89页。

基本原则也符合当时关于中央银行的理论规范，只是当时时局动荡，私人发行极盛，清政府处于风雨飘摇之中，根本没有能力捭阖局势，付诸实施，该方案没有推行空间，只能浮于文字。尽管如此，大清银行的发行情况还是有所进展，光绪三十四年至宣统三年大清银行所发银两票分别为163.3万、304.1万、342.2万、543.9万，银元票发行几乎逐年倍增，分别为244.5万、484.1万、877.1万、1 246万，发行总量逐渐增加，速度之快可见一斑。推其原因，一方面在于大清银行纸币推行之功，另一方面也在于清政府财力之匮乏。①

在经理官款国库方面，资政院、度支部于宣统二年提出《统一国库章程》15条，规定国库统由度支大臣管理，以大清银行正副监督为总库正副经理，各省分行经理为分库经理，国家岁入岁出由国库收纳支出，按预算管理。官款汇拨由大清银行办理，大清银行不得擅动国库，余款可划拨大清银行存款生息。大清银行负责经理政府盐款、部分常(海)关关税，经理捐款和个别地方藩库等。此外，大清银行还须会同上海道办理对外洋赔款事宜。② 作为名义上的中央银行，大清银行及各地分行还负责在市面波动之时协同救济。根据《大清银行始末记》记载，大清银行共有13次救济市面行动。

根据总办(监督)的变化，大清银行可以分为张允言和叶景葵两个时期。张允言长期主政大清银行，叶景葵仅于宣统三年短期主持改革。大清银行组织体系分为总行、分行、分号三等。在张允

---

① 中国人民银行总参事室金融史料组编：《中国近代货币史资料》第1辑《清政府统治时期(下册)》，北京：中华书局1964年版，第1056—1057页。

② 孔祥贤：《大清银行行史》，第184—197页。

言时期,总行领导层设总办、副总办,后增帮办一职。光绪三十三年四月正副总办改称"正副监督",另有会办一职。宣统三年三月,因张允言牵涉厚德银号案,由叶景葵任正监督。这一时期,大清银行总行分为管理和营业两部分,管理部门称"总办事务处",下设稽查、书信、印刷、物料 4 所,各所负责人称"委员"。光绪三十四年秋,四所改为两科,即文书兼书信科和会计兼庶务报销科,事权由张允言一手掌握。叶景葵到任后,认为总行总办事处仅办文案事务,总行经协理仅办北京营业事务,调度不灵,事权不一,多有流弊,乃将监督定为执行机关,下设总务、国库、国币、营业、出纳、核算、稽查、庶务、证券等九科,各科之外设顾问官、秘书官。各分行业务具体由各科分管,各科之间相互牵制,改变了原有体制由监督一人大权独揽的格局。对分行和分号,叶景葵也以业务为指向进行了机构调整。改革引起了以张允言为首的原大清银行官员的不满,到任仅半年,叶景葵被张允言等以军兴时期保护商股为由诓骗辞职,行内大权仍归张允言。此外,大清银行还兴办银行学堂以培养人才,学堂筹建于光绪三十四年六月,武昌起义爆发后,于宣统三年十一月停办。①

截至宣统三年,大清银行已有总分行 21 处,分号 35 处,规模蔚为壮观。分行、分号开办经费由上级拨给,开业后陆续摊销归还,总行所收 1 000 万两股本中,各分行占 925 万两有余。现将大清银行各分行、分号情况列表如下:

---

① 孔祥贤:《大清银行行史》,第 114—127 页。

表 3-1 大清银行(户部银行)分行、分号情况简表

序号	分行	成立时间（农历）	所领分号	资本（万两）	备注
1	总行	1905.08	保定、阜通南号、阜通东号、张家口		
2	天津分行	1905.09		43	
3	上海分行	1905.10		182	
4	汉口分行	1906.08	宜昌、沙市	42	委托德泰裕钱号于武昌城内代兑钞票
5	济南分行	1906.12	周村、烟台、青岛	45	
6	张家口分行	1907.01		35	1910年9月改为分行,直属总行
7	奉天分行	1907.02	安东	45	
8	营口分行	1907.02	锦州、大连、盖平、铁岭	45	
9	库伦分行	1907.09	乌里雅苏台	45	
10	重庆分行	1908.03	成都、自流井、五通桥	40	
11	南昌分行	1908.11	九江	40	原设九江,宣统元年正月移至南昌,九江设分号
12	杭州分行	1909.02	温州、宁波	40	宣统二年,为经理浙海关款项,派员于拱宸桥、绍兴两处办理业务
13	开封分行	1909.02	周家口	40	周家口分号在漯河湾常川往来办理申汉汇兑

续表

序号	分行	成立时间（农历）	所领分号	资本（万两）	备注
14	太原分行	1909.02（闰）	归化城、运城	40	
15	福州分行	1909.03	福州、厦门	40	分行在城外南台，分号在城内
16	长春分行	1909.03	吉林、哈尔滨	40	齐齐哈尔设汇兑所
17	广州分行	1909.04	香港、汕头	40	
18	芜湖分行	1909.09	安庆、富庄	30	
19	长沙分行	1909.09	常德、湘潭	30	
20	江宁分行	1905.10	镇江、扬州	30	沪行曾先设汇兑所，后撤销
21	西安分行	1909.12		30	
22	云南分行	1909.12		30	

资料来源:孔祥贤,《大清银行行史》,第110—113页。

与中国银行脱胎于户部银行和大清银行不同,交通银行之中央银行性质并不是与生俱来的。民元以后,经过北洋政府批准修订则例,并随着银行本身实力的不断增加,交通银行逐渐开始承担部分中央银行职能,事实上行使部分中央银行职能。在法理上,交通银行从不具有中央银行性质。在相关业务运作及对国家金融事务的影响方面,交通银行均居于中国银行之后。交通银行是依托清末邮传部筹设的,而邮传部为1906年11月清政府为轮船、铁路、电线、邮政等事务专有所司而设。交通银行最初是为筹措和经理赎回京汉铁路权利所需费用而设。1907年12月,在时任邮传部提调梁士诒建议下,尚书陈璧上奏请设交通银行,“藉以绾合轮、路、电、邮四政,收回利权”,“京外各商埠外国银行合群竞进,度支部虽设银行，势力商难悉敌，自应联合官商广设银行，以为中央银行之助。臣部所管四政，可兴之利甚多，设欲筹借资本……必须有总汇之枢专司出纳”。至于银行之组织则为官商合办，除将轮、路、电、邮向由洋商银行存款者改由该行经理外，一切经营悉照各国普通商业银行办法，“与中央银行性质截然不同”，并言“交通银行之设，外足以收各国银行之利权，内足以厚中央银行之势力”。[①] 交通银行获准筹办，于1908年3月4日（二月初二）正式营业。当初请设交通银行时，已将其性质设定为商业银行。在交通银行章程中，明确规定“纯用商业银行性质”，资本500万两，由邮传部认购200万两，选派总理、协理负责。业务范围方面，仅规定“轮、路、电、邮各局所存储汇兑揭借等事，该行任之”，但也只是限于邮传部直接管理的各局、商办各局听任其便，并要求对于经理上述款项“与寻常商业贸易一样看待”[②]。在1908年清政府制定各种银行则例过程中，又将交通银行归为“殖业银行”，为“农工所倚赖，东西各国事业之发展皆由于此，现农工银行尚未设立而关于路工之邮传部交通银行浙江铁路兴业银行皆殖业银行也”[③]。可见，清末主事者大致将交通银行定位为发展特殊事业之实业银行，不属于中央银行，但也有别于一般商业银行。1908年，交通银行创建伊始，经营有所起色，其盈利状况虽不如大清银行，但明显好于中国通商银行。

---

①《清邮传部奏设交通银行折》，交通银行总行、中国第二历史档案馆：《交通银行史料·第一卷（1907—1949）》，第7—8页。

②《交通银行奏定章程》，交通银行总行、中国第二历史档案馆：《交通银行史料·第一卷（1907—1949）》，第172—173页。

③《度支部奏厘定各银行则例折（附则例四种）》，《东方杂志》1908年第4卷第5期，第56页。

第二节　国家银行的进一步发展与区域性中央银行的出现

一、国家银行的商业化发展趋势

武昌起义爆发后，叶景葵为保全商股辞职南下，大清银行仍归张允言一派掌理。宣统三年九月十三日（1911 年 11 月 3 日），上海宣布脱离清政府统治。数日后，大清银行在沪股东组成股东会（后改为商股联合会），屡发议论，说明保全商股之目的，要求民军保护及发还银行财产，北方股东联合会同时成立。袁世凯组阁拟提任大清银行副监督陈锦涛为度支部副臣，陈推辞不就而南下赴沪，后得伍廷芳推荐，被孙中山委任为临时政府财政总长。在其力推之下，沪上大清银行商股联合会申请成立中国银行，其理由为：大清银行为前政府之中央银行，基础雄厚，请改为中国银行而为新政府之中央银行，以保存股东利益，昭示新政府信用。同时，提议大清银行停止交易，以官股 500 万元抵充军兴以后各分支行处损失，商股 500 万元仍为中国银行股份，另新招 500 万，对大清银行实行清理。该方案经孙中山同意后由陈锦涛批准。① 1912 年 2 月 5 日，上海中国银行开业。上海中行的行动引起北方大清银行总行的不满，经南下联络的理事关国荣协调说项，南北方股东会达成一致，要求解决大清银行商股保全、损失赔偿及新银行之招股问题。南北议和达成后，大清银行商股联合会致电袁世凯，请求追认孙中山对大清银行改中国银行并继续行使中央银行权力的意见，获袁世

① 《大清银行商股联合会会致大总统呈》，中国银行总行、中国第二历史档案馆：《中国银行行史资料汇编・上编 1912—1949》（一），第 1—3 页。

凯同意。至此,商股联合获得初步的胜利。

当上海宣布脱离清政府统治后,尚未改为中国银行的上海大清银行,对民军尤其是上海军政府的冷漠态度,引起都督陈其美的不满,由是新设中华银行以疏通财政。中华银行有功于革命,陈其美允为将来之中央银行。在《中华银行章程》中,申明"本行兼有中央银行性质,经理国家所入一切税赋饷项","本行兼理军政府所发一切军用钞票"。① 此时,南京政府认可中国银行为中央银行,陈其美大为不满。后来,中华银行股东代表面谒孙中山,要求按原章程拨给公股125万元,获得同意,但作为财政总长的原大清银行副监督陈锦涛多次推诿,以各种理由相阻,终未办理,致使陈其美与中国银行矛盾加剧,终于爆发了近代金融史上著名的"小万柳堂事件"。陈其美拘捕了中国银行上海分行经理宋汉章,理由是商民控告其光复之际,捏造私账,私吞巨款。中国银行方面立即致电孙中山、唐绍仪、袁世凯,控告军政府越权拘捕,要求立刻释放宋汉章。陈其美不顾袁世凯释放要求,公开通电登报,历数中国银行、宋汉章及商股联合会之罪状:当上海宣布脱离清政府统治之际,纠结少数股东篡改账目对抗民军;对大清银行商股之说辞前后不一,且有保存商股而泯灭官股之无理要求;以身处租界为护身符,抗不到案,并指责宋汉章"罔利营私,弗顾大局,在银行为巨蠹,在民国为公敌"。随后,陈其美与伍廷芳就是否越权拘捕及对宋汉章之质控,进行持续的辩论,租界外国势力也对宋案发表意见。最终,陈其美以中国银行交出账簿配合查账为条件释放宋汉章,前后共历

① 《创立中华银行简章》,《民国报》1911年第2期,第6—7页。

时21天。[①] 对于查账所发现的问题,被保释后的宋汉章后来上呈新任财政总长熊希龄,逐条反驳。从表面上来看,此事件是中国银行为保全自身利益与中华银行就中央银行地位发生争斗。实质上,这是民国肇始之时,脱胎于旧政权的上海军政府所代表的革命政权,与逐渐具有自我意识的中国银行之间的斗争。

南北统一,袁世凯掌权后,政治中心重归北方,陈锦涛失去了财政总长大位,由大清银行上海分行改组的中国银行地位就此变得微妙起来。中国银行此前虽经袁世凯认可为中央银行,但南北方商股联合会之关系、大清银行总管理处与南方中国银行之地位问题仍待解决。1912年5月3日,熊希龄在参议院演说中有"速立国家银行,以期金融复活"之语,当时参议院也有设立国家银行之提案。[②] 大清银行商股联合会向财政部提交解决商股问题的报告,提出3个方案:一是,政府承担损失,由商股创办新银行,原官股500万元取消,此案与此前陈锦涛批准方案类似。二是,政府另设新银行,500万元商股如数发还,政府接手中国银行以前资财债务。三是,官商合办,政府拨1 000万元交中行清理债务,商股500万元仍旧,总裁由政府委派。熊希龄随即批复采用第二方案,即另设新国有银行方式,商股股东大失所望却也无可奈何,议定股本改为存款后由新中央银行分4年发还商股,年息5厘。由国家组织新中央银行的方案,集中体现了熊希龄"央行国有化"的主张,这在当时并不为很多人接受,在朝野也有误解和争议。实际上,若抽空商股,

---

① 关于"小万柳堂事件"过程的最新考证,参见李娜、邢建榕:《宋汉章自述小万柳堂事件》,上海档案馆:《上海档案史料研究》第11辑,上海:上海三联书店2011年版,第119—123页。

②《1912年创办国有中央银行的议案》,洪葭管:《中央银行史料1928.11—1949.5》(上卷),第10—11页。

当时北洋政府根本无力出巨资举办中央银行，在外债无着后，此项计划只能落空。1912 年 6 月，中国银行筹备处、大清银行清理处成立。经过复杂的旧行清理、新行筹备工作，熊希龄从地方缴款中拨付洋银 50 万元，作为总行资本。7 月底，周学熙接替熊希龄后，指示“如(商股)股东有不愿改换存单，仍愿改换中国银行股票者亦听其便”，原有股份又可作为新银行股份，商股股权事宜峰回路转。①最终，新的中国银行总行于 1912 年 8 月 1 日开业，《中国银行则例》经参议院审议通过，1913 年 4 月 15 日方才公布，此即民国二年则例。

该则例规定，银行总股本为 6 000 万元，官股居半，由政府先交所认股 1/3 开始营业。中国银行可发行兑换券，有代国家发行国币之责；受政府之托，可经理国库并筹募、偿还公债，经总长批准可买卖公债。财政总长对于中国银行一切业务如认为违背本则例及章程，或不利于政府时可予以制止，另由其派监理官一名监视中国银行一切事务。②

根据民国二年(1913)则例，政府对中国银行之营业有重大影响，不仅官股占一半而且可任命总裁，批准并监理业务。到 1914 年，官股补足 1 000 万元，而商股尚在筹募中。因此，这一时期北洋政府凭借资本及人事可掌控中国银行。当时袁世凯政府财政拮据，且筹备复辟事宜，中国、交通两行被迫担负垫款，到 1915 年中行垫款 1 204 万元，发钞额猛增到 3 844 万元(1913 年底仅为 502 万元)。

---

① 中国银行总行、中国第二历史档案馆：《中国银行行史资料汇编 · 上编 1912—1949》(一)，第 22—23 页。

② 《中国银行则例》，中国第二历史档案馆：《中华民国史档案资料汇编》第三辑《金融(一)》，南京：江苏古籍出版社 1991 年版，第 34—37 页。

在此情形下,袁内阁饮鸩止渴,谋划中交两行钞票停止兑现事宜。1916 年 4 月上旬,袁世凯先后两次密令中交两行将各地库存现银集中北京未果,其时社会各界谣言四起。5 月 11 日,停兑令发布,要求"所有两行已发行之纸币及应付款项,暂时一律不准兑现付现"①。收到停兑令后,中行股东联合会会议决定,公举监察员 2 人管理行务,所有发行准备交律师管理,所有分行钞票一律照旧兑现。为防止北洋政府对宋汉章、张嘉璈的调离或免职处理,上海方面一面议定由浙江实业银行李铭、浙江兴业银行蒋抑卮、上海银行陈光甫代表中行股东及储户向法庭起诉宋、张,以使其依法必须留沪;一面积极准备兑现事宜。同时,敦请工商金融界耆宿张謇、叶揆初任股东联合会正副会长,发表声明维持中行兑现,安定市面人心,并向北京总行陈述难以遵令情由。中国银行采取延长营业时间、休息日营业等方式积极兑现,并向汇丰、德华等外商银行商借透支。至 5 月 19 日,兑现风波平息,其他各主要分支行如南京、汉口等援例兑现,均能安然度过危局。停兑令发布后,不仅中行沪宁等行明确拒绝遵行,社会各界及北洋实力派冯国璋、张勋等亦致电反对。最终,北京被迫以大总统令形式否定了国务院令,宣布两行纸币照常兑现。停兑风波使中国银行声誉日隆,张嘉璈、宋汉章声名鹊起,俨然行业领袖,中行商股股东力量也日渐坚实。此事发生后不久,交通系梁士诒关于中交两行合并的筹划被中行方面否定。

停兑风波后,中行商股股东又迎来了更激烈的斗争。先是在 1916 年 6 月,政府简任徐恩元为总裁。徐在任一年有余,昏招频出,高价印制昭武券、高薪聘请外籍职员、轻率恢复京钞兑现等,与

① 《中国银行则例》,中国第二历史档案馆编:《中华民国史档案资料汇编》第三辑《金融(一)》,第 264—265 页。

行中主要领袖意见相左，格格不入。股东会与徐恩元进行了坚定的对抗。徐甚至想要将张嘉璈调离上海改任重庆分行经理，最终因多方反对而收回成命，并于1917年6月被迫离职。1917年7月，段祺瑞组织新内阁，梁启超任财政总长。梁以张嘉璈任中行副总裁，并保留沪行副经理职位。张到任后，为进一步巩固中行信用，扩大商股并限制对政府的垫款，在梁启超支持以及业师堀江归一指导下，主持修订了民国二年《中国银行则例》，出台所谓"民六则例"。"民六则例"最大限度扩大了商股股东的权利。其一，官商股收足1 000万元即组成股东会和董事会，董事均由股东会从100股以上之股东选举，政府只能从董事中任命总裁、副总裁。此前规定股本收足3 000万才组成股东会，且总裁、副总裁由政府简任。此项变化，对于民元以后总裁、副总裁频频更换且人选多与股东意见相左之积弊实有改变。其二，明确不严格限制官商股比例，政府可酌量认购，以资提倡，政府股份可随时售予国民。[①] 1918年，安福系控制国会后，想通过恢复民国二年中行则例的方式逐步控制中国银行。安福系议员先就民六则例通过程序的合法性提出质疑，要求中行则例由国会追认，后正式提出恢复民二则例并经参众两院强行审议通过。1918年6月14日，参议院按照众议院提案决议通过恢复中行民二旧例，各界哗然。中国银行股东会迅速出击，沪、京、汉、闽、粤、豫、赣、鲁等各省市及香港中行成立股东联合会，并联系各地商会通电反对旧则例，部分股东也致电总统、副总统上陈意见，中行方面的意见得到当时社会舆论的普遍支持。最终，政府考虑到事态严重、牵连广泛且社会各界普遍反对，经与皖系实力

---

① 《修正中国银行则例》，中国第二历史档案馆、中国人民银行江苏省分行、江苏省金融志编委会：《中华民国金融法规档案资料选编》，第231—234页。

派徐树铮等人沟通,放弃恢复则例,改为增加中行股本3 000万元,增加安福系成员为股东。此后,安福系虽对中行管理层多有攻击诘难,前后持续6年之久,但其改变则例、染指行务的意图终未实现,中行股东会获得了又一次胜利。

在中行股东会的不懈努力之下,商股股东逐渐实现了对银行经营的实际掌控。中国银行在业务上虽有部分中央银行性质,却在北洋时期发生了明显的商业化转向,商股股东在人事、则例和钞券兑现方面获得了接连的胜利。由于政府财政艰难而商股股本不断扩充,中行的股本结构形成了对商股股东的绝对优势。到1917年,中国银行官股股本缴足500万元,此后再未增加。反而从1921年起,因经费问题陆续将股本售予12家银行和企业,共计495万元。到1923年,全行股本1 976万元,官股仅为5万元,商股股份占99.75%。在产权结构上,中国银行几乎实现了完全的商业化,业务决策由股东会和经理层掌控。经过停兑风波和充实股本之后,中国银行声誉卓著,已成为当时最重要也是规模最大的华资银行,更是事实上的中央银行。到1926年底,中国银行资产总额5.46亿元,年纯收益145.4万元,发行钞票1.36亿元(不含停兑券),各项业务较民初增长数倍至数十倍不等。①

民元以后,交通银行迎来新的发展机遇,这源于交通系在民初政坛地位的急剧上升。袁世凯掌权以后,交通系领袖梁士诒于1912年5月任交行总理;1913年先后任财政委员会委员、财政部次长,代理部务;1914年任内国公债局总理和税务处督办,当年再

① 中国银行总行、中国第二历史档案馆:《中国银行行史资料汇编·上编(1912—1949)》(一),第1962页。

次当选交行总理。[①] 正是由于梁士诒力推并得到袁世凯支持，交通银行于民初以大总统令的形式修改了则例，其性质和业务范围变化颇大。新则例规定，交通银行除经营一般银行业务外，掌握特别会计之国库金，得受政府委托分理金库，受政府委托专理国外款项及承办其他事务且受政府之特许发行兑换券。此外，关于总理、协理产生也由政府简任改为股东会选任。[②] 1914 年以后，交通银行依照章程已经具备了政府特许的货币发行、经理国库、官款和国外汇兑等业务，除不具备中央银行之名外，其业务范围和当时有名义央行之称的中国银行非常接近。1915 年，交行在致上海总商会函中，已自称和中国银行同属于国家银行，“上承政府之提倡，下赖商民之信用，凡国家银行之职务尽力扩张……中国、交通银行具有国家银行性质，信用夙著，历年经理国库，流通钞币，成效彰著……该两行应共负责任，协力图功”[③]。可见，当时交通银行的地位已与中国银行相类似。到 1922 年，在张謇、钱新之掌握交行之时，张謇更是明言交通银行即中央银行之一：“交通银行，国家中央银行也，中央银行可二乎？而既有中国银行，已二矣！其二也，有历史，历史系于政事，盖有二之故”，“交通银行者，中央银行之一，政府之隶而人民之资，夫人民之资亦政府之利也”[④]。

交通银行有如此之认知，除其则例变化及业务发展外，与交通

---

① 岑学吕：《三水梁燕孙（士诒）先生年谱》（上册），台北：文海出版社 1973 年版，第 128—202 页。

②《交通银行则例》，交通银行总行、中国第二历史档案馆：《交通银行史料・第一卷（1907—1949）》，第 190—191 页。

③《申报》，1915 年 11 月 8 日，交通银行总行、中国第二历史档案馆：《交通银行史料・第一卷（1907—1949）》，第 11—12 页。

④《第一届行务会议纪事》《第二届行务会议纪事》，交通银行总行、中国第二历史档案馆：《交通银行史料・第一卷（1907—1949）》，第 276 页。

系力量对中国银行的渗透不无关系。1914 年 2 月至 1915 年 3 月，以及 1916 年 5 月至 6 月，交通系的另一员大将周自齐两次担任财政总长。1913 年 8 月起，他担任中国银行总裁，在财政总长任上又兼任中国银行督办(副督办为交通系陈威)。① 在民元以后的最初几年，交通银行的主要业务甚至优于中国银行。以存款而论，从 1912 年至 1914 年，交通银行与中国银行的存款比分别为 11∶1、53∶11、37∶29。到 1915 年，其发行额也超过中国银行。②

交通银行的发展得益于交通系，却也因此受到很多牵累。因梁士诒负责袁世凯复辟筹款，交通银行于 1915 年底为此垫款高达 3 546万元，仅大典筹备处垫款一项即达 2 000 万元，而 1914 年该行总发行额不到 900 万元。1915 年，交行发行量的激增主要因为垫款，该年存款业务也备受影响，不增反降。③ 财政垫款对交通银行的经营形成了沉重的负担，所以才有了梁士诒的中交两行合并之议及袁世凯的停兑令。在停兑风波中，交通银行的表现与中国银行形成鲜明对比，由此对其信誉造成极大影响。北洋政府停兑令发出后，交通银行总管理处连续 4 次通令各行遵令停兑，而中国银行则极力抵制。实际上，交通银行各分支行处也不是完全遵令，如汉口、九江、安徽、湖南等省市起初停兑不久又恢复兑现，山西、张家口等地坚持兑现后又不得不停兑。然而，总行和最重要之上海分行的停兑尤其是与上海中国银行的抵抗停兑令的对比，对交通

---

① 杨涛:《交通系与清末民初经济变迁》，北京:中国社会科学出版社 2017 年版，第 194 页。

②《交通银行史》编委会:《交通银行史》(第一卷)，北京:商务印书馆 2015 年版，第 121 页。

③《交通银行史》编委会:《交通银行史》(第一卷)，序言，第 3 页。卜明:《中国银行行史(1912—1949)》，北京:中国金融出版社 1995 年版，第 75 页。

银行影响至深，除信誉和业务受损外，因垫款过度，准备本就空虚，即使恢复兑现后，也只能分区兑现，前后持续年余才基本恢复，造成所谓京钞问题也较中国银行更为严重（到 1917 年 5 月，尚有北京、长沙、重庆、河南券未恢复兑现），甚至直接引起 1921 年再次挤兑风波。① 因接连风波及交通系的失势，交通银行业务更受致命打击。1922 年交通银行召开临时股东会并组织江、浙、沪地区股东联合会，邀请张謇出山。开始了张謇、钱新之掌权时期的整顿与恢复，努力推行疏离政府的商业化转向。张、钱利用交通银行国家银行的地位勉力经营，停止对政府垫款，清理旧欠，改善放款方针。经过 1922—1924 年的持续改善，各项营业基本恢复正常且实现盈利。1925 年，梁士诒受段祺瑞支持，逼走张、钱 2 人，再掌交通银行。受前事教训，梁再次履任后作风尚称稳健，张、钱改革之商业化原则也得到坚持，交通银行与中国银行并雄局面得以延续。相较而言，无论人事还是股本，交通银行商业化程度都不如中国银行。在人事方面，除张謇、钱新之整顿时期外，交通系人员一直掌控交通银行最重要的职位。股本结构方面，民元以后官股虽有持续降低趋势，但到 1928 年，官股比例最低时尚有20.24％，而中国银行仅为 0.25％。②

二、区域性中央银行的设想与实践

广州国民政府中央银行。1922 年 5 月，孙中山即派广东省财政厅长兼省银行行长程天斗为中央银行筹备员，筹建中央银行。

---

① 交通银行总行、中国第二历史档案馆：《交通银行史料 · 第一卷（1907—1949）》，第 899 页。

② 交通银行总行、中国第二历史档案馆：《交通银行史料 · 第一卷（1907—1949）》，第 26 页。

由于陈炯明叛乱,此次筹备又以孙中山避走上海而告终。1923 年 3 月,陈炯明被粤、滇、桂联军击败退守东江,孙中山于广州建立陆海军大元帅大本营。建政伊始,孙即开始筹划政府之金融机关以应付军费及财政支出。3 月 6 日,孙重启中央银行筹办之议,仍令程天斗为筹备员。① 宋子文到穗,于 4 月 24 日被派为中央银行筹备员。5 月底,林云陔、宋子文分别被任命为中央银行正、副行长,并于 11 月先行任命了 4 分行行长,不久林辞职,宋接手筹备事务。② 至于开办费用,因宋子文兼任两广盐务稽核所经理,故呈请将盐税由中国银行改为中央银行代收,可收 0.5‰手续费以应付开办部分经费。③ 7 月 24 日,宋子文将所拟《中央银行条例草案》提交政务会议审查。8 月 2 日,宋子文被任命为中央银行行长。此后,相关各项条例、组织规程修缮完成,董事会组成并确定于 8 月 15 日中央银行正式开幕。根据《中央银行条例》,该行可由中央政府授权代募内外实业债款、发行货币、代理金库现金之出纳及代收各项公款、代政府创办或经营各项政府之实业。④ 宋子文在开幕讲

---

① 刘国铭:《中国国民党百年人物全书》,北京:团结出版社 2005 年版,第 2284 页;周晓辉、莫春香:《孙中山与广州中央银行》,《五邑大学学报(社会科学版)》2005 年第 1 期,第 31 页。

② 关于 1923 年任命四川分行行长一节,尚未见其他著述提及,当时中央银行尚处筹备初期,且四川也不是广州政府势力范围,提前任命似有疑问。现将相关史料照录如下:“中华民国十二年十一月八日,大元帅训令第三四九号,令监理中央银行四川分行长石青阳:为令遵事照得中央银行现在业经成立亟应于各省次第设立分行以期活动金融,查该员于财政素有经验堪以派兼中央银行四川分行长,除另状任沠外合行另仰。该员即便遵照克日就职,迅将分行事宜积极照章筹备,开始营业,勿负委任,仍将报查章程办理情形随发,切切此令。”《陆海军大元帅大本营公报》1923 年第 37 期。

③《陆海军大元帅大本营公报》1924 年第 2 期、第 24 期。

④《中央银行条例(1924 年 8 月)》,中国第二历史档案馆、中国人民银行江苏省分行、江苏省金融志编委会:《中华民国金融法规档案资料选编》,第 49 页。

话中称“本行系国家银行,其资本由政府借款拨充”,孙中山的讲演强调了中央银行发行的审慎原则。在开业前夕,广州政府已命令此后所有公司款项一律通用该行纸币。① 为充实发行准备并使开办借款得以偿还,宋子文呈请孙中山将造币厂获利作为中央银行还本基金。② 随后,孙科要求广州市政府所属各局与本市其他银号钱庄往来存款,全部存入中央银行,一元以上收入得征收该行纸币③,财政部各项经费也由该行收支④。

尽管国民政府通过各种措施提升纸币信用并扩大其使用范围,然而因广州历来币制紊乱,以小洋、港币及各外商银行纸币为主,百姓对其他纸币不免心存疑虑。在 9、10 月期间,央行纸币遭各方拒绝。《银行月刊》刊载《广东中央银行纸币推行不易》一文记录,“初时见拒于长堤十八甫惠爱路各大公司,继而银行业拒不收纳,各行商亦一律加以抵制。间有士兵持币入市,恃强纠众,勒迫商民行使”⑤。关于强迫使用一节,广东方面曾专文澄清,但央行纸币遭受抵制也是事实。⑥ 为此,中央银行商请财政厅、建设厅,多次申令收支限收央行纸币,广设兑换机构以示信用,情况方稍好转。1925 年,滇军、桂军叛乱,欲向央行强借 60 万元。宋子文一面虚与应付,一面决定央行暂时停业,宣布所有纸币照旧通用,复业后再行恢复兑换,最终因处置得当未受损失。8 月底,廖仲恺遇刺身亡,谣言四起,市面相继拒收央行纸币直至挤兑成风。央行积极准备,

---

①《陆海军大元帅大本营公报》1924 年第 23 期,1924 年 8 月 13 日。

②《陆海军大元帅大本营公报》1924 年第 24 期,1924 年 8 月 16 日。

③《广州市政公报》1924 年第 144 号,1924 年 8 月 20 日。

④《陆海军大元帅大本营公报》1924 年第 24 期,1924 年 8 月 27 日。

⑤《广东中央银行纸币推行不易》,《银行月刊》第 4 卷第 10 期,1924 年 10 月 25 日。

⑥ 澄清广告在《广州民国日报》从 8 月 29 日刊登至 9 月 4 日。

经张嘉璈同意,得中国银行上海分行贝祖贻出借现金 50 万元,央行信誉得以维护。[①] 广州政府趁机继续力推央行纸币,要求各邮局、铁路、海关、商号必须严格遵令使用,对低价使用或拒用者严查,对所属各县作分派推行之布置。[②] 至此,中央银行信誉进一步提升,全省财政也逐渐得以统一(宋于 1925 年 9 月 22 日兼任国民政府财政部长)。到 1925 年 11 月,该行月周转总额已达 8 500 万至 1 亿元,较 1 月增加 25 倍,储蓄较 1 月增加 6 倍。到 1926 年底,发行钞票超过 2 000 万元,银毫兑换纸币甚至出现贴水。[③]

中央银行状况的改善为广州国民政府的生存和发展提供了保障,更为北伐的开展创造了条件,这也是广州中央银行最大的历史功绩。宋子文兼中央银行行长和财政部长于一身,负有筹措北伐军需的重任。1926 年 7 月,北伐开始。除直接的军饷拨付外,7 月 15 日,北伐军被批准发行湘、赣、桂 3 省通用券 200 万元。[④] 9 月 17 日,财政部又委托国民革命军总司令部政务局,发行中央银行临时兑换券 500 万元。10 月,又电汇前方 5 万元,由古应芬专使慰劳北伐军。12 月,向 20 师支付军费 3 万元。其间以各种方式勉力筹措,如发动商民税捐,计划预征钱粮,停止其他应用款项,敕令各县长尽力筹措且赴省城当面考核等。其时,粤省财政已有所改善,1926 年平均月入在 670 万元左右。当时,广东已有七成左右财政用于军费。北伐军费浩繁,远非广东一省所能承担。[⑤] 随着国民革

---

① 吴景平:《宋子文评传》,福州:福建人民出版社 1992 年版,第 11—12 页。

② 中国人民银行总行参事室:《中华民国货币史资料·第二辑·1924—1949》,第 11—12 页。

③ 中国人民银行总行参事室:《中华民国货币史资料·第二辑·1924—1949》,第 13 页。

④ 中国人民银行总行参事室:《中华民国货币史资料·第二辑·1924—1949》,第 21 页。

⑤ 吴景平:《宋子文政治生涯编年》,福州:福建人民出版社 1998 年版,第 38—41 页。

命军节节推进，军费已捉襟见肘，蒋介石、宋子文二人因军费筹措互生芥蒂。1926 年 9 月，蒋要求宋运送钞票即公债到武汉，并为江西战事筹措 3 个月军费，宋未能令蒋满意。年底蒋又因饷银不济、军队闹饷而严厉指责宋子文。11 月中旬，为准备国民政府北迁并筹划统一各省财政，宋子文北上赴汉，但中央银行仍在广东。1927 年以后，广州央行只能靠增发纸币艰难维持，“其后因军需紧急，渐发渐多，已不知现兑为何物，发行总额达 3 500 万元。及张、黄事变，准备金荡然无存。于是，从该年起停兑几近一年，至 1928 年底，始复兑现”①。

武汉中央银行。1926 年底，国民政府迁都武汉。12 月下旬，发表湖北财政整理计划，拟设中央银行汉口分行。1927 年 1 月 20 日，武汉中央银行成立，以 500 万金融公债抵借现金 316.7 万元作为资本。因当时武汉为国民政府中枢所在，武汉央行实为最高之国家银行，广东中央银行反成地方银行。1928 年以后，南京国民政府中央银行成立，广东中央银行改为广东省银行。武汉中央银行以宋子文为行长，陈行为经理。在开幕演讲上，宋子文要求银行“办事取法广东中央银行总行”，并声明，汉口央行兑换券发行以所有现金为额度，且开始对中央银行所发纸币进行兑现，并委托其他 15 家银行、2 家钱庄代兑，对武汉信用良好之中交两行亦支持其照旧营业。武汉央行所发兑换券为“汉口”大洋地名券，1927 年 3 月，经国民党中央政治委员会议定，各军政机关应将收支款项存入中央银行，后央行又接管湖北官钱局产业，央行地位逐渐稳固。

1927 年 3 月 21 日，北伐军攻克上海，宋子文被派前往筹划财政经费。然而，国民政府不同派系间的激烈斗争随之而来，政局之

---

① 中国人民银行总行参事室：《中华民国货币史资料・第二辑・1924—1949》，第 33 页。

波谲云诡远出宋之预料,已经掌握军事主导权的蒋介石与武汉国民政府之间发生了严重分歧。3 月 27 日,国民政府致电上海各界,声明派宋子文前往上海接收财政。① 财政部驻沪办事处设立,蒋介石表明统一江、浙、沪财政,由财政部接收。4 月 9 日,中央银行筹备处在财政部驻沪办事处设立,着手联系上海金融界。4 月上旬,蒋、汪协商失败,宋子文在沪之行动也失去蒋的支持。4 月 18 日,南京国民政府成立,不久宣布以古应芬为财政部长,黄隆生为中央银行行长,与武汉政府分庭抗礼。7 月 9 日,南京政府免去宋子文广东省政府内职务,宋辗转返回武汉。在武汉方面,宁汉分流以后,原先金融财政整理工作完全停止。"四一二"反革命政变后,广东方面归附于蒋,切断了原本对武汉政府的经费支持。武汉央行基础本就薄弱,财源被切断后完全靠印发钞票来维持,武汉三镇市面商业一片萧瑟。为缓解财政危机,打破各方封锁,武汉政府组织战时经济委员会。4 月 17 日,汪精卫下令颁布集中现金条例:"自今日起,凡完纳国税流通市面均以中央银行纸币及中国、交通二银行钞票为限,禁止现洋现银出口。各银行营业收付仍一律照常,但不得以现金出入。凡我民众应绝对遵守,不得自相惊扰或造谣破坏,如有拒收中央银行纸币及中国、交通二银行钞票,或破坏我政府经济政策,以及造谣生事扰乱金融者,一经查获即按律惩办,决不姑宽。"②

武汉国民政府集中各银行现金共 400 万元,同时宣布取缔外币。由此,武汉成为事实上的金融孤岛。为应付市面流通,武汉央

① 《国民政府统一财政之感电》,《申报》,1927 年 3 月 30 日,第 9 版。

② 《武汉金融志》办公室、中国人民银行武汉市分行金融研究所:《武汉银行史料》,1987 年,第 125 页。

行将中交两行未发钞票共计 1 620 万投入市面，钞票用罄后不得不将未发的国库券 900 万元以钞票形式发出，以滥发纸币的方式来支撑军事支出。为缓解通胀局面，武汉政府一方面发行有奖债券，以回笼纸币，同时大规模没收所谓逆产，以扩充资财。到 1927 年 6 月，武汉市面已到纸币泛滥、物价飞涨、物资匮乏、商业停滞之无计可施的境地。“汉口金融市场既毁，中央汉行遂与之同归于尽矣。”①经国民党宁、汉、沪方面的持续和谈及各方实力派的斡旋，9 月 11 日至 12 日，各方首脑成立了特别委员会，作为联合最高权力机关。9 月 24 日，武汉方面将领唐生智命令武汉中央银行停业清理。关于武汉中央银行的设立，虽然最初宋子文有整顿地方金融、支持北伐意图，实际因时局关系，根本没有按计划实施，最终成为国民政府滥发纸币据以对抗蒋介石的工具，对地方金融造成极大的破坏，所造成的汉钞问题，成为以后影响武汉主要银行甚至整个武汉金融市场之遗毒。

日本在东北策划成立为“中央银行”。清末以后，东北长期沦为日本势力范围，不仅是其在华政治经济势力的主阵地，更是其实施全面侵华战略的大本营。民国元年以后，东北相对独立的政治环境和异常紊乱的货币制度，为日本控制东北金融提供了便利。北洋时期，日本对建立东北三省“中央银行”问题的早期筹划，是 1932 年伪满中央银行建立的前奏，也是 20 世纪 20 年代外国势力公然谋求我国中央银行主权，统制地方金融市场的一股暗流。日

① 《我国中央银行之沿革》，上海市档案馆藏中央银行上海分行档案，Q53－2－4，转引自石涛：《南京国民政府中央银行研究 1928—1937》，上海：上海远东出版社 2012 年版，第 58 页。

本对中国东北金融的侵略以1900年横滨正金银行为嚆矢。① 关于日本设立东北中央银行之构想,早在1909年即由东北日侨末永纯一郎等人发起并引起朝野注意。② 1915年,日本大限内阁时期(1914年4月16日至1916年10月9日),反对正金银行财阀一派将设立满洲银行法案提交日本议会,遭贵族院正金系反对而搁置③。到寺内内阁时期(1916年10月9日至1918年9月29日),经过对日资金融机构的整顿与充实,日本在东北逐渐形成了朝鲜银行、正金银行、东洋拓殖会社三足鼎立的格局。④ 朝鲜行使"中央银行职能",经理日本官款并发行金票,正金银行专司汇兑与贸易,东拓则以支持实业发展为主。与此同时,东北奉系政府为整顿币制,培植东北官银号等地方金融势力,决定实行大洋本位。1917年,出现了禁止中交两行所发小洋券流通并要求限期收回的命令。奉天方面与中交两行协议,中交两行回收小洋票,以后在奉天省发钞要有"奉省通用"字样,若在奉省以外发券,应登报声明,在奉省发钞须经省政府同意。所发吉林、黑龙江等地纸币应加上"奉省不通用"字样。由此,两行陆续收回小洋券3 000万元。中交两行在东北势力大减,几成真空状态,反而更有利于日资金融机构的进一步侵略。⑤

① 郭予庆:《近代日本银行在华金融活动——横滨正金银行(1894—1919)》,北京:人民出版社2007年版,第105—126页。

② 何孝怡:《日本帝国主义侵略下东北的金融》,上海:中华书局1932年版,第78页。

③ 陈日睿:《满洲金融与日本中央银行之计划》,《银行月刊》1921年第1卷第1期,第8页。

④ 寺内内阁以法律形式废止了正金银行的金券资格,改以朝鲜银行发行并广设朝鲜银行分支机构。

⑤ 中国银行辽宁省分行等:《中国银行东北地区行史资料汇编1913—1948》,1996年,第75页。

当时，日本在东北金融侵略主要遇到两方面问题：一是，日本实行金本位，朝鲜银行所发亦为金本位券，与中国之银本位迥异，交易不便且横生诸多风险。二是，横滨正金与朝鲜银行互有掣肘，东北之“开发”计划不如人意，且朝鲜银行发行膨胀，纸币信用不孚，1919—1920 年间流通之朝鲜银行纸币竟达 1.6 亿之多，对满铁财政已有消极影响。① 另外，朝鲜银行与东拓株式会社业务始终以朝鲜为主，在东北势力尚须进一步提升。到 20 世纪 20 年代前后，基于日资金融侵略的种种问题，关于设立东北“中央银行”之议再次出笼。

1919 年，与东北方面有关系的人士在议员中活动，建议由政府向议会提出东北中央银行法案，东北日侨各界亦就此展开筹谋。据当时消息披露，除设立“中央银行”外，当时尚有再设一拓殖株式会社之议，但遭多方反对。② 1923 年初，日本关东厅咨询机构“满洲”经济调查委员会在旅顺开会，讨论“满洲”金融机关问题议案。会议认为，有必要设立“满洲中央银行”，提出计划筹集资本 1 亿元或直接将朝鲜银行增资改组为“满洲中央银行”。与会者对“央行”货币发行等诸多问题未达成一致意见，但仍在原则上形成新设“满洲中央银行”议案。③ 后因日本国内金融萧条不振，时机不佳，直至 1924 年关东厅长官儿玉返日运作此事。④ 1926 年，日本“满洲”金

① 陈日睿：《“满洲”金融与日本中央银行之计划》，第 8 页。

②《银行界消息汇闻：日人“满洲”中央银行与不动产金融机关设立之研究》，《银行月刊》1922 年第 2 卷第 12 期，第 14 页。

③《经济周观：日人筹设“满洲”中央银行之可异》，《银行周报》1923 年第 7 卷第 4 期，第 14—15 页。

④《各地商业金融：银行界消息近闻：日本积极进行满蒙“中央银行”》，《银行杂志》1924 年第 1 卷第 8—9 期，第 2—3 页。

融商业联合会金融制度改善委员会召开会议,由奉天商业会议提出的金融改革意见获得通过,决定设立“满洲中央银行”以统一东北金融。计划中的“央行”建设纲要包括:“中央银行”以“满洲”为本位;发行金银两种兑换券;将正金银行、朝鲜银行之一部分业务移交“中央银行”办理;资本主要由日本政府及南满株式会社负责,少部分向社会集资。① 这是日方最早关于“央行”的草案,此案后由奉天总领事吉田赴日交大藏省及政界其他有关各方面。② 商业联合会还积极与关东厅、满铁公司沟通,以求积极促成“中央银行”设立。③ 关于此议案之最终结果,未见后续记载。1928 年,东北易帜,国民政府形式上统一了东北地区,本国中央银行同时设立,有关日方筹设“央行”之议暂息。1931 年,“九一八”事变后东北沦陷,日本设立了伪满中央银行。

除此之外,晚清及北洋时期,关于商界人士自发筹设中央银行的消息,偶有见诸报端。查考当时有关报道,此类关于“中央银行”之筹议与真正中央银行之内涵大多相去甚远。可见,“中央银行”这一概念在一般国人中并不明晰,但也反映出国人对于国家“中央银行”长期缺失的关心,也可视为我国近代中央银行发展史的生动注脚。

民间最早提出中央银行筹议的是华侨。清末民初鼎革之际,南洋爪哇华侨郭桢祥上书袁世凯,条陈中央银行办法,请设

---

①《银行界消息汇闻:日人议设“中央银行”于“满洲”》,《银行月刊》1926 年第 6 卷第 11 期,第 160—161 页。

②《银行界消息汇闻:日本将在“满洲”设“中央银行”》,《银行月刊》1926 年第 6 卷第 12 期,第 145—146 页。

③《银行界消息汇闻:日人议设“满洲中央银行”》,《银行周报》1927 年第 11 卷第 24 期,第 28—29 页。

央行。建议资本预定1亿元，分3期筹足。第1期收2 500万元，由全国人民筹资1 500万元，政府出资1 000万元，以为开办费用。第2期资金由华侨筹措。余者第3期由五族(即社会公众)集款。限民国2年开办，聘请西洋最有学问信用者为顾问。据说，袁世凯曾就此有所回应，“大总统深伟其识，已请郭君来京询问一切”①。

另外，笔者还见到两则20世纪初年关于筹办“中央银行”的消息，内容近乎笑谈，谨录于此，以备查考。1918年，《农商公报》第4期转《公言报》消息，有“筹设中央银行”一条：“烟酒银行在去岁复辟乱后，被封歇业，业已逾年。顷闻现由该行旧股东主持，拟就旧日基础，另行添招新股，易名为中央银行。现已着手筹备，一俟股款募集有着，即可成立云。”1919年，《农商公报》第6期转《民业日报》消息，有“组织中央银行”一条：“刻有富商刘勉齐为活动金融起见，集资200万元，拟于施家胡同设立中央银行，厘定章程呈请财政部立案，闻该部已照准矣。”以上2则，均为富商登报公告之筹设“中央银行”消息，所设不过地方钱庄银号，称为“中央银行”不过虚张声势而已，所言财政部已批准其中之一的中央银行章程，未必可信。

1925年9、10月间，为保存关税，全国商业联合组织有过创设中央银行的倡议，表明商界对中交两行无法经理关税、国家利权有失之不满。倡议由上海、北京等5处总商会提出并通电全国各商会。“鉴关税收入占全国收入三分之一，此次关税会议加税以后，若统再由外国银行集中存储，商业更加坐困。敝会等拟集合全国

---

①《纪事：华侨条议中央银行办法》，《民国经济杂志》1912年第1卷第2期，第139页。

商民筹设中央银行，官商合办，经理关款，即以活动金融"①，倡议初定详细办法由商会临时大会详细研究，建议中央银行之资本为5 000万元，官商合认，商款由全国各商会募集。上述商界组织中央银行倡议，未见有资料记载得到政府的回应。

---

①《五商会发起中央银行》，《银行周报》1925 年第 9 卷第 38 期，第 38—39 页。

第四章　国民政府中央银行筹建与金融备战

南京国民政府建立后，立即筹建中央银行，并逐步加以完善，进而使之在资本、业务和实际影响力等方面不断得到提升。不过，直到全面抗战爆发，相对实力雄厚的中国银行和交通银行而言，中央银行尚无绝对优势，也不具备独立履行中央银行职能的条件。国民政府在积极扶持中央银行的同时，借助金融风潮和政局变化，逐步实现了对中国银行和交通银行在资本、人事等方面的控制，建立起以“四行二局”为核心的国家统制金融体系，进而强化对商业银行的管控；在货币制度方面，也主导完成了废两改元和法币改革，实现从分散发行的银本位到由少数国家银行共同发行的管理通货本位，形成了发行权部分集中的局面。强化中央银行职能，构建以中央银行制度为核心的金融统制，进而掌控金融市场，聚集金融资源一直是国民政府努力的方向。在战前民族危机日益加重的形势下，金融领域的成功改革极大改善了国民政府的财政能力，为应对迫在眉睫的大战提供了可能的有利条件。面对日本的步步紧逼，对于这场大规模的敌我力量悬殊的残酷战争，除军事力量外，最重要的支撑条件就是物资和经费的有效供应。一旦战争全面爆发，国民政府必须立足于战前的发展现状，充分利用有利因素，千方百计弥补不足，排除万难，积极迎战。金融系统既直接承担战费筹措重任，又是战时经济运行的枢纽，可谓战争动员和准备中对战局影响至为关键的要素。由此，构建与战争局势相适应的金融体制，尤其是中央银行体制，成为金融备战的核心。

第一节　南京国民政府中央银行的筹建

一、中央银行：一个全新意义的国家银行

抗战全面爆发前 10 年，中国正处于经济高速发展的阶段。以 1933 年的币值计算，1936 年的 GDP 达到 309.4 亿元，较 1928 年增长52.3%，年均增长 1.03%。根据刘佛丁、王玉茹等对中国近代经济发展中长期波动的研究，19 世纪 70 年代以后，中国经历了两个相对完整的经济周期，即 19 世纪 80 年代中期至 20 世纪初，以及这之后到 20 世纪 30 年代中期。据此，南京国民政府执政的第一个 10 年完整地处于第二个周期中，其中，1931 年左右大致是经济短暂向下运行的转折点，但这种下行很快在 1934 年左右得到了扭转，并在 1936 年上升到高位。① 宏观经济的发展为金融业的成长提供了条件，也对金融服务提出了更高的要求，以新式银行为中心的现代金融业的发展，成为抗战全面爆发前 10 年经济发展的重要维度。1936 年，中国新式银行业的资产和资本总额达到 72.76 亿元和4.03亿元，分别较 1920 年增长了 8 倍和 4 倍左右。另一方面，国民政府对金融市场和金融机构的影响力十分有限。早期主要华

---

① 刘佛丁、王玉茹等：《中国近代经济发展史》，北京：高等教育出版社 1999 年版，第 108—109 页。

资银行多是由政府主导或参与创办，但从20世纪初开始，主要华资银行出现了明显的疏远政府而维护商业独立性的发展取向。中国银行、交通银行的官股比例不断下降，其他很多重要商业银行也选择远离政府财经事务，对公债承销也不甚积极。对于金融调控甚至货币发行，在北洋时期，政府无法实现有效管理，中国银行、交通银行尽管在某些时候仍被称为“实际意义上的中央银行”，偶尔也参与或领导金融风潮的救济事务，但其主要的经营目标是商股股东主导下的盈利最大化。广州和武汉中央银行不仅影响力很小，而且其实质不过是特殊时期地方革命政府的府库。在此背景下，中央银行的创设成为南京国民政府成立伊始的重要任务。

1927年3月21日，蒋介石率领的国民革命军占领上海。同一天，蒋介石致电武汉国民政府财政部长和汉口中央银行行长宋子文，建议设立中央银行上海分行，“上海分行应即开设，是否筹备，所有现款以集中上海为要，沪行长可由庸之（孔祥熙）兄兼任，或樵峰（俞飞鹏）专任”①。4月，宋子文到沪接收江浙财政并筹设中央银行，“上海为全国金融枢纽，中央银行为国库收支之特殊机关，且为便利纸币兑换计，应有亟行设立上海中央银行之必要”。10日，央行筹备处成立，后因宁汉交恶不了了之。② 4月18日，南京国民政府成立，其最初的财政来源，主要依靠江浙等地的税收，以及上海商界特别是金融界的垫款与公债承销收入，具体由江苏兼上海财政委员会、国民政府财政委员会、江海关二五附税国库款基金保管委员会负责。当时，宁汉已经决裂，宋子文对双方的态度尚不明

---

①《蒋中正致宋子文电》（民国16年3月21日），台湾档案部门藏，“蒋中正‘总统’文物”，典藏号：002-010100-00006-093。

②《上海中央银行筹备处成立》，《银行周报》1927年第11卷第14期，第30页。

朗。蒋介石于5月7日致电时任浙、沪两地主官张静江、黄郛，计划筹设上海中央银行，拟将广东中央银行移设上海，经费由广东方面筹拨。“款既筹得，请速设中央银行，最好于十日内开办。湘芹（古应芬，时任南京政府财政部长）派林云陔来商设沪分行，称彼可由粤制大洋二百万或四百万元，运沪开办沪行。因其不知此间已委周（佩箴）、钱（永铭）为行长，故派云陔来筹备。今既委周，则彼必无异议也。今托云陔来沪见静兄（张人杰）及佩箴妥商与广东联络之法，中央总行以移沪为宜。”①后因经费运送问题，中央银行开设事宜只得暂时搁浅。5月19日，蒋介石接古应芬来电，称“新到钞票二千万元为香港扣留，须交涉后方能运出，恐不能照时到沪，现存粤大洋票仅九十万元，即可起运云”②。这种情况之下，蒋介石又将目光移向江海关二五附税，希望在此项下拨付1 000万元作为央行资本。江苏兼上海财政委员会回复称，该项税款早已成为二五附税库券之基金，无可再拨。③ 钱新之请求在库券售款拨付军饷有余的情况下筹拨，实际未能实行，因为新发库券即便全部售出也不过3 000万元。④ 周佩箴又呈请南京国民政府在即将发行的盐余库券5 000万元项下拨付1 000万元，后盐余库券未如期发行，国府

---

①《蒋中正致张人杰等电》（民国16年5月7日），台湾档案部门藏，“蒋中正‘总统’文物”，典藏号：002-010100-00008-024。

②《蒋中正致陈光甫等电》（民国16年5月19日），台湾档案部门藏，“蒋中正‘总统’文物”，典藏号：002-010100-00008-056。

③《上海兼江苏财政委员会致钱新之函》（1927年5月24日），洪葭管：《中央银行史料1928.11—1949.5》（上卷），第5页。

④《钱新之复周佩箴函》（1927年5月28日），洪葭管：《中央银行史料1928.11—1949.5》（上卷），第5页。

仅拨付开办经费2万元。[①] 1927年7月24日,蒋介石下野。1927年9月,宁汉合流,周佩箴辞职。[②] 此前,中央银行筹备处正式搬入华俄胜道银行旧址,是为以后中央银行总行行址。

新任财政部长孙科派宋系的王伯文负责中央银行筹备事宜,取代蒋系的周佩箴。当时,正值国民政府财政极度困难时期,遂削减筹备处人员规模,撤销发行部,对已印钞票即行封存,中央银行筹备事宜实际陷入停顿。[③] 但这一时期有关制度建设取得一定成绩,国民政府颁布了《中央银行条例》《中央银行监理委员会组织条例》,成为以后中央银行制度的蓝本。[④] 1928年1月3日,宋子文以国民政府委员身份兼任财政部长,不久在南京就职。[⑤] 宋子文全力筹备中央银行。1928年1月,改任原汉口中央银行行长陈行为第三任筹备行长。半年以后,陈行上书宋子文称,“窃行奉令继续筹备职行于兹半载,迭经拟具进行计划书袖呈钧右,未蒙批示,谅以时局关系进行为难,以致毫无建树”,建议加快筹备工作,以解决纸币与财政问题,特别申明两点:“欲贯彻钱币革命以解决财政问题,此设立中央银行之急不容缓者一也……然关税问题解决后之关款存放,若非有正式稳固握金融总枢之中央银行保管……此设立中

---

①《财政部指令》(1927年7月16日),洪葭管:《中央银行史料1928.11—1949.5》(上卷),第5页。

②《中央银行行长周佩箴因病辞职》,《申报》,1927年10月1日。周佩箴原是上海证券交易所理事,蒋介石以前经常在交易所做股票买卖。周出身张静江家的账房,通过张静江的关系认识了蒋介石。

③ 王伯文是周佩箴时期央行筹备处副主任,于1927年10月任央行筹备时期的第二任行长。

④ 中国第二历史档案馆、中国人民银行江苏省分行、江苏省金融志编委会:《中华民国金融法规档案资料选编》,第520—524页。

⑤《国民政府公报》第21期,1928年1月。洪葭管:《中央银行史料1928.11—1949.5》(上卷),第6页。

央银行之急不容缓者二也。”[1]同年6月20日，全国经济会议召开，国家银行问题成为与会者争论的焦点。关于中央银行的基本体制和组织形式，有国家集权的单一制中央银行及联合准备银行两种意见，以前者占上风并最终被会议确认。宋子文也是国家集权的单一制中央银行拥护者，认为“此项组织尤应与本党主义相符”[2]。对于国家新政权下的中央银行的资本构成，大多数委员主张由银行或社会团体出资，反对官股。这一点反映出当时工商业界希望能够通过股权而实现对中央银行的控制，与当时华资银行的商业化趋势有关，也反映出人们的担心，即对国家资本的进入可能会影响中央银行的独立性。全国经济会议关于股本问题的意见后来并未被政府采纳，无论是在1927年的还是1928年的中央银行条例中，都十分明确规定官商合股。

至于中央银行是新设还是改组，经济会议曾有将中国银行改组为中央银行的议案，如姚咏白建议由政府偿还所欠中国银行债务后再将其改组为中央银行，等等。[3] 之所以有中国银行改组为中央银行之议，主要是因为中国银行实力雄厚，声誉卓著，“其名又于英格兰银行、日本银行等同，一天然中央银行之称号，故应仍旧”[4]。与之相对，广州、武汉中央银行反而信誉不佳，尤其武汉现金集中令与汉钞问题仍令民众心有余悸。几乎与全国经济会议召开同

---

① 《陈行呈宋子文文》(1928年7月27日)，洪葭管：《中央银行史料1928.11—1949.5》(上卷)，第9页。

② 全国经济会议秘书处：《全国经济会议专刊》，上海：财政部驻沪办事处1928年版，第77页。

③ 全国经济会议关于中央银行的议案和意见可参见全国经济会议秘书处：《全国经济会议专刊》，上海：财政部驻沪办事处1928年版，提案部分。

④ 《厘定中央银行制度商榷书》，上海档案馆藏，中央银行上海分行档案，档案号：Q53-2-4-39。转引自石涛：《南京国民政府中央银行研究(1928—1937)》，第69页。

时,宋子文开始计划将中国银行改组为中央银行,且用“中央银行”的名称。当宋子文与张嘉璈商量,改组方案却被张婉拒。张嘉璈表示,如政府须筹现款作为中央银行股本,中国银行愿尽力分担,甚至还提出,如政府能归还中国银行过去对政府的垫款,则愿放弃发行权,以使发行早日集中于中央银行。实际上,这是张嘉璈的推诿之辞,因为当时南京政府立足未稳,财政极端困难,根本不可能偿还中国银行借款。宋子文只得放弃改组中国银行的想法,重新筹组中央银行,并转而建议改组中国银行为特许国际汇兑银行,交通银行为特许发展全国实业银行。① 此外,据说,宋子文也曾向交通银行提出相同的改组建议,亦被拒绝。② 陈光甫还曾有过将中国、交通银行合并为中央银行的提议。③ 关于中、交两行对当时筹设中央银行的实际态度,张嘉璈的意见颇具代表性,他说:“当时我深恐怕蒋先生以为中国银行实力雄厚,可作政府筹款之源泉,或者要我参加政府,尽力筹款。故我亟盼中央银行早日成立,俾能减轻中国银行之责任。”④

在上述各项方案都未能实行的情况下,国民政府只得在上海新设中央银行。10 月 5 日,新《中央银行条例》颁行,宋子文为中央银行总裁,陈行为副总裁,另有其他理事、监事各 9 人。12 日,中央银行理事会通过兑换券章程。10 月 15 日,国民政府主席蒋介石复出视事,国民政府会议通过《十七年金融短期公债条例》,以公债金

① 中国银行总行、中国第二历史档案馆:《中国银行行史资料汇编 · 上编 · 1912—1949》(一),第 104 页。

② 石涛:《南京国民政府中央银行研究(1928—1937)》,第 70 页。

③《交通银行史》编委会:《交通银行史》(第二卷),第 13 页。

④ 姚崧龄:《张公权先生年谱初稿》(上册),北京:社会科学文献出版社 2014 年版,第 76—77 页。

额3 000万元，作为政府拨付中央银行、增资中交两行股本之用。各大银行为表示支持，积极认购该公债，计有中行400万，交行150万，浙江实业100万，四明90万，以及浙江兴业、上海银行、中国实业、北四行10万至30万不等，总计840万。① 最终，政府拨给中央银行的资本总计2 150万元，为现款1 040万元和公债票1 110万元。② 根据此前的《中央银行条例》，中央银行资本为2 000万元，由国库一次拨足，但实际现金只有总资本的一半左右。1928年11月1日，中央银行正式开幕，蒋介石亲临开幕典礼，并向宋子文授印。在开幕典礼上，宋子文言明中央银行成立之目的，一为统一国家之币制，二为统一全国之金库，三为调剂国内之金融。③ 蒋介石宣称，中央银行为全民之银行，亦即国家之银行，中央政府财经之基础与政治建设之基础均有赖于此一中央银行。④

二、国民政府关于中央银行发展的目标定位

中央银行为一国金融之中枢，是国家货币金融调控的主体。到20世纪30年代前后，尽管理论界对于中国中央银行组织形式和资本结构仍有不同见解，但对照当时采取单一制中央银行国家的实际情况，业界对于新成立的国民政府中央银行业务范围和主要职责的认知以及相应的批评建议，趋向已经基本一致。在国际上，

---

①《沪行吴蕴斋、方巨川、李祖基致周作民函》(1928年11月2日)，金城银行档案，中国人民银行上海市分行金融研究室:《金城银行史料》，第224页。

② 吴景平:《上海金融业与国民政府关系研究(1927—1937)》，上海:上海财经大学出版社2002年版，第8页。

③《中央银行开幕记》，《银行周报》1928年第12卷第43期。

④ 周美华编注:《蒋中正"总统"档案:事略稿本4》(民国十七年八月至十二月)，台湾档案部门2006年版，第307—308页。

自1922年日内瓦会议以后，各国金融专家与财经领袖在历次国际金融会议或重要文件中，对中央银行的重要性及其业务职能屡有论述，如英格兰银行总裁朗曼在1926年的印度币制金融委员会报告书中声明，“中央银行应独享发钞之权，为法偿币出纳之惟一源流，为政府国内外金融工作之代理者，为政府存款及国内银行及分行准备金之保管者。更进而言之，使信用之张弛得当，每遇紧急则以重贴现或短期垫借手续供给救济信用，维持平稳”。崔晓岑据此将中央银行职责归纳为独占发钞券、集中准备金、代理国库、规定利率、以贴现率为市场利率之标准、救济金融恐慌、主持一国清算等项。① 可见，当时有关中央银行职能的界定与后来中央银行作为“发行的银行”“政府的银行”“银行的银行”的定位基本一致。实现上述各项职能，成为国民政府中央银行的主要建设目标。

成立之初的中央银行与中国银行、交通银行实力差距明显，声望更不可及。如前所述，中央银行开业资本金加流动资金不过2 000万元，且多依赖于中国、交通及各商业银行垫借，其余半数为公债券。实际上，鼎定之初的国民政府财力异常拮据，根本不可能拿出现款注资央行，只能以公债券冲抵。也正是因为如此，与1927年的《中央银行条例》相比，1928年的条例文本将央行法定资本从1亿元降低为2 000万元。国民政府在央行成立同时，对中、交两行改组，调整两行资本构成，明定两行的资本金额度，中国银行为2 500万元，交通银行为1 000万元。中国银行自“民二则例”以后，原先规定的额定总资本都是6 000万元（收足1 000万元开业），交通银行的额定资本为2 000万元（实收约900万元）。因此，政府在财力不足、央行股本有限的情况下，同样对中国、交通两行的法定

① 参见崔晓岑：《中央银行论》，上海：商务印书馆1935年版，第68—69页。

股本进行了限制，以缩小央行与两行的股本差距。与此同时，加大政府对两行的增资比例，中国银行政府认股 500 万元（此前中国银行官股仅余数万元），由政府从金融公债中提出相应数额抵充现款。① 交通银行政府认股为 200 万元，财政部同样以公债注资 100 万元，使官股占交行实收资本比例超过 20%。② 从股本上看，中央银行较中国、交通两行相差不大，甚至央行比交通银行实力更雄厚。尽管这种对中、交两行名义上的限制无法立刻改变 3 行的实力对比，但政府扶持央行的意图却十分明显。

中、交两行改组以后，3 行的则例文本进一步显示出国民政府的这种意图。第一，中央银行被定位为国家银行，中国和交通两行尽管作为特许专业银行，却不再是名义上的国家银行，况且两行当时仍为商股股东实际控制。第二，中国、交通两行的发钞、经理国库、代理公债等特殊权利，相对于中央银行在表述上有所差异。3 行均有发行钞票之权，但央行为铸造和发行国币之唯一银行，实际上就是指银元铸造之权应归于央行。第三，央行可经理国库，其他两行仅为代理国库，中国银行主要是代理政府国外款项收付，交通银行代理公共事业机关款项出入。在票据贴现业务方面，3 行均接受商业票据的买入和贴现，但明确规定央行有重贴现之责任。③ 从 3 行则例纲领和发展定位可以明晰国民政府的用意，即中央银行在货币发行、经理国库、金融市场调节等方面的职能，有别于作为专

---

① 中国银行总行、中国第二历史档案馆：《中国银行行史资料汇编・上编・1912—1949》（一），第 380—381 页。

② 交通银行总行、中国第二历史档案馆：《交通银行史料・第一卷 1907—1949》（上册），第 26 页。

③ 关于 1928 年三行则例的比较参见卓遵宏等：《中华民国专题史・第六卷・南京国民政府十年经济建设》，第 297—298 页。

业银行的中国、交通两行。央行在理论上具有经理国库和再贴现的独占权，但本应属于央行的兑换券发行权，当时政府却无力对中、交两行进行限制。

第二节 1937年前中央银行职能完善与组织体系发展

1937年前中央银行在“发行的银行”“政府的银行”“银行的银行”3方面进展程度不一。在货币发行和经理国库、承销公债等方面成绩显著，而在集中准备金、保管金银外汇、主持清算、办理再贴现、实施金融监管等方面进展缓慢，部分业务尚处于起步阶段。到抗战全面爆发前夕，中央银行没有能够取得任何一项本应属于中央银行的独占权力，客观上形成中央银行、中国银行、交通银行等主要国家行局共同履行中央银行职能的局面。这也是抗日战争全面爆发后，国民政府进行金融体系调整与中央银行体制建构的基本原因。

一、货币发行

前文提到，1928年的《中央银行条例》规定，央行职能之一为“遵照兑换券条例发行兑换券”“铸造及发行国币”，分别赋予央行银行券和金属铸币的发行权。同年颁布的《国币条例草案》规定，“国币铸造专属于国民政府”。实际上，金属铸币事务并不由中央银行而是由中央造币厂办理。1929年的《中央造币厂组织章程》又规定国币铸造属于中央造币厂，而造币厂直接隶属于财政部而不是央行。因此，中央银行所拥有之货币发行权仅指银行券的发行。但新生的央行在银行券发行方面根本不足以与中、交两行抗衡。就当时3行的实力对比而言，到1928年底，中国银行存款总额超过

3.2亿元，钞票发行额达1.7亿元，交通银行存款总额约1.3亿元，流通兑换券6 800万元，而刚刚成立的中央银行当年底发行额不过1 500万元，存款额与中、交两行差距更大。[①] 政府对央行纸币之流通竭力推动。《中央银行兑换券章程》第4条载明，“中央银行兑换券，得用于缴纳赋税、公款、清偿债务及其他一切交易”。11月6日，财政部发布公告，明令央行钞票一律通用。11月27日，宋子文再次训令财政部各直辖税收机关转敕商民，“中央银行发行印有上海地名之兑换券五种，应与现金一律适用，勿得怀疑歧视，致干查究”。12月3日，国民政府就央行新发辅币券通行问题发布公告。[②] 尽管如此，在央行钞票发行初期，社会拒用屡有发生。1929年2月，因武汉政治分会改组湖南省政府，宁汉关系紧张，市面人心不安。3月5日，央行上海总行出现挤兑风潮，央行充实准备，延长兑换时间并增设兑换处，波动始得平息，上海央行4天共兑出约84万元。[③] 在江西，“赣东各属，民风固塞，是项（央行）钞票，不特市面毫无信用，不能流通，即各征收机关，亦相习成风，拒不接受”[④]，以致驻军所领央行钞票军费，难以行用，江西省财政部不得不通令各县，严禁拒用。外商银行最初也拒用央行钞票，后经过协商由央行在各行均存入款项，各行方同意接受央行纸币。以一国

① 中国银行的数据来自该年份银行资产负债表，交通银行数据来自交通银行《行史清稿》。根据时任中行经理张嘉璈日记的记载，到1928年底，中国银行存款4亿元，发钞额为2.7亿元。参见《张公权年谱初稿》，第79页。

② 吴景平：《宋子文政治生涯编年》，第96—97页。

③《中国中央银行简史（英文）》，上海市档案馆藏，上海商业储蓄银行档案，档号：Q275-1-2500-81。转引自石涛：《南京国民政府中央银行研究》，第164页。又见洪葭管：《中央银行史料1928.11—1949.5》（上卷），第56页。

④《银行周报》第13卷44号，1929年11月12日。洪葭管：《中央银行史料1928.11—1949.5》（上卷），第57页。

中央银行之钞票地位，亦不得不同意如此苛刻条件，央行初期钞票推行之难可想而知。

央行不断设法树立自己的信用，如仿中国银行成例，由央行监事会检查并公布发行准备；与铁道部商定免费向各处运送央行钞票，以便供应畅通；着手处理武汉央行钞票问题，限制江苏银行发行权等。此后，央行钞票信誉逐渐提升，但相较中、交两行尤其是中国银行钞票仍不免逊色。1929—1930 年，蒋、桂、冯系军阀混战，政局不稳，国民政府中央银行信誉再次受到影响。到 1931 年底，上海央行钞票占各银行发行总额比例为 9.14%，落后于中国银行与北四行，与交通银行相当。开办数年之后，央行钞票仍不时遭到挤兑。1931 年 10 月 9 日，中央银行青岛支行发生挤兑。次月，天津中央银行又遭挤兑。在安徽芜湖，市面素来更信任现洋，央行不得不向该地运现，央行钞票对现洋长期贴水。1931 年以后，中央银行开始着力推广本行钞票，如改进同业代兑体系，以上海银行等信用卓著的商业银行为代兑银行，进一步扩大外埠代兑、钞票领用、同业存放等关联行庄的数量。为推广发行，央行于 1932 年设发行专员，由发行局委派，常驻各地分支行处服务。① 为应对世界银行持续下跌背景下中国关税收入的损失问题，1930 年 1 月，国民政府决定用金单位代替海关两，海关金单位本票随即发行。为进一步便利关税缴纳，由中央银行独家发行海关金单位流通券。关金券发行规则与银元兑换券类似，有多种面额且与美元有固定汇价，可兑付银元，与一般钞票无异。但因为关金券只用于缴纳关税一途，且进出口商也可以选择通过银行海关金账户直接缴纳，所以，关金

① 《发行专员办事要则》，洪葭管：《中央银行史料 1928.11—1949.5》（上卷），第 62—63 页。

券实际发行额并不大。1931 年底,关金券流通数额为 25 万元,到 1936 年底也不过略超 40 万元。① 中国的货币本位制度改革最终没有选择金本位,而是首先通过废两改元实现了相对统一的银元本位,法币改革后管理通货制基本确立,而这两次改革对中央银行发行权的扩张至关重要。

1933 年 3 月 1 日,中央造币厂正式开铸统一的孙头银元,财政部训令通用银两与银元兑价为 7.15 钱合银元一元。3 月 7 日,中、中、交 3 行组织"上海银元银两兑换管理委员会",负责上海的银元银两兑换。在委员会 7 名委员中,中央银行占 3 人。3 行负责兑换之比例,中央银行占 50%、中国银行占 35%、交通银行占 15%。这是中央银行首次在国家重要的金融事务中较中国银行承担更重要的责任。半年之后,3 行银两收兑工作基本完成,所余任务由中央银行独家承办。② 与此同时,国民政府对各商业银行、地方银行的兑换券发行采取了更严格的限制措施。早在 1929 年,财政部就曾发布取缔地方钱庄商号私发纸币的公告,到废两改元后又再次重申此禁令。政府不久又规定各华商银行定印制钞票须报财政部核准,又一度计划令各民营银行所发纸币及兑换券限期收回,并由省市中央银行发行钞票取而代之。1932 年,国民政府对发钞银行正式开征发行税,税率为实际保证准备的 1.25%,由所在地中央银行代收。③ 可见,政府对中央银行发钞权的集中的努力非常明显。央行钞票的发行规模也日有所增,到 1933 年底,央行发钞超过7 000

---

① 中国人民银行总参事室:《中华民国货币史资料·第二辑·1924—1949》,第 110 页。

②《财政部关于检发中中交三行上海银元银两兑换管理委员会组织大纲令》(1933 年 3 月 7 日),中国第二历史档案馆、中国人民银行江苏省分行、江苏省金融志委员会:《中华民国金融法档案资料选编》,第 377 页。

③ 中国人民银行总行参事室:《中华民国货币史资料·第二辑·1924—1949》,第 88 页。

万元,其中辅币券发行近一成,兑换券总额较1928年增加近5倍。上海央行发钞额占主要华资银行发钞总额的20.91%,仅次于中国银行的35.58%。①

1935年,法币改革后,中、中、交、农4行被确定为法定的发钞银行,货币发行权实现了向少数国家银行的集中。在此之前,国民政府颁布了《省银行或地方银行领用或发行兑换券办法》,要求各省银行或地方银行领用央行钞票而停止发行一元及以上之兑换券。1936年,辅币条例公布,规定辅币之铸造专属于中央造币厂,其发行事宜由中央银行专司。至此,央行正式获得了金属法币独占发行权,同时,中央银行又被允许免于缴纳发行税。1935年到1936年,中央银行法币发行额从1.76亿元增长到3.25亿元,增幅54%,央行发行额对中国银行的比例从61.5%增加到70%左右。②总之,从南京国民政府成立到抗战全面爆发前,在国民政府多方促进下,中央银行货币发行业务迅速发展,发行规模仅次于中国银行且与中行差距渐小。战前央行固然未实现发行权的统一,但其发行规模在数年间有如此之成绩,实属不易。

二、经理国库

国库款项收支。中央银行作为"政府的银行",经办国库收支、经理内外债款、管理外汇黄金是其重要业务,对政府支出的直接垫付也成为影响中央银行金融调控独立性的重要因素。国民政府中央银行的筹设,其直接原因即在于缓解新生国民政府的支出困难。

---

①《民国二十二年之上海金融》,《中央银行月报》1934年第3卷第1号。

② 刘慧宇:《中国中央银行研究(1928—1949)》,北京:中国财政经济出版社1999年版,第93页。

1927 年 8 月，国民政府颁布《金库条例》，对中央银行经理金库业务有了最初的规定：金库分为总金库、分金库和支金库，总金库设于中央银行所在地，分、支金库设于中央银行分支机构所在地。国库岁出岁入由金库收支，由中央银行办理，央行则须将库款与一般营业款项分开存储，经财政部长批准后，一部分库款可移作存款。① 在中央银行开幕致辞中，宋子文将统一全国之金库作为央行 3 大主要任务之一。"我国因无国家银行之故，各省金库或由省银行代理或由私立银行代理且有多数银号分而经理之者……流弊百出，利息汇费等无形中国库损失不少"②，故而中央银行成立后，在业务局兼办国库事务，其下专设国库科。1928 年 11 月，央行甫一成立，行政院即呈请国民政府"通令中央银行各机关及各省市政府，所有公款均转存中央银行，以昭统一"③。年底，南京分行设立后，宋子文又呈请行政院，要求中央机关将所有公款存放及收支归南京分行经理。不久，蒋介石又致电津浦铁路局，要求津浦铁路一切款项均存入中央银行，无需存入交通银行。在 1929 年 2 月 1 日召开的行政院会议上，对于各机关就公款改存央行制阳奉阴违，再次要求"凡设有中央银行地方所有机关一切公款如有不遵照前令全数交存中央银行者，即以营私舞弊论，并将款项查明充公"④。实际上，关于公款悉数存入中央银行的要求，与中国、交通两行则例中关于两行可受央行委托代理公款之条款本身就有矛盾。况且，从中央部会到地方政府，与各公私银行之业务往来由来已久，加上私人股本或公款垫借之联系牵扯，央行吸收公款必然不甚容易。此后，政

---

①《金库条例》，《国民政府颁行法令大全》，无出版项，第 1355—1356。

②《中央银行开幕记》，《银行周报》1928 年第 12 卷 43 期。

③ 参见石涛：《南京国民政府中央银行研究(1928—1937)》，第 120 页。

④ 参见石涛：《南京国民政府中央银行研究(1928—1937)》，第 120 页。

府各部会又多次重申公款归入央行的原则。1930 年 11 月 17 日，宋子文再次训令财政部将所有税款遵例缴纳金库，同时就加强中央银行地位问题呈文国民政府，要求减少政府对央行直接的借款或债券摊派并将国税悉数存入中央银行。① 几乎与此同时，国民党中政会作出规定："凡属国家收入及庚款等项，不论何种性质，概须存储于中央银行。"随后行政院通令各部，"嗣后各部会及所属各机关来往款项汇兑应一律交由中央银行办理，不得违误"②。

中央银行在 20 世纪 30 年代前期经收公款方面的成就，主要在于国民政府能够直接控制的关税、盐税、统税等方面。1929 年 1 月 23 日，宋子文要求新任海关总税务司梅乐和，收入关税除拨还赔款外，悉数统解中央，以昭统一。③ 当年，财政部决定关税收入的7/12由中央银行保管，其余仍存外商银行。江海关税收原由中国银行派员办理，税款存入中行，自 1930 年起由中国、中央两行共同办理，于次年 2 月改由中央银行自行办理。④ 其余如汉口、九江、芜湖、杭州、金陵、闽海、胶海等央行设有分支机构的地方关税亦改由中央银行经办。⑤ 在中央银行有分支行之口岸，海关关税专由央行办理收付汇兑事项，不收汇费。⑥ 到 1933 年，关税除少部分因借款原因仍存汇丰银行外，其余均存入中央银行。在盐税方面，至迟在 1929 年初，央行就应开始经理部分盐款。1930 年，央行从中国银行手中接收两淮盐税征收业务，以后又先后取代江苏银行、国民银

① 吴景平：《宋子文政治生涯编年》，第 160 页。

② 石涛：《南京国民政府中央银行研究（1928—1937）》，第 120 页。

③ 吴景平：《宋子文政治生涯编年》，第 105 页。

④ 杨荫溥：《杨著中国金融论》，上海：商务印书馆 1939 年版，第 47 页。

⑤ 洪葭管：《中央银行史料 1928.11—1949.5》（上卷），第 28 页。

⑥ 洪葭管：《中央银行史料 1928.11—1949.5》（上卷），第 95 页。

行，获得蚌埠、淮北等处的盐税业务。[①] 这一时期，央行盐税业务多在临近沪、宁的江淮地区，偏远内地盐税收缴因央行分支机构未设，本就难以办理。“（盐税）征收处所，率在内地，交通未便，（中央银行）稍感困难”[②]。因为统税是在1931年裁撤厘金后才征收的，直接由财政部统税署委托中央银行代收，所以，央行所遇阻力较小。总体而论，这一时期，央行之公款存放与税收经理，均由各机关委托中央银行代收或各机关自行征收后解缴国库，各机关与央行仅为纯粹的业务委托关系，款项的使用权限完全在各机关。规范的国库制度尚未确立，央行之角色与原款项所存之一般银行无异，各种坐支、抵解及转为放款异常混乱。1933年以后，国库制度才稍有改进。先是，国民政府颁布《中央各机关经营收支款项由国库统一处理办法》，明确规定中央机构由央行经收的款项范围及收付程序。1934年，国库局成立后，库款支付进一步规范，改库款委托制为存款制，国库款项与央行资金合一，中央银行实力大大增强。1936年，国民政府开征所得税，实行经收分离制度，税款由财政部征收，中央银行分支机构经收，这是国库管理的重大进步。此外，1934年，中央银行制定《代理省金库办法》，规定央行可受省政府委托代理地方金库。

经理公债。北洋以后，政府公债尤其是国内公债的发行是财政资金筹集的重要渠道。袁世凯当政时期，为增加债信，规定偿付公债本息的款项——公债基金由国内公债局拨交指定的外国银行

① 参见石涛：《南京国民政府中央银行研究（1928—1937）》，第117页。

② 洪葭管：《中央银行史料1928.11—1949.5》（上卷），第97页。

存储。[①] 1916年,海关总税务司将原存于中国、交通两行的关税款项改存英商汇丰银行。1928年11月13日,宋子文就中国关税自主权问题发表谈话,表达政府实现关税自主的决心。[②] 同日,财政部致电新任海关总税务司称,"中央银行成立,各项库券公债还本付息事宜,由中央、中国、交通银行经理"[③]。随后,外商银行将内债基金600万两的一半转存中央银行。当时,公债的偿付和基金保管由国库券基金保管委员会(1932年以后,该委员会改称"国债基金管理委员会")负责,而存放款项的华商银行自然为中央银行。此后,国民政府各项公债担保基金多由基金保管委员会(中央银行)保管,由中、中、交3行或中央银行负责办理公债的还本付息事宜。1935年公布的《中央银行法》规定:"国民政府募集内外债时,交由中央银行承募,其还本付息事宜,均由中央银行经理。但于必要时得由中央银行委托其他银行共同承募或经理之。"[④]至此,中央银行正式获得承募经理政府债券的法定权利,在同时出台的中、交两行修正条例中,将两行承募公债之权利明确定为"受中央银行委托"。此外,中央银行也可直接购买公债,其目的除为获得优厚的债息外还利用公债买卖行为维持公债价格,央行还通过委托由官方背景的中国建设银公司、中国国货银行、国华银行等进行公债买卖。在以公债为主的金融市场中,中央银行通过直接或间接方式

---

① 《财政部关于请核准公布三年公债条例暨大总统批令》(1914年8月3日),中国第二历史档案馆:《中华民国史档案资料汇编》第三辑《财政(二)》,南京:江苏古籍出版社1991年版,第870页。

② 吴景平:《宋子文政治生涯编年》,第95页。

③ 《中央银行扩充业务》,《申报》,1928年11月16日。

④ 《财政部为转发中央银行法训令稿》,中国第二历史档案馆、中国人民银行江苏省分行、江苏省金融志委员会:《中华民国金融法规档案资料选编》,第599页。

买卖债券以维持债市，实际为央行公开市场操作业务的一种方式。

金银外汇管理。在金属本位或外汇本位制下，金银外汇的主要作用是作为本国货币发行的储备，并用于国际支付和对外结算。央行对金银外汇的管理影响着货币的内外价格即物价与汇价。由于近代中国长期以来中央银行的缺位，政府几乎没有可能对金银外汇进行有效管理，因此，政府实际能够运用的储备资金极为有限，从而形成了特征显著的公债型财政模式。国民政府中央银行参与黄金及外汇市场管理始于20世纪30年代初，当时由于白银价格下跌，致使政府对海关税收进行了以黄金为缴纳标的的改革——海关金单位的确立及关金本票、关金流通券的发行。由于关金的征收及关金券的发行全部由中央银行负责，中央银行利用关金之买卖将白银及其兑换券价格、黄金价格、外汇价格联系起来。以本币或外汇购买关金须按中央银行挂牌关金价格，中央银行也会主动购买外汇及标金，以维持关金价格，央行也因此能够掌握大量的外汇头寸。1932年，央行发行局下属的关税汇兑科改为汇兑局，与发行、业务两局平行，主管关金及外汇事务。汇兑局成立后，财政部要求各机关外汇款项，除前有契约者外，悉数交该局汇兑。关金制的实施使央行成为黄金、外汇市场重要主体，但市场之基本格局并未改变，其控制权仍在外商银行和金业交易所手中。当时，国内黄金交易价格以上海金业交易所为主，因黄金与外汇价格紧密相连，涨跌趋同，因此，实际黄金价格是以汇丰银行之美汇牌价为标准的。

1934年9月，政府以取缔标金和外汇投机为契机，规定金业交易所不得以外汇结账而一律以现金交割。10月15日，经各方议定，标金交易改美汇结价为关金单位结价。中央银行负责关金挂牌，根据伦敦金价和上海外汇牌价综合汇算。从9月11日起，中央银行开始挂牌标金、关金及外汇价格（主要依据伦敦金价）。至此，标金价格和标金市场由中央银行掌控,央行在外汇市场上之地位及汇价法币之作用也不断提升。央行还根据金银价格变动,依据政府意图实施金银进出口管制或调控措施,如 1929—1933 年禁止黄金出口政策,1934 年白银危机中白银出口平衡税的征收等。在资本自由流动的前提下,中央银行对外汇价格的影响只能通过公开的外汇买卖来实现。白银出口税的征收引起了外汇市场的波动,财政部随即令中央、中国、交通 3 行组织外汇平市委员会,设立 1 亿元的平衡基金,中央、中国两行分别提供 4 000 万元,交通银行出资2 000万元,政府所征之平衡税,均拨交平市委员会,3 行各指派一人为委员。委员会为适应市面之需要,得委托中央银行买卖外汇与生金银,以稳定市面。① 白银进出口平衡税的逐日税率,亦由平市委员会视市面金银松紧而作出,平衡税的实际作用是消除上海—伦敦白银市场之价差。平市委员会的设立,使得中央银行能够联合中、交两行的力量,直接通过外汇交易影响汇价(白银价格主要通过平衡税的征收),央行也逐渐成为外汇牌价的主要发布者,掌握本国金融市场之金银外汇价格发布权。但也应该看到,这一时期除央行外,中、交两行及外商银行仍然在金银外汇市场上发挥重要作用。

三、集中准备金、再贴现与公开市场操作

集中存款准备金。中央银行作为全国金融系统理论上的中枢,具有对金融市场实施主动调节及提供公共服务的职责。抗战全面爆发前国民政府中央银行在市场调节的三大政策工具,即存款准备金、再贴现与公开市场操作的运行方面都没有太多的进展,

---

①《外汇平市委员会组织大纲》,中国第二历史档案馆、中国人民银行江苏省分行、江苏省金融志委员会:《中华民国金融法规档案资料选编》,第 999 页。

主持金融市场清算方面更是乏善可陈。一方面因为央行建立时日尚短，实力不足；另一方面也有金融市场发育不完善、国家财政结构不理想等外部客观因素。集中存款准备金是中央银行调节商业银行信贷规模最重要的政策手段，但在发行不统一的情况下，长期看根本不可能实行。无论是清末以来作为名义上“中央银行”的大清银行或中国银行，还是国民政府中央银行最初的制度文本中，对这一职能都没有明确规定。1928 年的《中央银行章程》仅规定，“准备集中之规划应由理事会决议并交总裁执行之”，这里所谓“准备集中”似指央行自身发行准备的管理模式而不是集中其他商业银行之发行准备金或存款准备金。到 1931 年，《银行法》规定：“无限责任组织之银行，应于其出资总额外，照实收资本缴纳百分之二十现金为保证金，存储中央银行；准备金超过五十万元时按超出资本的百分之十计收并以三十万元为限”。商业银行依据实收资本而不是存款额向央行缴纳准备金，这与通常意义上的集中存款准备有所差异。而且，1931 年的《银行法》作为民国时期第一部通行银行法规，并未能得到实施，其诸多条款与当时银行业营业习惯不合，遭到商业银行尤其是私营钱庄的普遍反对。

1934 年 7 月颁布的《储蓄银行法》则明确载明，储蓄银行有向央行缴纳存款准备之义务。根据该法规表述，“凡以复利计算，收受零星存款者为储蓄银行”，实收资本达到 100 万元之储蓄银行可兼营储蓄业务。“储蓄银行至少应将储蓄存款总额四分之一相当之政府公债库券及其他担保确实之资产，交存中央银行特设之保管库。”①银行界曾就《储蓄银行法》多次请银行公会向财政部呈请

① 《国民政府颁布之储蓄银行法》(1934 年 7 月 4 日)，中国第二历史档案馆、中国人民银行江苏省分行、江苏省金融志委员会：《中华民国金融法规档案资料选编》，第 582 页。

修改，财政部对行业诉求作出了正面回应，修改了诸如零星存款限额、储蓄银行资金运用范围、有价证券占银行资产之比例等条款。[①]至于财政严令执行之存款准备的缴存一条，银行公会建议组织由同业力量参加的保管委员会，并要求银行公会参与存款保证金保管办法的制定。[②] 1934 年 9 月 8 日，储蓄存款保证准备保管委员会在央行成立，委员分别来自财政部（1 人）、中央银行（2 人）、银行公会代表（2 人）、会员银行以外银行及储蓄会代表（2 人）。到该年年底，储蓄银行存款准备金缴存制度推广到上海以外其他地区，要求沪外各行储蓄准备缴入当地中央银行及财政部指定银行。[③]

《储蓄银行法》关于存款准备金条款的实施是中央银行真正行使集中准备职能的开端，也为过渡时期。一则，依此法缴存准备金仅指储蓄银行及一般银行之储蓄存款，而非全部银行存款；二则，保证标的以政府债券为主，而不是直接的现金准备，这固然体现了政府增强公债流动性、刺激公债销售的意图。央行所收大部分存款保证金即为政府债券，在公债市场疲软情况下，央行很难动用这些保证准备金进行市场调节。最后，储蓄存款保证金交由多方面构成的委员会转央行保管，而不是央行直接行使这一职能。其中，商业银行及其他国家行局势力仍有着重要影响力，中央银行的地位并不十分突出。到 1935 年，随着央行的增资改组与国民政府统制金融体系的初步建立，政府在新《中央银行法》中明确规定中央银行的业务之一为“收管各银行法定准备金”，但后续未及

① 《银行同业公会议决请求修改储蓄银行法》，《银行周报》1934 年第 18 卷第 30 期，第 54 页。

② 《储蓄法第九条银行公会呈复财政部遵办》，《银行周报》1934 年第 18 卷第 32 期，第 54 页。

③ 《上海以外储蓄银行缴存准备金办法》，《中央银行月报》第 3 卷第 12 期，第 2075 页。

实施。

再贴现业务。再贴现业务是央行作为其他金融机构“最后贷款人”的主要政策工具。如前文所言，在1928年的央行条例中，重贴现即为规定的特权业务之一，与中、交两行则例有明显区别。宋子文在中央银行开幕式上所述央行主要任务之三为调剂国内之金融，而主要方式即为国家银行向金融机构贴现释放头寸以稳定拆息和纸币流通量。中央银行的再贴现业务是以商业银行的贴现业务为基础的，而由于商业信用工具发展的局限，当时银行的贴现业务很少。到1927年，在上海的59家银行中，只有6家在资产负债表中有贴现一项，且数额不大，仅占其放款总额的1%。① 到1936年，上海至少已经有39家银行开展了票据贴现业务，但多数中小银行贴现规模极小，基本都在万元以下，有的甚至只有数百元。因此，战前中央银行仅出现过零星的再贴现业务。例如，1932—1933年，为促进茶叶出口，由各银行以苏俄协助会所出票据向中央银行贴现，为笔者所见抗战全面爆发前央行重贴现业务仅有之例。

1933年，白银风潮造成大量通货外流，市场银根奇紧。为救济市面，中央银行联合中、交两行举办转抵押放款1 000万元。第二年，又对上海钱业准备库发放抵押及转抵押贷款2 000万元②，这可视为央行与中交两行共同承担了金融市场的最后贷款人职能。1935年的《中央银行法》对再贴现业务有了实质性阐述并对具体的业务流程进行了规定，“(中央银行)负责国民政府发行或保证之国库证券及公债息票之重贴现”，国库券、公债票重贴现期限最多为6

---

① 杨荫溥：《杨著中国金融论》，第253页。

② 林崇庸：《二十年来中央银行贴放业务之演进》，《中央银行月报》1948年新第3卷第10期，第55—67页。

个月；商业票据，“至少有殷实商号二家签名”，附提单、栈仓单且货物价值超过所担保之票据金额25%的商业票据只需一家签名。“中央银行之重贴现率，由总裁提请理事会或常务理事会决议后公告之。分行之重贴现率，由总行规定标准，各地分行就所在地金融状况酌定公告之”①。可见，尽管战前央行再贴现业务进展缓慢，但法律文本方面的规定和业务规程已经初具雏形。

公开市场操作。公开市场操作是中央银行最直接的市场干预方式，通过与指定交易商进行有价证券和外汇交易，实现货币政策调控目标。战前，央行主要以公开买卖公债为操作手段。实际上，因当时中央银行兼营普通银行业务，对于其买卖公债之行为不能一概认为是进行市场操作以实现金融调控目标，只能依据其买卖公债之目的——为获得公债收益或为政府完成公债承购之任务，还是为了维持公债价格，平抑市场波动。1933年12月，因债市下落，财政部嘱中央银行“代为相机购买各种债券以维持市面”，央行遂购进1931年统一公债和盐税公债各250万元，1933年金融公债133.5万元，后因债券市场回升，央行又代为售出。② 这只是央行受财政部委托操作，不属于主动的市场操作。1935年11月，法币改革后，为稳定债市，中央银行购进各项债券票面25万元有余，连佣金共垫付价款147万元，所垫款项由中央、中国、交通3行按比例分摊(其中，央行和中行各认40%)。不难发现，此时中央银行公开

---

①《财政部为转发中央银行法训令稿》(1935年6月12日)，中国第二历史档案馆、中国人民银行江苏省分行、江苏省金融志编委会：《中华民国金融法规档案资料选编》，第596—601页。

②《中央银行业务局关于债券等业务与财政部往来函电》，中国第二历史档案馆，中央银行档案，档号：936—9670(1)，转引自石涛：《南京国民政府中央银行研究(1928—1937)》，第139页。

市场操作为受委托或联合操作，是偶然或非常态的，通过直接的公债或票据买卖影响证券价格或调节通货规模，对于当时的中央银行来说仍处于摸索阶段。

到 1937 年，在中央银行改组为中央储备银行的设计中，将发展金融市场、调节信用制度作为即将成立的中央储备银行的主要任务。《中央储蓄银行法》进一步完善了关于再贴现的规定，再贴现业务的决定权、再贴现率的公布为央行理事会的职能之一，针对不同类型票据的贴现期较以前有所缩短，规定贴现票据应有确实之标的作为保障，另外还对农产品运销相关的商业票据作了专门规定，以示对农业的支持。该法对央行重贴现事务的重视，还体现在专门的组织机构——重贴现委员会的成立。贴现委员会主要事务为“审查贴现或购入因放款关系之各项票据”，为了保证贴现票据审查的客观性，“委员会委员由理事会就熟悉当地金融及农、工、商各业情形者选任之”，且要求委员会对其职务严守秘密，“如审查之票据或文件与委员会个人有关系时应即回避”，同时规定中央银行理事不得为重贴现委员会委员。需要注意的是，“中央银行对于重贴现审查通过之票据，不负必须重贴现或承受作抵押品之责任”，反之“凡票据经重贴现委员会拒绝者，如经理事会全体理事四分之三之多数通过，中央银行仍得接受之”。① 可见，重贴现委员会对票据审查的结果并不具有权威性，只是央行办理重贴现业务的一个参考，因此，重贴现委员会在严格意义上并不是一个具有决策权的独立职能部门。尽管如此，委员会的设置和运行还是有助于提升重贴现业务审查结果的科学性与合理性。

---

①《中央储备银行法草案》，洪葭管:《中央银行史料 1928.11—1949.5》(上卷)，第 257—265 页。

四、中央银行组织机构的发展演变

中央银行作为国民政府着力扶持的国家银行，在人事安排和机构设置方面都非常特殊。在人事安排方面，战前中央银行总裁均由财政部长兼任，形成了财政部与中央银行特殊的关系模式。央行前后经历了宋子文、孔祥熙两个阶段(孙科组阁期间曾由江浙银行家代表徐寄顾短期就任总裁)。在组织机构方面，中央银行组织机构的发展变化是基于业务规模的扩大和各项职能完善的需求，组织机构的设置和改革完善以满足业务发展的要求为原则。这一时期，中央银行组织机构发展变化包括中枢管理机构的优化和分支行数量的增加。央行中枢机构的变化既包括总裁、理事会、监事会人员和职权的调整，也包括总行职能部门的设置和增减。分支机构的变化则包括数量上的增加与区域分布的拓展。

总裁与副总裁。在 1927 年的中央银行条例中，央行并没有总裁、副总裁之设，而是称为行长和副行长，规定中央银行设行长 1 人，副行长 2 人，由政府任命。行长总理全行事务，由副行长辅助之，行长负责执行由监理委员会决议的有关行务各重要事项。在中央银行筹备时期，先后由周佩箴、王伯文、陈行等常务理事中简任，总裁负责执行理事会决议之主要业务事项。到 1928 年，中央银行正式成立后，设总裁、副总裁各 1 人，任期 3 年，期满可续派连任，均由国民政府从常务理事中任命，总裁可呈请国民政府简任各职能部门负责人。1935 年的中央银行法进一步明确了总裁在人事任免方面的权力，“(中央银行)局、处之局长、副局长、处长、副处长，由总裁提请理事会同意任用之”，“各科之主任、副主任有总裁派任之”，“中央银行分行经理，由总裁提请理事会同意任用之"[①]。由于总裁按规定担任理事会之主席，所以重要人事任用虽然还要经理事会同意，但实际上总裁有相当的决定权。

这一时期，中央银行总裁多是由财政部长兼任的，第一任总裁宋子文曾先后主持创立广州和汉口中央银行并任总裁，是近代中央银行制度的主要筹建者。1928 年，宋子文主持召开全国经济会议与全国财政会议，讨论建立中央银行的基本原则和其他相关的重要问题，接洽中、交两行改组央行事宜，直至新成立的央行正式落地。自央行成立至宋子文 1933 年卸任，宋子文担任央行总裁四年有余，其间宋子文致力于中央银行地位的确立与各项职能的完善。在宋子文的领导下，中央银行在集中发行、保管存款准备金等方面取得了实质性的进展，还获得了发行关金券、办理外汇等特权，逐渐具备了中央银行的部分职能。宋子文还尽力保持中央银行的独立性，对蒋介石和国民政府提出的中央银行垫款要求作有限的抵制。宋子文力图仿效西方中央银行体制，建设中国的央行，并同时完成国家财政统一目标。宋子文的设想与蒋介石通过中央银行满足财政需求的立场存在根本的冲突。[②] 多番争执后，到 1933 年，蒋介石用孔祥熙代替宋子文任财政部长兼中央银行总裁。

宋子文从 1931 年底到 1932 年初曾短暂卸任央行总裁，其间由徐寄庼出任。1931 年，在宁粤斗争中，蒋介石被迫下野，宋子文也随即辞去央行总裁职务。新政府响应上海金融界关于财政部长不兼任央行总裁的呼吁，以示保持央行的独立性。1932 年初，徐寄庼

---

① 中国第二历史档案馆、中国人民银行江苏省分行、江苏省金融志编委会：《中华民国金融法规档案资料选编》，第 598 页。

② 参见刘慧宇：《孔祥熙与中央银行发展》，《党史教学与研究》2000 年第 5 期，第 59 页。

以中央银行常务理事担任副总裁并代理总裁。徐履任后进行了细微的人事调整，除由国民政府简任朱博泉为业务局经理、王宝仑为发行局总发行外，又派曾溶甫为总秘书，吕望仙为总稽核。“余行务进行，一仍旧贯，所有职员，如无过失，概不更动。”①仅一个月之后，国民政府又将徐寄庼免职，另行任用，由宋子文重新任央行总裁。1933 年，孔祥熙取宋子文而代之，因为蒋介石考虑再三，认为非孔祥熙无法挽救颓势。孔祥熙出任央行总裁，恢复了财政部长兼任央行总裁的成例。孔执掌中央银行后，先后配合国民政府进行了废两改元和法币改革等重要金融改革，中央银行的业务和职能得到了明显的发展。此外，中央银行还致力于构建以央行为中心的金融垄断体系。应该说，到抗战全面爆发前，中央银行各项业务与职能的进展与以孔祥熙为代表的央行领导层的努力密切相关。另一方面，在孔祥熙任内，中央银行的发展也存在明显问题：中央银行的经营决策过分地追求与财政需求的统一，对政府过分的垫付要求缺乏有效的抵制，从而弱化了央行的独立性。再者，孔祥熙利用其职务之便，扶植其私人开设的天津裕华银行等具有特殊背景的私营金融机构，通过内幕消息使其亲属在公债市场上获得巨额的不正当利益，严重影响了公债信用和金融市场的稳定，损害了中央银行的信誉和威信。

历次中央银行章程都规定，中央银行副总裁辅佐总裁处理全行事务，总裁缺席时，由副总裁代行总裁职务。在全面抗战前，中央银行副总裁由陈行 1 人担任(除 1931 年底到 1932 年初由徐寄庼以央行副总裁代行总裁职务)。陈行本是国民政府金融官僚出身，早在北伐期间，他就曾担任过汉口中央银行行长，后主持国民政府

---

① 洪葭管:《中央银行史料 1928.11—1949.5》(上卷)，第 40 页。

中央银行的筹备，担任央行筹备时期的第3任行长，并在其任期内最终建成中央银行。① 中央银行建立后，陈行任常务理事兼副总裁，同时还是国民政府金融监管局局长。到1935年，国民政府对中央银行进行改组，中国银行总裁张嘉璈调任中央银行副总裁，并特别规定张嘉璈的排名列于陈行之前。不过，张嘉璈旋即于1936年改任铁道部长，两年之后又任交通部长，实际担任央行副总裁的时间很短，陈行几乎在副总裁任上伴央行始终。时人以为，中央银行的成长"虽有历届总裁的策划，然始终弼辅总裁，处理日常政务和决定金融要策的陈副总裁健庵先生，这二十年的奋斗与努力，其功更不可没"，"有人说陈氏是一手抚养（中央银行）的保姆，当非过誉"。②

理事会与监事会。理事会和监事会是中央银行中枢机构中最重要的组织，与总裁形成权力制衡。其中，理事会更是中央银行的最高权力机构，总裁执行理事会的决议，这与一般的商业银行总裁的高度集权明显不同。1928年的中央银行章程规定，"中央银行由国民政府特派理事九人，组织理事会，九人中应有代表实业界、商界、银行界者各一人，任期三年，期满得以续派连任"③。由国民政府于理事中指定常务理事5人，常务理事不得兼任其他银行职务。到1935年，中央银行改组以后，理事增加到10—15人，其中，常务理事5—7人。理事会决议事项包括业务方针、发行数量、预决算之审定，准备集中之规划，章程的编订，分支行的设立与终止，资本的增加等。理事会召开时间间隔不超过一个月，并且须半数以上

① 《陈健庵新任上海中央银行行长》，《银行周报》1928年第12卷第4期，第29页。

② 宇乾：《中央银行副总裁陈健庵先生》，《银行通讯》1947年新第14—15期，第32页。

③ 《国民政府核准公布之中央银行章程》（1928年10月25日），中国第二历史档案馆、中国人民银行江苏省分行、江苏省金融志编委会：《中华民国金融法规档案资料选编》，第535—537页。

理事出席，以出席之半数以上为决议通过。监事会监事同样由国民政府特派，其中，代表实业界、商界、银行界各两人，代表国民政府审计机关1人。监事任期2年（审计机关代表除外），监事会主席由监事中互选1人，开会与决策程序与理事会相同。监事会的主要责任包括稽核全行账目，检查准备金，审核预算决算等。另外，监事也可就相关事项出席理事会并进行陈述，但无表决权。

在抗战全面爆发以前，中央银行先后历经四届理事会和监事会，第一届自央行成立至1932年辞职，第二届为徐寄庼任代总裁期间，第三届从1932年2月宋子文重新上台到1935年卸任，第四届自1935年4月孔祥熙上台以后。历届理、监事名单如下：

表4-1 国民政府前期中央银行理事、监事会概况

届别	时间	理事会	常务理事	监事会
第一届	1928.10—1932.1	宋子文、陈行、叶琢堂、王宝陈（宝仑）、姚咏白、钱永铭、陈辉德（光甫）、荣宗敬、周宗良	宋子文、陈行、叶琢堂、王宝陈、姚咏白	李铭、王敬礼、虞和德、贝祖贻、秦润卿（祖泽）、林康侯（祖溍）、徐寄庼
第二届	1932.1—1932.2	徐陈冕（寄庼）、叶琢堂、张嘉璈、陈辉德、吴鼎昌、钱永铭、荣宗敬、周宗良、夏鹏	徐寄庼、叶琢堂、陈光甫、吴鼎昌、夏鹏	李铭、王敬礼、虞和德、贝祖贻、秦润卿、胡祖同、唐寿民
第三届	1932.2—1935.4	宋子文、陈行、叶琢堂、王宝仑、唐寿民、钱永铭、陈光甫、荣宗敬、周宗良	宋子文、陈行、叶琢堂、王宝仑、唐寿民	李铭、王敬礼、虞和德、贝祖贻、秦润卿、林康侯、徐寄庼

续表

届别	时间	理事会	常务理事	监事会
第四届	1935.4—1937.7	孔祥熙、宋子文、叶楚伧、张嘉璈、陈行、叶琢堂、王宝仑、唐寿民、钱永铭、陈光甫、荣宗敬、周宗良、唐有壬、徐堪、宋子良	孔祥熙、宋子文、张嘉璈、陈行、叶琢堂、唐寿民、徐堪	李铭、谢铭勋、虞和德、贝祖贻、秦润卿、林康侯、徐寄庼

资料来源:中国银行经济研究室编印,《全国银行年鉴 1937》,第 B1 页。

主要职能部门的设置与完善。中央银行自总裁和理、监事会以下,设立各具体局、部、处、科等职能部门,各司其事。在筹备阶段,根据筹备工作的需要,下设会计部、国库部、业务局、文书部等,到 1928 年中央银行成立后,正副总裁之下设业务局、发行局、稽核处、秘书处。业务局总经理掌管营业事务,遵照章程督率行员开展行务,并得以随时向总裁建议。业务局设文书科、会计科、营业科、国库科、出纳科,1930 年因政府改行征收关金,中央银行业务局为发行关金特设关金汇兑科,到 1932 年设汇兑局,同年底又并入业务局。1933 年底,因央行经理国库业务的发展,国库科改为国库局。另外,中央银行于 1930 年开始与中国银行共管江海关收税处,并于次年完全收回自办,江海关收税处先附属后隶属于国库局。

发行局主管央行发行事务,设总发行 1 人,“专司兑换券之订印、发行、销毁及现金准备、保证准备收付保管诸事宜”①,发行局下

① 洪葭管:《中央银行史料 1928.11—1949.5》(上卷),第 27 页。

设文书、会计、券务、出纳 4 科。到 1935 年,央行分支机构西达川黔、北抵甘陕,发行局远在上海,各地款项调拨,殊为不便,在军事紧张之时尤甚。各地往往有大宗款项立待解付,所以,经理事会决议,在西南、西北、华中 3 区设立发行分局,西南区设于重庆,西北区设于兰州或洛阳,华中区设于汉口。① 为了实现对各地分支行处发行事务的有效监管,央行总行发行局委派发行专员,常驻各地分支行处,发行专员直接受发行局之指挥,由发行局随时调派。发行专员的主要职责为监督一切发行事务,包括检查驻在行处库存兑换券准备金,对发行事宜认为不当时,应知照所在行副理或办事处主任。发行专员可根据市面兑换券之供应状况,与所驻行商议计划关于发行额之增加与减缩。另外,发行专员应随时注意当地经济情况,将发行上之一切问题呈报发行局。②

稽核处自央行成立时即设立,最初掌管央行会计章程之设计与拟定、业务财务账目之审核与检查以及各种业务统计报表之编订。稽核处初期组织比较简单,总稽核以下设核算、统计两科,办理总分行会计、核账、查账、统计及岁计事宜,后于 1933 年增设文书科,管文书总务事宜。1935 年,中央银行改组,原有检查专员室并入稽核处,检查专员调任本处副处长。总行稽核处对本行的稽核以业务稽核、财务稽核为主,具体方式包括稽核处派员稽查,以及各分支机构将相关账册呈送稽核处审核。央行对普通行庄的稽核开始于 1935 年法币改革前后,当时上海金融市场异常紊乱,中央银行会同财政部检查各商业行庄的库存状况。③

---

① 洪葭管:《中央银行史料 1928.11—1949.5》(上卷),第 27 页。

② 洪葭管:《中央银行史料 1928.11—1949.5》(上卷),第 62—63 页。

③ 李立侠:《二十年来中央银行之稽核业务》,《中央银行月报》1948 年新第 3 卷第 10 期,第 24—26 页。

关于中央银行汇兑局，上文已有提及，原由关金汇兑科发展而来，后又并入业务局。国库局则原为业务局国库科，专司库款收付及承募内外债等，国库局下设文书、会计、岁入、岁出、债券、出纳、保管、存汇等科。① 秘书处专司典守印信，收发撰拟机要电文，办理庶务以及人事事务等，下分文书科、机要科、庶务科。经济研究处始设于 1933 年，负责国内外经济状况之调查、研究、编辑诸事宜②，由总裁兼任处长，设事务长 1 人承总裁之命处理处务。③ 专设由财经界知名学者组成的专门委员会，专门委员会分农业、工业、商业、金融各组，负责各领域专业问题的研究，专门委员会有主任 1 人。经济研究处于 1935 年召开专门委员会第一次会议，央行总裁、副总裁以及大部分理事、监事悉数到场。④

中央银行还根据国民政府的经济政策和相关事务的需要，不断调整和设置职能部门，前述关金汇兑科即为一例。1933 年，中美签订5 000万美元麦棉借款协议，中央银行办理棉麦购买、运输、堆栈、出售、还款等事宜，特于同年 7 月拟设贷购棉麦事务处。该处自经理以下设购销、运输、会计、文书 4 科，同时设立咨询委员会和监察委员会以资其事。⑤ 棉麦事务处是中央银行为经理棉麦贷款所设的专门机构，也是临时机构，到 1935 年 8 月因相关事务完结而撤销。中央银行还因为协助政府向国外购置建设器材尤其是国防军事器具设立了中央信托局，中央信托后因业务发展壮大而分离出央行，关于中央信托局的相关问题已在上一章作专门的介绍，不

① 石涛：《南京国民政府中央银行研究（1928—1937）》，第 85 页。

② 洪葭管：《中央银行史料 1928.11—1949.5》（上卷），第 27 页。

③ 中国银行经济研究室编印：《全国银行年鉴 1935》，第 E57—58 页。

④《中央银行经济研究处首次专委会》，《新北辰》1935 年第 9 期，第 93—94 页。

⑤《中央银行决议设贷购美棉麦事务处》，《钱业月报》1933 年第 13 卷第 8 期，第142 页。

再详述。可见，到 1935 年中央银行改组前后，央行已经由设立之初的两局两处发展到业务、发行 3 局和秘书、稽核、经济研究 3 处为核心，其他专门处、部各司其事职能完备的组织体系。

表 4－2 抗战全面爆发前中央银行主要内设机构及其领导人

内设机构	领导人及其任期
业务局	顾立仁(1928.11—1931.1)、唐寿民(1931.2—1932.1)、朱博泉(1932.1—1932.2)、唐寿民(1932.2—1934.3)、席德懋(1934.3—)
发行局	李觉(1928.11—1931.1；1931.2—)、王宝仑(1931.1—1932.2)
汇兑局	席德懋(1932.8—1934.1)
国库局	胡祖同(1934.1—1936)、吕咸(1936—)
稽核处	朱博泉(1928.11—1931.1)、吕望仙(1932.1—1932.2)、陈清华(1932.2—)
秘书处	陈匪石、谢霖
经济研究处	李傥、徐维震、陈端、傅汝霖
中央信托局	张嘉璈
美贷棉麦事务处	席德懋(1933.7—1935.8)

注：经济研究处处长由中央银行行长兼任，表中所列为该处历届事务长。经济研究处与秘书处领导仅列先后顺序，具体时间不详。

资料来源：石涛，《南京国民政府中央银行研究(1928—1937)》，第 82—87 页。洪葭管主编，《中央银行史料 1928.11—1949.5》(上卷)，第 28—31 页。中外名人研究中心，《中华文化名人录》，北京：中国青年出版社 1993 年版，第 1163 页。

第三节 中央银行体制设计：金融备战的集中体现

一、中央银行体制设计的总体背景

从世界各国中央银行发展历史看，中央银行缘起于较早的商业银行，在随后的发展中对一国政治经济社会产生重要影响。第一次世界大战结束之后，国际组织呼吁各国设立或改组中央银行，以配合战后重建及国际金融合作，得到普遍响应。由于所在国国体政体、社会制度、经济管理体制、经济发展水平以及金融业发展程度等情况不同，中央银行的组织形式也各有不同，比如有单一制、二元制、美国联邦制、苏俄模式、准中央银行等主要形式。其中，单一制的组织形式一般权力集中、职能齐全，得以全权发挥作用；二元制的组织形式一般是指同时存在两家银行分别承担一部分中央银行的职能，共同完成中央银行应承担的任务，这种形式的中央银行一般都是由不完善的中央银行制度向健全中央银行制度发展过程中的一种过渡形式；准中央银行的组织形式，主要表现为一国政府授权某个或某几个商业银行行使部分中央银行职能，或者虽然成立了中央银行，但也只是行使部分中央银行职能。这种形式的中央银行一般只有发行货币、为政府服务、提供最后贷款援助和资金清算的职能，很少具备金融管理与监督职能。① 尽管形式各异，但集中与垄断货币发行是中央银行得以产生的最基本、最重要的标志，这也是中央银行作为特殊金融机构的最基本表现特征。

一个完全意义上的中央银行，需要具备两方面的条件，除了独占货币发行权外，还应代表国家管理金融，是一国最重要的金融管理机关。中央银行以特殊金融机构和国家最高金融管理机关的双重身份，通过国家立法所赋予的特权履行发行的银行、政府的银行、银行的银行职能，并在此过程中实现稳定币值、调节金融、发展经济的终极目的。虽然中央银行理论内涵以及作用方式伴随时代发展到当前已有许多变革，但是回观历史，上述理念在 20 世纪二

① 张耀先、张耀：《中央银行知识词典》，北京：中国经济出版社 1992 年版，第 25—26 页。

三十年代就基本达成国际共识，正如时任国民政府中央银行副总裁陈行在其《中央银行概论》一书中所言，“在二十世纪以前，各国中央银行业务之演进，尚无一有系统与一贯之技术可寻，故中央银行一辞之涵义亦模糊不清。数十年来由于各国中央银行业务之演进，及其性质之改变，有逐渐趋于一定形态之倾向，然后中央银行一辞之涵义，方逐渐趋于明晰与确定焉”[①]；“各国中央银行自始即设为中央银行者，即每参照先进国中央银行之成立，制定法案”，中央银行为金融活动之中心，“掌握一国金融中心枢纽”，以国家利益为前提，其最高目的在于“管制通货，稳定经济，发展产业”。[②]

从中国金融现代化发展角度看，南京国民政府建立后，已经在实践中推进现代金融体系构建，呼应世界潮流，建立中央银行制度。1927 年，南京国民政府成立后立即着手创建中央银行，健全金融体系，其直接目的是为了解决财政困难，巩固新生政权。1928 年，中央银行开立之时，蒋介石在“训词”中称中央银行为“国家银行”，总裁宋子文宣布中央银行任务在于统一全国币制、统一全国金库、调剂国内金融。此后，随着法律地位的提升、资本规模和业务范围的增扩以及组织机构的完善，中央银行在数年之间迅速发展成为最重要的国家行局之一。就当时体制层面而言，国民政府中央银行即为遵照法案而成立的国家银行，处于现代金融体系中的核心地位，是一国最重要的金融管理机构，代表国家制定并实施金融货币政策，即“掌握一国金融中心枢纽”，在一国金融体系中“握全国最高之金融权”，“代为国家做事”。[③] 当然，从严格意义上

---

① 陈行：《中央银行概论》，上海：银行通讯出版社 1948 年版，第 1 页。

② 陈行：《中央银行概论》，第 196—198 页。

③《中央银行开幕记》，《银行周报》1928 年 12 卷第 43 期，第 1—6 页。

讲，中央银行并非真正的央行，它没有也不可能如同先进国家中央银行那样，因其地位和所承担的功能不经营普通银行业务，更不可能在金融业务决策上享有相对独立性，而是自始至终都从事普通商业银行业务，并处处听命于国民政府。

截至抗战全面爆发前，中央银行在货币发行、经理国库、买卖公债、管理金银外汇等方面有了不同程度的进展，显示出国民政府建立单一制中央银行体制的明显意图。特别是1935年法币政策施行后，货币由原来多头发行的混乱状态归由中央银行等国家四行共同发行，中央银行的权力和作用日益彰显。从当时的经济发展情势来看，根据刘巍的计量经济史方法研究，1935年法币改革前，中国的银行贷款，乃至于货币量都受制于白银国际流动和国内商业银行的货币创造功能，①以至于在资本品进口非常顺畅的1933—1934年，白银外流导致的货币紧缩也相当沉重地打击了中国经济，经济增长一度降至－8.69％，国民政府不得不实施法币改革以挽救危局。1935—1936年，中国经济进入高速增长时期，法币改革可谓功不可没。② 当时，"金融稳定，信用确立。国内人民，外籍商贾，均乐于投资，安于其业。是以工商事业，日见繁盛，农村金融，亦形活泼。其最显明之结果，则为国际收付，暂跻平衡，国库度支，亏短日减。盖因生产发达，输出自然增多，民生充裕，税收亦必畅旺也。倘假以十年之安定，国家财政必年有富裕，经济开发，亦

① 参见刘巍、郝雁：《一种有害的货币供给机制：不可控外生性——对近代中国1910—1935年的研究》，《江苏社会科学》2009年第5期，第66—70页。

② 参见刘巍：《资本品短缺、货币紧缩与中国总产出下降(1914—1918)——基于"供给约束型经济"前提的研究》，《中国经济史研究》2015年第4期，第4—14页。

必突飞猛进,可断言者"①。显然,在这样一种经济背景下,中央银行制度建设的持续推进便有了可能。

二、抗战全面爆发前中央银行体制建设的模式与特征

尽管全面抗战前10年特别是1935年后,中国社会经济有所发展,但是当时局部战火不断,国民政府军费支出浩繁,财税压力日沉;金融虽趋向由政府统制,但金融总体实力有限,管理混乱,发行随意;日本侵占东三省,民族危机严重。对此,中央银行身兼重任,得国民政府鼎力扶持,勉力发展,但从其实际地位和功能作用来看,毕竟资历尚浅,即便从一开始就兼营普通商业银行业务,其实力依旧不足,影响有限,远未能成为"一国金融上最高之机关"与"各银行中心者",②因此南京国民政府只能控制并依赖业内老牌且声誉卓著的中国银行和交通银行以达成政府意愿。1935年,行政院长汪精卫和财政部长孔祥熙发表金融公债谈话,谓公债发行目的在增加中央、中国及交通3银行资本,以便工商业融通资金,为此,蒋介石特拟手令,称此为"唯一财政政策,切请中央坚持到底",并通过电报告知中央党部国民政府各重要领导人,"此事不仅为本党成败所系,亦即为能否造成现代国家组织之一生死关键,请诸兄一致主张,贯彻到底,垂危党国,或有一线之光明也",同时,也对反对增资的中行总经理张公权提请辞职一事表示同意,并提出另行安排其职务的具体意见。③ 由此或可想见当时中央银行之弱,而增

---

①《战时财政金融政策建议书》(二十七年六月),四联总处秘书处:《四联总处文献选辑》,1948年编印,第5页。

② 梁钜文:《中央银行制度概论》,上海:大东书局1931年版,第1页。

③ 高素兰:《蒋中正"总统"档案:事略稿本30》(民国二十四年三月至四月),台湾档案部门2008年印行,第168—173页。

强国家金融力量之紧迫。此后，又建立中国农民银行、邮政储金汇业局、中央信托局等国家行局，逐步实现金融资源的集聚与统制。在这种情势下，作为专业银行的主要国家行局，即中国、交通、农民3银行，分享中央银行职能，并在其他某一专业领域各具专有之权。中国银行为国民政府特许之国际汇兑银行，交通银行为国民政府特许之发展全国实业银行，中国农民银行为国民政府特许之"供给农民资金，复兴农村经济，促进农业生产之改良进步"银行，同时，上述3银行均可"得发兑换券"。[①] 换言之，在国民政府金融统制逐渐形成的过程中，尽管中央银行各项应备职能逐步在制度层面完具，但其他国家行局掌握部分中央银行职能的事实也得以合法化。

这种以职能分散为基本特征的中央银行体制，与二元制中央银行不同，因为它虽在形式上由两个以上国家银行行使部分中央银行职能，但除了中央银行这一国家银行本身之外，其他国家银行并未在法律上被赋予中央银行地位。它与准中央银行制也不同，因为从一开始中央银行这一国家银行就被政府确定兼有双重身份，而准中央银行制下的中央银行一般不具备金融管理与监督的职能。对于上述各国家银行分享中央银行特权，或中央银行职能分散的形制表现，有学者称之为"分立特许制"[②]。不管南京国民政府怎样期许，中央银行与其法律地位尚不能名副其实。从职能方面看，全面抗战前的中央银行距离作为"发行的银行""政府的银行""银行的银行"的目标都相差甚远。在货币发行、管理国库等核心业务上，中央银行没有取得相对于中国银行的优势，也没有实现

---

① 中国第二历史档案馆、中国人民银行江苏省分行、江苏省金融志编委会：《中华民国金融法规档案资料选编》，第590—606页。

② 参见李桂花：《试论近代中国中央银行的形成时间、制度类型与功能演进》，《中国经济史研究》2001年第2期，第51—63页。

任何一项应属中央银行业务的独占经营，更没有经济环境和相应的金融条件支持其利用存款准备金、再贴现、公开市场等操作手段对金融市场进行调控和管理。①

从国际经验来看，南京国民政府中央银行及其职能演进的事实基本符合国际上中央银行发展的潮流。不过，就其资本构成方面来看，国民政府未曾引入社会私营资本，而是完全由国家出资，这与当时绝大多数国家中央银行的股权结构迥然不同，更不符合中央银行股份制主流思潮。② 从理论上推断，无论从其职能还是使命上，完全国有的中央银行更易于直接受命于政府，并完全秉承政府的旨意，国有独资的中央银行资本构成，或可成为南京国民政府建立之初便策划实行金融统制的佐证，也或可由此推及后来的金融顶层设计——中央储备银行背后的深层谋划。尽管当时此项筹议显示出充分的规范性和正当性，计划亦得到蒋介石认可，但实际上蒋介石对中央银行却有另一番谋划。这应该是怎样的谋划呢？值得注意的是，国际上在20世纪30年代经济危机影响下，国有化思潮渐露端倪，客观上强化了南京国民政府集权统制的主导意识。1935年，国民政府对中央、中国、交通3行实现增资改组，意欲加强控制。与此同时，蒋介石曾致电时任中央银行总裁兼财政部长的孔祥熙，表示“弟意中中交之总裁与理事长之上应由一联合机关，总揽3行业务，即以中国与交通之理事长及中央之总裁组织，而以财政部长兼任该机关之主席，对政府监督三行，负其全责”③。对于蒋介石的主张，未见孔祥熙正面回复，但据财政部次长徐堪的说

① 参见卓遵宏等：《中华民国专题史·第6卷·南京国民政府十年经济建设》，第298—315页。

② 程霖：《中国近代中央银行制度建设思想研究(1859—1949)》，第82页。

③ 高素兰：《蒋中正“总统”档案：事略稿本30》(民国二十四年三月至四月)，第324页。

法,“自改组中交,施行法币后,委座屡令设立中中交三行总管理处,以孔兼部长负其全责,卒以见解各殊,未获实现”①。

由此可见,在3行之上建立联合机构,这是国民党最高权力代表蒋介石对中央银行职能缺失默认后试图弥补的计划,弥补的本意恐不在强化央行本身,而在通过央行控制金融资源,便于达成政府目标。这一点在1937年2月蒋介石提交给第五届国民党中央执行委员会第三次全体会议通过的《中国经济建设方案》中可以找到依据,那就是计划经济。“中国经济建设之政策应为计划经济,即政府根据国情与需要,将整个国家经济如生产、分配、交易、消耗诸方面制成彼此互相联系之精密计划,以为一切经济建设进行之方针。在此政策之下,全国人力与资源,得不分界域,为全盘适当之配置,以发挥最大之效率。……政府应排除一切经济建设之政治的与社会的障碍,以期推行之顺利”②。为此,必须确立金融制度。“社会经济之有金融,犹人身之有脉络。盖金融不仅为国有资金之挹注,尤须善用信用工具,以创造富有弹性之新资金。庶市场金融活泼,工商业得其灌溉而滋繁荣,是故经济建设首须有健全之金融制度以为基础。我国中央银行为全国金融事业之中枢,应专统一钞权,集中准备,调剂金融,代理国库之责,其普通商业银行业务,概不经营……”③由此或可推断,蒋介石所认知的“央行”,形式上也许表现为宋子文大力倡导的单一制国家央行,但实质上则为其心

① 《四联总处第281次理事会会议记录》,重庆市档案馆、重庆市人民银行金融研究所:《四联总处史料》(上),北京:档案出版社1993年版,第66页。

② 江苏省中华民国工商税收史编写组、中国第二历史档案馆:《中华民国工商税收史料选编》第1辑《综合类上》,第205—209页。

③ 王正华:《蒋中正“总统”档案:事略稿本40》(民国二十六年一月至六月),台湾档案部门2010年版,第144—146页。

中一直谋划的国家金融最高权力化身——"总揽三行业务"之联合机关。不过，就当时而言，在缺乏理论支持和实施条件的情况下，蒋介石的这一计划还仅仅停留于战前的设想。筹划建立完全意义上名副其实的国家中央银行制度，应当是国民政府财金管理高层人士对国家金融建设未来走势的期许，而实行计划经济下金融管控模式应当是国民党最高层对现实严峻形势的应对，两者之间有理念和认识的冲突与碰撞，不过最终还是在卢沟桥事变的炮火声中归于统一，并有了随后四联总处的策划和实施。

三、中央储备银行的谋划及其终止

1935 年，国民政府在着手控制中、交两行的同时，也进一步充实中央银行实力，以金融公债项下交拨 3 000 万元作为央行资本，实收资本达到 5 000 万元。5 月上旬，立法院通过新《中央银行法》，废除 1928 年颁布的《中央银行条例》。《中央银行法》明定央行资本为 1 亿元，招募商股不得超过 40%。除纸币发行外，对央行收管各银行存款准备金、办理银行票据之重贴现、买卖金银外汇之业务进一步明确。[①] 在银本位制下，新的《中央银行法》无法赋予央行独立的发行权，分散发行的格局继续维持。到法币改革后，商业银行的发行权被取消，中央、中国、交通、农民 4 行共同分享了法定的发行权，在其他事务方面的权力也相差无几，这是对当时实际的发行体系和银行力量的默认。然而在理论上，法币不同于此前的银本位纸币，属于外汇本位的管理通货，由中央、中国、交通 3 行无限制买卖外汇以保持汇价。失去了纸币—白银兑换机制的制衡，

---

① 《中央银行法》(1935 年 5 月 23 日公布)，洪葭管:《中央银行史料 1928.11—1949.5》(上卷)，第 237—240 页。

法币自然存在潜在的贬值和通胀风险。对法币内外价值的维持，其关键之处，一是在于政府能够掌握足够金银外汇储备并相机进行公开市场操作，二是在于控制法币的发行数量。法币改革后确立的分散发行和外汇买卖的体制不利于政府的金融调控，在国际主流金融调控模式的语境中，货币发行及货币价值的维持是属于中央银行的。在1935年的中国，因为央行实力的局限，政府一时无法赋予中央银行独占的发行权及其他应有的垄断权力。为昭示改革后法币的信用，表明国民政府金融现代化改革的决心，更为在改革中得到英美等国实际的支持，国民政府承诺在法币改革后进行包括改组中央银行为中央储备银行在内的多项金融改革。

1935年11月1日，孔祥熙在致驻美大使施肇基转美国财政部长摩根索的函电中，称“将改组中央银行为中央储备银行，性质上为各银行与一般公众所有，它将是一个独立的机构。改组后的银行将掌握银行系统的准备金，代理国库，为银行之银行，享有发行特权，其他银行发行的钞票将在两年内收回”①。在11月3日孔祥熙关于改革币制实施法币政策的宣言中，他代表国家向公众宣称：“现在国有之中央银行，将来将改组为中央准备银行，其主要资本，应由各银行及公众供给，俾成为超然机关，而克以全力保持全国货币之稳定。中央准备银行应保管各银行之准金，经理国库，并收存一切公共资金，且供给各银行以再贴现之便利。中央准备银行并不经营普通商业银行业务，惟于二年后享有发行专权。”②宋子文在

① 《孔祥熙致施肇基电》(1935年11月1日)，洪葭管：《中央银行史料1928.11—1949.5》(上卷)，第248页。

② 《孔祥熙关于改革币制实施法币政策发表之宣言》(1935年11月3日)，中国第二历史档案馆、中国人民银行江苏省分行、江苏省金融志编委会：《中华民国金融法规档案资料选编》，第404页。

11 月 4 日的谈话中也表示,“统一发行,及改组中央银行为中央准备银行之举措,久已感觉需要,改组后之中央银行,独立进行业务,不受政治影响”①。当时参与币制改革的外国顾问李滋·罗斯(Leith Ross)、杨格、劳赫德(Dr. O. C. Lockhart)等也都将改组后的中央银行作为法币改革能够成功推行的重要条件和必要举措。②总之,进行法币改革的同时,政府、外国顾问和理论界一致认为,为了更好地管理和维护新法币,改组现有中央银行为规范的中央准备银行是十分必要的,孔祥熙在法币改革谈话中还表示,政府将在 18 个月以后实现财政平衡。

至于改组中央银行,第一步是由专家团队提出改组方案。1936 年初,孔祥熙组建了一个制定中央银行改组方案的专家委员会,成员包括陈行(央行副总裁)、席德懋(央行业务局局长)、宋子良(中国国货银行总经理)、阿瑟·杨格(财政部兼中央银行财政顾问)、西里尔·罗杰斯(Cyril Rogers,受英格兰银行指派,到中国协助筹备中央准备银行)、F. B. 林奇(F. B. Lynch,1929 年起开始担任中央银行顾问)6 人。③ 委员会后来向财政部说明,他们致力于在模仿世界最先进经验,并适合中国特殊情形的基础上,建立一个中央准备银行制度。1937 年 2 月,孔祥熙在致李滋·罗斯的信中强调,他完全同意中央准备银行应该强大而独立,尽管政府中有人认为政府对中央银行的利益不应该减少,他仍将坚持中央银行独立性这一原则。④ 6 月 8 日,委员会将有关中央准备银行法的建议书呈交孔祥熙,方案主要涉及银行资本、所有权与控制权、央行与

---

①《宋子文发表谈话》,《银行周报》1935 年第 19 卷第 44 期,第 67 页。

② 石涛:《南京国民政府中央银行研究(1928—1937)》,第 23 页。

③ [美]阿瑟·N. 杨格:《抗战外援:1937—1945 年的外国援助与中日货币战》,第 41 页。

④ 石涛:《南京国民政府中央银行研究(1928—1937)》,第 260 页。

政府关系、集中发行与准备制度4个方面。[①] 报告开宗明义：矫正(通货膨胀)之道，莫过于统制发行，而统制发行，又必集中发行于单一银行。如果多数银行均可自由发行，则统制无从实施，是故集中发行于中央银行，为通货改革最重要之目标。纸币之外，银行支票与信用工具之滥发，与通货增加之结果相同，故同样需要对银行信用加以统制。委员会认为，当时中国应该采取的中央准备银行制度，其精义即在集中全国银行业之准备与享有单一发行权之准备银行。委员会关于改组中央银行为中央准备银行的《中央准备银行法草案》要点如下：

第一，关于银行资本。鉴于现代准备银行均避免资本过巨之危险，中央储备银行亦无经营上之特殊利益，又虑及商业银行和政府认购能力有限，建议将准备银行资本定为5 000万元而不是原《中央银行法》规定的1亿元。

第二，关于所有权与管理。遵循日内瓦与布鲁塞尔等国际会议倡导，不由政府完全管理中央银行，应使政府、银行、公众3方互相制衡，不由任何一方控制通货大权，3方分别掌握央行总股本的40%、30%、30%。央行理事会计划共11人，政府方面3人(指派1人，核准总裁、副总裁各1人)、银行方面4人(其中银行界不超过3人)、社会股东方面4人(3人必须分别从事农、工、商业)。委员会还建议仿哥伦比亚及秘鲁成例，政府持有中央银行股份，但没有选举权。

第三，关于央行与政府关系。委员会承认其时政府举债之必要性，但强调借款应来自市面游资或私人储蓄，而不应来自银行之放款。至于准备银行对政府之直接借款，须以预算年度内之税款偿还，期限最迟在财政年度终了3个月以内，借款数额不超过上年预算

① 石涛：《南京国民政府中央银行研究(1928—1937)》，第249—250页。

收入的1/6。政府各项公债发行,均由中央准备银行代理,但不得由其承购,准备银行亦不得直接放款给商业银行以承购公债。一切公款之收付及汇兑业务,无论在国内国外均集中于准备银行。

第四,关于纸币发行与准备制度。此为计划中最重要部分。委员会认为,准备银行之现金准备,包括对货币发行之准备及商业银行缴存之存款准备两方面。金融调剂之重点在准备金之运用而非单纯保有,现行中央银行关于发行准备须有60%现金准备的规定比例过高,易于导致资金呆滞,建议在平时发行准备最低限度为40%,低于此则贴现率提高一半以收缩市面通货。总体原则是要使储备银行之金融调控富有伸缩力。在委员会草案出台的过程中,国民政府高层同时就此时央行改组进行讨论。早在3月中旬,蒋介石就亲自与孔祥熙、宋子文商谈“中央准备银行条规事”①。草案出台后,先后交国民党中政会和国民政府立法院审议。

《中央准备银行法草案》内容完备,思虑周密,参考世界各国央行之成例又兼顾中国金融市场之实情。草案4月上旬经国民党中政会审议,《中央储备银行法草案》(中政会将银行名称由“中央准备银行”改为“中央储备银行”)及改组中央银行过渡办法获立法院通过。政府基本接受了起草委员会的原则和主张,但对一些关键条款进行了修正:一是,政府所持中央银行股份具有投票权,使得政府对央行具有更大的影响力和控制权;二是,中央银行集中发行的延展期从2年增加到4年;三是,对发钞和存款储备的准备金比例从40%调整为35%;四是,储备银行对政府借款额度比例从不超过上年实际预算收入的1/6,增加到1/4。央行对政府垫款比例的

① 王正华:《蒋中正“总统”档案:事略稿本40》(民国二十六年一月至六月),第271页。

提高，为蒋介石亲自改定。①

显然，从当时世界主要国家中央银行组织和运行模式考察，《中央储备银行法草案》是一个融合中央银行国际通行理念和运行经验的特殊金融机构，是当时富有积极意义的且具有部分理想主义色彩的、令人兴奋的设计安排。关于《中央储备银行法》的最终实施，6 月正在巴黎的孔祥熙致电财政部次长徐堪，请其"分别转请蒋院长、孙院长早日通过《中央储备银行法》公布日期"②。不足 1 个月，抗战全面爆发，这份以单一制中央银行理论为蓝本的中央银行改组计划最终被猝然搁置，成为中国金融现代化进程中一个令人痛心的永久遗憾。不过，根据张嘉璈的说法，《中央储备银行法》不能立刻公布的另一个原因是一些保障央行独立性的重要条款，如政府股份不超过 40%，多数董事由商股产生等，没有得到政府最高领导层实际也就是蒋介石的认可。③ 这种说法是有根据的，虽然蒋介石对改组中央银行为中央储备银行的工作完全知情，甚至直接参与对草案文本的修改，但是，中央储备银行并不是蒋介石的唯一选项。如前所述，早在 1935 年，针对蒋介石在中、中、交 3 行之总裁与理事长之上设一联合机关的打算，中央储备银行案未能付诸实施，抗战全面爆发自然是不可抗力，但事实表明，相较于一个独立运行的中央银行，创办一个更能为自己所用的、凌驾于 3 行之上的管理机构，这确实是蒋介石积极推动的另外一个更具吸引力的方案。既然战争打断了设立中央储备银行的进程，蒋介石原有腹案的出台也就显得顺理成章了。

---

① [美]阿瑟・N. 杨格：《一九二七至一九三七年中国财政经济情况》，第 312 页。

② 《孔祥熙陈立廷等关于中央银行诸事宜往来电》，中国第二历史档案馆藏中央银行档案，档案号：三九六(2)-632(1)，转引自石涛：《南京国民政府中央银行研究(1928—1937)》，第 260 页。

③ 张嘉璈：《通胀螺旋：中国货币经济全面崩溃的十年(1939—1949)》，第 201 页。

第五章　四联总处与抗战初期国民政府金融运作

赢得战争的首要条件是确保战费充足、军备无忧，故金融运作至为关键。当“九一八”事变发生后，国民政府随即着手经济方面的通盘策划，安排部署，督促落实，为即将发生的战争进行相应准备。“七七”事变宣告抗战全面爆发，中国顿时陷于战火焦土之中，民族命运岌岌可危。国民政府迅即启动战时动员，采取一系列紧急措施平稳金融，同时动用非常手段，调集全国金融力量，确保战时状态国家各项事务能够有序部署和有效安置。四联总处正是适应战时金融经济管理需要而建立的全国最高金融统制机构，最初为战争紧急状态下国民政府金融当局的应急之举，但随着战争的持续和战事的严酷，社会各界逐渐形成共识，认识到战争不会在短期内结束，持久战将成为今后常态。如何确保战争所需，维持抗战，赢得胜利，成为国民政府必须考虑的头等大事。于是，创新性的制度安排在金融领域被进一步构想和改造。四联总处经过两次改组，最终衍生出中国战时特有的中央银行体制——代中央银行制。

前文提到，分立特许制是一种具有过渡性质的中央银行制度，“在这种制度下，一国设若干特许银行，均享有一定权利并负担一定义务，相互间属平行关系，其中不再有最高机构，一旦危机来临时相互合作，共同维护金融”①。1935 年，南京国民政府正式建立起以四行二局为主体的国家金融统制体系，继而着手开启币制改革，正式放弃银本位制，实行法币政策，改用管理汇兑本位制，规定中央、中国、交通 3 家银行发行的钞票为法币，且 3 行可无限制买卖外汇，中国农民银行也于次年 1 月获得法币发行等特许权，由此便形成了以中、中、交、农 4 大国家银行为中心的分立特许中央银行体制。然而，对于当时旨在建立单一集中制中央银行的国民政府而言，分立特许的体制终非长久之计，因此国民政府在推行法币政策的同时，也在筹划将中央银行与其他国家 3 行分离，改组为独立运转的中央准备银行（Central Reserve Bank），融入世界中央银行制度体系，并强化国民政府对金融的统制。② 1937 年爆发的全面抗战打断了这一历史进程的正常演进，分立特许中央银行体制也在战时发生了一系列复杂的变化，这些变化集中体现为四联总处的成立及其调整。

如前所述，早在 1935 年法币改革前蒋介石即产生了设立四联总处的构想，即“由一联合机关总揽三行业务”，但直到两年后这一构想才作为战时金融的应急措施最终出台。全面抗战时期，四联总处的组织形式、业务范围、属性定位发生了显著的变化。以 1939 年 9 月颁布的《战时健全中央金融机构办法》和四联总处的第一次改组为界，前期的四联总处属于中、中、交、农 4 行的业务联络和协调组织，改组后成为统御 4 行和其他国家行局的战时最高金融管

---

① 李桂花：《论近代中国中央银行的形成时间、制度类型与功能演进》，第 53 页。

②《中行改为中央准备银行，各方极端拥护》，《申报》，1935 年 11 月 7 日，第 2 版。1939 年上半年，中央准备银行草案经立法院审议时，“中央准备银行”之称改为“中央储备银行”。

理与决策机构，并通过内部统筹协作，将国家最高经济、财政、金融决策、执行、监督等最高资源汇聚一体，进一步形成战时金融调控与战费筹措机制，发挥中央银行职能作用。此一运行体制，即本文所称之“代中央银行制”。

第一节 抗战初期金融形势与金融紧急动员

一、抗战初期的金融市场

1937 年 7 月 7 日，以卢沟桥事变为标志，全面抗战的序幕也就此拉开。日本全面侵华给中国经济带来了巨大的冲击，所引起的后果更是灾难性的。为应对战争紧急情况，国民政府采取一系列非常性手段和措施，建立起战时金融体制，全力集聚国家财富，以纾国难。

抗战全面爆发以前，国内的金融形势虽然时有波动，表现出不稳定的一面，但总体情况尚属可控。从 1935 年 10 月底到 1936 年 11 月底大约一年多的时间内，在币制改革、农业生产、中日关系等国内国际因素影响下，中国金融市场经历了一系列调整，“其反映于一年来金融之动态者，为发行之激增、拆息之下降、国内外汇兑之稳定、现银存底之趋减、票据交换额之渐增、公债市面之恍惚及银行业务之整理”①。在发行方面，不但中、中、交、农 4 行的钞票发行总额从 43 600 余万元激增至 113 500 余万元，是此前总额的 2.6 倍，而且处于过渡期的商业银行和各省立银行也仍有若干发行；在

① 章午云:《币制改革后一年来之我国金融概况》,《海光》1937 年第 8 卷第 1 期,第 12 页。

拆息方面，随着银本位的停止，市场上的筹码增加，国内利率总体呈下降趋势，其中尤以上海最为显著，内地利率则由于资金缺乏、农业用度等原因，时常出现反复；在汇兑方面，币制改革以后，运送现金的必要性大大降低，国内汇率随之趋于稳定，而外汇除因法郎贬值而受到短暂冲击以外，尚无较大变动；在现银存底方面，银行的现银存底数量明显减少，而上海以外的银行存银开始增加，原来存在的现金分布不平衡格局开始改善；在票据交换方面，银行力量的加入使得上海的票据交换总额逐渐增加，票据交换所的范围也日渐扩大，九月份秋收开始后，票据交换迎来高峰期；在公债及证券方面，由于时局不定，人心浮动，公债市场波动较大，上海的股票市场虽地产股票及债票充斥，但证券指数尚能维持稳定；此外，银行业正着手进行改革前金融恐慌的善后工作，对内部业务有所整理，在组织格局上也有所更张。①

由此可以发现，币制改革开启后，其正效应得到了充分发挥。虽然法币的发行量激增，但是由于准备金始终保持在法定比率，不致引起恶性通货膨胀。而币制改革后迎来农业丰收，对于提升宏观经济的景气程度，可谓锦上添花。当然，国内金融市场的发展受到中日战争威胁的压力，再加上沿海、内地市场不平衡等不利因素的掣肘，公债价格、拆息等方面有所波动。但从整体看，国内金融市场稳中有进，即使到了“七七”事变前夕，被视为全国金融中心的上海也仍“因政局安定，建设进步，商工事业皆见活动，于是金融界之业务，亦异常顺利。放出款项，稳健可靠，公债市价，节节上升，而农村放款与参与企业营运，又彼此交获其利，故本届各行盈余，

---

① 章午云：《币制改革后一年来之我国金融概况》，《海光》1937 年第 8 卷第 1 期，第 12 页。

尤较上届丰润云”①。

然而好景不长，全面抗战刚一爆发，国内的金融市场即刻呈现紧张态势，并引发强烈的金融恐慌和市场波动。时人曾考察此种情形，进行分析研判，归纳出全面抗战初期国内金融恐慌的5大特征，包括债市暴跌、汇率贬值、拆息飙升、存款大量挤提、资本外逃严重；上海房地产交易先萎缩后虚旺。② 当然，战争爆发在不同地区所造成的影响也有所差异，此处援引最具代表性的上海一地作为检视对象，以探寻战事爆发对国内金融的影响。

据报载，卢沟桥事变消息对上海的公债市场而言，“犹如晴天霹雳，台面陷入恐怖状态，多头倾泻，散户抛售，势甚汹涌，市价一致暴跌三、四元，丙、乙种下月竟告停板”，而在事变发生的那一周，随着华北局势的诡谲变化，上海公债的市价也几经起伏，最终“全周结果，一致下降六角半至二元不等”③。债市的跌风持续发酵，威胁着沪上金融的安全，致使财政部于8月初出台硬性规定：“自本月二日起，该所（指上海证券交易所）八、九月期统一公债各种交易，以戊、丁两种，每票面百元开价七十元为最低价格标准，其甲、乙、丙三种之最低价格，并应比照平时差价推算。如所开市价低于所定标准价格时，即为无效，并不准在场外交易”④。这一措施实行后，债市交易立时趋冷。财政部对公债市场有所干预，规定特定公债跌3角至1元后便只准拍涨，但规定以外的九六公债，则一路暴

---

①《上海金融》，《金融周报》1937年第4卷1期，第1页。

② 参见贺水金：《试论全面抗战爆发所引发的金融恐慌》，《上海经济研究》2018年第8期，第115—128页。

③《上周债市下降甚暴》，《银行周报》第21卷27期，1937年7月13日。

④《财政部公布公债最低价格》，《银行周报》第21卷31期，1937年8月10日。

跌，跌幅达 3 元 5 角之巨，当局因此不得不采取其他补救手段。[①] 不仅债市下跌，汇兑市场也是波澜频起，“远期汇市复动荡不定，随北方战事之张弛而为升降。中日构衅之说，尚无适当解决，一若天时之阴晴无定，汇市中人亦遂踟蹰不前，有不知何所适从之势”[②]。战时外贸进口量一时减少，对于外汇的需要本应降低，但当时相当多人对局势不抱信心，出于自保或投机目的，纷纷将法币换购成外汇，导致英、美各汇急剧猛缩，并带动金价上涨。而在实行外汇管制以前，为了维持汇率稳定，中、中、交 3 行消耗了大量的外汇储备，这又在一定程度上使形势变得更加复杂。内汇方面，中日战争将法币的流通区域割裂成内地、沦陷区和口岸 3 个区域，上海即是最重要的口岸。但是，当内地汇兑因钞券运输成本增加等原因流于不稳定时，上海不仅难以济内地之需，反成为国内法币外流的出口，由此导致上海与其他城市间汇兑变得更加不平衡。

战争发生后，民众的心理通常变得极为微妙，在不安全感的驱动下，自然而然会将银行中的存款提现，以备不时之需，此种情况也是常情。“七七”事变后，上海开始出现提取银行存款的风潮，各大商业银行存款锐减，其中实力较弱的银行已经难以招架。例如，位于宁波路的大康银行，因被谣传经营公债失败，导致存户纷纷提款，“自（七月）十五日以来，达三四十万元之巨，而甲种活期存款九万余元之被提，尤出乎意料，连日四处张罗，已竭尽心智”，最终于 7 月 21 日下午 3 时半暂告停业。[③] 挤提风潮与汇市波动相呼应，加剧了资本的外逃，而银行存款的不断减少，也

---

① 《财政部规定公债最低价格》，《新闻报》，1937 年 8 月 3 日，第 4 版。

② 《金融及外汇市况报告（廿六年七月廿七日）》，《银行周报》第 21 卷 31 期，1937 年 8 月 10 日。

③ 《本市大康银行停业》，《金融周报》第 4 卷 4 期，1937 年 7 月 28 日。

大大降低了社会资金的流动性,对于上海金融的稳定来说,这些都无疑是雪上加霜。

以上数端,虽然呈现出抗战全面爆发后上海金融市场波动场景的一些片段,但其影响却并不仅仅局限于个别,而是传向上海并波及全国。之后,"八一三"事变发生和淞沪会战打响,意味着上海正式进入战时状态。战火烧向上海的同时,也烧向了上海的金融,使之陷入危急态势,"七七"事变后还稍显平稳的利率也在此时陡然升高。上海拥有特殊的金融地位,此时所出现的危机必然进一步向其他地方发酵扩散,进而给全国金融造成更加剧烈的震荡。

二、金银外汇的成功抢运:国民政府金融紧急动员之一

在 1937 年 7 月 7 日以前,国民政府有感于战争的威胁,已经在为一触即发的大战进行财政方面的准备,如前文提到孔祥熙对欧美各国的借款与白银出售等事务的协商,已有相当之收获。战争爆发后,最初各地市面都异常紧张,如前文提到上海,大量存户纷纷从银行提款。不仅如此,此时大量款项用以向中央、中国、交通 3 行购买外汇,由此造成严重资金外逃,对此国民政府采取相应措施加以遏制。7 月 11 日至 17 日的一周,因日方侵夺及市面一般兑换,沪上外汇趋于紧张,交易旺盛。仅 7 月 14 日一天,3 行在上海共售出英镑 32 万,美元 167 万,财政部紧急要求中交两行停止向外商银行拆款,抑制外汇逃逸。① 金价一反疲软态势,价格升腾;债市

① 《财政部政务次长徐堪致蒋介石电》(1937 年 7 月 14 日),台湾档案部门藏,"蒋介石'总统'文物档案",档号 002080109000010030011a。转引自吴景平等:《抗战时期的上海经济》,上海:上海人民出版社 2015 年版,第 245 页。

多空失据，市价一日数变，波动剧烈，涨跌无定。①

为资金安全计，中央银行立即着手对金银外汇进行转移。1937 年 7 月 9 日，蒋介石致电宋子文“上海各银行现银与钞票，从速先移运杭州与南京，准备向南京和长沙集中，务望五日内运完”②。宋子文奉令后“只与四行秘密商办，其余各商业银行无重大关系，故未通知”③。当时，现金大部分由英美轮船协助运输，单次运力常在 1 000 万美元左右，运送过程中需要随时准备应对日本的阻碍和威胁。除上海外，其他各大城市也开始将现存的白银和钞票移存。一线的执行者宋子文并未如蒋介石所指示的那样，将现银和钞票集中到南京和长沙等地，而是运往香港，最终售往伦敦、纽约。到淞沪会战爆发时，所有的白银和黄金已经从上海移出，当时尚有约 4 300 万盎司、价值约 1 900 万美元的储备被日方要求必须留在天津和北平。后来的事实证明，白银抢运之举非常明智，1938 年秋，日本通过其傀儡禁止政府出售给大通银行的 750 万盎司白银运离上海，这批白银是淞沪会战后民众的捐献。④

---

① 《上海金融》，《金融周报》1937 年 7 月 21 日，第 2 页。

② 台湾档案部门藏，“蒋介石‘总统’档案”，档案号 080109，第 008 卷，财政 7：币制。转引自卓遵宏：《抗战初期沪市金融的维护——从台湾典藏档案看上海金融史》，上海档案馆：《上海档案史料研究》第 2 辑，上海：上海三联书店 2007 年版，第 21 页。

③ 《宋子文电蒋中正》，特交档案，台湾档案部门藏，光盘号：08A－01932。转引自卓遵宏：《抗战初期沪市金融的维护——从台湾典藏档案看上海金融史》，上海市档案馆：《上海档案史料研究》第 2 辑，第 22 页。

④ 参见[美]阿瑟·N. 杨格：《抗战外援：1937—1945 年的外国援助与中日货币战》，第 35 页。

表 5-1 "四行"银元、钞票移运情况(1937 年 7 月)① 单位:万元

地区	现洋(银元)			钞票		
	7 月 9 日数	7 月 28 日	增减数(减少为一)	7 月 9 日数	7 月 28 日	增减数(减少为一)
平津	4 503	4 511	8	14 869	8 896	−5 973
济南	2 458	2 461	3	7 874	1 649	−6225
西安	1 220	1 235	15	2 055	1 681	−374
洛阳	1 026	3 117	2 091	544	1 269	725
郑州	518	438	−80	1 918	3 342	1 424
汉口	2 041	118	−1 923	2 885	4 819	1 934
长沙	2 533	2 535	2	1 578	24 230	22 652
南昌	3 722	3 863	141	17 799	30 860	13 061
上海	4 887	550	−4 337	55 714	9 709	−46 005
香港	6 030	12 238	6 208	46 753	48 132	1 379
杭州	72	78	6	584	11 831	11 247
四川	2 380	2 038	−342	856	1 587	731
福建	78	11	−67	1 111	843	−268
合计	31 468	33 193	1 725	154 540	148 848	−5 692

三、《非常时期安定金融办法》:国民政府金融紧急动员之二

1937 年 8 月 9 日,日军袭击上海虹桥机场,金融市场震荡及资本逃逸加剧,各行庄到期应收款项难以收回。同日,贴放委员会于上海正式成立,主要办理金融工商各业贴放事宜,每日由 4 行代表

① 卓遵宏:《抗战初期沪市金融的维护——从台湾典藏档案看上海金融史》,上海档案馆:《上海档案史料研究》第 2 辑,第 22、24 页。

商定贴现及放款利率，再由中央银行公布。[1] 1937 年 8 月 12 日，蒋介石召集各省军政长官举行“国防会议”，着手建立战时体制，确定国防方针、国防经费之决定、国家动员及其他与国防有关事项，皆由国防最高委员会会议决定。11 月，国民党中央常务委员会决定国防最高委员会取代中央政治委员会职权，战时国家决策机制启动。东北战事一起，都市工厂内迁工作开始列入要务，8 月 10 日，行政院同意拨款 56 万元作为内迁工作补助费，但暂按实际拨付。11 日至 12 日，上海工厂迁移监督委员会、上海工厂联合迁移委员会相继成立。[2] 8 月 13 日，日军发动对上海的攻击，淞沪会战正式爆发。

日本袭击上海时，恰逢周五，按惯例周末银行业休假。这天一早，财政部在上海紧急召集 4 行及银钱两业会议，命令沪上银钱业停业两天（至 8 月 17 日，周二），希望借此间隙对战时金融恐慌造成的争相提存和外汇逃逸等问题作出谋划。显然，此时的核心问题以外汇最为紧要。“七七”事变后，国民政府在策略上对外汇仍作无限制供给，以维持法币汇价。政府之所以选择维持汇价，而不是像部分理论家事先建议的那样对外汇实行即时管制，主要出于两方面考虑：一是政府需要维护法币信誉，但同时又顾虑到外债信用及在华外国资产利益；二是政府认为外汇金银尚有一定储备，有能力维持相对固定的汇价。况且，中日冲突原就时有发生，此次华北冲突是否会发展成全面战争，在当时情形下实未可知，尚不易作出准确判断。蒋介石高度重视汇市变化，对汇市维持情况加以密切

---

① 《贴放委员会办理办法》（1937 年 8 月 9 日），洪葭管：《中央银行史料 1928.11—1949.5》（下卷），第 663 页。

② 参见吴景平等：《抗战时期的上海经济》，第 14—15 页。

关注。在财政部门给蒋介石的报告中,大多是把金融情况列为首位。从汇市维持来看,1937 年 7 月 10 日至 8 月 12 日,国民政府各银行售出外汇达 750 万镑之巨。① 有鉴于此,当时就有呼声建议政府应立即实行外汇管制,如在 8 月 10 日,财政部四川区税务局局长关吉玉曾拟定《战时财政八政策》交公债司司长,建议如下:设国防金管理处和非常预算;改进营业税;对石油、硝磺等重要物资实施专卖;机关献金;整理国税;改良杂税;统御县财政。在金融方面,颁布黄金集中令,统制外汇、统制物价、增发钞票。② 但当时国民政府最重要的金融智囊如杨格和罗杰斯等人的意见更倾向于暂缓外汇管制,他们在一份备忘录中明确表示,如情况进一步恶化,有必要考虑限制提存和进行外汇管制两种方案,但外汇管制是其他方法失效后的最后手段。他们因而建议,在限制提存的同时需要对进出口贸易加以管制,主要是限制进口以减少贸易失衡,同时强调与外商银行的全面合作是拯救外汇贬值的唯一办法。这份文件在 8 月 12 日被呈交国民政府。③

8 月 14 日,国民政府就外汇等金融紧急情况组织磋商讨论,参加人员有财政部两位次长徐堪和邹琳,中国银行董事长宋子文和副总经理贝祖诒,中央银行业务局局长席德懋,3 位外国顾问罗杰斯、杨格和林奇。在讨论中,3 位顾问坚持他们在所提交备忘录中的观点,主要是暂时限制从银行提现;坚决稳定汇率;严格履行与外商银行的"君子协定";由中央银行按规定利率向银行提供货币

① 朱斯煌:《民国经济史》,上海银行学会编印,1948 年,第 129 页。

②《关吉玉拟定战时财政八策致陶昌善函》,中国第二历史档案馆:《中华民国档案资料汇编》第五辑第二编《财政经济(一)》,1997 年版,第 1—11 页。

③ 参见吴景平等:《抗战时期的上海经济》,第 53 页。

信贷。[1] 对此，国民政府接受了他们的建议，于 8 月 15 日随即颁布《非常时期安定金融办法》，共 7 条：

(1) 自 8 月 16 日起，银行、钱庄各种活期存款，如需向原存银行、钱庄支取者，每户只能照其存款余额，每星期提取 5%，但每存户每星期至多以提取法币 150 元为限；(2) 自 8 月 16 日起，凡以法币交付银行、钱庄续存或开立新户者，得随时照数支取法币，不加限制；(3) 定期存款未到期者，不得通融提取，到期后，如不欲转定期者，须转作活期存款，但以原银行、钱庄为限，并照该办法第一条规定办理；(4) 定期存款未到期者，如存户商经银行、钱庄同意承做抵押者，每存户至多以法币 1 000 元为限，其在 2 000 元以内的存额，得以对折作押，但以一次为限；(5) 工厂、公司、商店及机关之存款，为发付工资或军事有关，须用法币者，得另行商办；(6) 同业或客户汇款，一律以法币收付；(7) 该办法于军事结束时停止。[2]

同日，财政部授意上海银行业同业公会致函外商银行公会，拟定 3 项办法请各外商银行查照办理，具体办法如下：(1) 拒绝新开本国存户及中国老存户增加存款。(2) 所有银行客户外汇应予以限制，中国存户外汇更应注意。(3) 所有投资性质外汇盖予拒绝。[3] 外商银行于 17 日复函认为“可以遵办以资互助”，上海银行业、钱业公会则以《非常时期安定金融办法》所定过于严苛，不利于

---

① 西里尔·罗杰斯受英格兰银行指派，来到中国协助建立战前筹备中的中央储备银行；F. B. 林奇 1929 年起担任中央银行顾问；阿瑟·N. 杨格担任国民政府财政顾问。[美]阿瑟·N. 杨格：《抗战外援：1937—1945 年的外国援助与中日货币战》，第 41 页。

② 洪葭管：《中国金融史·第四卷·南京国民政府时期》，第 319—320 页。

③《财政部致外商银行公会函》(1937 年 8 月 15 日)，上海市档案馆藏上海银行公会档案，档号：S173-1-96。

正常信用周转而提出补充办法 4 条，经财政部核准后于 17 日施行。[1] 其主要内容为：(1) 银钱同业所出本票，一律加盖同业汇划戳记，此据只准同业汇划，不付法币及转购外汇。(2) 存户所开银钱同业 8 月 12 日本票与支票，亦视作同业汇划票据。(3) 银钱业各种活期存款，除遵照部定办法支取法币外，在商业用途上所有余额得以同业公会付给。(4) 对续存或新开存户，银钱业应分别注明法币或汇划，支取时分别给付。

银钱业公会的补充要点在于准以同业汇划票据作为必要金融周转之补充手段，据此银钱业与工商业之往来、上海与内地款项汇兑等均可以汇划票据办理，这也是上海银钱业"一·二八"事变和 1935 年金融危机中被证明为行之有效的手段，既限制了法币供应又能尽量减少对工商业的影响。此后，财政部分别致电各省，要求参考上海安定金融办法，依各地情况妥善制定办法。9 月 1 日，汉口钱业公会亦仿照上海办法，在财政部办法基础上规定了横线支票的使用范围，即考虑到商业需要而放松财政部的限制。[2] 在具体的政策执行中，政府又会对各种特殊情况进一步放宽，如政府机关在发放工资或军事有关者，300 元以下小额存户、缴纳国税、购买救国公债、外侨离境均可提现等。[3] 之所以有以上变通，实因部令对提存的限额过严，对于小额存户，每周支取 5％根本不足以度日。大战降临，民众财产多被损毁，一时难民遍地，100 多万人拥入租

① 中国第二历史档案馆、中国人民银行江苏省分行、江苏省金融志编委会：《中华民国金融法规档案资料选编》，第 627—628 页。

② 中国第二历史档案馆、中国人民银行江苏省分行、江苏省金融志编委会：《中华民国金融法规档案资料选编》，第 628 页。

③ 参见张天政：《上海银行公会研究（1937—1945）》，上海：上海人民出版社 2009 年版，第 62 页。

界。据时人回忆，上海竟有 70 万人栖身路边。民生之苦，已然苦不堪言，政府也必须有所体恤。[①] 8 月 23 日，典当业公会首先向商会和财政部提出请求，获准典当业可向各银行钱庄支取款项。[②] 8 月 27 日，财政部复准上海市商会电，对各地典业存款，准予通融。[③] 银行公会向典当业接济 1 元法币及小额辅币以救济民众。8 月 31 日，政府第一次完全放宽了对小额提款的限制，规定自 9 月 1 日起，所有存款额在 300 元以下者，得一次提取法币。[④] 鉴于此时同业汇划过分集中于国家行局，致使一般同业清算困难，故政府规定除特定情形外，国家银行不得接受汇划支票，私营行庄清算难题因此有所缓解。

《非常时期安定金融办法》出台并组织实施，这是抗战后国民政府集中金融调控的第一次，也是后来战时金融全面管制的第一步。此办法出台后，由于用户的提存得到严格限制，使银行、钱庄获得了喘息机会，人心也有所安定。该办法主要思路是通过对法币限制支付，稳定金融市场，并以此降低外汇兑换的需求，实际是战时金融调控理论中银行负债延期支付的形式之一。在全面的紧缩政策之下，政府需要同时考虑金融业业务经营需要及工商业融

① 参见陈存仁：《抗战时代生活史》，桂林：广西师范大学出版社 2007 年版，第 9 页。

②《上海市商会为典当业提现致银行公会函(1937 年 8 月 23 日)》，上海市档案馆藏上海银行公会档案，档号：S173 - 1 - 282，第 76 页。转引自张天政：《上海银行公会研究(1937—1945)》，第 62 页。

③《财政部令》(1937 年 8 月 27 日)，上海市档案馆藏上海银行公会档案，档号：S173 - 96。转引自宋佩玉：《抗战前期上海外汇市场研究 1937.7—1941.12》，第 145 页。

④《财政部致上海市政府、市商会、银行业同业公会、钱业同业公会函》(1937 年 9 月 1 日)，上海市档案馆藏上海银行公会档案，档号：S173 - 1 - 96。转引自宋佩玉：《抗战前上海外汇市场研究(1937.7—1941.12)》，上海：上海人民出版社 2007 年版，第 149 页。

资需求，并对相关制度在实施后进行逐步调整与修正，而修正方案的意见来自金融业既往的业务经验及各方面的实际诉求。尽管存在融资阻滞、汇划票据贴水及资金管控不严等种种问题，但安定金融办法在平抑市场波动、保存外汇、维持法币价格等方面仍旧取得了显著成效。政府对汇价的支持，极大地稳定了金融市场，从七七事变至“八一三”事变前，国民政府就抛售了相当于4 200万美元的外汇。①

全面抗战初期，宋子文在金融市场上的应对举措是基本成功的，特别是回头来看那些未被采纳的方案，或许更有感触。“八一三”事变后，身在欧洲的孔祥熙曾拟定《临时紧急救济市面经济办法》，经徐堪转呈蒋介石。其中，所主张各项政策与宋子文有显著区别者，主要表现如下：(1) 切实统制外汇，除确有急需且经核准外，不得购买；(2) 如有必需，准由本部斟酌特设机关发行流通券，与法币同价行使，唯(所发流通券)不得购买外汇；(3) 拟发行 30 年长期救国公债 20 亿元。② 关于外汇管制，在外国顾问的建议下，国民政府牺牲了部分外汇储备，暂时维持了相对自由的汇兑局面。10 月，汇价出现不利于中国的变动，孔祥熙此时已回到国内。当时，政府中对外汇加以管制的呼声渐高。对此，他甚至亲赴香港与宋子文及国民政府的财经智囊们讨论是否开始管制外汇，但未能获得普遍支持。不过，开放外汇造成的储备流失后来成为孔祥熙对宋子文加以指摘的一大罪状。

至于各方发行新货币的提议，政府内部基本持否决态度。也

① [美]阿瑟·N. 杨格：《中国的战时财政和通货膨胀(1937—1945)》，第 145 页。

② 《徐堪电邹琳呈蒋中正》，《特交档案》，光盘号：08A－01894。转引自卓遵宏：《抗战初期沪市金融的维护——从台湾典藏档案看上海金融史》，上海档案馆：《上海档案史料研究》第 2 辑，第 26—27 页。

有学者持与孔祥熙类似的想法，即在法币之外发行新货币以支付国内战争费用，避免法币贬值。杨格曾致信主张实行货币双轨制的著名经济学家刘大钧，观点鲜明，表示新货币的发行既不利于维持法币，也不利于保护外汇。① 当时，还有一种想法，就是发行小范围通用的临时代用券。《非常时期金融办法》实施后，因市面筹码严重不足，8 月 23 日，上海绸缎业公会提出由商会发行上海临时商用票，但此项提议一经提出即遭到各方的严厉批评。②

四、战费的早期筹措：国民政府金融紧急动员之三

发行公债是筹措战费最直接也最便利的方式。抗战全面爆发后，国民政府发行了第一种战时国内公债——救国公债。1937 年 8 月 18 日，国民政府制定《救国公债条例》，正式于 10 月 15 日公布。为配合公债募集，财政部于 8 月 21 日制定《救国公债募集办法》，于 9 月 6 日制定《修正救国公债募集办法》。由此，国民政府通过发行与募集战时公债以筹措战费的举措正式启动。为"鼓励人民集中财力充救国费用"，国民政府发行救国公债总额 5 亿元，以国库税收为担保，年息 4 厘，分 30 年还清，自 1937 年 9 月 1 日起，照票面十足发行。上海设立劝募委员会总会，由宋子文任委员长，在各地设劝募分、支会，制定专门章程，对募集成绩突出者，由财政部呈请国民政府予以奖励。救国公债与以往公债有所不同，主要表现为：一是按票面十足发行，不设折扣，定息 4 厘为历年各项公

---

① 参见王丽：《杨格与国民政府战时财政》，上海：中国出版集团东方出版中心 2017 年版，第 61 页。

②《上海市商会为绸缎业公会主张沪市发行商用票致银行公会函》(1937 年 8 月 23 日)，上海市档案馆藏上海银行公会档案，档号：S173－1－282，第 90 页。转引自张天政：《上海银行公会研究 1937—1945》，第 62 页。

债最低，且期限较长。二是所募现金、物品较为广泛，几乎所有高流动性资产都可用于认募公债，如国币、硬币、外币、生金银及其制品、有价证券、存款折据、有奖储蓄会会单及已届现金退换期的人寿保单、易变现的不动产、可立刻变价或可直接应用的物品材料等。① 尽管救国公债所给出的条件并不优厚，但国难当头，尤其淞沪战场军队的顽强抵抗，极大地激发了民众的爱国热情，反映在公债的经募、劝募、认购上尤其积极热烈，收效甚巨。该项公债在极短时间内国内认购1.46亿元，海外认购 3 700 万元，剩余公债抵押给四大国家银行，作为预借款项的担保。② 1937 年 12 月 3 日，正式发布救国公债停募及劝募会停止运行，宣布已募足金额，所遗事项由 4 行办理。国民政府在感谢人民爱国热忱的同时，也承认募集过程中有强制和摊派现象。③ 12 月 1 日，为整理桂钞，推行法币，国民政府还发行了“整理广西金融公债”1 700 万元，年息 4 厘，由中央银行经理还本付息事宜。④

至于外债，虽然在全面抗战爆发前夕，孔祥熙在欧洲与各方达成多项借款意向，但直至 10 月 10 日回国并未签订借款合同。相反，在 1937 年，中国克服极大困难，偿付了包括对日债务在内的外债。华北战事以后，津海关、秦海关、江海关相继落入敌手，中国关税损失近 70%，当年用于偿还外债的 4 500 万美元中，2 600 万美元

① 千家驹：《旧中国公债史料 1894—1949》，北京：中华书局 1984 年版，第 276—279 页。

② [美]阿瑟·N. 杨格：《抗战外援：1937—1945 年的外国援助与中日货币战》，第 45—46 页。

③《财政部关于停募救国公债电》(1937 年 12 月 3 日)、《财政部关于救国公债停募后处理办法电》(1937 年 12 月 3 日)，中国第二历史档案馆：《中华民国档案资料汇编》第五辑第二编《财政经济(二)》，南京：江苏古籍出版社 1997 年版，第 484—485 页。

④ 千家驹：《旧中国公债史料 1894—1949》，第 280 页。

来自关税,450 万美元来自盐税。多个海关沦陷后,后续的外债偿付失去保障。为保证关税收入的安全,津、秦海关沦陷后,国民政府提出保全关税收入以偿还内外债务的要求,政府中也有人提议暂停支付原有对日债务,但被杨格等专家否决。日方允许关税对外债务照常汇解的条件是将税款存入日方认可的银行,余款须存入横滨正金银行,而中国坚持存入中立国的第三方银行,虽然英、美等国参与斡旋,但最终津、秦关税还是被强制存入了天津横滨正金银行。① 因需要继续维持外债信用,国民政府只能通过继续出售白银来获得外汇。1937 年,国民政府共完成 3 笔对美售银协议,但根据杨格的记录,到 11 月底累计购银达 5 000 万盎司,收入 2 250 万美元,于 12 月 2 日又达成另外 5 000 万美元的购银协议。② 为了增加金银存底,国民政府继续实施法币改革后的金银收兑政策,制定《金类兑换法币办法(1937 年 9 月 28 日)》及相关实施细则(1937 年 10 月 10 日),根据交兑黄金数量,给予一定溢价手续费,若以金类交四行作法币存款,另加周息 2 厘。③

综上所述,抗日战争全面爆发初期,即从“七七”事变到淞沪会战,是国民政府进行财政金融动员的准备阶段,除安定市场外,国民政府开始紧急抢运位于上海的金银和钞票,同时就战时财政金融管理的总体方案进行筹划。在上海主持金融大计且运筹帷幄的,是不久前主持中央储备银行的席德懋、杨格、林奇和罗杰斯等人。不管法币政策实施时孔祥熙关于中央银行改革的宣言多么真

① 王丽:《杨格与国民政府战时财政》,第 36—40 页。

② [美]阿瑟 · N. 杨格:《抗战外援:1937—1945 年的外国援助与中日货币战》,第 37 页。

③《财政部公布之金兑换法币办法》(1937 年 9 月 28 日),中国第二历史档案馆、中国人民银行江苏省分行、江苏省金融志编委会:《中华民国金融法规档案资料选编》,第 422—423 页。

诚，不管中央储备银行的方案多么周密，在大战爆发时，这些崇尚独立中央银行的信徒们首先要考虑的，是平抑动荡的金融市场，维持新生的法币汇价以及应对随之而来的通货紧缩，而且这一切还要在未能建立起拥有足够金融调控实力的中央银行的现实基础之上运作，其艰难程度可想而知。

更重要且直接的问题在于战费的筹措，对此，国民政府进行了一系列金融紧急动员。金融中心上海被卷入战争后，实质性的金融动员随即开始。为维护法币信誉，保持汇价稳定，国民政府不得不选择无限制供应外汇，抑制外汇投机的办法主要是金融债务的延期支付，政府要求包括外商银行在内的金融机构限制法币的提取并控制法币兑换。1937 年秋天，中国迎来了难得的农业丰收，农工商各业也需要更多的资金，而通货紧缩不可避免地造成了民众生活的不便和工商业的萧条，国民政府必须在市场的融资需求与通货紧缩中取得平衡。为此，主要国家行局受命开始举办针对各行业的联合贴放业务，为增加国家银行间的合作，实现更广泛的业务联合并在行动上保持一致，政府要求 4 行设立一个联合办事机构，于是，四行联合办事处诞生。在最初三四个月，国民政府金融动员取得了很大成功：在外汇储备减少的压力下，仍然对法币之外发行新货币的建议予以拒绝，使法币闯过了最初的难关；外债如期偿付，公债募集顺利。不过，从另一方面看，这种以非通货膨胀手段解决战争庞大支出的方式隐藏不少后患，并在淞沪会战失利后越来越多地显露出来，其中最主要的是，维持汇市的压力在 11 月下旬以后增大了，主要原因是军事失利以及国民政府金融枢纽退出上海。为了减轻留守分支行的压力，国民政府宣称这些银行（指 4 行上海分行）继续运营，是为了所有利益相关者，而维护上海货币市场，只限于开展“货币和商业性质的普通业务”，不再负有政府要求的金融调控职能。[①] 更多的金融机构和工厂离开了上海和南京，市场的信心因此动摇。此外，最初限制存款提取政策所发挥的作用越来越小，数月之后，中小账户的余额几乎都被提取，商业汇兑与放款的限制也有所放松，贴放业务的开展又增加了市场的流动性。政府需要卖出更多的外汇来保护法币，11—12 月份国民政府外汇储备减少 4 600 万元，从“七七”事变起总计抛售8 900万元，而最初 3 个月外汇储备并没有减少。[②] 在政府高层，对开放外汇的批评声音越来越多，主张外汇限制的孔祥熙与主持外汇大局的宋子文等人的分歧也逐渐公开。在财政方面，随着战局的恶化，税收来源不断丧失，而保全关税方面的努力又不尽人意，争取外债谅解也没有获得期待的回应，债务偿付压力越来越大，而最终的财政缺口只能依靠银行借款。在金融方面，强有力的金融统制体系尚未建立，国家银行松散的合作方式影响政策的最终效果。

诚然，国民政府应该对战局恶化带来的财政金融上的困难有充分估计，毕竟战争初期的金融动员模式只是向战时体制过渡的暂时安排。在战况尚未恶化的 1937 年 8 月 30 日，国防最高会议通过了《总动员计划大纲》，是为战时社会动员的总体纲领，对财政金融作出了更系统、更严格的规定，诸如举办新税、整理地方财政、法币发行、从速实行中央储备银行法所规定的金融制度、严格限制外汇、引导金融机构合理分配资金等等，国家对金融统制意图明确。[③] 无论如何，抗日战争全面爆发，国民政府需要开拓新的渠道来获得战争经费。

---

① [美]阿瑟・N. 杨格：《抗战外援：1937—1945 年的外国援助与中日货币战》，第 42 页。

② 王丽：《杨格与国民政府战时财政》，第 154 页。

③《总动员计划大纲内容》参见《〈总动员计划大纲〉中之财政金融部分》(1937 年 8 月 30 日)，重庆市档案馆、重庆师范大学：《中国战时首都档案文献・战时金融》，重庆：重庆出版社 2014 年版，第 1—2 页。

第二节 四联总处的设立及其初期运作

一、战时统制经济体制的初步构建

战前，由于采用西方技术的现代经济部门发展较快，东部沿海地区现代化程度较高，而广大内地却几乎没有什么像样的现代经济部门，处于十分落后的状态。抗日战争全面爆发后，国民党政府被迫远离其原来的经济中心，依托于中国社会经济中最不发达的西部地区作为抗日大后方。日本几乎攫取了中国最富庶地区，还精心策划从各方面对大后方实行经济封锁和掠夺，加剧中国经济的困难，导致国内物资供给严重不足。为了有效调动紧缺资源以应付战争急需，国民政府在全国实行战时经济统制，即以超经济的国家干预手段，发展国家资本，限制民间资本，建立起战时统制经济体制。一方面，国民政府极力争取国外经济援助和商品输入，另一方面对国内有限的经济资源进行广泛动员，集中调配使用。在人力资源方面，废弃战前的募兵募工制度，改为征兵征工制度，规定凡属兵役工役适龄的男子均有应征服兵役、工役的义务。在财力资源方面，通过增加税收、募集内外债、对重要民生日用必需品实行专卖等手段，增加中央财政收入在国民收入分配中的占比。在物力资源方面，规定棉、丝、钢铁等 47 项物品以及经营这些物品的各企业都必须接受政府管理，严禁收缩、停业；动员沿海地区的工厂迁移内地生产；将战时必需的矿业、制造军用品的工业以及电气事业收归政府经营或合办；对指定的物品，得依公平价格收买；1940 年后又直接向农民征集公粮；在大后方物资极度匮乏的战争后期，对食盐布匹、粮食、火柴、肥皂、食糖、烟类等民生日用品实行专卖,采取配给制,使统制经济渗透到了社会生产、交换、分配、消费各个环节之中。总之,国民政府因此集中了国内重要战略物资,也获得了持久抗击日本侵略的砝码。

战时统制经济体制与战时国家高度集权的运行体制一脉相承。“七七”事变后,出于国防安全的考量,国民政府被迫进行以扩张军事机关为主要内容的行政机关调整,迅速进入战备状态。1937 年 12 月 6 日,国防最高会议(国防最高委员会)正式代行国民党中央政治委员会职权,成为最高决策机关,而且规定开会地点“应在军事委员会委员长所在地”①,国家财经顶层设计服务于战时需要,军事色彩增强。早在此前,国民政府军事委员会的组织便已迅速膨胀,其下属机关中,不少具有经济行政机关的职能,比如成立于 7 月间的国家总动员设计委员会,下设的第四组即主管财政金融、经济交通及国防工业等事项。10 月,直属于军事委员会的农产、工矿、贸易 3 个调整委员会宣告成立,分别以周作民、翁文灏、陈光甫为主任委员,负责农村经济、实业生产和国际市场工作,此即军委会三调整会。除了三调整会,军委会下还拥有军事委员会第三部、第四部,运输联合办事处、对外贸易委员会等经济主管机关。相应地,政府行政体系内则设有财政部、实业部、资源委员会、建设委员会、经济委员会等经济部门。经济事务上非常规性的军事机关与常规性的政府部门双轨并行,不可避免地造成经济行政机关的“叠床架屋”。

战争开始后不久,国民政府颁布《非常时期农矿工商管理条

---

①《国民政府关于由国防最高会议代行中央政治委员会职权训令》(1937 年 12 月 6 日),中国第二历史档案馆:《中华民国史档案资料汇编》第五辑第二编《政治(一)》,南京:江苏古籍出版社 1998 年版,第 148 页。

例》,相当于国家经济总动员法,调整、裁撤并设立了一系列的统制机构,进行全国经济资源的总动员,谋求国防目的的实现。除四联总处外,国民政府于 1938 年 1 月 14 日颁布了《经济部组织法》,正式将实业部改组为"管理全国经济行政事务"的经济部,内部设有总务、农林、矿业、工业、商业、水利 6 个司,秘书、参事、技术 3 个厅及统计室、会计处、合办事业监理委员会等单位,下辖资源委员会、工矿调整处、农本局等机关。同月,国民政府将铁道部并入交通部。2 月 7 日,为了精简办事机构,进一步进行经济行政机关改革,将农产、工矿两调整委员会及资源委员会改隶经济部;农产调整委员会并入经济部农本局,其农产输出国外之贸易事宜,则划归贸易调整委员会办理;将原属财政部之粮食运销局归并于经济部之农本局;将贸易调整委员会及对外贸易委员会暨重庆行营管辖之禁烟督察处改隶财政部;将原属经济部之国际贸易局归并于贸易调整委员会;将农产、工矿、贸易三调整委员会所设之水陆运输联合办事处,改隶交通部。① 此外,国民政府还颁布新商会法及同业公会法,规定工厂、商号、钱庄、银行等都必须参加各该同业公会为会员,而每一同业公会又必须参加当地商会为会员,如此"纵横联系,形成一有机组织"以便获得政府对于工商运输各业之辅导监督。通过此番变动,全面抗战初期国民政府的统制经济管理体系基本成型,以此谋求全国经济资源的总动员。

1938 年 3 月底,国民党临时全国代表大会在武汉召开,会上通过了《抗战建国纲领》,涉及经济内容共 8 条:"第一,经济建设应以

---

① 《军委会与行政院会商调整所属机关组织与隶属关系》,中国第二历史档案馆藏,档案号:1-9。转引自刘大禹:《论抗战时期国民政府经济行政机构的调整——以翁文灏主持的经济部调整改革为中心》,《军事历史研究》2015 年第 3 期,第 47 页。

军事为中心,同时注意改善人民生活,本此目的,以实行计划经济,奖励海内外人民投资,扩大战时生产;第二,以全力发展农村经济,奖励合作,调节粮食,并开垦荒地,疏通水利;第三,开发矿产,树立重工业的基础,鼓励轻工业的经营,并发展各地之手工业;第四,推行战时税制,彻底改革财务行政;第五,统制银行业,从而调整工商业活动;第六,巩固法币,统制外汇,管理进出口,以安定金融;第七,整理交通系统,举办水陆空联运,增筑铁路公路,加辟航线;第八,严禁奸商垄断居奇,投机操纵,实施物品平价制度。"①此纲领逻辑非常清楚,即通过在全国范围内实行统制和计划经济,扩大战时生产,最终充实抗战力量。

二、四联总处的设立

随着战时军事、政治、经济体制的基本确立,财政金融必须构建与之相适应、相协调的运行机制。在抗战建国大纲中,确立了以对敌金融作战、稳定法币价值为核心的金融管理目标,即通过统制银行业,巩固法币,统制外汇,实现安定金融。银行和金融的统制,无论是对调整工商业还是扩大生产来说,都具有至关重要的作用。因此,由四联总处和联合贴放委员会构成的金融体制,是抗战前期经济运行中不可或缺的一环。

4 家国有银行最初的联合动机即为办理贴现业务,以应付抗战全面爆发后社会普遍增加的资金需求。战时的金融调节以通货数量为主要对象,以战费资金筹措为基本目标。无论是应对市场波动、支持实业内迁还是满足军费陡增的需要,都需要大量的资金支撑。在全国银行存款减少的情况下,只有发钞银行可以增加流动

① 朱世珩:《抗战中经济建设》,西南游击干部训练班编印,1939 年,第 30 页。

性,从而成为市场资金的主宰。同时,发钞银行也有义务担负起为财政垫款的责任,按发行额的多寡,弥补政府支出增加、收入减少所造成的财政赤字。① 法币改革后,尽管中央银行实力大增,货币的发行也呈现出集中化的趋势,但其并没有独占发行权,且发行准备亦一直没有超过中国银行,因此无力独自承担调节战时金融的重任。正如时人所议论,"中央银行因缺乏发钞集中及准备集中两大权,故力量薄弱,不能领导金融事业,平时既不能规定利率,控制市场,遇恐慌时代,亦无力调剂金融,为最后之救济者。此种现象,实由中央银行历史太短,未能为自然之演进,而法律又未能预为集中之设计所致"②。而在另一方面,作为特许银行的中国、交通、农民 3 行,在业务上也各有侧重和优势,因此四行联合以应对全面性的危机成为大势所趋。

战时金融业普遍采取紧缩政策以求自保,社会上的资金便陷入窘困境地,工商业紧跟着也有停滞之虞。1937 年 7 月 29 日,财政部函告中央银行,要求中、中、交、农 4 行成立联合贴现委员会,但由于贴现与放款理应并重,故又改称"贴放委员会",由中、中、交、农各派两名代表组成。③ 8 月 2 日,徐堪向蒋介石报告称,"已商由中、中、交、农四行联合组成贴放委员会,如各行有紧急情形,系属正当需要,而能提供相当押品者,由委员会予以贴现或放款,

① 参见洪葭管:《中国金融史·第四卷·南京国民政府时期》,第 328 页。

② 章骏锜:《对于中央储备银行法案之管见》,《时事月报》1937 年第 16 卷 6 期,第 406 页。

③《投资贴放方针政策的演进》(1947 年 10 月),重庆市档案馆、重庆市人民银行金融研究所:《四联总处史料》(中),第 340 页。

以资维持。本日宣布委员会成立，人心较安，谨报请鉴核”①。8月6日，据《申报》消息，中央、中国、交通、农民等银行为调剂盈虚、活泼金融起见，成立贴现放款委员会，于即将开始营业。② 8月9日，四行联合贴放委员会在上海正式成立。该会甫一成立，便制定了《贴放委员会办理同业贴放办法》和《贴放委员会办事细则》，旋又因需兼顾农工商矿各业资金流通，删去“同业”2字。该办法共14条内容，主要针对该会的业务、贴放的担保品、申请及审核手续等方面作出规定。③ 到8月26日，中、中、交、农4行联合办事处业已成立，该处拟具的《四行内地联合贴放办法》正式颁行。其时，全国汉口、重庆、南京、南昌、广州、济南、郑州、长沙等8地已经设立了贴放委员会，还建议“兹以杭州、宁波、无锡、芜湖四处均系工商重地，应予添设。除由联合办事处派定主任委员外，并由四总行遴派指导委员每处1人，前往上列12处接洽指导，务使中央整个金融政策各地均可彻底了解，以免扞格而利施行”④。8月27日，中、中、交、农4总行为使贴放业务推广至内地起见，复令各地分支行在所在地设立联合贴放委员会，制定办法，以办理当地贴放事宜。⑤ 四行联合贴放委员会从1937年8月到1937年底，贴放资金共8 900

① 中国第二历史档案馆：《中华民国档案史料汇编》第五辑第二编《财政经济（四）》，南京：江苏古籍出版社1997年版，第438页。

②《中中交等行合设贴现放款　成立委员会，不日开始营业》，《申报》，1937年8月6日。

③ 王元照：《四行贴放工作之检讨》，《经济汇报》1940年第1卷第4期，第1页。

④《徐堪报告修正中中交农四行内地联合贴放办法密电》（1937年8月26日），中国第二历史档案馆：《中华民国史档案资料汇编》第五辑第二编《财政经济（四）》，南京：江苏古籍出版社1997年版，第1页。

⑤ 王元照：《四行贴放工作之检讨》，第1页。

万元。①

银行间的联合，在民国金融史上不无先例。1921 年，北方的盐业、金城、中南 3 家私营银行成立联营事务所。次年，大陆银行亦参与其事，故将原有组织升级为四行联营事务所，这 4 家银行也因此合称“北四行”。然而，这次联营的层次较低，纯属商业行为，而且“联营的目的是厚集资本，互通声气，藉以提高信誉，扩展业务”②。而南京国民政府时期中、中、交、农 4 大国家银行已经为政府掌控，若要它们走向联合，必是出于政府统制目的。前文提到，1935 年 4 月 3 日，蒋介石给孔祥熙发的电报中就曾提到，设想在中、中、交之总裁与理事长之上，设一联合机关总揽 3 行业务，以监督 3 行并对政府负责。所谓总揽 3 行业务的“联合机关”，应当是现在有据可查的蒋介石最早关于国家银行联合的表述。

关于四联总处的设立时间，目前的研究多语焉不详。既有研究大都征引或参考了徐堪的回忆，然而单就徐堪本人的说法至少有两个截然不同的版本：第 1 个时间比较模糊，为“七七”事变后不久。1940 年 1 月，作为四联总处秘书长，徐堪在论述组织沿革时表示，“七七事变起，沪市震动，中央、中国、交通、农民四银行，为安定国内金融市场准备非常计，组成四行联合办事总处于上海，由四行各派代表共同研讨并督促各行履行联合办理之事务，实为四行合力应付战时金融之嚆矢”③。第 2 个版本则是徐堪在 1945 年 8 月 23 日四联总处理事会上的说法，为“八一三”事变前后。“至‘八一

① 尤云弟：《四联总处金融管理研究（1937—1948）》，杭州：浙江大学出版社 2019 年版，第 16 页。

② 洪葭管：《金融话旧》，北京：中国金融出版社 1991 年版，第 84 页。

③ 徐堪：《中中交农四行联合办事总处之组织及其工作》（1940 年 1 月），重庆市档案馆、重庆市人民银行金融研究所：《四联总处史料》（上），第 53 页。

三’全面抗战开始，金融总枢机构之设立未可再缓，本席乃建议成立四行联合办事总处，在孔兼部长未回国期间，由宋董事长负责主持，四行高级人员一体参与。自‘八一三’成立之日起，每日开会一次或数次不等，厘定规章，分派主管并租定办公地址，分别设立上海及内地贴放委员会。凡财部决定之措施，如安定金融办法等等，均由本总处赞襄及执行。随又建议设立农产、工矿、贸易三调整委员会，于是战时之金融经济政策得以确立。”①徐氏在这两个版本的说法中将四联总处的成立时间追溯到“七七”事变发生后和8月13日，实际均为概说，但仅凭“自‘八一三’成立之日起”即将此日等同于四联总处成立的时间，未免谬误。8月13日，正当日军挑起淞沪战端之时，财政部正在上海召集4行负责人商讨金融对策，宋子文和徐堪也都身处其间，其时四行联合贴现放款委员会已经成立，业务尚起步，四行联合办事处则尚未成立。

1937年8月19日的《立报》刊登了一则新闻，内容是前一天财政部发出的通电：“查《非常时期安定金融办法》，业经公布施行，关于内地各都市市面资金之流通仍应设法自持，而内地银钱业之组织既多不健全，其营业方法又多未能悉合法定，上海银钱业同业汇划办法，既万不能仿行于内地，而各地情形又不尽同。兹为安定整个金融，并维持各地市面流通起见，业经由部函请中、中、交、农4行先就设有分支行之重要都市，各设联合办事处，即日成立，责成体察当地情形，妥拟适当办法，报请核定施行。”②大概四行联合办事处成立的时间约为8月19日左右。只不过，当时其正式名称中

① 《徐堪谈四联总处成立的经过》(1945年8月23日)，重庆市档案馆、重庆市人民银行金融研究所：《四联总处史料》(上)，第66页。

② 《财政部电各省市维持内地金融》，《立报》，1937年8月19日，第3版。

并无“总”字，成立的初衷也非如徐堪所言的作为“金融总枢机构”存在，而是为了呼应内地安定金融、维持市面流通的需要。由于中、中、交、农4行的总行都设在上海，上海的四行联合办事处自然称为总处，相对应地，各地的办事处也就成了分处。26日，徐堪在给财政部次长邹琳转蒋介石的《修正中中交农四行内地联合贴放办法电》报告中，有“关于贴放手续及押品审核保管处分事项，应由当地联合贴放委员会拟具办法陈请四行联合办事总处核准行之”①。由此可知，到此时上海的四行联合办事处已经以“总处”名之。设立之初，四联总处主要工作是核办贴现或放款，实际与先前成立四行联合贴放委员在业务上合为一体。总处大致以配合财政部决议，执行《非常时期安定金融办法》为中心任务。每日会议1次至数次，仅由4行各派代表一人参加，每次际会，需要各行局间事先联系。② 此时的四联总处，明显只是四行业务联络或协调的办事机构。四联总处的组织和机制都流于简单，还未能够进阶为核心的金融决策机关，初时只是“以集合国家银行力量，齐一步骤，推行国策，协助抗战为主要任务，并于各地举办联合贴放，以活泼内地金融，扶助生产事业”③。

三、四联总处初期运作及其职能拓展

联合贴放是四联总处成立之初最重要的业务。除了金融市场深受战争影响发生剧烈波动外，全面抗战的爆发也使实业界经历

---

①《徐堪报告修正中中交农四行内地联合贴放办法电》(1937年8月26日)，中国第二历史档案馆:《中华民国档案史料汇编》第五辑第二编《财政经济(四)》，第2页。

② 刘攻芸:《四联总处之任务》(1944年3月)，重庆市档案馆、重庆市人民银行金融研究所:《四联总处史料》(上)，第60页。

③ 四联总处秘书处:《四联总处文献选辑》，“前言”。

了前所未有的考验。南京国民政府成立后的 10 年间，对实业建设颇为重视，一方面建立以国营经济为核心的国民经济体系，大力发展交通运输和重工业；另一方面扶持政府主导的轻工业，力求实现轻工业产品的自给。[①] 1927 年至 1936 年间，中国煤炭的年产量从 1 420万吨增加到 2 620 万吨，年增长 7.0%；年发电量从 7.72 亿千瓦增加到 17.24 亿千瓦，年增长 9.4%；水泥年产量从 49.8 万吨增加到 124.3 万吨，年增长 9.6%；棉布年产量则从 899.9 万匹增加到 3 544.8 万匹，年增长 16.5%。[②] 新式工业规模增长成绩斐然，然而结构却不尽人意，最直接的表现就是区域的非均衡性。由于各方面条件限制，现代工业几为市场发达、交通便利的东部沿海及长江流域各省所垄断，而广大内陆地区却依然处于小农经济支配下，实业布局呈现出近乎畸形的不平衡状态。据实业部（1938 年改设为经济部）的统计，1936 年初全国雇工达 30 人以上或以油、电、汽为动力的工厂中，就有多达 70.75%的厂家、70.49%的资本额和 70.99%的工人，集中于苏、浙、鲁、闽、粤和上海、南京、青岛、威海、天津等东部沿海省市，其中又以上海为最。[③] 1937 年，在全国注册的3 935家工厂中，也是有 1 235 家（31%）位于上海，2 063 家（52%）位于沿海其他省份，只有 637 家（16%）位于内地。[④] 此即意味着，一旦中日进入战争状态，中国的工业命脉便会直接暴露于严

① 参见杨德才：《中国经济史新论（1840—1949）》，北京：经济科学出版社 2004 年版，第 379—380 页。

② 张玉法：《中华民国史稿》（修订版），台北：联经出版事业股份有限公司 2001 年版，第 194 页。

③ 李学通：《抗日战争时期后方工业建设研究》，北京：团结出版社 2015 年版，第 16 页。

④ [美]费正清主编，刘敬坤等译：《剑桥中国史》12 册，台北：南天书局 1999 年版，第 56 页。

重威胁之中。

早在“九一八”事变和“一·二八”淞沪抗战以后，国民政府便开始意识到调整实业布局的重要性。1932年，参谋本部制定了《兵工整理计划》，首次酝酿将沿海前沿和靠近前沿的兵工厂内迁，并在随后不久付诸实施，将上海兵工厂下属各厂分别迁移至金陵兵工厂和汉阳兵工厂，济南兵工厂下属的枪弹厂移并至四川第一兵工厂。① 不过，当时国民政府对日本尚抱有和平的幻想，反而将“剿共”视作第一要务。因此，沿海厂矿的内迁工作一直未受到应有重视，国内实业布局也无结构性变动。1937年抗战全面爆发，沿海工矿企业的内迁被再度提上日程。7月22日，直属于国民政府军事委员会的国家总动员设计委员会成立，何应钦任主任委员，是为国家动员诸业务的指导机关。经该会指定，以工矿企业为主要对象的“资源动员”工作由资源委员会主导，实业、财政、交通、铁道和全国经济委员会等部委会同协办。7月28日，国家总动员设计委员会下设的机器化学组召开小组会议，决定动员机器及化学工业内迁以应兵工急需，并派林继庸等3位代表与上海的企业家协商相关事宜。国难当头之际，工业内迁的国家动员得到了颜耀秋、胡厥文、支秉渊等沪上民族资本家的积极响应。经过多方紧密筹划，8月11日、12日，由政府部门代表组成的上海工厂迁移监督委员会和由企业家组成的上海工厂联合迁移委员会先后成立，民族实业内迁运动由此展开。此后，一直到沦陷为止，上海共迁出民营工厂146家、工人2 500余人、物资14 600余吨。②

---

① 朱伯康、施正康：《中国经济史》（下卷），上海：复旦大学出版社2005年版，第630页。

② 高平平：《抗战初期工业内迁运动述评》，《同济大学学报（人文社会科学版）》1993年第1期，第92页。

按照翁文灏的说法，实业内迁运动的整个过程，大概可分为4个阶段：第1个阶段自1937年7月到1938年1月，是内迁运动的发轫时期；第2个阶段为1938年1月至9月，是整理转运时期；第3个阶段为1938年9月至12月，是继续内迁时期；第4个阶段为1939年至1940年，是内迁的完成时期。① 在前两个阶段，各厂矿主要由上海等地汇聚到武汉，然后一边俟内地厂址勘定，一边抓紧复工，生产军需物资。到了1938年秋天，就在武汉会战即将打响之际，武汉本地的许多厂矿也随沿海各厂一并迁出，移往更加安全的省份。据林继庸记录，除浙、闽二省不知确实情况外，全程经协助迁至各地的民营厂矿共为452家，物资共达12万余吨。② 这些厂矿在属性上以重工业为主，其中机械工业所占比例就达到40.40%之多；而在区位分布上，截至1940年底，四川占54.61%，湖南占29.21%，陕西占5.90%，广西占5.17%，其他省份占5.11%。③ 虽然从数量上看，抗战全面爆发后内迁的厂矿只占全国总数的一小部分，它们的迁移也并不足以逆转国内工业布局的失衡，但若考虑到战时条件之恶劣以及工业内迁对于抗战之作用，毫无疑义，这是一个艰难而伟大的创举。而且，对于工业长期落后的西南内陆地区来说，这些内迁厂矿犹如种子一般，给当地的工业发展注入了新的生命力，影响不可不谓深远。

如果结合配合内迁而成立的四行联合办事处和联合贴放委员会考虑，在统制经济体制的宏观经济治理体系中，金融扶助实业抗战卫国，在抗日战争时期，体现出金融步入现代化金融发展的特殊

---

① 翁文灏：《抗战以来的经济》，重庆：胜利出版社1942年版，第15—18页。

② 林继庸：《民营厂矿内迁纪略》，无编者信息：《中华文史资料文库》第12卷，北京：中国文史出版社1996年版，第953页。

③ 翁文灏：《抗战以来的经济》，第21—22页。

意义，同时也体现出非常时期金融创新的内在动力和国别经验。

贴现和放款在战争状态下对于维持金融和生产稳定有着至关重要的作用。8月26日，四联总处出台内地联合贴放办法，经财政部核准后予以公布，其内容如下：(1) 中、中、交、农四总行，遵照财政部命令，为谋内地金融、农矿、工商各业资金之流通起见，依照本办法之规定，办理当地贴放事宜。(2) 各地联合贴放委员会设主任1人，委员若干人，由4总行会派之。(3) 贴放之范围。甲、抵押：各商业机关，以第4条所列押品请求之押款。乙、转抵押：各金融机关就其原有押款之押品，合于第四条所列者，请求之转抵押。丙、贴现附有第四条甲、乙、丙3项押品之农工商业票据；中央政府发行债券到期之本息票。丁、财政部命令对铁道、交通、农贷、工贷等项之放款。(4) 贴放之押品。甲、农产品：米、麦、杂粮、面粉、棉花、植物油、花生、麻、大豆、丝茧、茶、盐、糖、烟叶等。乙、工业品：五金、棉纱、布匹、颜料、水泥、绸缎、化学原料等。丙、矿产品：煤、煤油、汽油、柴油、钨砂、锰、锑、铁砂、铜、铁、锡等。丁、中央政府发行债券。(5) 贴放款项，以法币收付之。(6) 折扣抵押，凡当地有市价者，以市价八五折计算，其无市价者，由当地联合贴放委员会估定，但遇有押品价值跌落时，应照数追补。(7) 转抵押款项，不得超过原抵押金额。(8) 贴放利率，由当地联合贴放委员会，斟酌市面情形定之。(9) 请求贴放之款项，由各地联合贴放委员会负审核其用途之责任。(10) 关于贴放手续及押品审核、保管、处分事项，应由当地联合贴放委员会拟具办法，陈请四行联合总办事处核准行之。(11) 本办法未规定事项，按银行贴放章程办理之。①

---

①《中、中、交、农四行内地联合贴放办法》(八月二十六日)，《经济统制月志》1938年第3期，第10页。

依上述办法的规定，可知除了财政部命令的交通和工农业放款外，各商业及金融机关也都可以用物品抵押或票据转抵押的方式办理贴放。被允许用于办理贴放的担保品，既包括农产品 14 项、工业品 7 项、矿产品 11 项，也包括中央政府发行的债券，以及附有押品的农工商票据、到期的债券本息票等。也就是说，凡规定内的农、工、商、矿产品，乃至中央债券、短期票据，均可持以借款，这无疑大大降低了办理贴放的门槛。而且，办法规定抵押品的折扣主要以市价为依据，在当地有市价者，以市价八五折计算，无市价才由四行联合贴放委员会估定，在遇到价格跌落时，照数追补差价，这也充分照顾到了各地不同的金融形势，赋予地方市场以充足的空间。因此，该办法施行后，内地金融的活力有见恢复，应对危机的抵抗能力也得以增强。据统计，到 1938 年底，四联总处贷助民营厂矿内迁及复工的款项达 850 万元，还以低息贷款 234 万元、代向银行洽借 376 万元，对内地原有厂矿进行改造和扩充；而从 1937 年 9 月到 1939 年 2 月，四联总处核定联合贴放共 63 645 万元，若再加上其调拨给三调整委员会等金融管理机关的运营经费，放款金额占到同期法币发行量的 17.6％。①

四联总处初期的职能部门设置和运行机制简单，但在各地的分支机构却发展迅速。第一批设立分处的城市有汉口、南京、镇江、长沙、南昌、重庆、济南、郑州、广州、杭州、宁波、福州、无锡、芜湖、蚌埠等 15 座，不久后各地分处又增加至 52 处。② 此外，《四行内地联合贴放办法》颁行后，汉口、重庆、南京、南昌、广州、济南、郑

① 黄立人：《四联总处的产生、发展和衰亡》，《中国经济史研究》1991 年第 2 期，第 47—48 页。

② 洪葭管：《金融话旧》，第 162 页。

州、长沙、杭州、宁波、无锡、芜湖等12地的贴放委员会也受四联总处控制。此后,随着贴放业务的展开,全国共有17个省设立了44处贴放委员会。虽然由于战时讯息传递速度不一、各地现实情形存在差异等原因,诸分支机构的成立在步调上并不整齐,而显示出渐进的特征,但各分处和贴放委员会在成立后,均对维护当地金融稳定、促进资金流通起到了重要作用。

不妨以内陆地区金融较为发达的重庆为个案,观察四联总处分支机构的具体运作及其与贴放委员会的关系。1937年8月19日,中央、中国、农民银行三渝行接到四总行的电报:"兹为非常时期谋联络起见,本四行在沪设立联合办事处,各派代表组织。如各地本四行中有两行分支行者,应即日联合组设办事分处。其任务:1. 维持当地金融,责成分处负责,随时请示总处办理。2. 关于当地各方请[示],应由分处汇总请示,毋庸各别请示,免多转折。3. 关于当地市面情形,应由分处逐日电报一次。4. 凡请示四总行之件,均由上海中央行收转。5. 分处成立后,每日上午八时必须集议一次。"①由此可知,一地只须有4行中两行的分支行,即满足成立联合办事分处的条件,故重庆虽未见交通银行的分行,亦能符合要求。根据命令,联合办事分处并非独立的机关,而是由在渝各分行所派代表组成;各分行没有直接请示总处的权限,而分处与总处的联系,则由中央银行充当中介;分处主要作用是维持地方金融及反馈市面情形,并无明确的业务范围,遇事的最终决定权也在总处;而在运转上,分处则须以每日为单位。

在接获此电的次日上午,由于中央银行重庆分行经理潘益民

---

①《四总行电》(1937年8月19日),重庆市档案馆、重庆市人民银行金融研究所:《四联总处史料》(上),第118—119页。

外出公干，中国银行重庆分行经理徐广迟、中国农民银行重庆分行经理冯英前往中央银行重庆分行，与该行副理刁培然进行三方碰头，决定于当日正式成立在渝 3 行联合办事分处，以谋 3 行内部合作及便利。由于当时正值淞沪会战，渝市金融空前恐慌。8 月 25 日，中央、中国、农民 3 总行电令 3 渝行，重庆须仿照上海的办法，组织贴放委员会，"以王仰先、吕越祥、陈步新、杨晓波、王绍基、徐广迟、李鸣章、李润生为主席[委员]。除贴放办法另行电知外，即希查照具报成立日期"①。与此同时，财政部也电告重庆市政府相关事宜。28 日，重庆市贴放委员会正式成立，以徐广迟、潘益民、冯英 3 人为常委，王士燮、王君韧、金雪塍、刁培然、顾敦甫、孙祖瑞为委员，徐广迟兼主任委员。3 渝行除将新的委员名单及须请示的事项复电总行外，还通知本市商会、银钱两业公会，并报呈行营、四川省财政厅及重庆市政府备案。由此可见，3 渝行联合办事处与重庆市贴放委员会虽是两个不同的组织，但二者的核心都是中央、中国、农民银行 3 渝行的负责人，而且两个组织皆要受命于上海的总行。不过，值得注意的是，在渝 3 行联合办事处的领导银行为中央银行重庆分行，而重庆市贴放委员会的领导银行却是中国银行重庆分行。

8 月 31 日，贴放委员会举行首次会议，推中国银行为代理银行。此后，3 渝行联合办事分处的会议亦改成与贴放委员会同时举行，两个组织合流。贴放委员会开始办理业务后，即对渝市的 10 家银行和 21 家钱庄放款 500 万元，此后贴放对象的范围逐渐推广，至 9 月间数额已达千余万，市面银根大为松弛。而在地理分布上，

① 《三总行电》(1937 年 8 月 25 日)，重庆市档案馆等:《四联总处史料》(上)，第 119—120 页。

贴放业务也朝成都、万县等地拓展。1938年1月，交通银行重庆分行成立，不但使4行放款的基础更臻巩固，而且贴放委员会也随之调整，既在人员和组织上有所扩充，“同时关于放款之限度、利率、期限以及押品之范围、保管、处分诸端，亦均先后呈奉四联总处核定办法，俾资遵循”①。

对于中国的中央银行制度而言，1937年是一个特殊的年份。这年建立中央储备银行的努力虽进入最后的阶段，但迫于抗战全面爆发，又不得不暂时停止。而当危机来临时，中、中、交、农4行组成了四联总处以求通力应对，立足于战前分立特许制中央银行制的基本格局，国民政府通过成立一个由4行合组的业务联络机构来应对最初的战时金融问题，主要是协同办理四行的放款与贴现业务，以缓解市面通缩造成流动性紧张，服务产业内迁与战时恢复生产。

1937年10月底，财政部长孔祥熙自欧洲回国，由其主持四行联合总办事处事务。11月，因淞沪会战失利、华东沦陷，中、中、交、农4总行均启动内迁，四行联合办事处的工作也随之暂停。11月25日，在孔祥熙的支持下，四联总处在汉口恢复，“除对贴放等项加以管理外，对于财政方面之紧急措施，亦开始协同推进”，说明汉口时期的四联总处业务已经不限于款项的贴放，开始参与财政金融方面的其他紧急事务。1938年底，随国民政府迁往重庆后，重庆分处亦于1939年3月宣告成立。此时，四联总处进一步发展，“（业务）范围逐渐扩大，除原有之贴放考核等组而外，同时办理收兑金银，管理汇兑、推行储蓄等事务”②。可见，从1937年底到1939年

① 《重庆贴放委员会概况》（1938年7月），重庆市档案馆、重庆市人民银行金融研究所：《四联总处史料》（上），第122页。

② 刘攻芸：《四联总处之任务》（1944年3月），重庆市档案馆、重庆市人民银行金融研究所：《四联总处史料》（上），第62页。

初，四联总处在组织和业务上都得到了较快的发展，其业务已经从款项贴放之审核，发展到金银收兑、国内汇兑、推广储蓄等，性质也从单纯的业务联络机构变成职有专司的综合性业务部门。需要注意的是，尽管四联总处对放款贴现等事务对 4 行有审核权限，但其面向 4 行的主要功能仍然是业务的协同统一。此时，四联总处并没有统御 4 行的权限，但这些业务的协调却要求其具有号令 4 行的力量，名实不符，自然造成四联总处在实际运作中的许多问题，并促成其随后的相应改组。

对于其他经济建设与管理方面的目标，如农业水利、工矿交通各业的发展，财政税制体制的改革，内外贸易与物价管理等都需要更加高效的金融体系支持，以进行整个战时金融的供应与协调。从战前金融体系方面看，国民政府已经构建起以各国家行局为主体的统制体系，而这一时期四联总处业务范围不断拓展，就是为了适应这种战时宏观的经济统制需要，分立特许制的央行体制开始发生变化。然而，就四联总处自身而言，作为 4 行的综合性业务协调机构，虽然开始有了部分决策职能，但要其应付如此复杂的局面却非易事。对内而言，4 行各有利益盘算权衡，协调不易；对外而言，四联总处不仅与财政部、经济部、交通部等诸多核心经济部门发生业务交叉重叠，无不需要协调沟通与折冲周旋，何况还有高高在上的军事委员会、国家总动员设计委员会等，更要劳神费力多方支应。仅以财政部而论，在名义上，四联总处及各国家行局甚至需要受财政部指导。当抗战进入相持阶段，战时体制基本确立，作为战时金融体制的中心，四联总处面临的尴尬处境越发凸显，随之而来的矛盾与问题也显而易见。

综上所述，抗战全面爆发之初创设的四行联合办事处，主要目的是协调各国家行局业务以配合抗战急需，弥补中央银行贴现业务的严重不足,乃为4行间协调联络机构。随着战事扩大并迅速蔓延,抗战压力日益严峻,这使国民党高层深刻体会到金融支撑持续抗战的重要意义,并达成共识,认为战时金融业乃抗战中的关键环节,受到的冲击也最大,必须要有一个权威机构来执掌全国金融。为了更好地统一指挥国家金融行业的运行,集中金融资源,使之更有效地发挥作用,金融中枢机构的设立已成当务之急,四联总处便自然承担了这一历史使命。四联总处早期业务主要为联合各国家行局放款,对各银行贴现放款负审核之责。自晚清以来,金融市场调控的重要方式,主要表现为银行间联合放款或在金融风潮来袭时共同救市,而当南京国民政府将主要国家行局改组完成后,银行间联合放款救市的惯例就从银行的自主行为转变为政府意志主导。仅在白银风潮发生前后,中央、中国、交通等国家银行联合其他商业银行,对钱庄业、工商业就进行了多次救市和联合放款。①1937年底,四联总处组建后,协调4大银行业务,从贴现放款扩大到其他一般银行业务,贴放委员会除办理一般贴现及抵押放款外,也面向商业银行和钱庄办理再贴现业务。以上迹象表明,成立初期的四联总处,虽为联络协调机构,实际部分发挥了金融枢纽的功能,即部分承担战时中央银行职能,在业务审核尤其是再贴现业务的开展方面发挥了重要作用。这一现象也预示着所谓的"分立特许制"的中央银行制度开始发生变化,逐步向权力集中的战时特殊的中央银行体制演变。

① 参见交通银行总行、中国第二历史档案馆:《交通银行史料·第一卷1907—1949》(上),第613—620页。

第六章　代中央银行制及其运行

抗战全面爆发初期，秉承蒋介石意旨，国民政府在中、中、交、农4行之上新设联合办事总处，负责国家行局间的联络与协调。之所以设立这样一个机构，是缘于“八一三”事变以后国内金融风潮渐起，最初目的是以此能够协助国民政府应对金融动荡，并进行紧急金融动员，推动贴现放款办理业务，同时配合国民政府颁布的《非常时期安定金融办法》《总动员计划大纲》的落实和实施。国民政府内迁后，战时体制的构建从应急状态走向常态化，四联总处的业务范围也有所扩展，除贴放外兼及其他一般银行业务，贴放委员会在办理一般贴现及抵押放款之余，还面向商业银行和钱庄办理再贴现业务。随着战局的推进，客观需要更具统制能力和运行效率的金融调控机制，为此四联总处进行了第一次改组，对自身运行体系内部各自为政的局面加以改革，克服业务偏颇和人事矛盾等种种弊端，以提高权威效应。改组后的四联总处由蒋介石直接指挥，正式成为指导、监督、考核4行乃至其他公私金融机构的领导机关，其职责范围涉及战时金融的一切领域甚至兼及经济建设部分。四联总处的第一次改组是战时代中央银行制形成的标志，也是对金融统制体制和党治国家高度集权政体的直接呼应，“盖战时施行全国战时经济总动员之准备，当以货币银行为经济动员之第一重工具，国家平时不可不有完善管理之货币与可以操纵自如之全国金融组织”①。

代中央银行制，表现为由四联总处统御国家行局共同履行战时中央银行职能的体制模式。四联总处集国家金融大权于一身，监管督导各国家行局甚至所有金融机构，负责战费筹措和战时金融调节，保障后方经济建设。通过四联总处，蒋介石及其领导的国民党实现了对国家金融的全面掌控，也因此完善了战时高度集权政治体制的建设。太平洋战争爆发后，战局的恶化使得原有金融体制难以应对，蒋介石对四联总处进行第二次改组，通过重新调整和优化四联总处与其他经济主管部门、各国家行局之间的业务边界和职能分工，进一步强化了四联总处的金融集权。代中央银行制是战前国民政府中央银行分立特许制现状与战时金融集权需求相结合的特殊产物，也是战时金融紧急情势下中央银行体制模式的创新，其核心目标是运用现代金融制度方式和技术手段，实现战时国家金融资源高度集聚，保障战费充分筹集，故而也是战时中国中央银行体制的特殊表现形态。无论是就四联总处而言还是就中央银行而言，国民政府都没有完成规范意义上中央银行制度建设，因此代中央银行体制在战时发挥中央银行职能作用的过程中，所出现的各种问题都应在常理之中，这也是历史上四联总处不断调整的缘由所在，由此所造成战时及战后的各种金融弊病，可谓不足为奇。②

---

① 何伯雄：《战时金融问题之研究(续完)》，《申报月刊》1935 年第 4 卷第 7 期，第 150 页。

② 本章主要论述观点参见刘慧宇：《论四联总处战时金融运作与代中央银行制形成》，《中国经济史研究》2020 年第 2 期，第 158—174 页。

第一节　代中央银行制形成

一、战争初期中央银行分立特许制的困境

如前所述，四联总处最初设立的目的，在于国家 4 行局间业务的沟通与协调，而以贴现放款业务为其中心工作。内迁以后，四联总处曾短暂停止运行，随后将业务逐渐扩展，在贴现放款基础上拓宽到诸如 4 行发展计划制定、贴现放款审核、钞券发行协调与调拨、金银收兑业务考核等方面。国民政府希望通过四联总处的运作，促成国家金融机构间的协同互助，以利于更好地集聚金融力量。抗战初期最重要的金融任务，就是满足紧急状态下市场对通货激增的需求，因此银行的信贷投放和通货发行至关重要，这直接关系到法币价值的维护，以及法币与外汇之间的价格维系。1938 年 3 月以后，金融调控的任务又包括对外汇申请额度的审核及外汇平准基金的市场化操作，而任务的完成必须依靠国家行局的良好运行及其相互配合，同时也必须基于战前的金融体制基础即前文所谓“分立特许制”的中央银行体制，重新构建新的战时中央银行体制。

1935 年国家金融体系初步构建及法币改革完成后，中、中、交、农 4 大国家银行除具有一般专业银行业务优势外，都兼而具有了部分中央银行职能。抗战爆发后，整个社会进入紧急动员的非常状态，分立特许制的中央银行调控模式发生变化，四联总处成立，使国家行局之上多了一层协调机构。对于四联总处而言，究竟是一个什么性质的机构，其身份定位一开始就是模糊的。可以说，四联总处的成立完全出于蒋介石的设想，具体由财政部操作，函请国

家4行组织并开始运作，并没有严格的政策依据和法理文本。根据徐堪的说法，"七七"事变后，蒋介石曾要求其"组织金融委员会，以安定金融，组织劝募委员会，发行救国公债，以筹措战费"①。1937年8月19日前后，"由财政部函请中、中、交、农四行先就设有分支行之重要都市，各设联合办事处"②。8月30日国防最高会议通过《总动员计划大纲》，其中对战时金融管理机关的设置也是语焉不详，仅有"促令各银行组织联合准备机关，以健全金融机构"等语，此处所谓"联合"，似乎又是要求组织发行准备之联合。但考虑到文本中另有"法币发行，应从速实行中央储备银行法所规定之办法"的表述，故而或可认为所谓"联合准备机关"，实际就是4行业务联合即四联总处。

由于没有事先的制度设计，四联总处最初的职能范围很不明晰，机构定性虽为4行间的联络机关，但又带有某种审核指导机关的色彩，在全面抗战初期伴随4行实际联合运作，其业务不断得到拓展并逐渐实现任务目标。鉴于四联总处的协调性质，早期并未见其有专门固定的机构设置，直至1938年3月迁渝后，也还只有简单的4个小组，并无针对具体业务或行局的管理、执行机关。早期四联总处的核心业务是审核4行的贴现放款，但直至1939年改组前，四联总处的组织架构内并无贴放委员会的设置。上海贴放委员会因由4行各总行派代表组织之故，初时还可兼带总会的性质，然而四总行从上海撤退以后，各地贴放委员会的直接督导之责又重新归回四联总处，"至各地之贴放会，虽悉依四行会同公布之内地贴放办法而组织，然各地贴放会之组织，则甚形参差，有似独立

---

① 徐堪：《徐可亭先生文存》，台北：徐可亭先生文存编印委员会编印，1970年，第240页。

②《财部公布办法后　金融益臻安定》，《申报》，1937年8月19日，第3版。

者，有与四联分处同体者”①。贴放委员会与四联总处的关系非常随意，之所以如此，主要是因为四联总处并不能作为一个单独的实体向四行发布指令或决定其具体业务。全面抗战初期的经济、金融、财政等方面的重大决策，由国民党军委会及下属3调整委员会（工矿调整委员会、农业调整委员会、贸易调整委员会）、财政部、经济部等决策实施。至于金融方面的最高决策，财政部和各国家行局各有所出，实际上甚至没有特定的最高决策机关，蒋介石在需要时可直接给各行局下达指令。只是随着业务范围的扩展和权力的加大，4行才逐渐需要更明确的身份、更大的权力以及更完备的组织体系。

除了四联总处身份定位的模糊性以外，可以说，国家行局在业务上的分散和偏失当为此时最重要的问题。以最重要的贴现放款业务为例，不合理的贴现放款不但不利于战时的生产发展与商业流通，也助长了投机。在全面抗战初期，为应对通货紧缩局面，加大对同业放款确有必要，但贴放委员会对这一问题明显不够重视，“嗣以贴放委员会所订办法，偏重于工商业救济，对于银钱业甚少帮助”。对于工商业的放款又存在结构性问题，从1937年9月到1939年12月，四联总处核定贴放63 645万元，其中农业、盐业、工矿、交通领域放款不到贴放总额的20%，而以一般商业放款和政府放款为主的“一般事业”和“协助地方”两项则接近80%。② 对工厂内迁的帮助也不够，1937年8月，国民政府行政院议决补助工矿业内迁的经费为108.6万元，但财政部对上海工商业尤其是民营工

① 王元照：《四行贴放工作之检讨》，《经济汇报》1939年第1卷4期，第2页。

② 财政部统计处：《中华民国战时财政金融统计资料》，表93，1946年未刊稿，无页码，南京图书馆藏。

商业内迁的资助极为有限,而且资助范围仅限于军需工业相关的民营大厂。根据资源委员会工矿调整处1939年的统计,全面抗战以后上海内迁的工厂受到政府资助的仅百余家,合计补助经费仅50多万元。① 内迁补助问题当然由财政部决策,四联总处并无太多发言权,但四联总处在配合中,也存在不少问题。如各银行在初期曾因限制提存命令而拒绝支付补助支票;在大量内迁工厂捉襟见肘时,四联总处的贴放仍然囿于规定的抵押物,且未出台针对内迁工业的特殊贴放政策。凡此种种,都说明初期四联总处对政府战时急需的生产建设事业支持有限,与国民政府确立的重建战时经济,维持长期抗战的基本战略原则并不完全相符。② 时任四联总处副秘书长的徐柏园,曾对四联总处最初的放款工作有如下评价:“在二十六至二十八年中,四行联合贴放不多,而放款途径,亦并未符合当时之理想。工矿业放款少,商业放款较多,即同业放款,亦属不少。此外尚有以票据或其他资产作抵押,向银行借款以套买外汇及囤积居奇者,数更不鲜。”③

进入1938年以后,中、中、交、农4行及四联总处所处的环境发生了巨大变化。从积极方面而言,4行的业务有所扩充,在代理国库、收兑黄金、管理侨汇、扶助内地等方面,需要更加深入的合作;从消极方面而言,敌占区的日伪机关发行大量假钞以排斥法币,对敌经济战日趋激烈,需要共同加以应对。现实情势严峻,要求四联

① 黄立人:《抗战时期工厂内迁考察》,《历史研究》1994年第4期,第122—123页。

② 张燕萍:《抗战时期国民政府经济动员研究》,福州:福建人民出版社2008年版,第79页。

③ 徐柏园:《四联总处工作之回顾与展望》(1942年3月20日),重庆市档案馆、重庆市人民银行金融研究所:《四联总处史料》(上),第57页。

总处发挥更强大的作用，因此其改组也就成为必然。因为当此之时，各国家行局业务协同问题也越来越凸显，各行局各有自己的利益和立场，在上无明确的主管机关，在下有数量众多的分支行处，彼此协调极为不便，问题百出。原本在分立特许制下，4 行间实力、地位及业务相似，专业分工各有侧重，中央银行的中心地位逐渐确立，资力不断提升，中国银行负责外汇管理，交通银行负责协助国内工矿企业，而中国农民银行主要负责农村信用、土地抵押等业务。然而战时环境特殊，战争初期 4 行原有业务上的平衡和定位被打破，四联总处核定的贴放业务由 4 行按固定比例分摊，其他放款及一般银行业务仍由各行分别承做。各行对安全且利厚的放款争相揽做，对战时急需而风险较大的放款避之不及，多有置国家利益于不顾之弊端。① 对于此种问题，四联总处也曾尝试协调解决。早在 1937 年 10 月 13 日专门发函通令各地分处，规定贴放、钞券、汇款等各项办法，其中对于贴放业务，要求“凡已成立分处的地方，各分行处对以后贴放事宜，应共同承做，不得再由一行单独办理”；在钞券调度上，“各分行处钞券应互通有无，如甲行存券有余，乙行存券不足，倘乙行向甲行商用时，甲行应尽量供给之”；并特别强调，“在此非常时期，四行一体，务应通力合作，不得以一行一地之利益，斤斤较量，四总行当不以各该分行处营业上之盈拙[绌]，定其考成”②。事实上，由于四联总处此时力量薄弱，此类倡导，多被各行置于案边而不顾。对于四联总处改组前四行业务的弊病，从

① 黄立人：《四联总处的产生、发展和衰亡》（代序），重庆市档案馆、重庆市人民银行金融研究所：《四联总处史料》（上），第 6 页。

②《四行联合办事处规定贴放钞券汇款等各项办法通函》（1937 年 10 月 13 日），中国第二历史档案馆：《中华民国史档案资料汇编》第五辑第二编《财政经济（四）》，第 2—3 页。

四联总处秘书长徐堪给蒋介石的关于4行1939年(四联总处第一次改组2个月后)业务进展与缺陷的呈报中,可以得到进一步确认:①

中央银行:存款总额达23亿余元,其中定期存款仅5 000余万元,而活期存款90%以上为政府机关存款。"中央银行负有调剂金融之责任,主要办法,即在推广贴现及重贴现之义务,以资伸缩调度",但1939年该行承做贴现及重贴现仅390余万元,数量过少。对于各地利率的调整,当为中央银行重要任务之一,但并未予以足够注意。战事发生后,该行在后方各地增设行处,共48处,"以该行使命之重要,以及与政府关系之密切,还显不够"。

中国银行:"该行为国际汇兑银行,对于协助政府调度国际收支一节,似尚未能充分发挥其功能",1939年吸收华侨汇款1 700余万,除去汇出5 000余万元,净收1.2亿元,成绩原属可观。但以往华侨汇回款项,每年常达3亿以上,以1939年平均汇价计算,约合8亿元,"该行吸收之侨汇,估计不过应汇数额七分之一"。而劝募金公债,亦为该行海外分支行的主要任务,但截至1939年底,仅募得22 000余英镑,190余万美元。关于定活期放款26亿余元,除垫付政府借款13.7亿元外,所有工业放款、商业放款、存放同业、呆滞放款的数量,都未说明。储蓄存款虽较战前增加20%,总额亦为各行之冠,但与该行普通存款增加率比较,相去甚远。收兑金银,计生金4 000余两,银元40余万元,成绩未彰。关于推行小额币券一节,共增发3 000余万元,与发行总额12亿余元相较,占比

① 参见《徐堪等为附呈所拟四行1939年度业务之比较呈》(1940年3月22日),中国第二历史档案馆:《中华民国史档案资料汇编》第五辑第二编《财政经济(四)》,第3—8页。

过小。

交通银行：该行 1939 年投放各种生产事业之款项，仅生产事业放款 430 余万元，农工矿产品押款 570 余万元，生产事业投资 570 余万元，在存款中所占比例不够，“该行为发展全国实业之银行，似应努力于生产实业之投资放款，以助长其发展”。定期存款，反较 1937 年上期减少 2 000 余万元。定活期储蓄存款 7 000 余万元，较 1937 年上期虽略有增加，但定期储蓄存款，反减少 200 余万元。收兑金银，仅生金 13 000 余两，生银 8 200 余两，银元 21 万余元，共合国币 500 万余元，成绩欠佳。至于发行的小额币券，1939 年内计增发一元券 2 700 余万元，与发行总额 9 亿元比较，两不相称。西南、西北金融网案内，该行增设行处仅 37 处。在海外所设行处，仅马尼拉分行吸收华侨汇款 300 余万元，至海防、西贡两行之成绩如何，仰光行之计划如何，皆未可知。

中国农民银行：农业放款结余 6 440 余万元，较 1938 年仅增 1 650余万元。且放款分配数额中，合作社放款及合作金库放款，两项共计 4 600 余万元，系由各省合作主管机关所转放，该行直接放款之数仅 1 800 余万元，对于该行所应负发展农业的使命相去甚远。存款总额 1.6 亿余元，较上年仅增 4 000 余万元，定存仅增加 300 余万元。储蓄存款总额 750 余万元，较上年仅增 90 余万元。收兑生金 11 000 余两，生银 400 余两。“该行人才，在四行中比较最为缺乏，不能配合环境之需要，致各项业务，殊少进展。”

除业务方面存在诸多局限外，四联总处在改组前与国家 4 行间还存在诸多人事矛盾，尤以宋子文与孔祥熙矛盾最为突出，这使得蒋介石对孔宋两人的态度在处理四联总处问题上显得至关重要。南京国民政府时期，财政金融领域一直由宋子文和孔祥熙轮流掌管，抗战全面爆发之初，宋子文身处国内指挥调度，孔祥熙则远在欧美斡旋借款；当孔祥熙回国主持全国战时经济时，宋子文则于上海沦陷之前迁驻香港，主持中国银行并负责维持汇市。两人与蒋介石因宋氏家族结有姻亲关系，孔、宋、蒋 3 者之间的关系却也十分微妙，其间恩怨短长在当时即已成为公开的秘密。孔与宋虽然都有留学美国的背景，但两人的财政理念并不完全一致，甚至有互相抵牾之处。而且在性格上，两人也截然不同，“一般人认为宋子文清高孤傲，较为西化，而孔祥熙却自诩为孔子之后，恪守中庸之道，为人世故圆滑，态度和蔼，驯服听话，人称 Yesman 或哈哈孔（H. H. Kung）”①。孔宋两人的差异在有关中央银行问题上表现出明显的分歧：宋子文坚守“中央银行握全国最高之金融权，其地位自应超然立于政治以外，方为合理”②的原则，在中央银行总裁任内，与一再寻求财政垫款的蒋介石产生了尖锐的矛盾。

相比于宋，孔祥熙则深谙圆融转圜之道，在不忤逆蒋意的前提下拓宽中央银行的发展空间，故而深得蒋介石信任。中央银行创建之时，由财政部长宋子文兼任总裁。1933 年 4 月 5 日，宋子文辞去中央银行总裁职务，后径赴上海劝孔祥熙接任，孔氏当时对媒体表示：“政府现在虽未加余任命，不能表示意见，但如系事实，余决不愿就，譬之一不善农事者，欲其耕种，反致断炊也。”③但不久之后，孔祥熙还是接受并出任了中央银行总裁之职。对于辞职一事，宋曾密电时任中央银行副总裁陈行并转告上海金融界上层，表面是“俾各方明了财政状况，不致仍然继续要求增加经费”，“于财政

① 郑会欣：《民国政要的私密档案》，北京：中华书局 2014 年版，第 219 页。

②《宋子文之致辞》，《申报》，1928 年 11 月 2 日，第 4 版。

③《孔祥熙表示决不就中央银行总裁》，《夜报》，1933 年 4 月 6 日，第 2 版。

金融有益无损”,[1]实则以此方式表达不满并以示抗争,希望上海银行界就此事表明态度。当时张嘉璈、陈光甫等银行界名流要人对宋子文更为认同,希望其留任以踵事增华,无奈蒋介石已决意孔祥熙继任中央银行总裁。孔祥熙将先前表态抛于脑后,迅即转向蒋介石妥协,趁宋子文出国访问时给国民政府垫付了大量款项。同年10月28日,宋子文因“剿匪”经费问题再辞去财政部长一职,孔祥熙又在蒋介石支持下再予接任。在此之后数年间,宋子文在中央银行的地位和影响力逐渐被孔祥熙所取代,宋、孔之间也变得貌合神离,嫌隙日增。中央银行成立20周年时,对两人曾有过评定,“第一任总裁宋公子文,是本行开天辟地的元勋;第二任继宋公而任总裁的是孔公庸之,在他主持下,本行范围,日臻宏大”[2]。从字里行间揣度,宋子文虽居功至伟到了创行“元勋”之高度,但中央银行能得以发展壮大的功劳却尽归于孔祥熙,个中差别,倒也引人玩味。

实际上,国家行局之间的是非争斗由来已久。中国银行与交通银行的历史争斗,中国银行与中央银行的地位之争,虽在改组后偃旗息鼓,看似暂时隐覆,却仍暗流汹涌。1935年4月,通过强行增资改组,国民政府实现了对中国、交通2行的控制,宋子文也乘势攫取了觊觎已久的中国银行董事长之位。当时论法律地位虽以中央银行最高,但论实力当属中国银行最为雄厚,故当币制改革令颁发之际,若没有中国银行的配合,恐难以畅行。当年宋子文连续两次与中国银行总经理宋汉章联名,急电各分支行,要求不得以政

① 吴景平:《宋子文与中央银行》,《上海金融》1993年第9期,第47页。

②《中央银行二十周年纪念致辞》,1948年10月,上海市档案馆藏,档案号:Q53-2-2-24。

府银行和货币发行自傲，必须与中央、交通银行及其他有关方面密切配合，执行币制改革令。① 交通银行董事长胡笔江和总经理唐寿民与宋子文早年交往甚好，后来也是游走于孔、宋之间；中国农民银行则由蒋介石亲自掌控，其总经理徐继庄是蒋的老师徐青甫之子，素与孔祥熙不睦；"两局"中的中央信托局自然唯中央银行与孔祥熙马首是瞻，"是孔祥熙集团对重要工商业进行投资的唯一机构"②。

据此种种，以孔、宋矛盾为核心，各行局之间甚至行局内部也会存在龃龉。增资改组后宋子文以中国银行为禁脔，而作为财政部长与中央银行行长的孔祥熙在扶持中央银行的同时，亦经常试图染指中国银行事务，因此 2 人多有过节，中央、中国两行的关系时见紧张。交通银行本与中国银行亲近，但在事业有成绩后，唐寿民"认为交行已可独立，业务上不再像以前以小弟弟自居，处处跟着中国（银行）走，这自然要引起宋对唐的不满，而唐也逐渐失去了宋的信任"③。而胡笔江则趁机极力维护与宋的关系，以巩固自己的地位。唐只好转而寻求孔祥熙的帮助，进而引发唐、胡的恶斗。

如何消弭各行局间的纷争？孔祥熙认为最有效的途径便是增强中央银行的实力，将其改组为与法理定位相匹配的中央储备银行。当他主掌中央银行后，便将此事稳步向前推进。1937 年 5 月，孔祥熙借赴伦敦出席乔治六世加冕礼之机，曾高调宣称，"吾国新法币政策，已奠定圆满之基础，此后当继续加以增进，而不致有所

---

① 吴景平：《宋子文与中国银行》，第 47 页。

② [美]小科布尔著，蔡静仪译：《上海资本家与国民政府 1927—1937》，北京：世界图书出版公司 2015 年版，第 182 页。

③《陈子培访问记录》（1962 年 10 月 11 日），交通银行博物馆馆藏资料 Y48。转引自该书编委会：《交通银行史　第 2 卷》，北京：商务印书馆 2015 年版，第 129 页。

变更。吾人现正准备将中央银行改组为中央储备银行,其目的即在使法币制度获得强有力之支柱。此种计划实施之后,中央银行即将独立而成为银行之银行矣”①。6月,在造访布鲁塞尔时,孔祥熙甚至还谈及对中国、交通两行未来发展的预见,将“改组中国银行、交通银行,使与行将改组中央储备银行之中央银行,成为金融三大机关,鼎足而立”②。遗憾的是,战争叫停了中央银行改组的进程。不过即使在“七七”事变发生后,关于中央银行改组为中央储备银行的舆论,也并未完全停止,有报称,次年10月“当可见诸实现,该行改组完成后,将为我国国家经济建设上最伟大之举,内部工作人员,除现有者外,将更延用大批人才,罗致各方之要,为国家经济建设而努力也”,甚至于中央储备银行的总裁人选也成为重要的舆论话题,由于孔祥熙尚未归国,先是传言由张嘉璈担任,继而认为陈行较有希望。③ 直到9月底,还有报纸放出消息,“中央银行改组为中央储备银行事,在积极准备中,明春可望成立,总行设首都”④。加强中央银行的实力,将其建成世界先进国家通行的范本模式,当为此一时期中国金融现代化的努力方向。但是抗战全面爆发前,一面是四联总处的设立,一面是中央储备银行改组成立的传言,预示此时中国金融复杂且又羸弱的局势,同时也说明国民政府对于战时金融最高统制方式尚无明定方针。

抗战全面爆发前后,掌管全国最高财金大权的孔祥熙尚在国外,宋子文以中国银行总裁身份,勉力推进上海金融维持及迁移、四行贴放委员会成立等一切事宜,但他一再对蒋介石强调“国难当

---

①《孔特使演讲中央银行改组》,《申报》,1937年5月23日,第3版。

②《比国外长宴孔祥熙,中比关系益见密切》,《申报》,1937年6月8日,第2版。

③《中央储备银行总裁问题》,《东方日报》,1937年7月17日,第2版。

④《经济简讯》,《立报》,1937年9月21日,第3版。

前，金融管理，为应付严重事机，非由财部完全负责，不足以收事权统一办理迅速之效，弟只可尽其力量从旁协助”①。宋子文之所以如此，概因当时其政府职务仅虚列为最高国防会议常务委员，而孔祥熙实为财政部长兼中央银行总裁。孔祥熙回国后又担任行政院长要职，与宋子文地位悬殊，2 人所负责任更是不可相提并论。淞沪会战失败后，宋子文即以中国银行迁徙为由避居香港，对外主要负责与欧美等各国政府的联络以争取海外支持，对内则以维持汇价及法币信誉为主要任务。

除职务安排方面的芥蒂外，宋子文与蒋介石、孔祥熙在实际工作中亦多有嫌隙。当时中国银行在业务规模、信誉、资历等各方面一直卓然于他行，抗战全面爆发后不久，蒋介石多次严令宋子文，屡屡要求其领导下的中国银行在军费、借款抵押、政府开支等方面为国民政府垫付巨额资金，以至于 1938 年底中行垫款已达法币4.4亿元，年新增垫款3.12亿元，而当年中行新增发行额仅 0.94 亿元，②蒋介石所要求的无度垫付损害了中国银行商股股东利益，也与宋子文的经营理念大相冲突。对于宋子文的固执与搪塞，孔祥熙作为蒋介石指示的执行者和责任者，早已多有不满，两人在金融统制方面意见相左已是路人皆知。

蒋介石需要在此时解决或至少压制金融最高层的是非矛盾。1938 年 2 月，蒋介石致孔宋两人的电文称，“顷据港方来友谈称，我金融意见不一，甚为悲观，不胜系念”，进而劝诫道“今日金融问题，关系抗战胜负与国家存亡至巨。在此生死关头，实为各方所注意，

① 《宋子文致蒋介石电》(1937 年 7 月 27 日)，台湾档案部门藏，“蒋中正‘总统’文物档案”，档号：002－070100－00045－024－001a，转引自吴景平：《抗战初期蒋介石与宋子文关系研究》，《抗日战争研究》2015 年第 3 期，第 20—32 页。

② 中国银行行史编辑委员会：《中国银行行史 1912—1949》，第 453 页。

尤不可为敌方希冀所及，务需乘庸兄在港期间，由两兄尽量商讨，决定具体之整个办法。如此次仍无切实办法，则不特谣言更多，人心动摇，且军事亦必受影响，为公为私，均不能不希望两兄为我分责。此时无论如何困苦艰难，吾人唯有共同担当，集中力量，化除见解上之歧异，委曲求全，以利大局。想两兄必有以慰我之忧念也”，随后又专电宋子文，强调“此时国家存亡，间不容发，务请就弟前电之意，确定办法，俾金融集中，以救危亡为祷”。① 对于宋子文倚中国银行而自重，蒋介石在日记中多有抱怨，如“行政与财政多意见，子文对庸兄捣乱，余不能慰勉，甚不自安也”②；“子文幼稚、可悲，应规戒之”③云云。

法币汇价维持方面的问题使蒋介石对宋子文的不满进一步升级。“七七”事变至1938年3月，国民政府为维持法币汇价，对外汇仍作无限制供给，此一阶段汇价大致在1元法币兑英汇1先令2便士、美汇0.3美元。无限制的外汇支持消耗了政府有限的外汇储备，仅“八一三”事变前，国民政府就抛售了相当于4 200万美元的外汇，加上巨额的军事物资购置，从1937年中期到1938年初，国民政府掌握的3.79亿美元外汇储备消耗过半。④ 同一时期伪华北临时政府和伪中国联合准备银行成立后，北方法币南来，汇价维持压力陡增。国民政府随即调整外汇政策，采取审核制，汇价应声下跌，外汇黑市因之迅速形成。中、交两行与汇丰银行合作，暗中共同维持黑市汇率，使法币价格坚守在8便士左右，但持续的外汇消

① 叶健青：《蒋中正“总统”档案：事略稿本41》（民国二十七年一月至六月），台湾档案部门2010年印行，第150—152页。

② 《蒋介石日记》（手抄本），1938年4月19日，美国斯坦福大学胡佛研究所藏。

③ 《蒋介石日记》（手抄本），1938年4月24日。

④ ［美］阿瑟·N.杨格：《中国的战时财政和通货膨胀（1937—1945）》，第147页。

耗使得宋子文的工作受到孔祥熙和蒋介石的质疑。孔祥熙致电宋子文,指责中国银行以巨额外汇维持上海黑市,“名既不正,言又不顺”,“影响国家财力及军事要需前途甚巨”,并责问:“以我有限之资金,发此无底之壑,不久则山穷水尽,迫在眉睫,届时,我又有何法维持?”①到 1939 年 3 月中英平准基金成立后,最初因额定汇价过高,加上敌伪套汇和市场投机,两月间基金售出达 2/3,至 7 月中旬几乎全部售空并暂停运作。② 由此,蒋介石对宋子文的不满更进一步升级。他愤然批评道,平准基金用罄及法币跌价为“最痛心之事,孔宋不睦与英员罗杰斯操纵外汇乃至影响英倭交涉使我陷于极不利之地,此完全人谋不臧之过也”③,并严厉表态,“平准基金已罄,此乃权操外人而宋子文应负重责”④。关于此事,蒋介石既痛恨英国支持不力,称其刻薄“世无其匹”,又恼怒宋子文“愚妄可痛”,而对于孔祥熙,则只叹其无大局观念,对自己的筹谋用意不得要领,“庸之徒有财政,而不注重整个政治……是全将余助他之好意误会,可痛”⑤。随着战局的转变,以及法币汇价维持的失利和储备的消耗,蒋介石坚定了进一步加强金融统制以便亲自筹谋的决心,于是改组四联总处势在必行,这也是协调四行行动,暂息孔宋争执的必然选择。

---

①《孔祥熙致宋子文电》(1939 年 3 月 5 日),台湾档案部门藏,“蒋中正‘总统’文物档案”,档号 002－080109－001003－025a－026a,转引自吴景平:《抗战初期蒋介石与宋子文关系研究》,第 20—32 页。

② 宋佩玉:《抗战前期上海外汇市场研究 1937.7—1941.12》,第 36 页。

③《第三周一周反省录》,《蒋介石日记》(手抄本),1939 年 7 月。

④《蒋介石日记》(手抄本),1939 年 6 月 20 日。

⑤《蒋介石日记》(手抄本),1939 年 7 月 19 日。

二、四联总处的第一次改组与代中央银行制形成

1938年初，蒋介石就认为"金融统制之方针应速决定"，随着四联总处早期运行上的弊端不断显现，以及人事上的倾轧日渐严重，蒋介石开始认真考虑四联总处地位和职能问题。抗日战争进入相持阶段以后，战时体制建构次第完成。1939年1月28日，国民党五届五中全会特设国防最高委员会，作为中央党政军最高领导机构，也是战时最高决策机关，蒋介石担任委员长，"对党政军一切事务，得不依平时程序，以命令为便宜之措施"①，身为财政部长兼中央银行总裁及四联总处负责人的孔祥熙，为国防最高委员会11名常务委员之一。至此，蒋介石拥有了直接行使战时最高决策权的依据，但具体到金融方面，如何"不依平时程序"而直接掌控？既然蒋介石无法频繁直接过问所有国家行局详细业务，经财政部指令又多有不便，那么加强原有四联总处的权威自然是最简单便捷的方式了。

1939年7月，蒋介石开始对"四行联合总部之组织"进行实质性的筹划，要求"健全中央金融机构，设立四行联合库"②。7月26日，他在日记中写道："研究四银行联合总部之组织，取部长制度，并有最后决定与用舍之权。经济委员会以财经二部与四行联合组成，为执行机关，而财经二部之行政系统仍属于行政院。"③这是笔者所见蒋介石在四联总处改组后关于组织方式的第一次明确表述，即四联总处将拥有职权内事项的最终决策权，并由4行和财政

① 西南政法学院法制史教研室编印：《中国法制史参考资料汇编》第2辑，内部油印本，1982年，第205—206页。

②《第四周一周反省录》，《蒋介石日记》(手抄本)，1939年7月。

③《蒋介石日记》(手抄本)，1939年7月26日。

部、经济部合组经济委员会，为四联总处的执行机关。7月29日，蒋介石在日记里明确表示，“金融机关如不能由中央统制，则无异于养症致患，岂子文一人而已也”[①]；30日又记载“审核健全中央金融机构，设立四行联合库的步骤”[②]，还将“四行联合库组织开始”列为8月重大事项，隔日日记又载有“研究组织联合库理事会实施职权”等语。[③]

当然，蒋介石对四联总处改组的意见，一开始承受了来自各行局的阻力，如当蒋介石邀宋子文赴渝协商时，宋一再推诿不行，甚至孔祥熙也并未及时领会其意，以致使蒋介石深感“子文愚伪，竟不应召，庸之疑难，不肯公开……皆违忤不从至为痛苦”[④]。他一面下令徐堪草拟《巩固金融办法纲要》《健全中央金融机构办法》，并迅速于8月3日获得国防最高会议通过，一面派人赴港说服宋子文到渝商谈改组事宜，并最终促使宋子文于1939年9月7日到渝，9月8日将《巩固金融办法纲要》和《战时健全中央金融机构办法》正式颁布，动作之快，可谓一气呵成。《巩固战时金融办法纲要》主要涉及扩充法币发行准备种类、严格预算审查标准、切实办理外汇审核、吸收社会游资以及扩充金融网络等方面内容。《战时健全中央金融机构办法》为四联总处改组的法理文本依据，规定四联总处负责办理国民政府战时金融政策有关的各特种业务，理事会由四行首脑及财政部代表组成，下设金融、经济委员会及各处室，设主席1人，常务理事3人，秘书长1人，主席总揽一切事务，并由财政部授权在非常时期内对四行采取便宜之措施，代行其职权。对于财政

① 《蒋介石日记》(手抄本)，1939年7月29日。

② 《蒋介石日记》(手抄本)，1939年7月30日。

③ 《蒋介石日记》(手抄本)，8月大事记；1939年8月2日。

④ 《本月反省录》，《蒋介石日记》(手抄本)，1939年7月。

金融重大事项，四联总处得随时向财政部报告，对财政部议决交办事项，四联总处有义务切实办理。①

经过一个月的斟酌准备，新改组的四联总处于 10 月 1 日正式成立，并相继通过四联总处组织章程、办事细则以及各下属委员会和部处管理办法，确定相应负责人。改组后的四联总处理事会主席，由蒋介石亲自担任，总揽一切事务，而在此前筹划之时蒋介石就自认为："此事欲实施职权，健全金融，非余亲任主席不可！"②当时蒋介石以中国农民银行董事长名义兼任四联总处主席，因为按规定理事会成员应为各银行首脑和有关部院长官。③ 四联总处重要章程和人事安排均由蒋介石亲自核定，常务理事分别为孔祥熙（中央银行总裁、行政院长兼财政部长）、宋子文（中国银行董事长）、钱永铭（交通银行董事长），襄助理事会主席执行一切事务，秘书长为徐堪。关于四联总处秘书长人选，按蒋介石原意应超然于各行之外，专于财政金融业务且在金融界有一定声望者，故考虑过吴国桢、王志莘、席德懋、徐柏园等人，或因个人不愿担任或各方难以协调，最终选定时任财政部次长徐堪，一是因徐堪于四联总处前期运行出力颇多，更主要还是因其与孔祥熙关系密切。④

从机构设置和人事安排来看，此时正式成立的四联总处与其前期相比，不论是机构性质、职权范围，还是权力作用等各方面都

---

① 财政评论社：《战时财政金融法规汇编》，重庆：财政评论社 1940 年版，第 6—7 页。

②《困勉记》（1939 年 8 月 3 日），黄自进、潘光哲：《蒋中正"总统"五记》，台湾档案部门 2011 年版，第 673 页。

③ 尤云弟：《四联总处的创建及初期运作——以蒋介石为中心的考察》，《史学月刊》2013 年第 8 期，第 72—79 页。

④ 钱大章：《回忆"四联总处"的十年》，寿充一：《中央银行史话》，北京：中国文史出版社 1987 年版，第 95 页。

发生了重大变化，其理事会组成人员包括了军事委员会委员长、行政院长、财政部长、经济部长和国家四行首长，足见其组织形式之特殊，其地位和权威之高煊。改组后的四联总处，业务包括全国金融网设计分布、四行券料调剂、资金集中与运用、发行准备审核、纸币发行与领用、联合贴放、汇款审核与外汇申请、金银收兑、战时生产实业投资、战时物资调剂、特种储蓄推行、四行预决算审核等各项事宜。① 内设机构在理事会之下设战时金融委员会、战时经济委员会和秘书处，战时金融委员会下设发行、贴放、汇兑、特种储蓄、收兑金银、农业金融六处，经济委员会下设特种投资、物资、平市3处，秘书处下设文书、统计、稽核3科，组织体系非常完备。

作为战时金融决策和协调的最高机关，改组后的四联总处虽然依《健全中央金融机构办法》规定，凡重要事项须向财政部报告，然而从人事安排看，处事圆融且深得蒋介石信任的行政院长兼财政部长孔祥熙，仅为四联总处常务理事，一切事项全由主席蒋介石亲自决策，因此其实际上并不由财政部管制，地位甚至高于财政部。蒋介石对改组后的四联总处寄予厚望，乐观且积极地认为，“年收丰盛与四大银行联处成立，金融事权集中，此亦一大进步也”②，“财政金融问题渐能如计集中，此亦转败为胜、因祸得福之机”③。

改组后的四联总处确实发挥了重要作用，从1939年9月到1942年9月四联总处再次改组的3年中，其各项业务都有明显进展：其一，制定金融事业总体规划。1940年四联总处通过《完成西

①《中央中国交通农民四银行联合办事总处章程》(1939年10月2日)，重庆市档案馆、重庆市人民银行金融研究所:《四联总处史料》(上)，第70页。

②《回顾一年来之工作》，《蒋介石日记》(手抄本)，1939年12月30日。

③《上星期反省录》，《蒋介石日记》(手抄本)，1939年8月13日至1939年8月19日。

南西北金融网方案》《经济三年计划》《金融三年计划》等纲领性文件，相应制定了《经济三年计划实施方案》《金融三年计划二十九年实施计划》《政府对日宣战后处理金融办法》等具体金融行政法规，为战时经济金融建设及对敌作战提供了总依据。其二，改进贴放业务，将其作为工作重点，加大对后方工矿业支持力度。这点从四联总处秘书长徐柏园的讲话中可以得到佐证，"自四联总处改组后，所堪引以自慰而欲报告于诸君者，即对于工矿业放款，一秉至公，凡以生产后方需要之物资而借款者，吾人不问借款者熟识与否，无理由予以拒绝"①。从 1941 年起，民营企业所获贷款首次超过国营企业。1939—1941 年，四联总处核定的联合贴放款项增长了 2.3 倍，而工矿业贴放贷款增长高达 5.3 倍，1943 年工矿业贴放贷款竟超过贴放款总额半数，在各类放款中居于首位。② 其三，遏制法币贬值和物价上涨。1940 年，四联总处成立全国节约建国劝储总会，开展节储运动竞赛，同时鼓励推行一般储蓄、简易储蓄，对活期、定期等各类存款亦竭力招揽。1941 年四行节约建国储金储券合计约 5.3 亿元，普通储蓄近 6 亿元，普通活定期存款 95 亿元左右，储蓄类存款和一般存款较上年增幅分别为 93％和 30％。③ 这里提请注意的是，中央银行通常不经营商业银行业务，不与民争利是其经营原则，然而处于抗日战争非常时期，四联总处及其治下的各国家行局，负有维持战时经济之需的重任，承担着有关国计民生的要责，因此这一时期不难看到四联总处在市面流通、平抑物价、外汇管理、金银收兑、金融网络建设、对敌货币金融作战等各方面

① 徐柏园：《四联总处工作之回顾与展望》(1942 年 3 月 20 日)，重庆市档案馆、重庆市人民银行金融研究所：《四联总处史料》(上)，第 58 页。

② 财政部统计处：《中华民国战时财政金融统计资料》，1946 年未刊稿，表 93，无页码。

③ 洪葭管：《中央银行史料 1928.11—1949.5》(下卷)，第 778 页。

勉力作为的不同程度的进步表现。上述皆应视为战时代中央银行制积极运行之成效。

战时金融运行要求国家行局在政策执行和资源运用方面高度协同，严格贯彻政府意志，鉴于蒋介石构建的高度集权的战时体制，政府意志也可以说是蒋介石的个人意志。在国防最高委员会成立后，蒋介石得以不依据规定的决策程序而以个人命令形式决定党政军一切事务。财政金融为专业实务，又涉及财政部、经济部与四行二局，不仅专业程度高且各环节非常繁杂，蒋介石即通过改组四联总处，以四联总处作为金融事务最高决策机关，实现其对财政金融的直接领导。蒋介石作为四联总处理事会主席除按规定可主持理事会外，必要时亦可组织临时会议，更经常地，蒋介石可以手令形式直接批示政策方针和秘书长的签呈，根据需要随时召集四行人员研究经济金融方针大政等。① 蒋介石经常出席四联总处会议，在议决理事会职能范畴内的事项之外，甚至对各行局的具体业务和金融措施进行"指示"。② 当时担任四联总处副秘书长的徐柏园曾说过，蒋介石"常有手令给总处，指示方针或交核案件"③。从实际情况看，仅 1940 年蒋手令饬办事项就达 25 件之多，大到四行业务计划，小到具体某一分支行处的业务拓展与某一企业借款之审批进度之督促。④ 到 1941 年中，蒋介石还要求孔祥熙就四联总处业务每月汇报，以使其"明悉实情"⑤。

---

① 尤云弟：《四联总处金融管理研究(1937—1948)》，第 21 页。

② 钱大章：《回忆"四联总处"的十年》，寿充一主编：《中央银行史话》，第 87—88 页。

③ 徐柏园：《蒋"总统"与四联总处》，本书编委会：《蒋"总统"八十晋九诞辰纪念论文集》，台北：华冈出版有限公司 1975 年版，第 402 页。

④ 洪葭管：《中央银行史料 1928.11—1945.5》(下卷)，第 789—790 页。

⑤ 洪葭管：《中央银行史料 1928.11—1945.5》(下卷)，第 813 页。

在中央银行无力承担金融协调重任的现实情势下，改组后新的四联总处作为金融决策和协调中枢，实际承担了战时中央银行的职能，因而在事实上使得由四联总处主导的代中央银行制正式形成。所谓“代中央银行制”，在组织机构上包括了四联总处与参与其中的各国家行局，在制度设计上可以视为战前“复合型中央银行”制的一种非常规发展。在代中央银行制之下，四联总处作为最高金融权力主体统御四行（包括 1940 年加入的邮政储金汇业局和中央信托局），取代本应由中央银行承担的国家最高金融行政机关的职责角色，代行国民政府战时金融战略的最高意志，其重要决策由理事会作出，各行局为执行机构，负责通过各项具体业务运作落实理事会决策。至于本该属于中央银行的货币发行、经理国库、集中存款准备金及其他金融市场调控等金融业务职能，则经由四联总处决议再视分工不同而分交各行局执行，由此四联总处及其所属国家行局协同代行全部中央银行职能。代中央银行制存在的基本前提是，由四联总处而非中央银行这一国家银行代行国民政府战时金融最高意志，是立足于战前金融体系发展现实的一种制度选择。在国家行局之上设立更高权威的统制与制衡机构，是抗战非常局势下恰逢时需的理性选择，易于实现战时国家金融目标，也契合蒋介石战前对金融体制的制度设计理念，即“央行”在蒋介石心中应该作为“金融总枢机构”的本质表现形态。

关于此一时期四联总处的定性，一些学者也在某一层面和某种程度上支持了笔者的观点，如李立侠、朱镇华等人认为四联总处是“中央银行的化身”，李桂花认为，1939 年四联总处改组标志着近代中国真正意义上中央银行的建立。需要注意的是，四联总处尽管是代中央银行制的核心和首脑，但其比照规范的中央银行无论是作为制度还是机构均非完全等同。一方面，四联总处只是代中央银行制的一部分，或可为承担了中央银行职能中代表国家管理金融的最高行政机关的角色，而各国家行局在具体金融业务执行中发挥着部分中央银行的职能，或可为承担了中央银行职能中运作金融业务的银行角色，即银行的银行。此时，中央银行与其他国家银行在职能上并无多大差别。另一方面，四联总处的权力范围并不限于金融方面，在经济建设和物资管制等方面同样发挥重要作用，特别是通过金融手段支持战时经济，这或可理解为战争非常时期国家金融中枢的经济使命和责任。

第二节　代中央银行制的调整

一、老问题与新挑战

四联总处第一次改组，正式构建起代中央银行制的组织体系和权力结构，明确了四联总处、国家四行及其他金融机构之间的关系。随后代中央银行制在实际运行过程中，出现了越来越多的问题，譬如表现出过于宽泛的业务范围、各种委员会不合理的职权定位、各行局间模糊的关系、各行局间以比例分摊为主的业务模式越来越不适应严峻的财政金融形势等等。1939 年改组后，四联总处虽在金融上小心维持，勉力推进，但其成效却远未达到预期。“我国之金融体制，多半仍维持平时状态，而未真正进入战时金融之状态”①。四联总处的改组尽管有所成效，但并未带来全面改善。这既有四联总处本身的原因，也与战争局势和国际形势的恶化有关。

① 徐柏园:《金融政策之检讨与今后之方针》(1941 年 9 月 8 日)，四联总处秘书处:《四联总处文件选辑》，1947 年编印，第 31 页。

改组后的四联总处与代中央银行制在组织体系方面仍然存在两个明显的问题。

其一，四联总处虽然确立了战时金融的最高地位，与国家行局形成了正式的统属关系，但在具体业务上与其他经济业务主管部门甚至具体国家行局难免有所重叠，其本身的组织机构体系设置也不够科学。四联总处不仅负责对国家行局的指导、监督、考核以及重要经济金融业务的审议决议，而且通过金融、经济两委员会及所属各处，四联总处实际上部分承担原属四行的具体业务，四行几乎所有业务在四联总处都有归口职能处室，由其审议甚至直接办理。四联总处业务因而十分庞杂，极为宽泛。在邮政储金汇业局和中央信托局加入后，四联总处囊括了所有重要国家行局，业务范围从经济到金融决策，从规划制定到行局管理，再到业务实施几乎无所不包，这样便使得四联总处与其他经济工作相关的部委，或专门委员会甚至国家行局不可避免地形成业务交叉，加上四联总处与这些机构在人事上的兼任，这种交叉就变得更加复杂。如战时经济委员会下设平市处，在四联总处理事会建议政府设立平价购销处后，相关工作已由经济部平价购销处主管，平市处只是协助。另如物资处与财政部贸易委员会工作几乎完全相同，四联总处只在资金方面加以协助。原定外汇审核、金银收兑事项后来也分别移交外汇管理委员会和中央银行负责。① 再者，四联总处自己的部门设置也不够完善。如作为理事会与业务处室中间的战时金融委员会与战时经济委员会，因为各委员多半不常驻重庆，集会很少，1939—1940 年间金融委员会仅召开 5 次会议，而经济委员会甚至

①《徐堪徐柏园为拟定四联总处组织办法等呈稿》(1942 年 1 月 25 日)，重庆市档案馆、重庆市人民银行金融研究所:《四联总处史料》(上)，第 85 页。

仅有1次会议，实际工作多由在上之理事会或在下之业务处室承担，两委员会形同虚设，几乎不起什么作用。① 另有就是秘书处与业务处室的关系问题，因各业务处室多属委员会性质，日常事务多由秘书处或各处指定专员负责，秘书处承担工作过多而下设科室很少。上述这些情况都需要据实对四联总处的组织机构进行调整，以实现组织机构的合理设置与业务工作的良好运行。

其二，此次改组更多侧重于四联总处的职权与业务，对各国家行局间的业务倾轧和协同分工问题并没有实质性的解决方案。在《战时健全中央金融机构办法》中有这样一项规定，即“中、中、交、农四行依据其法规或条例所规定之职权及业务分别发展”，其意为在四联总处的领导下，四行依据战前专业化改组后的法规，各有业务侧重。但实际上，由于1937年以后各行对于联合业务都是按规定比例承做，对某单项业务并未明确区分其所属领域和方向。各行业务各自为政，相互竞争，不仅造成彼此间的矛盾，也不利于四联总处总体决策的实施。1939年四联总处改组后情况虽有所改善，各行局间的业务协调问题仍然突出。四联总处为此专门致电各行，“一载以来(函电时间为1940年9月26日)，各行局同仁秉承主席意旨，苦心擘画，所有金融上应兴应革事宜及重要措施多经拟具方案规定办法分别办理，而在计划各项方案或办法时，均事先由各行局负责人员共同研究反复研讨，必众无异议而后决定施行。故各项决议案件，各行局自应协力一致切实执行，庶能推行顺利也。乃近闻各行局间对于总处决议、案件未尝尽力推行，或竟违反总处决定之原则及方法为其本身暂时便利标奇立异，自乱步骤者

① 洪葭管:《中央银行史料1928.11—1945.5》(下卷)，第775页。

殊属不合"①。1940 年 12 月，被指派往重庆出席四联总处会议的中国银行副总稽核霍宝树致信宋子文，称四行联合业务中有与中国银行规章不尽符合之案件，"虽经树力争，终因此间环境关系，无力抗拒而通过者"，为此霍还向宋请罪。② 蒋介石在手令中也对此类问题提出要求，"今后抗战之成败，全在于经济与金融之成效如何；而四行今后之职责，不仅在金融，而整个经济之方针计划，亦要由四行为惟一之经济基础也，故四行再不可如过去之情形，必须将以后国计民生之命脉与责任，皆要共同负之，此则四行各位负责同仁，所应彻底了解"③。孔祥熙对于"各行局间有对于总处决议、案件未尝尽力推行，或竟违反总处决定之原则及办法为其本身暂时便利标奇立异，自乱步骤者殊属不合"的现象，提出予以纠正的 3 项原则："各行局对于总处各项决议案件应切实执行并随时报告执行之经过及成绩"；"任何行局不得曲解总处决议案件谋取本身业务上之目前小利，致妨碍整个政策之推行"；"任何行局绝对不得有违总处重要政策与办法之措施，如发觉有上项情事时，应由各该行局负其责任"④。就根本而言，只有各行局之间有明确的分工与清晰的业务边界，才可能更好地实现业务协同。

上述问题的背后，折射出四联总处的体制性弊端。改组后的四联总处虽强调集中力量、整齐步骤，但在其框架下各行局仍保持有各自为政的空间。四行对于贷款、贴放、汇兑等领域的业务多为联合或者同步推进，这就造成了战前各行局边界的模糊化。而且在同一领域各行局皆须讲求业绩及利益的前提下，当金融形势不

① 洪葭管：《中央银行史料 1928.11—1945.5》(下卷)，第 805 页。

② 中国银行行史编辑委员会：《中国银行行史》，第 575 页。

③ 洪葭管：《中央银行史料 1928.11—1945.5》(下卷)，第 792—793 页。

④ 洪葭管：《中央银行史料 1928.11—1945.5》(下卷)，第 805—806 页。

断恶化，需要各行局协同运作之时，反而形成不合理的过度竞争关系，导致各行缺乏大局观，于抗战无益。在西南实业协会举办的第14次“星期五餐会”上，徐柏园讽刺道：“中中交农四行主要人员，有十分之三明了政府政策，已属难能；十分之二能实行战时精神，更为可贵；大部分银行大人先生，闭门自乐其乐，所谓世界、社会、国家，一若与彼毫无关系。”①可见，若要加强统制，提高效能，无论对四联总处与四行的关系，还是对四行之间的关系，都有必要作出新的划定和调整。

在业务之外，原有各行局间的人事问题仍然存在。1939 年改组后，担任四联总处秘书长的是孔祥熙心腹徐堪(字可亭)，而副秘书长徐柏园则是宋子文的亲信，2 人的斗争导致徐柏园心生去意。1940 年 12 月 12 日，中国银行副总稽核霍宝树致信宋子文：“近来可亭处理四联事多不报手续，柏园拟向委座辞职。如柏园去，四联将更妄为，故劝缓提辞呈。为国行计，敬乞钧座密电挽留。”②宋子文接信后当即致电徐柏园，尽力挽留。人事问题也导致日常工作运行效率也存在问题，加之各行局受传统观念支配，行事风格表现在方式方法、经营态度、业务程序等方面与战时所需常有相悖。且金融界人士，多顽固成性，囿于成见，每次开会对于每一问题，必须反复辩论，详尽申述，始能得其首肯。对于每一决议，似明白而根本又不赞成，嘱其照案办理，又必反复问疑。③ 另外，四行间还存在相互挖人、无序跳槽的现象。1939 年 11 月 28 日，在四联总处理事会第 10 次会议上，常务理事宋子文提议，“现值四行需人之际，间

① 徐柏园：《四联总处改组之回顾与展望》，《西南实业通讯》1942 年第 5 卷 4 期，第 39 页。

② 郑会欣：《民国政要的私密档案》，第 113 页。

③ 徐柏园：《四联总处改组之回顾与展望》，第 39 页。

有甲行员生因乙行待遇较优，辞职他就者，于完成金融网计划，殊多窒碍，应函知四总行，凡四行中之一行，如有辞职员生，其他三行概不录用，以资限制”[①]。此事由宋子文亲自提交理事会讨论，足以说明当时四行职员跳槽问题的严重性，而此议也得到了理事会通过。在宋子文所倡议的限制措施实行后不久，重庆市银行同业公会就以“此项用人限制办法，实为目前切要之图”为由，[②]函请四联总处，将限制录用各行辞职员生的办法由四行扩大到一般商业银行。

太平洋战争爆发后，日军迅速占领了上海租界和香港。在上海，日伪一方面加强以横滨正金银行为代表的日资银行的垄断，对租界内的“敌性”外资银行加以清理、攫取和管制；[③]一方面则勒令四行停业清理，并最终关闭了中央、农民两行，并在对中国、交通两行加以“改组”后令其复业，欲意使其发挥辅助伪中央储备银行的作用。[④] 香港的金融机构也经历了与上海相类似的情况，据广西省银行港行经理张绍栋脱险后的报告，日军到港后便对金融机关进行接管，“先将各银行库存封存，并饬送存户姓名表后，又令各行复业，惟因汇丰银行已将纸币数千万烧去，渣打亦烧去不少，各行存款无法取回，未予照办。又各行同人均安，但须照常到行”[⑤]。沪港

① 中国第二历史档案馆:《四联总处会议录》(一)，桂林:广西师范大学出版社 2003 年版，第 192 页。

② 中国第二历史档案馆:《四联总处会议录》(一)，第 388 页。

③ 宋佩玉:《清理与统制:太平洋战争爆发后上海日资银行功能的转向》，《晋阳学刊》2018 年第 2 期，第 36—42 页。

④ 朱佩禧:《沦陷区上海银行家的转向——以中国银行、交通银行复业为例》，吴景平、戴建兵:《近代以来中国金融变迁的回顾与反思》，第 217—225 页。

⑤ 中国第二历史档案馆:《四联总处会议录》(一三)，第 242 页。

两地沦陷后，以往与内地间既有的金融联系，遭受巨创。

太平洋战争的爆发，首先对国民政府苦苦维持的外汇市场及法币汇价产生致命的打击。抗战全面爆发尤其是广州、武汉相继沦陷以后，内地与外界的物资流通和汇兑均有赖于上海租界和香港进行中转和维持。1938年国民政府开始对外汇进行管制，虽对除党、政、军及国营事业机关以外的汇款有着严格的限制，但“后方各地所需机器原料，以及日用必需物资，大部分仍须由口岸内运，口岸汇款之需要，始终未灭”①，黑市因此依旧猖獗。英美对中国资金封存措施的不彻底，也给黑市留下了继续存在的空间。当四行为应付军政及公营事业汇款而感到疲惫之时，沪港的商业银行和钱庄却抬高汇水承做后方汇款，内地资金外流之势并未得到有效遏制，当时沪港之于内地金融，形同鸡肋，不过四联总处在与中英美平准基金会商议后，最终还是决定开放沪港商汇，对于沪港市场中流通的法币，通过运用平准基金，以抛售美金的方式予以收回，而商汇之办理则采照“总处及指定之分支处核办，分交四行摊汇”的方式进行。② 太平洋战争爆发后，汇市虽由新成立的中英美外汇平准基金艰难维持，却仍无法遏制汇价下落。有鉴于此，1941年四联总处曾提议由四行按照黑市升水承做商汇，但被以此行“不啻公开表示内地资金缺乏，口岸法币价值高于内地，并有放弃稳定金融职责之嫌”等理由，加以否决。③

法币对外价格难以维持，沦陷区回流法币激增，后方通货膨胀压力也进一步增加，然而法币通胀最根本的原因是新战局下国民

① 中国第二历史档案馆：《四联总处会议录》(一〇)，第50页。

② 中国第二历史档案馆：《四联总处会议录》(一〇)，第377页。

③ 中国第二历史档案馆：《四联总处会议录》(一〇)，第183页。

政府支出的激增。其实早在抗日战争进入相持阶段以后，国民政府财政状况就明显恶化，国家行局对政府的垫款不断增加，通货膨胀压力越来越大。太平洋战争爆发，国民政府在沦陷区赖以维持的金融空间进一步缩小。1941 年，国民政府的总支出首次突破百亿大关，比 1940 年增长约 89％，与 1939 年相比更是增长约 258％之多。① 由于战局僵持和蔓延，政府增税困难，财源却日渐匮乏，财政赤字日益扩大。四行二局在战时储蓄、汇兑业务上进展艰难，对游资吸收不力更加剧了通货膨胀。在宏观上，一方面是内地对外交通和联系渠道被进一步阻断，物资、原料等运输变得更为艰难，从而影响后方的生产建设和经济秩序；另一方面是上海租界和香港等地的陷落，令后方金融失去了重要的外部依托，而且加剧了对敌经济作战的困难。就影响的破坏性而言，后者更为严重。总之，自 1941 年以后，法币通货膨胀逐渐成为战时金融运行最恶劣的结果。

对于金融困顿等等问题，四行只能通过加大货币发行、增加政府垫款等方式加以应对。从 1941 年到 1942 年 3 月，法币增发额已近百亿元，每个季度平均增加率竟提高到 137.1％。② 当时政府垫款由四联总处统筹和管理，具体先由财政部核定每月国库各项支出的总额，再由中央银行（代理国库）以该月每项税收抵拨部分数额，由四联总处指定垫款银行，按规定的比例垫付，以应需用。统筹垫款，既要考虑各行钞券的印刷、运送等各方面的情况，又要顾及各行的发行利益且不能贻误战机。然而在战局恶化的情况下，券料紧张且运输困难，券料缺乏的情况时有发生。1940 年 7、8 月

① 吴冈：《旧中国通货膨胀史料》，上海：上海人民出版社 1958 年版，第 153 页。

② 吴景平：《财经视野下的抗日战争研究》，《抗日战争研究》2016 年第 1 期，第 33 页。

间，四联总处先后通过“调剂钞券缺乏办法”提高钞票原料购置、印刷、运送效率。1941 年 7 月到 9 月，四行钞票当月发行数累有增加，分别为 5.41 亿元、6.34 亿元和 7.62 亿元，同月国库垫款分别为 6.8 亿元、8.8 亿元和 10 亿元，两者相较，发行仍不敷用，缺口大有增加趋势。当时 4 行一部分垫款仍需从各行所收存款中拨用，如此吸收储蓄控制流通法币规模的效用也被稀释了。[①] 个别行局在发行上也经常无法完成任务，需要他行接济，如 1941 年 8 月，交通银行总管理处即因印钞的速度难以满足激增的垫款需要，通过四联总处转商中、中、农 3 行，请求“本四行一体之义，随时拨借，共济时艰”[②]。通货缺乏成为普遍问题，蒋介石曾为减轻通胀压力于 1941 年上半年下令封存 2.2 亿元法币，但不到两个月就不得不下令解封，到 1942 年年中即全部提回使用。[③] 法币发行问题成为太平洋战争爆发后四联总处需要应对的新的挑战。此时发行规模激增，发行效率不高，运输阻滞，供应不足，逐渐攀升的通货膨胀成为最主要的金融疾患，而且情况渐趋严重。

对于太平洋战争后出现的新挑战，四联总处并非全无应对。1941 年 12 月 9 日，即国民政府对日宣战的第二天，四联总处便按蒋介石的授意密电财政部，建议国民政府继续紧缩预算，对于需由国外输入机件、原料的建设事业暂时停止支持，同时暂停收购不能运输的出口货物。[④] 四联总处曾给各分处下达秘密指示，对其业务要求如下：四行存放同业款项，切实紧缩，以节发行；贴放以直接用

---

① 洪葭管：《中央银行史料 1928.11—1945.5》(下卷)，第 813—814 页。

② 中国第二历史档案馆：《四联总处会议录》(一〇)，第 314 页。

③ 洪葭管：《中央银行史料 1928.11—1945.5》(下卷)，第 821—824 页。

④《四联总处就政府应注意事项电稿》(1941 年 12 月 9 日)，重庆市档案馆、重庆市人民银行金融研究所：《四联总处史料》(上)，第 300—301 页。

于增加必需品生产及抢购游击区物资者为限，机器原料来源困难者不贷；农贷以水利工程有速效者为限，余缓贷放；预料今后空袭必减少，各行应全力办公，以利社会；行处开支应极力减省，进口物资尤应经济使用；同人生活应极力简约，倡导风尚。①

12 月 11 日上午，四联总处召开第 106 次理事会议，会上宣告：“自日本对英美开战后，关于沪港各行局应变措置暨今后四行券料供应调度及安定内地金融市场各节，经于本月八日邀集各行局负责人员举行临时小组会议商讨，拟具办法呈奉孔常务理事及主席蒋核定。”②12 日，行政院经济会议开会讨论太平洋战事发生后的经济措施，其中关于金融的部分，决定由四联总处拟定《政府对日宣战后金融处理办法》，并会同财政部次长俞鸿钧、顾翊群，钱币司司长戴铭礼及四行专管人员商讨修正。③《政府对日宣战后金融处理办法》经行政院经济会议第 46 次会议通过后，得以正式实施。根据该办法，对日宣战后的金融处理分“紧急措施”和“后方金融处理方针”两大部分。④“紧急措施”的目的在于同日伪占领地区的金融机构进行快速切割，其中针对上海及其他沦陷区的措施主要为：四行一律停业，后方行处对停业行处停止一切收解；所有停业行处须将资产负债详报总行，呈报政府核办，并停止所有汇款；所有在后方之商业银行总行及分支行，对沦陷区行处之收解，应随时呈报政府核准办理；此外还通令全国在沦陷区内之金融机关，不得接受

① 《本处对各分处之指示》(1941 年 12 月 11 日)，四联总处秘书处：《四联总处重要文献汇编》，第 34 页。

② 中国第二历史档案馆：《四联总处会议录》(一二)，第 352 页。

③ 中国第二历史档案馆：《四联总处会议录》(一二)，第 444 页。

④ 《政府对日宣战后金融处理办法》(1941 年 12 月 13 日)，四联总处秘书处：《四联总处文件选辑》，第 51—56 页。

敌伪命令,人民不得使用敌伪钞券,用敌伪钞券交易的契约行为也一律无效。另有针对香港及其他在英美战区内的应对措施,主要为:香港中、交两行,九龙中央银行,新加坡中国银行,马尼拉交通银行,仰光中、交两行及其他在英美荷印各地战区内之行处,分别与当地外资银行保持联络,共同进退;各行局留存香港之法币尽量飞运南雄、桂林等地,必要时销毁;停印在香港订印的钞券及储蓄券,并将全部券版尽速运回内地,不能运出者销毁;各总行驻港办事人员尽可能内迁,所存各种重要文件账册,必要时也予以销毁。

"后方处理金融方针"则对后方金融的方针政策作出调整,其中明显的体制性变动主要在于:调节发行方面,在重庆设立票据交换所,推广票据用途,提倡划账制度,再向其他主要都市推广;投资放款方面,集中运用四行二局的资金,各行局单独承做的投资放款业务暂行停止,已贷出者则逐案报明,分别按性质继续承做或催收;外汇管理方面,中英美平准基金全部移至后方运用,买卖外汇须经政府特许银行办理;金融市场管理方面,不准新设银行并严格限制设立分支行处,合作金库改由合作社筹款组织,不再由四行认股筹设,并且建立实业证券市场;其他方面,撤销金银收兑机关,由中央银行办理。从这些变动中,可以看出太平洋战争爆发后金融体制进一步转向战时状态,金融政策呈现出一种收紧的特征。

"后方金融处理方针"是太平洋战争后发布的临时性金融指导文件,希望理顺发行关系,完善清算体系,收缩银行信贷以缓解法币供应和通货膨胀问题。随后四联总处又对部分业务进行了局部调整,如理事会第 110 次会议核定了《四联总处核办投资贴放方针》,针对暂停各行局单独投资放款规定进行补充;第 111 次会议审议通过了《收兑金银处撤销办法》,对该处内部事务终止和在外收兑机构转移作出规划;第 117 次会议除修正通过《各行局单独投资放款办法》的 3 项内容外，还制定了办法，划分合作主管机关及金融机关对于合作金库放款业务的权责。

然而，要实质性解决法币发行问题，必须对代中央银行体制进行进一步调整，以提高发行效率，同时四行之间的其他业务倾轧、过度竞争问题也需要得到缓解。当时国民政府的金银外汇储备已经所剩无几，政府境况艰难。1940 年 5 月，蒋介石就在日记中提到，“金融外汇势甚危急，物价飞涨，经济已经进入险境”①，到 1941 年底，蒋介石评价当时的中国经济“俨如一染有第三期肺病病人”②。可见，对代中央银行制运行模式和四联总处与国家行局间关系的进一步调整已经迫在眉睫。

二、四联总处的第二次改组与代中央银行制的调整

内外交困中，蒋介石拟对既有金融统制模式进行新的调整，以便理顺金融各项职权归属，改变机构重叠、政令不畅的局面，以图从根本上控制法币发行，缓解通胀压力，实现抗战建国的总体目标。1941 年 12 月 30 日蒋介石开始研究四行统一计划，把“金融机构之调整”列入年度大事年表，③1942 年 1 月 23 日，将“四行统制与全国金融之统制”列入这一周工作计划。到 3 月中旬，有关四联总处改组的计划和统制四行办法的考虑进入实质性阶段，蒋介石决

---

①《蒋介石日记》(手抄本)，1940 年 5 月 31 日。

②《蒋委员长在重庆接见美国财政部代表柯克朗指陈中国经济危机之严重性嘱其回美后转陈政府使美对华经济援助能有一整个的、固定的具体方案谈话记录》(1941 年 11 月 9 日)，秦孝仪：《中华民国重要史料初编：对日抗战时期》第三编《战时外交(一)》，台北：中国国民党中央委员会党史委员会 1981 年版，第 322 页。

③《蒋介石日记》(手稿本)，1941 年 12 月 30 日。

心要统一和调整四行。① 蒋介石能够考虑四联总处及四行的改组问题，实际得益于此时争取外援方面的重大突破。1942 年 2 月 2 日，经过蒋介石、宋子文的积极争取，美、英宣布各向中国提供 5 亿美元和5 000万英镑的贷款。美英借款正符合蒋介石的迫切需要，他在次日的日记中写道，"美国贷我美金五万万元、英国五千万镑之大借款，应急定处置"②。至于如何使用这笔借款，军事委员会参事室的意见为主要用于发行准备和结汇，国民政府后来则计划将 2 亿美元用于发行美金公债及储蓄券，2 亿美元用于从美国购运黄金回国出售，5 500 万美元用于支付银行垫支，并用 2 500 万美元从美国购运纺织品来华。③ 英美大借款给中国战时金融带来了巨大的改变，增强了金融实力。

太平洋战争爆发之初，正值中国前途诡谲多变之时，蒋介石采取的是以金融收缩为主的统制政策，英美大借款达成后，国民政府预期的金融环境骤然好转，巨额借款为蒋介石着手进行金融调整，推进金融体制进一步改善创造了空间。3 月 22 日，蒋介石命令孔祥熙研究加强四行统制办法，希望"以后对于中中交农四行应加强统制"，主要包括：四行人员之考核调用与统制；限制四行发行，发行钞券改为中央银行统一发行；统一四行外汇之管理；考核并规定四行之业务；重新检讨并审核四行之预算；稽核四行国内之存款及国内之放款并按月呈报；四行人事薪给奖惩以及预算与各种业务皆须编订法规与格则，俾使各银行能一律遵行。蒋特别强调，此为最急之要务，须限期完成为要。此外对各省银行以及商业银行等，

---

①《蒋介石日记》(手稿本)，1942 年 3 月 13 日、17 日。

②《蒋介石日记》(手稿本)，1942 年 2 月 3 日。

③ 戴建兵：《抗日战争时期国民政府货币战时策略初探》，《抗战史料研究》2012 年第 1 辑，第 45 页。

对其存款放款等业务亦应切实统制，希照此详加研究。①

不难发现，新一轮调整的核心是加强对国家行局人事、业务甚至一切事务的直接统制，并将金融统制的触角伸向商业行庄和省银行。蒋介石将"统一金融与调整四联总处方案"视为实现四行统一的基本办法。② 要实现这一目标并不容易，就在蒋介石筹划集中发行与直接统制四行的同时，美金储蓄券正式发行，围绕着通过此券所收存的法币，是转存中央银行集中运用还是由各行局自由运用，四行间产生了争议。中央银行主张自行收存全部法币，但遭到中、交、农三行的抵制。四联总处理事会在对此事进行讨论后，最终决定"美金系政府向美国所借之款项，美金储蓄券所收之法币应解缴国库"，而对于缴库程序是否由中央银行统一办理，则可再行研究。③

1942 年 3 月 29 日，国民政府公布了旨在强化战时统制的《国家总动员法》，并命令自 5 月 5 日起施行。根据《国家总动员法》，在金融组织方面，"政府于必要时得对银行、公司、工厂及其他行号团体之设立、合并、增加资本、变更目的、募集债款、分配红利、履行债务及其资金运用加以限制"④，这一定程度上为国民政府主导四行的专业化提供了法理依据。4 月中旬，由财政部会同四联总处及四行商定办法草案，针对各省银行与商业银行的业务考核，提出由财政部与中央银行合作调查各地金融市场，这些方案由孔祥熙上报

① 《令孔副院长加强四行之统制》，1942 年 3 月 22 日，台湾档案部门藏，"蒋中正'总统'文物档案"，档号：002/080200/00565/001/041x。转引自尤云弟：《四联总处金融管理研究（1938—1949）》，第 24—25 页。

② 《蒋介石日记》（手抄本），1941 年 3 月 27 日。

③ 中国第二历史档案馆：《四联总处会议录》（一四），第 346 页。

④ 国民政府文官处印铸局：《国民政府法规汇编》第 14 编，1943 年编印，第 462 页。

给蒋介石。[①] 4 月下旬，蒋介石批准关于四行和四联总处改革的方案。[②] 5 月上旬，国民政府对外宣称四联总处将推出新的四行专业化方案。[③] 5 月 24 日，四联总处理事会召开第 125 次会议，讨论了财政部改定存款准备金收缴办法与调整存款利率的意见，这也是有关四行专业化与统一发行最重要的问题。理事会会议达成四项决议：一是存款准备金集中缴存中央银行问题，分转各行照办；二是目前四行已分别收存之准备金，规定自 6 月 21 日起，一律转存中央银行；三是以后凡新缴之准备金，一律缴交中央银行；四是存款准备金应有所提高，具体先由中央银行参酌市场情形，拟定再核。[④] 至此，中央银行收存国家行局及商业银行存款准备金问题有了实质性进展，在存放款这一银行最核心的业务上，中央银行至少在法理层面取得了对其他国家行局的管辖权。

5 月 28 日，蒋介石主持召开四联总处临时理事会议，正式推行四行专业化方案。会议通过《四联总处核定中中交农四行业务划分及考核办法》，此后又相继通过《统一发行办法》《统一四行外汇管理办法》《中央中国交通农民四银行联合办事总处组织章程》等文件。作为指导四行业务划分的重要文件，《四行业务划分及考核办法》划定了四行不同的业务发展方向。[⑤] 具体而言，专业化分工后各行的业务要点如下：

---

①《令孔副院长加强四行之统制》，1942 年 3 月 22 日，台湾档案部门藏，“蒋中正‘总统’文物档案”，档号：002/080200/00565/001/041x。转引自尤云弟：《四联总处金融管理研究（1938—1949）》，第 25 页。

②《蒋介石日记》（手抄本），1941 年 4 月 21 日。

③《国家银行专业化》，天津《大公报》，1942 年 5 月 11 日。

④ 中国第二历史档案馆：《四联总处会议录》（一四），第 450—451 页。

⑤ 中国第二历史档案馆：《四联总处会议录》（一五），第 3—5 页。

中央银行：集中钞券发行；统筹外汇收付；代理国库；汇解军政款项；政府机关以预算作抵或特准之贷款；调剂金融市场。

中国银行：受中央银行之委托，经理政府国外款项之收付；发展与扶助国外贸易，并办理有关事业之贷款与投资；受中央银行之委托，经办进出口外汇及侨汇业务；办理国内商业汇款；办理储蓄信托业务。

交通银行：办理工矿交通及生产事业之贷款与投资；办理国内工商业汇款；公司债及公司股票之经募或承受；办理仓库及运输业务；办理储蓄信托业务。

中国农民银行：办理农民生产贷款与投资；办理土地金融业务；办理合作事业之放款；办理农业仓库信托及农业保险业务；吸收储蓄存款。

照此划分，中央银行具备了大部分中央银行应备职能；中国银行的业务侧重于国际汇兑和贸易，且其办理外汇业务的权限来源于中央银行委托；交通银行的业务侧重于扶持国内工商业生产；中国农民银行则聚力于农业相关事宜。除此之外，该办法还规定了四行专业化的实施步骤和考核要点，其中尤为注重提高中央银行的地位，计划逐步赋予其集中发行、统筹外汇、承做政府机关贷款、协助管理金融市场等权力。

《统一发行办法》则是确立中央银行发行权统一地位的关键文件，由财政部、四联总处与中央银行共同拟定。办法对中央银行集中发行业务和中、交、农三行准备金的移交作出规定：一是由政府命令，自 1942 年 7 月起，所有法币之发行，统由中央银行集中办理；二是中、交、农三行在 1942 年 6 月 30 日以前所发行之法币，仍由各该行自行负责，应造具发行数额详表，送四联总处、财政部及中央银行备查；三是中、交、农三行订印未交及已交未发之新券，应全部移交中央银行集中保管；四是中、交、农三行因应付存款需要资金，得按实际情形提供担保，商请中央银行充分接济，并报财政部备查；五是中、交、农三行 1942 年 6 月 30 日以前所发钞券之准备，由各行缴中央银行接收；六是各省地方银行之发行，由财政部规定办法限期结束。①

不久，关于各行局存款准备金缴存及中央银行统一方案有了具体的操作层面的规定。首先是各行局存款准备金缴存办法。1942 年 6 月 4 日，四联总处第 128 次理事会议在行政院会议室召开，会上通过了《各行庄存款准备金收缴补充办法》，对中央银行和中国、交通、农民三行在收缴各行庄存款准备金上的权责作出新的分割，主要内容为：一是凡设有中央银行地方，所有当地各行庄存款准备金由中央银行独家收存，其增收、提回等手续即由中央银行独家承办；二是未设中央银行地方，由中央银行委托中国、交通或中国农民银行为负责承办行，所有存款准备金，即由负责行独家收存，其增收、提回等手续仍由负责行独家承办，中央银行并应先就当地原负责承办行委托办理，受托负责承办行所收之准备金应全数转缴附近之中央银行；三是目前各行已分别摊存之准备金应于 6 月 21 日起，一律转存中央银行或当地负责承办行集中收存；四是各行庄以现金缴付存款准备金者，其利率一律提高为年息一分；五是以往以储券抵缴之存款准备金，到期或提回后，仍应由各行庄以现金补足之。②

其次是中央银行统一发行的具体办法。6 月 18 日，四联总处理事会第 130 次会议还修订通过了《统一发行实施办法》，并于三

① 中国第二历史档案馆：《四联总处会议录》（一五），第 11—12 页。

② 中国第二历史档案馆：《四联总处会议录》（一五），第 103—104 页。

日后由财政部核定颁布，该办法对中、交、农三行已发、未发及订印钞券的处理、准备金的移交、三行因业务需要之资金调剂以及发行人员、设备及工具的借调等方面作出了更为详细的规定。①《统一发行办法》和《统一发行实施办法》施行后，中央银行的地位因其独占发行而大为提高。改变国家行局分散发行的局面，实现中央银行的统一发行和存款准备金管理，是四联总处再次调整和四行专业化发展的核心内容，也是国民政府改革的首要目的。所谓发行效率的提高，也意味着国民政府通过增发钞券弥补财政赤字更为便利，为后期一发不可收拾的恶性通货膨胀埋下了隐患。

就四联总处而言，四行专业化政策出台，意味着四行间业务的界限被重新厘定。不过必须指出的是，四行专业化的根本目的，并不在于培育四行专业化基础上的独立发行空间，而是通过对各行横向分工的界定，减少业务竞争，明确业务边界，从而加强对国家行局的直接控制。对于各行局来说，仍须一如此前，保持合作，以收通力之效。对于此点，戴铭礼曾专门撰文解释。他在文中强调，所谓专业化，非谓四行各守岗位，老死不相往来，“各行虽各有其本分，但在整个金融观之，不特不可分割，而更具有联系作用，而以中央银行为中枢。如中国银行对于国际贸易有关事业，同应尽其辅导之责，即一般金融机关与国际贸易有关事业，平时具有融通资金之关系者，缓急之际，亦可藉中国银行为周转，最后则以重贴现、重抵押之方式，以中央银行为尾闾。他如交通银行之于实业有关之金融机关，中国农民银行之于农业有关之金融机关，其关系亦莫不

① 《财政部颁布之统一发行实施办法》（1942年6月21日），中国第二历史档案馆：《中华民国史档案资料汇编》第五辑第二编《财政经济（三）》，南京：江苏古籍出版社1998年版，第19—21页。

如是"[①]。四行的专业化改革重点是对代中央银行制下国家行局的直接调整,而第一次改革重点是对四联总处权力和职能的塑造,两者在逻辑上是统一的,即根据战时不同时期金融调控的需求,以及针对代中央银行制运行中的问题,不断进行优化和调整。

同步于中央银行的集中发行和四行专业化的协同共进,四联总处也开始了组织人事的调整。早在太平洋战争爆发后不久,蒋介石便已经开始酝酿"四行总处之整理"。[②] 1942 年 1 月 25 日,遵奉蒋介石命令,四联总处正副秘书长徐堪、徐柏园拟具了《调整四联总处组织办法草案》。该草案划定四联总处仍须继续洽办的工作,并在列举既有章程与现实情况不相符合之处后,提出四联总处的调整方案,具体内容包括:总处增设副主席 1 人,撤销平市处,撤销物资处,撤销收兑金银处,汇兑处改称"国内汇兑处",特种储蓄处改称"储蓄处",其他如发行处、贴放处、特种投资处、农业金融处仍旧,而秘书处、稽核科调整办法另行拟定呈核。[③]

1942 年 3 月,在接到蒋介石加强研究金融统制的手令后,四联总处便开始拟定新的组织章程,并于 5 月 28 日临时理事会上通过。9 月 1 日,当四行专业化深化之时,按照国防最高委员会核定后的《中央、中国、交通、农民四银行联合办事处组织章程》,四联总处正式开始第二次改组。时有论者认为:"第二度改组的目的,仅在减缩原有机构,使趋于简单灵活,其意义不若第一度改组时之重大。"[④]

---

① 戴铭礼:《四行专业化之综合观察》,《财政评论》1942 年第 8 卷第 4 期,第 5 页。

②《本星期预定工作课目》,《蒋介石日记》(手稿本),1941 年 12 月 20 日。

③《徐堪徐柏园为拟定调整四联总处组织办法草案等呈稿》,1942 年 1 月 25 日,重庆市档案馆、重庆市人民银行金融研究所:《四联总处史料》(上),第 86—87 页。

④ 寿进文:《战时中国的银行业》,出版者不详,1944 年,第 85 页。

根据该章程，四联总处的权力明显收缩，其主要职责变为协助财政部监督指导四行二局业务。具体而言，其职权主要包括10项内容：

(1) 关于全国金融网之设计分布事项；(2) 关于各行局人员之训练考核与调整事项；(3) 关于各行局开支审核与预决算之复核事项；(4) 关于法币发行之调度与发行准备之审核事项；(5) 关于各行局吸收存款，推行储蓄之指导考核事项；(6) 关于各行局投资放款之审核与查考事项；(7) 关于各行局农贷之审核与查考事项；(8) 关于各行局汇款之审核事项；(9) 关于协助财政部管理一般金融事项；(10) 其他与战时金融有关事项。[①] 在修正后的章程中，四联总处原先的经济、金融两委员会被撤销，转而设立战时金融经济委员会，由理事会主席、副主席指派各行局重要职员或专家若干人组成，负责设计各项业务方针。战时经济金融委员会的下设组织也采取委员会制，由原先的8处调整为发行、储蓄、放款、农贷、汇兑、特种等6个小组委员会，每个小组委员会设主任、副主任各一人及委员数人，分别审查各有关事项。由于发行已经集中于中央银行，故发行小组委员会实际上未设立，取而代之的是11月间增设的土地金融小组委员会。而另一方面，秘书处的组织则大为加强，由第一次改组时的统计、文书两科，改组为文书、稽核、统计、发行、储蓄、放款、农贷和汇兑8科，每科科长由秘书长呈请主席、副主席任命产生，各科得以分组办事，设办事员、雇员若干人，由秘书长派定。秘书处设秘书2至4人，专员、视察、稽核若干人，由秘书长呈请主席任用。

---

① 《中央中国交通农民四银行联合办事处组织章程》(1942年9月)，重庆市档案馆、重庆市人民银行金融研究所：《四联总处史料》(上)，第88页。

此后,四联总处的组织根据实际情况继续进行微调。比如1943年8月26日,国民政府主计处派遣杨众先代理四联总处会计长并筹设会计机构,此议由四联总处第187次理事会议通过,并很快得以落实。[①] 9月12日,四联总处正式成立会计长办事处,下设3科,分别掌理岁计会计、统计和文书事项。会计长办事处成立后,四联总处秘书处的组织也随之发生变更,原设的文书科被改为总务科,稽核科被撤销,原所掌人事事项移归总务科,稽核事项则归会计长办事处办理,统计科也改隶于会计长办事处。再如1944年初,四联总处第202次理事会议决定设立战后金融复员计划实施委员会,分别审议有关各行局复员计划实施的案件,并由四行二局各设复员委员会,以资配合。同年3月,鉴于购料计划扩大而发行减少,四联总处将发行科改为购料科,将发行作为该科的兼办业务。4月,为了切实考核放款实效,四联总处设置放款考核委员会,并于秘书处下成立考核科,处理该委员会有关事务。1946年10月7日,中央合作金库加入四联总处,其总经理得以列席理事会议,并指派有关主管参加各小组委员会。

在人事方面,理事会的人员构成除中央银行总裁、副总裁,中国、交通两行董事长、总经理,中国农民银行理事长、总经理外,还有财政、经济、交通、粮食各部的部长。常务理事被取消,取而代之的是增设理事会副主席一职。四联总处理事会副主席为特任官,襄助主席办理一切事务。而且章程规定,主席和副主席得到财政

---

① 据四联总处工作人员钱大章回忆,国民政府主计处为CC系所把持,故会计长办事处之设是CC系染指四联总处的表现,但由于一系列矛盾的存在,会计长事务处的实际作用有限,于第三次改组时即遭裁撤。见中国人民政治协商会议全国委员会文史资料研究委员会编:《工商经济史料丛刊·第一辑》,北京:文史资料出版社1983年版,第123页。

部授权，于非常时期内可全权处理四行二局之业务事务，必要时甚至可代行财政部的职权。作为四联总处实际上的操控者和行政院长，孔祥熙理所当然地担任了首任副主席。但1944年的美金公债案，孔祥熙牵涉其中，社会各界群情激愤。孔于6月间奉命前往美国出席国际货币基金组织世界银行会议，并以治疗膀胱结石为由逗留美国。1945年1月24日，蒋介石转派宋子文代理四联总处理事会副主席。7月25日，就在抗战胜利前夕，孔祥熙因受美金公债舞弊案牵连而黯然辞职，四联总处理事会副主席一职也正式由宋子文接任。与职能的收缩相反，四联总处的人员规模，由于四行专业化发展的需要，反而呈现出扩大的趋势。以战时金融经济委员会为例，该组织虽由战时金融委员会和战时经济委员会裁并而来，但其委员除了原先在战时金融、经济两委员会中担任委员的孔祥熙、宋子文、钱永铭、翁文灏、徐堪、陈行、唐寿民、贝祖贻、张嘉璈外，还增加了俞鸿钧、顾翊群、赵棣华、刘攻芸、徐柏园、戴礼铭、席德懋、汪楞柏、戴志骞、徐继庄、徐寄庼、浦拯东、何廉、章乃器、章桐、许性初、沈熙瑞、杨荫溥等18人，一般办事人员也得到进一步扩充。①

综合而论，四联总处的再次改组，是蒋介石应对局势变化、缓解财政赤字和通胀压力而为，其主要目的是为改革前期按比例分摊式运行模式的积弊，形成四联总处居上审核，各国家行局分别归口办理的运行格局，俾使四联总处更加专注于有效的宏观调控，又可以加强对国家行局的控制，缓解行局间的矛盾。当年蒋介石在日记总反省录中言及，“四大银行之发行权完全由中央银行统一，

---

①《秘书处关于四联总处改组情况的报告》(1942年)，重庆市档案馆、重庆市人民银行金融研究所:《四联总处史料》(上)，第90—91页。

四行各种规章，皆能改正、实施，此为经济上开国以来最大之进步，建设基础从此可以渐稳加强也”①。可见蒋介石希望通过四行专业化尤其是发行集中，理顺各国家行局间的业务关系，更主要的是通过集中发行权提高发行效率，满足抗战后期巨额的经费需求，使各行局在放款、汇兑、外汇等方面分工协作，以富有实效的运作达成统一目标。

四联总处的再次改组，以往被学者们赋予极大的意义。这是因为伴随四联总处的改组，中央银行被赋予了更多的权责，尤其是发行权的集中。独占发行权，作为中央银行的标志性职能，成为理论界确认中央银行“金融中枢”地位的共识。除实现集中发行外，1942 年中央银行已经在经理国库、管理存款准备金、收兑金银、管理外汇等方面，也获得了至少部分的专属职权，到抗战胜利前这些职能得到进一步强化和落实。此外，中央银行在再贴现、主持市场清算等方面亦有不同程度的进展。因此，很多学者认为，随着中央银行各项职能的完善，到抗战胜利前，规范的中央银行制度初步确立，而四联总处在把货币发行权让渡给中央银行后，也“抽掉了自己赖以生存、发展的一块最重要的基石”②。笔者在 1999 出版的《中国中央银行研究 1928—1949》一书中，也基本持类似观点。不过，依前述各项，笔者认为，四联总处的再次改组，实际上只是战时代中央银行制的总体模式，在应对内部运行问题和外部环境变化时所作出的必要调整，其体制运行的基本模式并未改变。

第一，虽经改组，四联总处的地位及其与四行的统属关系并没

---

①《蒋介石日记》(手抄本)，1942 年总反省录。

② 黄立人：《四联总处的产生、发展和衰亡(代序)》，重庆市档案馆、重庆市人民银行金融研究所：《四联总处史料》(上)，第 32 页。

有改变。根据《中央中国交通农民四银行联合办事总处组织章程》规定，四联总处负责监督指导四行业务事务，财政部授权四联总处理事会主席副主席，在非常时期内全权处理四行及中信邮储两局之业务事务，必要时可为便宜之措施，并代行其职权。① 可见，四联总处仍然是战时金融的最高权力机关，改组后的四联总处对四行关键业务的审核权限并没有被弱化，只是其金融业务权责结构发生内部重置，部分具体事项的议决权限被调整到中央银行。在此之前，无论是货币发行还是其他业务，由四联总处负责决议，由四行根据决议联合或单独执行，各行局在具体业务决定方面仍有一定空间和利益权衡。改组之后，各金融业务被专业化归口，现代性管理因素强化，金融体制运行效率由此提高。

第二，根据四行专业化后四联总处所担负的实际职能进行改组，使改组后四联总处与国家行局行政性联结更为密切，四联总处减少了有关具体金融业务的决策，加强了对各行局业务、人事、预算的审核与指导。在组织机构方面，鉴于前期运行中出现的问题，虚化、简化了战时金融委员会、战时经济委员会的决策职能，根据业务归口设立多个专业委员会，鉴于具体业务由秘书处办理的事实，将经办科室改归秘书处管辖，同时裁撤与其他经济业务重叠的部门，或业务归属已明确改变的部门。从机构调整方面看，四联总处淡化行政色彩，突出专业化运行的改革方向明显，由此也可以看到国民政府金融管理现代化的努力。淡化行政色彩，并非疏于行政联结，而是由此强化管控力度，更便于国民政府对国家行局的控

①《中央中国交通农民四银行联合办事总处组织章程》(1942 年 9 月)，重庆市档案馆、重庆市人民银行金融研究所:《四联总处史料》(上)，第 88—89 页。

制，以确保金融机构对政府意志的贯彻与执行。以货币发行为例，集中发行至少在技术层面提高了发行的效率，不仅降低了券料等操作上的繁难程度，也便于与财政政策相互协调，特别是，国民政府也能够根据战时军需民用的变化，更直接地将发行决策传达到中央银行，并监管发行效果，随时干预并予以调整改正，尤其是单一且集中化的发行信息，更有助于金融最高决策主体对货币政策的统筹把控和高效指挥。

第三，四联总处的再次改组，与其说是四联总处对中央银行的权力让渡，不如说是战时中央银行体制内部建构的优化调整，即代中央银行制的再次调整。实行“四行专业化”，实际是将原中、中、交、农四行按四联总处指令分摊业务的模式，改为特定业务由某一国家行局专门负责的专业化分工负责制。就中央银行而言，发行权的集中和部分理应属于中央银行职权的获取只是浮于表面，中央银行的职能完善，也只局限于形式而已，国民政府的根本目的，在于加强对国家行局的控制，以便更好地集聚金融资源。抗战后期的中央银行体制仍然是以代中央银行制形式运行，国民政府中央银行并非真正意义上的中央银行。改组后中央银行虽集中发行，但依旧存在明显的职能缺失，没有掌握金融调控应有的权力和空间，更不具备独立进行战时金融调控的能力和地位。如果脱离四联总处运行体系，中央银行无所凭依，实难作为。另外，从主观意图上看，蒋介石和国民政府对四联总处和四行职能的调整也不是为了建立所谓“规范的单一制中央银行制度”，而是基于战争非常时期现实需要对金融体制作出的必要调整，只在理论层面更具效率的中央银行体制建设，在战时非常时期的实践中并非国民政府的目标所在。

第三节　改组后代中央银行制的运行

一、四联总处与中央银行发行统一目标的实现

作为四行专业化推行的中心环节，中央银行统一发行与中国、交通、农民三行牵涉最深，其过程也因三行的抵触而充满曲折。从前文可知，1942 年初蒋介石对四联总处和四行改革调整的方案中，中央银行统一发行乃其核心要点。1942 年 5 月 28 日《中中交农四行业务划分及考核办法》等文件经由蒋介石主持的四联总处理事会议审议通过，确定由中央银行独占发行，所有省地方银行发行钞券，由财政部制定办法，限期结束；中、交、农三行发行钞券，应移交中央银行接收，办法另定。随后，中央银行发行局便着手制定《统一发行实施办法》，并于 6 月 2 日将草案送交发行设计委员会讨论。在次日的讨论中，中、交、农三行的代表对中央银行所订办法草案提出异议，主要聚焦于集中发行后三行的资金供应和移交准备金期限两大问题，认为草案第九条关于“中、交、农三行所发行准备金得分期移交央行，在卅一年底以前先交全额二分之一，其余二分之一应在第二年以内如数交清”的规定，在期限上过于短促；第十一条“发行集中于中央银行后，中、交、农三行需要现钞，得以业务上之方式，向中央银行业务局办理之”的规定过于笼统。① 6 月 6 日和 10 日，特种小组委员会连续召开两次会议讨论发行问题。在会上，对于资金供应问题，三行希望有保障性的优待条件并作出详细的规定，而中央银行也认为规定不妨从宽，如果办法规定过于严

---

① 四联总处秘书处：《四联总处重要文献汇编》，第 47 页。

格，反将贻误。至于准备金移交期限，中央银行本无特别意见，但须以蒋介石命令为要。中央银行认为，如三行坚持宽限，应由三行提出书面意见呈核。会议具体提出三项应对措施：(1) 请中央银行业务局，拟具资金供应办法。(2) 请中、交、农三行，拟具移交准备金办法及请求宽限之意见。(3) 请中、交、农三行匡计各地头寸，供中央银行参考。6 月 13 日，徐柏园综合各方意见，重加修正《统一发行实施办法》草案，提交特种小组会议商讨。新的草案决定，中央银行供应三行资金，采取重贴现、同业拆款、财政部垫款户划抵及以四联总处核定贷款转作押款等 4 种方式办理，而且利率可照原定减低 2 厘至 4 厘。3 行还要求得用领券的方式以资补救，却遭到了中央银行的拒绝。

关于准备金移交的问题，各方也一直争执不下。6 月 14 日，财政部颁发了《统一发行办法》5 条，强硬地要求 3 行遵照办理，其第四条规定，“中、交、农三行，卅一年六月卅日止所发法币之准备金，限于卅一年七月卅一日以前，全数移交中央银行接收，并由中央银行贴还百分之四十之保证准备利益，按周息五厘计算”，利息以 3 年为限，从 1942 年 7 月 1 日至 1945 年 6 月 30 日，每半年结算一次。[①] 此规定非但没有考虑 3 行放宽时限的请求，反而连中央银行原定的过渡时间都取消了，难免引起 3 行意见强烈反弹。6 月 16 日，交通银行董事长钱新之、代总经理赵棣华与中国、农民 2 行高层宋汉章、贝祖贻、周佩箴、浦拯东、朱润生联名签呈孔祥熙，请求酌宽保证金移交的时日。呈文言辞恳切，力陈 3 行准备金移交之困难，最后要求将第 4 条规定改为中国、交通、农民 3 行发行之现金与保证准备，从 1942 年 7 月 1 日起，分 5 年移交，平均每年摊交

① 四联总处秘书处：《四联总处重要文献汇编》，第 50—51 页。

1/5，而且“现金准备，尽财政部垫款及其他政府借款抵交；保证准备，尽原保证准备之证品及公债库券等抵交”①。对此呈文，孔祥熙的反应颇为冷淡，仅将此议交由财政部和中央银行会核。6月18日，《统一发行实施办法》草案送交四联总处第130次理事会议讨论，草案中对于准备移交一节，“认为既由财政部规定，即不再加讨论”，只不过在文件末附上3行的上述意见书，而且颇为吊诡的是，所附意见书内关于时限的诉求变成了“中、交、农三行发行之现金与保证准备，自三十二年（即1943年）起，分十年，每年年底各平均摊交十分之一”的表述。② 6月18日，《统一发行实施办法》由四联总处理事会正式通过。办法规定，中、交、农3行已发法币总额，各地发行、库存及定制未交券各项数额等，应在6月底决算，7月底前呈报财政部、四联总处及中央银行。3行库存钞券应移交中央银行接收，寄存凭证于7月10日前办理完毕。3行三十一年（即1942年）6月30日以前之发行准备金，应于7月底以前，全部移交中央银行。③

据此，自1942年7月1日起，所有法币发行统由中央银行集中办理，此后中、交、农3行因下列事项需要款项时得提供担保向中央银行商借：四联总处决议之贷款；本行业务上之贷款；应付存款所缺之款项。④ 7月2日，四联总处致函3行，启动检查发行准备等

---

① 交通银行总行、中国第二历史档案馆：《交通银行史料・第一卷1907—1949》，第955页。

② 中国第二历史档案馆：《四联总处会议录》（一六），第206页。

③《统一发行办法草案》，重庆市档案馆、重庆市人民银行金融研究所：《四联总处史料》（中），第38—39页。

④《统一发行办法》（财政部制定），重庆市档案馆、重庆市人民银行金融研究所：《四联总处史料》（中），第41页。

事项,3行发行概况表单7月中旬由四联总处秘书处提交理事会。关于缴纳发行准备一项,财政部和中央银行还是作出稍许让步,允许3行将一部分发行库存移为业务库存,以免缴出。3行又与财政部商洽3项原则:现金准备白银部分,应照原价计算;现金准备内以垫款拨充一节,先由财政部将中、交、农3行垫款额通知中央银行照额拨还3行,3行即以收回垫款缴交现金准备;保证准备四成,可以财政部所还垫款及各行现款向财政部结购公债抵充。财政部又就结购公债办法及各行利率收益制定办法,发行准备缴存问题之方案始告确定。[①] 9月27日,财政部核准4行照上述办法办理。

到1942年底,中国银行缴纳六成现金准备41.09亿元,以交存中央银行的白银和国库垫款缴存,缴存四成保证准备27.39亿元。[②] 交通银行缴存现金准备25.22亿元,亦在年底移交,保证准备16.81亿元也在筹划中,不足之数1.53亿中的1.5亿与中央银行商定开给存单以为结束。[③] 中国农民银行发行额较小,具体移交情况不甚清楚。总之,到1942年底,中央银行已经切实获得统一发行权,形式上取得最重要的发行业务的独占,据此四联总处主导下的代中央银行制向前迈进了一大步。统一发行的实现过程,可称迅速,蒋介石称之为"此实金融事业最大成功也"[④]。面对中交农3行的延宕阻却,财政部、四联总处甚至蒋介石个人表现出坚定的决心和强硬的态度。实际上就发行统一的过程观察,这一举措完

---

① 《关于统一发行的经过》,重庆市档案馆、重庆市人民银行金融研究所:《四联总处史料》(中),第50页。

② 中国银行行史编辑委员会:《中国银行行史1912—1949》,第579页。

③ 交通银行总行、中国第二历史档案馆:《交通银行史料·第一卷1907—1949》,第956页。

④ 《蒋介石日记》(手抄本),1943年反省录。

全是在蒋介石的授意下，由财政部和四联总处主导实现，中央银行居于其间，其本身的角色作用并不突出。

二、四联总处与中央银行对国家行局的控制和妥协

发行统一实施后，中、交、农 3 行开始受制于中央银行，头寸调度的困难也逐渐显现并成为突出问题。在积极推进发行统一的同时，关于 4 行间头寸存放办法也有所变化。1942 年 2 月 19 日，四联总处理事会决议，截至 1942 年 2 月 15 日 4 行彼此积欠款项一律以国库垫款拨还，重庆以外各行处积欠数额应集中重庆转账。4 月 23 日，理事会核定《各地四行轧现暂行办法》规定，2 月 16 日起，4 行彼此存欠款项，以在当地轧现为原则；如付款困难可向当地 3 行商借并计息；如有清算需要可转至原定集中轧现地或重庆。① 在各行放弃发行并按规定向中央银行移交发行准备，原有 4 行间的往来存欠轧现办法不再适用，1943 年 6 月 24 日原定各种轧现办法获准取消②。此前，在 3 月 1 日，四联总处理事会明令三行二局之头寸一律存入中央银行，不得彼此存放或转存于其他行庄，此后中央银行据此原则多次敦促三行二局及各地分支行，规定所存头寸按周息 4 厘计。后因各行局反映，因招徕业务所付息口较高而存放中央银行计息过低，请求提高存放利率。再者各行存入中央银行款项提现时多发生困难，严重影响业务的开展。因为准备金移交后，3 行充实资力只能通过尽力吸收存款、推广储蓄、发展信托等方

① 《理事会关于各地四行轧现管理暂行办法的决议》(1942 年 4 月 23 日)，重庆市档案馆、重庆市人民银行金融研究所：《四联总处史料》(上)，第 605 页。

② 《理事会关于各行局资金集中存放中央银行后原定存欠轧现办法取消的决议》(1943 年 6 月 24 日)，重庆市档案馆、重庆市人民银行金融研究所：《四联总处史料》(上)，第 629 页。

式实现，但战时环境下普通存款业务难以推进，大宗军政存款及国营事业机关经费又因《公库法》的限制而无法吸收，3 行头寸的周转，皆有赖中央银行的接济。因此头寸的存放方式与收益情况对各行业务影响甚巨。中央银行故将相关办法加以调整，明确表示所有 3 行原存中央银行款项如因业务需要商用现钞时，自应由中央银行视库存情形随时予以提现的便利。各地中央银行匡计头寸时，对当地中、交、农 3 行之需要，亦应酌量匡计在内，以备应付 3 行提现之用。①

尽管如此，各行局并未积极配合头寸统一于中央银行的规定。根据四联总处对国统区的调查，截至 1943 年 6 月底，头寸已集中于中央银行者有 23 处，3 行彼此仍有存放者有 13 处，尚未集中存放中央银行者 53 处，合规行处占比仅为 25%。四联总处还针对集中头寸的内涵加以重申以减少各行误解，强调所谓头寸，系指行局间往来存款而言，其本身库存须备应付，自不在转存之列。② 此后关于头寸集中于中央银行与中央银行对各行局接济问题，四联总处与中央银行多次宽限。先是四联总处与中央银行商洽，提高头寸存放利率，拟于 1944 年起将存息由周息 4 厘改为 6 厘，拆息由月息 1 分 8 厘降为 1 分 5 厘。③ 1944 年 4 月 7 日，四联总处电告 3 行对

① 洪葭管:《中央银行史料 1928.11—1949.5》(上卷)，第 811 页。

②《中国银行总管理处转四联总处通报各地三行二局多未将头寸存入中央银行饬遵办函》(1943 年 7 月 23 日)，重庆市档案馆、重庆市人民银行金融研究所:《四联总处史料》(上)，第 642—643 页。

③《四联总处关于中央银行对于中交农三行所需资金之融通事项的报告》(四联总处三十二年工作报告)，重庆市档案馆、重庆市人民银行金融研究所:《四联总处史料》(上)，第 646—647 页。

中央银行临时拆借，不再规定额度[①]；7 月 11 日又规定对于兼办储汇业务之邮局因规模甚小，头寸不多，无须向中央银行集中存放。[②]针对蒋介石严令各行所有头寸一律存入中央银行的意见，四联总处拟定实施办法八条，除重申前述各款集中办法并一再承诺中央银行可有接济便利外，要求各行局于 1944 年 12 月 20 日前将互存及存放其他行庄款项收回，但也同意在未设中央银行地方，各国家行局可相互存放，但不可存放于商业行庄。[③] 关于 3 行临时向中央银行拆款一项，中央银行也于 12 月上旬拟定具体办法。从 1943 年 3 月到 1944 年底，近两年时间，国家行局关于头寸存放中央银行一事，四联总处可谓苦心孤诣，极力推动，中央银行也尽力给予接济便利，三行二局虽也有所配合，但未收全效。到 1944 年 10 月底，中国银行与中国农民银行存放中央银行之头寸不足本行同业存款的 7 成，其中中国银行有超过 1/4 头寸存放于其他行庄，实际就是放款给私营银行钱庄。[④] 此后三行二局头寸向中央银行集中的难题有所改善，据重庆、福建、宜宾三处三行二局报告，到 1945 年 2 月区内行局头寸已向中央银行集中完毕。[⑤] 但面对头寸难以完全集中的事实，四联总处最终也只好作出妥协，于 1945 年 3 月改称，“三行

---

①《渝分处转总处电知三行临时短期拆款不必规定额度函(1944 年 4 月 7 日)》，重庆市档案馆、重庆市人民银行金融研究所:《四联总处史料》(上)，第 647 页。

②《四联总处将各行局资金集中中央银行办法重加补充函(1944 年 7 月 11 日)》，重庆市档案馆、重庆市人民银行金融研究所:《四联总处史料》(上)，第 648 页。

③《秘书处关于蒋介石严令所有头寸概应存入中央银行及拟具实施办法的报告》(1944 年 11 月 16 日)，重庆市档案馆、重庆市人民银行金融研究所:《四联总处史料》(上)，第 649—650 页。

④ 重庆市档案馆等编:《四联总处史料》(上)，第 652 页。

⑤《秘书处关于各地行局间互存及存放其他行庄款项已如期收回的报告(1945 年 2 月 22 日)》，重庆市档案馆等编:《四联总处史料》(上)，第 656 页。

二局头寸短绌仍可相互拆借”，实际也就不再对国家行局强求头寸集中，中央银行也始终未能实现对三行二局头寸的绝对统一。①

表 6-1　中交农三行暨中信邮汇存放同业分析表(1944 年 10 月底)

单位:千元

行局别	存放中央银行		各行局间互存		存放其他行庄		总计
	金额	占比	金额	占比	金额	占比	
中国银行	1 317 977	68.6	110 924	5.7	493 660	25.7	1 922 561
交通银行	1 459 746	92.2	94 990	6	28 778	1.8	1 583 514
中国农民银行	794 981	65	225 641	18.5	201 336	16.5	1 221 958
中央信托局	1 255 647	98	23 235	1.8	2 503	0.2	1 281 385
邮政储金汇业局	334 331	38.1	334 795	38.2	208 542	23.7	877 668
合计	5 162 682	75	789 585	11.5	934 819	13.5	6 887 086

资料来源:重庆市档案馆、重庆市人民银行金融研究所,《四联总处史料》(上),第652页。

收存商业银行存款准备金是中央银行履行“银行的银行”职能的基本前提。早在 1931 年的《银行法》中就规定“无限责任组织之银行,应于其出资总额外,照实收资本缴纳百分之二十为保证金,存储中央银行”②。这是最早关于中央银行收取保证金的条款,但最终该法案未能实施,而且是以无限责任制银行(实际即钱庄)的资本额为准备金征收的对象,并不具有通常存款准备金的意义。其后开始出现针对特定类型银行向中央银行缴存存款准备金的规

① 《中国银行总管理处为转四联总处解释三行二局本身头寸短绌仍可互相拆借函(1945年3月30日)》,重庆市档案馆等编:《四联总处史料》(上),第656—657页。

② 中国第二历史档案馆、中国人民银行江苏省分行、江苏省金融志编委会:《中华民国金融法规选编》,第575页。

定，1934 年的《储蓄银行法》为保障小额储户利益，规定储蓄银行须缴存相当于储蓄存款额 1/4 的准备金。[①] 1935 年《中央银行法》将“收管各银行法定准备金”列为中央银行业务之一，但未有更具操作性的规定。1940 年财政部颁布《非常时期管理银行暂行办法》规定，“银行经收存款除储蓄存款应照储蓄银行法办理外，其普通存款应以所收存款总额百分之廿为准备金，转存当地中、中、交、农四行任何一行，并由收存行给以适当存息”[②]，后又规定无论 4 行中任何一行收存后仍按 4 行办理贴放比例摊存。[③] 这是对一般银行缴存存款准备金的明确规定，但缴存对象从中央银行变成了中、中、交、农 4 行中的任意一行，而且存息以 4 行公布之贴放利息为准，中央银行未能实现集中收存。1941 年 3 月，财政部通令各银行普通存款准备金可以甲种节约建国储蓄券缴存，如以现金缴存，周息按 8 厘计算。上述规定本身存在不合理之处，实际也很难有效实行。首先，分散且按固定比例摊存准备金，各行根本无法实施统一调控。其次，在理论上，存款准备金是金融市场资金价格的标杆和基础，不宜过高，周息 8 厘甚至为 1943 年以后头寸存放利息的两倍，如此高的准备金利率妨碍了中央银行可能的政策运作空间。

1941 年 10 月，存款准备金开始缴纳，但业务体量巨大的四行二局并不包括在其中。1942 年 6 月，在 4 行专业化改组方案落地之后，财政部提出“由中央银行集中全国银行存款准备金以宏控制

---

① 《国民政府颁布之储蓄银行法》(1934 年 7 月 4 日)，中国第二历史档案馆、中国人民银行江苏省分行、江苏省金融志编委会：《中华民国金融档案法规档案资料选编》，第 582 页。

② 中国第二历史档案馆、中国人民银行江苏省分行、江苏省金融志编委会：《中华民国金融档案法规档案资料选编》，第 642 页。

③ 四联总处秘书处：《四联总处重要文献汇编》，第 337—338 页。

之力量”，规定“中央银行集中收存（存款准备金），由该行委托三行中之一办理，以资统一，以资控制”。[①] 6 月 4 日四联总处通过《存款准备金收缴补充办法》，规定凡设中央银行地方，所有当地各行庄存缴准备金，由中央银行独家收存，其增收提回等手续，即由中央银行独家承办。未设中央银行地方，由中央银行委托其他 3 行承办，中、交、农 3 行所收之准备金，应全数转缴附近之中央银行。4 行已分别摊存之准备金，应于 1942 年 6 月 21 日起转存中央银行或当地负责承办银行。文件对存款准备金利息和以债券缴纳准备金也作出了相应规定。[②] 到 1942 年 6 月 17 日，全国共有 57 个城市 375 家（其中四川 250 家）省银行、商业银行和钱庄缴纳了存款准备金 1.39 亿元。[③] 新规定明确存款准备金由中央银行统一收存，但国家行局缴纳义务仍未明确。直到 1943 年，中央银行兰州分行援引《非常时期管理银行暂行办法》，就邮政储金汇业局甘肃分局是否应该缴纳存款准备金问题，请示总行业务局，再次将四行二局尚未缴存普通存款准备金问题提出。其结果，经四联总处与财政部决议，以“各行局使命特殊”“各谋专业之发展，以应国家社会之需要”等为由暂缓办理，但就头寸集中于中央银行事宜，复予强调，要求“各行局头寸应一律存入中央银行，不得彼此存放，或转存于其他行庄”。[④] 此后直到抗战结束，三行二局存款准备金问题再未

① 刘慧宇：《中国中央银行研究 1928—1949》，第 182 页。

②《理事会关于各行庄存款准备金收缴补充办法的决议（1942 年 6 月 24 日）》，重庆市档案馆、重庆市人民银行金融研究所：《四联总处史料》（下），第 430—431 页。

③《秘书处关于收缴存款准备金情形的报告（1942 年 6 月 25 日）》，重庆市档案馆、重庆市人民银行金融研究所：《四联总处史料》（下），第 435 页。

④《秘书处关于规定三行二局头寸应一律存入中央银行的报告》（1943 年 3 月 4 日），重庆市档案馆、重庆市人民银行金融研究所：《四联总处史料》（上），第 639—640 页。

提及，而头寸的收集如前所述，也始终未能如中央银行和四联总处最初的要求，全部缴存。

三、再次改组后四联总处业务重点的变化

经过第 2 次改组后，四联总处虽然作为战时最高金融决策与调控机关的地位没有改变，但其业务重点却发生偏移，有关货币发行、平市平价、经济调查设计类的相关决策明显减少。根据四联总处会议录的统计，从 1940 年到 1944 年的五年中，四联总处理事会议决的发行类案件分别为 74 件、47 件、51 件、8 件和 2 件。由此推知，1942 年中期以后，四联总处在倚重国家中央银行的同时，加强了对国家行局的督导和商业行庄的管制。在管控贴现放款的过程中，结合推行储蓄和管制物价等手段，力求控制通货膨胀恶化局面。

第一，强化金融监管。《四行两局业务划分及考核办法》施行后，管理金融市场事项交由中央银行协助财政部办理，中央银行凭借专业手段逐渐将调剂资金供求、推行票据制度、督促各行缴纳存款准备金、考核各银行钱庄业务等职能复揽在身，由此使四联总处得以从具体业务中超脱而专事国家行局监管与考核。具体如，视事实需要，经理事会决议，督促各行扩充或限制某一部分业务，增设或裁并各行分支机构。相应地，各国家行局每年度开始必须将工作计划及收支预算，送达四联总处核转财政部备案，对于主要业务更要编具报表，必要时附具书面说明，报告四联总处及财政部查核。四联总处也可以随时会同财政部派员考查各行业务，并检查其账目。

在商业行庄的管理方面，1943 年初财政部在重庆以外的重要都市设立了银行监理官，并向省地方银行及重要的商业银行派驻

银行监理员。银行监理官和驻行监理员都只对财政部负责，前者由财政部长亲自派定，几乎可以稽核辖区内各银钱行庄的所有业务，后者也得以随时向驻在行主管人员查询一切情形，拥有非常大的权力。通过此举，财政部顺利地掌控了商业行庄的检查和管理权。1942 年 11 月，蒋介石命令财政部和四联总处研究办法，彻查商业行庄每日存账，并设法利用其存款投资生产。四联总处会同财政部钱币司商定后，出台了加强统制商业银行资金运用的办法，其要点包括：(1) 审核银行放款。各地银钱业同业公会组织放款委员会，负责审核各所属行庄资金之贷放；各行庄放款数额在 5 万元以上者(包括中国、交通、农民 3 行及中信、邮汇两局 100 万元以下之放款)须提经放款委员会审定后方得贷款，其在 5 万元以下者，由各行庄自行贷放，事后补报备核；放款委员会对于审核放款，除依照部颁管理银行法令外，并视当地经济实况预拟各业资金贷放比例，报部核定，作有计划有系统之推进；放款委员会应照规定，按月编具报告呈核。(2) 督导资金运用。发行实业证券，劝导各商业银行组织银行团承销；推行承兑票据，并组织联合承兑机构，诱导商业银行资金，投放于民生国防有关事业。(3) 例行检查银行业务。分别遴派人员，严密检查各行庄每日存账。① 放款委员会，后修正为由各地四联分处和银钱业同业公会共同组织。对各行庄每日存账的检查，重庆地区由财政部派员办理，其他地区由财政部任命的银行监理官办理，除此之外，未成立监理官办公处的地区，仍由财政部随时委托当地四联分处办理。

截至 1943 年 4 月 6 日，四联总处在各地的分支处共领导成立

① 洪葭管：《中央银行史料 1928.11—1949.5》(上卷)，第 467 页。

了渝、桂、陕、闽等18处放款委员会。① 1944年12月14日,国家总动员会议会同财政部、四联总处拟具了加强银行监理办法9项。② 在战争结束以前管理银行权力主体方面,该办法作出新的划定:银行之监督指导,由财政部直接办理。县银行部分,由财政部授权财政厅执行。各区银行官监理处改为银行检查处,专负银行检查及纠举之责。银行检查处处长由财政部任命,副处长则由当地中央银行经理兼任。关于调查金融动态,控制金融市场事项,由中央银行秉呈财政部办理。四联总处居于此中直接负责检查人员的调借与稽核人员的培训。

第二,严格贴放业务审核。在太平洋战争爆发后,由于资金有限,四联总处在投资放款方面的管理趋于严格。1942年1月22日,四联总处通过《核办投资贴放方针》,按照以协助国防和民生必需品生产事业为主,普通放款及不急需之投资暂行停止的原则,对国营、民营事业的投资放款作出新的规定,强化其对贷放工作的稽核、督导职能,并制定了已放出款项的紧缩措施。③ 该方针一直贯彻到抗战后期,直到1946年9月才因复员需要得到修正。1942年3月26日,四联总处第117次理事会议还修正通过了查核各行局单独投资放款的3项办法,主要规定:四联总处理事会议已经否决的投资及借款申请,各行局不得于事后另行承做;各行局接受投资及放款申请案件,数额超过50万元者,应先报请总处理事会核定;

---

①《秘书处关于各地成立放款委员会情形的报告》(1943年4月8日),重庆市档案馆、重庆市人民银行金融研究所:《四联总处史料》(下),第462页。

②《四联总处关于转发加强银行监理办法函》(1944年12月19日),重庆市档案馆、重庆市人民银行金融研究所:《四联总处史料》(下),第478—479页。

③《本处核办投资贴放方针》(1942年1月22日),四联总处秘书处:《四联总处重要文献汇编》,第129—131页。

各行局单独贷放各款，应填具四联总处规定的“各行局放款月报表”报备。①

对于已贷出资金的运用情况，四联总处也严加考核。1942 年 8 月 13 日，四联总处第 138 次理事会议依据《核办投资贴放方针》，制定了《生产事业贷款实施办法》，作为借款的准则。该办法除对申请单位的资格、应准备的材料、申请的条件、申请的质押品等方面进行详细规定外，还对获得贷款的单位提出了应该遵守的原则，包括：(1) 四联总处对借款机关之财务、业务、会计有随时稽核之权；如认为有须改善之处，借款机关应尽量接受，并切实执行。(2) 借款人不得以资金购置非本业所用之设备或原料物料，并不得以现有设备、原料或物料，擅行转售谋利。(3) 借款机关产量应保持预定限度，其每日产销数量、价值，应按期报告四联总分支处查核。(4) 产品应随时脱售，不得囤积居奇。(5) 产品之配销及定价，应按照物资主管机关之规定办理。对于未履行借款合约或恶用借款者，四联总处也得按其情形轻重，移请主管机关依法究办，或饬其提前归还全部借款本息，并取消其续借款项权利。②

以上所述乃适应战时生产资金紧张的必要之举，既有利于增强放款的计划性，防止资金的浪费，也在增进生产、管制物价等方面起到重要辅助作用。如此，四联总处的高效率运作是其作用发挥的必要前提，如果没有这一前提，必将造成贷款审核周期过长等问题，影响放款时效。在实际运作中，四联总处并不能满足这一前提，以致工矿业放款手续的办理经常拖延，所需时间甚至达四五个

① 中国第二历史档案馆：《四联总处会议录》(一二)，第 62—63 页。

② 《四联总处办理战时生产事业贷款实施办法》(1942 年 8 月 13 日)，重庆市档案馆、重庆市人民银行金融研究所：《四联总处史料》(中)，第 360—361 页。

月之久，因而引起工商界的强烈不满。对此四联总处也有“若不予以改善，至足影响政府金融经济政策之实行”①的认识而加以改变，规定凡经总处核定案件，自接到通知到订约用款为止，历时在15日以上者，统应说明洽办经过及延迟原因以凭考核，希望藉此提高办事效率。然而实际收效甚微，尤其在贷款发放方面。1943年全年，四联总处共收到385笔放款申请，核定耗时半个月以内者264笔，占68%；一个月以内者66笔，占17%。然而，在核定通过的197笔申请中，半个月以内办妥者只有52笔，占27%；即使加上一个月以内办妥的42笔，比例也未能过半。②

在放款上，从1942年9月起，四联总处核定的放款案件中，除少数外，均分别按照业务划分交由各行办理。四行专业化以后，投资放款方面的最大变动是，农贷由中国农民银行专门负责。中国农民银行在移交发行后，即着手接收中国、交通、中信三行局的农贷业务，同时奉蒋介石指示，迅速成立农贷网，切实推广农贷及办理农村储蓄，拟具相关计划和办法。7月，中国农民银行奉令单独办理苏、皖、湘、赣、鄂、豫、桂、晋、绥等9省区的农贷，以及西康关外与陕北的边区贷款。与此同时，四联总处农贷审核委员会拟定7项农贷业务交接原则，部署三行局与中国农民银行之间有关人员、业务、案卷账册等的移交和接收。到12月中旬，中国农民银行共接收三行局农贷款3亿余元，大小贷款机构112所，③到1944年底，其农贷结余额为271 450万元，较专业化前一年约增加12倍，

① 《中国银行总管理处为转四联总处电饬办理放款务宜迅捷函》(1943年3月25日)，重庆市档案馆、重庆市人民银行金融研究所:《四联总处史料》(中)，第365页。

② 《秘书处关于1943年生产事业放款各案办理所历时间的报告》(1944年2月3日)，重庆市档案馆、重庆市人民银行金融研究所:《四联总处史料》(中)，第372页。

③ 《中国农民银行复业纪念》，出版者不详，1967年编印，第9页。

其中农田水利贷款约占43%。①

第三，督导推进储蓄。

1942年推进储蓄业务计划中，目标储蓄总额原本定为20亿元，但后来按蒋介石之意提高到30亿元，为此财政部还取消了各行局定期、活期存款数额的限制。四联总处认为“在目前环境之下，为尊重人民自动精神起见，不拟采取强制储蓄办法，仍用劝储方式，加强其推行力量”，因此确定了劝导人民认储3年以上定期储蓄，以配合3年建设计划的储蓄原则，“其储蓄种类可由人民自行择定，但以向中央信托局、中国银行、交通银行、中国农民银行及邮政储金汇业局为限”②。此时对存款的吸收仍以“节约建国储蓄运动”为中心，可现实的情况是，太平洋战争爆发后海外储款几乎断绝，浙、赣、皖、豫等省因战乱及灾荒影响而存款增加缓慢，而且“节约建国储蓄券”由于本身利率低于市面水平，也难以吸引存款。故该年各行局办理储蓄的情况并不乐观。截至11月底，存款总额也才达到238 700万元，加上征购粮食搭付的储蓄券，才勉强达到储蓄目标。③

1943年到1945年，由于恶性通货膨胀等原因，储蓄的总目标节节升高，分别达到80亿、130亿和300亿元。与此相呼应的是，增加储蓄的措施也作了调整。一方面，继续推进“节约建国储蓄运动”。1943年4月15日，四联总处第170次理事会议决定提高“节约建国储蓄”的利率，并取消甲、乙两种储蓄券中的5元券，各增发

① 中国人民银行金融研究所：《中华民国史资料丛稿·中国农民银行》，第147页。

②《加强推行储蓄业务办法》(1942年2月7日)，重庆市档案馆、重庆市人民银行金融研究所：《四联总处史料》(中)，第239页。

③《四联总处关于1942年储蓄工作的报告》，重庆市档案馆、重庆市人民银行金融研究所：《四联总处史料》(中)，第166页。

30 元和 5 000 元券。[①] 另一方面，更加注意配合管制物价工作的实施，运用强制性手段和行政手段吸收储蓄。1942 年底，四联总处先后出台了办理强制储蓄和强制寿险的办法，前者规定有产者应照纳税额强制储蓄 30%，后者则规定年满 20 岁且有职业的公民为强制被保险人。1943 年 12 月 16 日，在实行新县制的背景下，四联总处决议推进乡镇公益储蓄。次年 1 月 26 日，蒋介石下发手令，要求发起“普遍储蓄运动”，除各银行分任以外，还由各省政府主持筹办，以县为单位，“每大县以一亿至五千万元，中县以五千万至三千万元，小县以二千万至五百万元为标准数”[②]。之后四联总处与国民党中央党、团部共同拟具《乡镇公益储蓄运动实施纲要》草案，并根据该纲要制定《普遍推进全国各市县乡镇储蓄办法》等一系列办法草案。2 月 24 日，《普遍推进全国各市县乡镇储蓄办法》正式公布施行。按照该办法，乡镇公益储蓄即在甲种节约建国储蓄券上加盖“乡镇公益储蓄”的戳记，其收入的 15% 拨交市县政府，转发乡镇财产保管委员会，充作乡镇造产基金，剩余的款项及收益则存储于经办行局，照周息 1 分计算；而在推行主体上，乡镇公益储蓄由各省市政府主持推进，“各省市、县政府及乡镇公所推进乡镇公益储蓄定为中心工作，列入行政考成，切实奖惩”[③]。

---

① 《理事会关于提高节储券利率的决议》(1943 年 4 月 15 日)，重庆市档案馆、重庆市人民银行金融研究所：《四联总处史料》(中)，第 281 页。

② 章义和、杨德钧：《交通银行史料续编 1907～1949》(下册)，上海：复旦大学出版社 2018 年版，第 942 页。

③ 《普遍推进全国各市县乡镇储蓄办法》(1944 年 2 月 24 日)，四联总处秘书处：《四联总处文献汇编》，第 103 页。

第四,配合物价管制。

在物价与通货膨胀管理方面,虽然第二次改组后平市处早已被撤销,但四联总处在管制物价方面仍负有责任,且仍继续采取吸收游资和增进生产的方针。1942 年 10 月 1 日,四联总处第 144 次理事会议讨论了《四行协助平抑物价办法》草案。草案中关于吸收游资方面的措施有:加强推动先行各种储蓄业务;建议政府实行强迫储蓄;美金储券得依储户之请求换给美金汇票,并于必要时予以贴现之便利,以广推销。关于控制资金方面的措施则包括:放款应以确能增加必需品之生产为限;放款之事前考查与事后稽核应严加执行;对于生产事业的放款,规定于到期时以产品偿还本息。此项收进产品,由各行局交物资管理机关分配供应市面。①

同年 11 月 12 日,行政院制定了《加强管制物价方案》,规定暂由国家总动员会议常务委员会为管制全国物价最高机关,负督导各主管机关执行之全责,并将实施管制的重要方针分为实施限价、掌握物资、增进生产、节约消费、便利运输、严密组织、管制金融、调整税法、紧缩预算、宽筹费用等 10 个方面。四联总处为配合该方案的实施,也于自身核办的投资放款、农业贷款及推进储蓄等业务内,由储蓄、农贷等科按年拟具计划纲要。12 月 11 日,国家总动员会议第 25 次常务委员会议通过了《加强管制物价方案实施办法》草案,经蒋介石指定,草案的金融部分由四联总处会同中央银行拟定细则。此后,四联总处在贴放、储蓄等业务方面,均注意兼顾《加强管制物价方案实施办法》的规定。

---

①《秘书处关于拟具四行协助平抑物价办法草案的说明》(1942 年 10 月 1 日),重庆市档案馆、重庆市人民银行金融研究所:《四联总处史料》(下),第 309 页。

四联总处第二次调整后，由四联总处业务重点的转移，可见代中央银行制的运行机制发生了微妙的变化。首先中央银行相对地位有所提升。中央银行独占了货币发行权并集中了中、交、农3行的发行准备金，掌握了各国家行局的大部分头寸，以及商业行庄的部分存款准备金，实力大增。除此之外，中央银行在金银外汇的掌握、国库款项、经理国库、集中市场清算等方面也有不同程度的进展。当然，这些职能的获取完全来自蒋介石的授意和四联总处的推动，实非自然演进的结果，更多流于形式，由此反而使之陷入实力、能力与地位不相匹配的尴尬境地。改组以后，中央银行也并未承担起调控金融的职能，而只是更多地专注于钞票的发行和财政的垫款。以发行权集中于中央银行而获得更高的发行效率，是蒋介石推动四行专业化的直接目的。改组后的中央银行成了财政部的禁脔，财政垫款的程序性要求被一再放宽。中央银行完全根据战争后期政府财政需要发行货币，通货膨胀程度日益加剧。从分阶段法币发行平均年增长率看，1937—1938年、1939—1941年平均增幅分别为38.5%和87.3%；1942—1945年，即四联总处改组后的抗战后期，法币发行年均增长陡增至210.7%①。因为物资供应问题，物价涨幅远高于法币发行增幅。中央银行独占发行后的4年间，严重的恶性通货膨胀成为全国性的深重灾难。蒋介石在四行专业化改组之初称中央银行统一发行为“金融事业之最大成功”，所谓成功，不过是此后能够更便利地掌控发行，应付战费。在巨额的垫款和严重的通胀支撑下，中国抗战坚持到最后胜利，这当然也可视为蒋介石和国民政府的成功，但国家也因此陷入了恶性通胀的泥潭而不能自拔，如此成功可谓沉痛。

---

① 杨荫溥:《民国财政史》，第157页。

表 6－2　抗战中期以后通货膨胀及财政垫款情况简表　单位:亿元

年份（年底）	纸币发行额	较上年增幅（%）	银行垫款额	较上年增幅（%）	后方平均零售物价指数（1937 年上半年＝1）	法币购买力（1937 年上半年＝1）
1940	84	76.1	38	65.2	7.24	0.078 3
1941	158	88.1	94	147.4	19.8	0.036 5
1942	351	122	201	113.8	66.2	0.012 8
1943	754	114.8	409	103.4	228	0.004 7
1944	1 895	151.3	1401	242.5	755	0.001 7
1945	10 319	444.5	10 433	644.7	2 491	0.000 5（至 6 月底）

注:1940 到 1942 年纸币发行额包括中中交农 4 行发行的法币及战时省市银行、私营银行发行的纸币。1942 年中央银行统一发行后,省市及私营银行的发行被严格取缔,其规模可忽略不计,1943 年以后仅为央行发行的法币。

数据来源:纸币发行额、后方平均零售价格指数数据参见[美]阿瑟·N. 杨格著,李雯雯译:《抗战外援:1937—1945 年的外国援助与中日货币战》,四川人民出版社 2019 年版,第 463—464 页。法币购买力、银行垫款数据参见杨荫溥:《民国财政史》,中国财政经济出版社 1985 年版,第 159、163 页。

总之,就业务而言,一方面,中央银行统一发行,收存国家行局和商业行庄的部分资金,名义上拥有了国际通行中央银行的金融地位,但此时的中国,真正进行金融管理和调控运作的机体,并不是中央银行本身,而仍然是四联总处主导统御下的各国家行局的有机整体,即代中央银行制。中央银行在这一时期职能的完善,由四联总处和财政部决策并实际推动完成,并非中央银行主观自觉和金融发展客观环境使然。就此而论,四联总处再次改组和调整并未改变四联总处和中央银行的相互关系,代中央银行制基本结构并未变更,其存在本质亦如此前设计初衷。

另一方面,法币发行集中于中央银行,四联总处实际减少了对发行的决策,原因在于,此时国民政府除直接发行外根本没有别的更好办法支撑战时资金需求，一定程度上也只能默认和接受通货膨胀现状。中央银行统一发行，在技术层面上更便于以财政需求为指挥棒的货币政策运作，故而统一发行与其说是中央银行职能的完善，不如说是财政部或蒋介石个人对发行业务指挥权的独占。而同业头寸集中和存款准备金收缴，看似“银行之银行”职能实现的钥匙，但是同样，中央银行只是作为这些款项的专业经收机构，一切政策规定及其实施皆掌控于四联总处。同时，四联总处通过审核放款、督导储蓄及配合物价管制等方式配合货币政策操作。为了取得国家行局行动的协调一致并抑制商业行庄的投机，四联总处还逐步加强了对国家行局的督导和对商业行庄的管控，虽然收效并不理想，但用意却在调节金融，维护经济秩序。总之，四联总处与中央银行以及其他国家行局整合构建而成的有机体，通过提高专业技术性运行能力，共同实现金融服务国家战时需要目标，这也是改组后代中央银行制运作的实质。在这个意义上，可以说四联总处与中央银行有机连接，不可分割。

第七章　战后回观：代中央银行制及其运行实效

战时代中央银行制的运行与调整，其根本目的在于筹集战费与物资。这种战时金融系统也为中国最终取得抗战胜利奠定了重要基础。然而在完成战时经费筹措的同时，代中央银行制对金融体系的调控却隐伏着许多问题。特别是战时税收收入对于巨额战费而言，不过杯水车薪；内债募集也微乎其微，政府只能依赖外债与发钞。四行专业化和央行发行集中的直接目标就是放宽法币发行的最后约束，却又使恶性通货膨胀随之而来。四联总处在金融调控方面可以使用的政策工具不多，贴现放款的管控受到国家行局和商业行庄的掣肘，官定利率的管制又因市场利率的存在而收效甚微。四联总处及中央银行，只能通过直接回笼流通中的法币来抑制通货膨胀，5 亿美元的美国援助成了调控最大的砝码。美金公债券的发售和黄金存款的开办是中央银行在四联总处的授权下进行的，也是在业务专业化后，中央银行进行的最重要的金融调控实践，但这一被寄予厚望的办法不仅未能遏制通胀，还引发了震惊朝野的腐败大案，牵涉到孔祥熙等国民政府高层，令政府信誉扫地。

抗战胜利后，掌握财经机要的宋子文需要解决两个问题，一是改变战时僵化的金融调控体制,二是缓解严重通货膨胀,抑制不断攀升的物价。抗战末期,在四联总处第3次改组后,中央银行法律意义上的业务职能逐步健全,正式走到台前,成为金融调控的主角。宋子文主持的战后改革主要由中央银行主导,依仗政府持有的巨额金银外汇储备,一则通过放开外汇管制鼓励进口来满足消费需要并压低物价,二则通过配售黄金回笼流通法币保持汇价。最终,宋子文希望通过"健全"的中央银行实施有效调整的目标再次折戟,自己也因此告别了国民党权力中枢。在政策实施过程中,中央银行表现低劣,对外汇的管理前后松紧失据,不仅损失外汇储备,而且严重影响对外贸易和国内工商业发展。黄金配售缺乏合理公正的程序和办法,暗箱操作,腐败丛生。此外,信贷政策与金银外汇政策相互矛盾,巨额财政赤字等因素很大程度上抵消了货币回笼的效果。总之,以抗战后期及战后初期中央银行金融调控的实际效果反观,所谓业务职能相对完备的中央银行,根本不具备有效调控金融的能力。抗战后期代中央银行制以战费筹措为首要目标,无法实现有效调控,遗留下严重的通货膨胀。四联总处第3次改组后,代中央银行制实际停止,中央银行蜕变为徒有其名的印钞机关。

宋子文金融市场开放改革的失败,浪费了国民政府宝贵的金银外汇,也贻误了国民政府改善财政、治理通胀的难得机会。然而,无论是外部环境还是中央银行所掌握的政策资源以及机构运行效率,并不足以使之实施有效的金融调控。战后的自由化改革及金融调控,某种意义上可视为宋子文对中央银行的市场操作尝试,或者战前中断的"规范"中央银行制度的重建。然而,这样的中央银行制度从未在近代中国真正出现过,全面抗战时期的代中央银行制不过是央行体制的特殊形态,抗战后中央银行更只是政府财政集权的工具，完全规范意义上的中央银行制度只存在于制度文本和部分学者的理论构想中。

第一节 战时通货膨胀问题

一、战时通货膨胀的走势及其原因分析

战时金融的第一目标和主要任务，是筹措战争经费以支撑战争支出，直至取得胜利。然而在取得胜利之前或长或短的时期内，战费并非是唯一的目标，政府需要同时关注统制区内社会经济的基本运行，金融体系需要保障战时的生产发展和人民生活。从近代以来世界范围的战时历史来看，货币的增发似乎是不可避免的，通货膨胀几乎是战时的必然现象。但全面抗战时期的中国更为特殊，发生了较一般国家更为严重的通胀。首先，战前中国政府财政早已不堪重负，严重依赖内债收入勉强维持，政府内债信誉一再下降。金融方面，尽管政府着力扶持中央银行，但猝然而至的战争打断了国民政府的实施计划，战前单一制的中央银行体制雏形并未构建起来。抗战全面爆发后，政府首先对战前的分立特许制央行体系进行调整并逐渐建立起“四联总处＋国家行局”的复合模式的代中央银行体制。全面抗战初期各国对中国的援助很少，中国只能依靠自己，战费筹措也成为金融调控的主要目标。在税收无着、内债乏力的情况下，加大马力印钞是唯一的选择，在这种情况下，出现恶性通货膨胀只是时间问题。作为战时金融的最高决策机构，战时四联总处的权威不断加强，纸币发行职能也由共同承担改为中央银行专有并单独发行，相应地，随着战局和战争金融体系的变化，通货膨胀表现出不同的阶段特征。总体上，通胀越来越严

重,成因越来越复杂,通胀治理越来越迫切,难度也越来越大。

全面抗战时期的通货膨胀大致可以分为3个阶段。从1937年7月到1939年底属于温和通货膨胀,也是通胀的早期阶段,后方价格年均上涨40%—50%。1939年至1942年底是第二个阶段,物价快速上涨(每年价格涨幅达160%),游资和囤积居奇之风盛行,法币信誉开始受到公众质疑。1942年以后通货膨胀形势进一步恶化(物价年涨幅超过300%),政府新增财政支出几乎完全依靠中央银行的纸币增发支持。在1942年下半年,四联总处完成了第二次机构和职能调整,货币发行由中央银行独家负责。对全面抗战时期通货膨胀问题的讨论,核心问题在于厘清通货膨胀的程度、性质与影响,以便进一步探讨通货膨胀在四联总处金融调控体系下的形成机理。从法币的发行规模看:法币增发在1937—1938、1939—1942、1942—1944三个阶段呈现出逐渐加剧的态势,到1945年法币发行较上年显著激增。与物价的增长阶段相比,法币增发一般要早于物价的上涨,这是因为物价生成本身的时滞因素。

表7-1　全面抗战时期法币发行概况　　单位:亿元

年份	纸币发行额(亿元)	较上年增加额(亿元)	增幅(%)
1937	16	4	33.3
1938	23	7	43.7
1939	43	20	87.0
1940	79	36	83.7
1941	151	72	91.9
1942	344	193	127.8
1943	754	410	119.2
1944	1 895	1 141	151.3
1945	10 319	8 424	444.5

资料来源:杨荫溥,《民国财政史》,第157页。

从全面抗战爆发到武汉会战开始的一年中，国民政府支出增加了一倍。在战争初期，这是不可避免的，大战爆发后的战时动员、军队给养、武器制造、政府与工厂(机器、人员)的内迁等都需要大笔经费。政府赤字在1937年下半年上升了42%，1938年上半年上升了58%。[①] 军费骤然增加自然是赤字增加的主要原因，1937—1938年军费在政府开支中的比例从战前的36%上升到66%。另一方面，到1938年底武汉、广州会战先后失败，日本占领了中国1/3的国土，这些地区占全国农业产出的49%和工业产出的92%，合计约为总产出的50%—55%。广大富庶地区的沦陷极大影响了国民政府的财政收入。1938年下半年的财政收入3.41亿元，仅为前一年度的1/4。[②] 以上所述，仅为全面抗战初期国民政府财政上的一些困难，货币金融层面的情况尚属平稳。1937年6月到1938年12月，法币增加64%，只是略高于战前一年的增发规模。作为一种实施不久的新货币，法币在很多地区尤其是内陆地区处于逐步推行状态，法币在很多偏远地区仍有很大的推广空间，应战和内迁也加大了对法币的客观需求。物价的涨幅明显小于货币增发的规模，考虑物价时滞因素，从1937年12月至1938年12月，后方整体商品物价上涨46%(1937年6月至12月涨幅仅为9%)，其中重庆本地出产商品仅为22%。但战局的变化使得进口商品和省际商品的价格明显增长，这也是战争初期后方物价上涨的主要原因。

切断内迁的国民政府与外界的金融、贸易联系是全面抗战初

① 张嘉璈：《通胀螺旋：中国货币经济全面崩溃的十年(1939—1949)》，第108页。

② [美]阿瑟・N. 杨格：《抗战外援：1937—1945年的外国援助与中日货币战》，第462页。

期日方重要的战略目标。日本企图控制沿海通道并向西南省份渗透,同时沿长江向宜昌方向推进,企图切断南北公路、铁路交通动脉及东西水路交通。阻止海上航运的图谋一开始未能成功。然而到了 1938 年底,国民政府失去了长江中下游口岸和粤汉铁路的控制权,战争进入相持阶段,经香港的国际贸易路线就此中断。随之而来的,是以往需要进口或由沿海省份生产的工业制成品价格快速上涨,1938 年 12 月,重庆进口商品物价较 6 月上涨超过 1.5 倍,来自其他省份的商品价格同期涨幅也达到 80%。后方商品出现了结构性的增长,但总体价格基本可控。①

在外汇市场上,如前所述,政府尽力维持法币汇价,以彰显国民政府的国家信用。能否稳定汇价,也是国民政府金融调控能力的象征。抗战全面爆发的最初 6 个月内,国民政府继续按照法币改革后的汇价,无限制出售外汇,同时与外商银行达成君子协议,要求其不要纵容资金外逃。国民政府虽已内迁,但中、中、交、农 4 行办事处仍然驻沪,上海金融市场依然掌握在国民政府手中,而此中核心即为法币对英镑、美元稳定的兑换关系,1937 年 7 月至 1938 年 3 月的 7 个多月中,因为官方坚持支撑自由汇市,法币汇价相对稳定,外汇官价与黑市价格之间几乎没有差价,英汇保持在 14.13—14.75便士之间,美汇在 0.294 4—0.302 4美元之间。政府为此耗费了 1.21 亿美元的外汇储备,相当于战前外汇总储备的 30%。② 汇价的坚挺一方面保证了法币的购买力,也减轻了法币向国统区聚集进而发生通货膨胀的压力。随着日伪在华北地区金融

① 张嘉璈:《通胀螺旋:中国货币经济全面崩溃的十年(1939—1949)》,第 16 页。

② 宋佩玉:《近代上海外汇市场研究 1843—1949》,上海:上海人民出版社 2014 年版,第 211—212 页。

掠夺的加剧，上海市面法币激增，国民政府被迫放弃无限制买卖外汇策略，改为由中央银行负责的申请—审核制。问题在于，政府低价供应外汇必然存在供求缺口，外商银行自行买卖外汇，形成了与官定汇价（法币高估）相平行的外汇黑市。到 1938 年 6 月中旬，汇丰银行英汇行市为 8.0625 便士，较《外汇请核办法》实施前夕下跌了 40%。此外，中国银行、交通银行与汇丰银行合作，暗中维持黑市汇价在 8 至 8.5 便士之间。法币官定汇价与实际汇价的鸿沟虽长期存在，但国民政府维持法币信誉的努力仍然称得上卓有成效。

全面抗战初期通胀总体表现“温和”，主要原因在以下几个方面：第一，在商品的供应方面，战争初期高效率的内撤中，沿海城市的商人将大量衣食等生活必需消费品运到内地，交通设施建设方面的成功促进了货物运销。抗战全面爆发以后，沟通西南及中越之湘桂铁路即分衡桂、桂柳、柳南、南镇四段赶工建设，衡阳至桂林段已于 1938 年 9 月 27 日通车。湘黔铁路、叙昆四川（叙府至云南昆明）也正在建设中。公路方面，由中央专款紧急建设者有河北、山西及苏豫皖北部，西南、西北改进提升公路干线 18 条近 1.3 万千米，后方在建新建 6 000 千米。[1] 第二，1938 年前后后方 15 个省份农业生产迎来难得的大丰收，农业产量较 1931—1937 年的平均水平提高了 8%。后方的粮食价格普遍下降，军粮征集也相对容易。[2] 第三，这一时期民众收入的下降也一定程度抑制了物价上涨。内迁的工厂和艰难维持的城市商业存在经营方面的客观困难，民众的爱国热情也使得其愿意忍受更多的困难而抑制薪资上涨的诉求。第四，全面抗战初期政府主要依靠募集公债来渡过难

① 张嘉璈：《抗战以来之交通设施》，《新经济》1939 年第 1 卷第 8 期，第 199—201 页。

② 徐盈：《丰收与抗战前途》，香港《大公报》，1939 年 9 月 1 日。

关。1937年下半年就发行了票面价值5亿元的救国公债,社会公众认购比例约为一半(其他主要由金融机构承购),这是近代中国规模最大的长期公债,筹款之成功也是前所未有。公债的发行不仅可以回笼社会资金以供政府之用,一定程度上也进一步抑制了公众的消费需求,降低了物价上涨的潜在风险。

战争到了1939年,持久消耗战的基本态势进一步明确。日方在长江中上游及长沙发动多轮大规模战役,在华南则发动桂南(南宁)会战及潮汕、海南岛战役,以破坏中国与中西半岛间的交通联络。到1940年6月重庆至东部各省水路枢纽宜昌陷落。① 恶性通货膨胀的苗头也在1939年年中以后开始出现,1939年12月份重庆进口商品物价指数是6月份的两倍多,来自其他省份的商品受交通中断影响也上涨80%以上,甚至本地出产商品价格也上涨了50%。② 政府的军费剧增,1939年军费实际支出是1938年的2.1倍,此后直至1943年军费支出逐年倍增。③ 政府的支出主要依赖银行垫款,1939年国家银行政府垫款23.1亿元,较上年增加60%。④ 与此同时,为配合《抗战建国纲领》实施,加速内地经济建设,国家行局开始有意加强对内地的融资,所提供的工商业贷款余额从1937年的14.71亿法币增加到1939年的25.78亿法币。融资以非工矿、交通等一般工商业为主,1938年一般商业放款和同业放款占比高达78.61%。⑤ 1939年政府又转而积极鼓励对私营企

---

① 吕芳上主编:《中国抗日战时史新编 贰 军事作战》,台湾档案部门2015年印行,第39页。

② 张嘉璈:《通胀螺旋:中国货币经济全面崩溃的十年(1939—1949)》,第16页。

③ 吕芳上主编:《中国抗日战时史新编 肆 战时社会》,第147页。

④ 张嘉璈:《通胀螺旋:中国货币经济全面崩溃的十年(1939—1949)》,第22页。

⑤ 财政部统计处:《中华民国战时财政金融统计》,1946年版,第21页。

业的信贷,当年对私信贷增加额 8.82 亿法币,约为上年的 4 倍。[①]对政府的垫款和对私营工商业信贷的增加是助长货币增发的两个最重要的推动要素。

与此同时,政府在征税、借债等收入方面的进展很有限,开征消费税的提议在战争一开始就被否定了,系统的税收调整到 1941 年才真正开始,而且收效并不大。1938—1939 年公债的社会筹集几乎可以忽略(1938 年仅不到 2 000 万元),其余主要靠国家银行垫款承募。对私信贷的宽松消耗了银行的存款——1939 年对私贷款占国家银行存款总额的 54%(1938 年这一比例为 28%),国家行局对政府的垫款以及公债承募只能靠新发法币。截至 1939 年 12 月,发钞存量为 42.9 亿,较上年增长 85.7%,而 1937、1938 年的增长率仅分别为 22.7%和 33.5%。[②] 对私营工商业信贷的扩张刺激了生产领域的需求,工业资本品和所需原材料等价格上涨尤为严重。

1940 年是战时通货膨胀的转折点——后方 15 个省份遭遇了严重的农业歉收,粮食产量下跌了 10%,四川粮食产量较 1938 年下降近 50%,重庆大米价格从当年 5 月至年底翻了两番有余。1941 年农产品产出再次下降 13%,比战前水平还低 9%。[③] 粮价带动助推了通货膨胀,农民和商人都倾向于囤积粮食以待涨价,粮食价格的上涨不仅助推一般商品价格,更加快了物价向工资收入传导的速度——工薪收入者需要更高的收入以应付生活。战事的进一步失利也使得内地的省际货物运输条件进一步恶化,国统区越

---

① 张嘉璈:《通胀螺旋:中国货币经济全面崩溃的十年(1939—1949)》,第 22 页。

② 张维亚:《中国货币金融论》,台北:《台湾新生报》社 1952 年版,第 140—144 页。

③ 陈廷湘等:《中国抗日战争全景录四川卷》,成都:四川人民出版社 2015 年版,第 165—166 页。

来越难以获得来自沦陷区大城市的制成品，进口商品规模锐减，1940—1941 年进口货物量不及 1939 年的 1/3。① 此外，政府在 1940 年制定了每年招募 50 万新兵的计划，巨额的军费开支不可避免。1940 年军费开支超过 39 亿元，占国家总支出的 72%，所占比例较上年上涨 20%以上。② 以上诸端，无不刺激着法币的发行，最终 1940 年纸币增发 35.8 亿元，为上年的 1.81 倍，超过一半的新发纸币用于政府垫款（当年财政赤字增量超过 19 亿元）。

金融体系运作和调控需要更集中的权力，四联总处在 1939 年第一次改组后开始真正统御四行，发挥金融调控作用。一方面由四联总处负责纸币发行之审核及四行券料之调剂，纸币增发无论在程序上还是技术上效率都得到极大的提升。另一方面，四联总处对放贷业务加以统制——包括国家行局和私营银行在内，商业银行的普通存款应以收受存款总额 20%为准备金，转存当地四行之一。在存款运用上确立了以投资生产建设事业及联合产销事业的基本原则，理论上银行不得直接经营商业或囤积货物。③ 对信贷的管制起到了一定作用，1940 年国家银行发放的对私贷款下降到 1939 年的 40%，私营银行的信贷增量也相应下降。法币对外汇价方面，1939 年 3 月起由中英四家银行合组1 000万英镑的平准基金，公开出售外汇以维持汇价，最初的价格大约是法币 1 元合 8.25 便士，100 元合 16.026 5 美元。外汇市场价格承受着来自以下几个方面的巨大下行压力：(1) 敌伪银行以联准券、华兴券、军用票、

① 张嘉璈：《通胀螺旋：中国货币经济全面崩溃的十年（1939—1949）》，第 40 页。

② 吕芳上：《中国抗日战时史新编　肆　战时社会》，第 147 页。

③《财政部非常时期管理银行暂行办法》（1940 年 8 月 7 日），中国第二历史档案馆、中国人民银行江苏省分行、江苏省金融志编委会：《中华民国金融法规档案资料选编》，第 642 页。

中储券等换取法币转而套取外汇。(2) 上海对外贸易畸形繁荣，入超规模居高不下，金融市场上游资猖獗，投机风行，谣言四起。(3) 1940年以后法币发行规模急速增加。从 1939 年 6 月以后法币(英汇)从 6.58 便士震荡下滑，1940 年大多数时间维持在 3.5 便士以上，到 1941 年则只能维持在 3 便士以上。①

抗战最后 4 年(1942—1945)的通货膨胀情况，以 1944 年中为界大致可以分成两个阶段。珍珠港事件以后，日军占领了上海租界和香港，随后滇缅公路也遭封锁。战事方面，1942 年初国民党军取得第 3 次长沙战役的胜利，被蒋介石称为“七七以来最确实而得意之作也”，其他大多败北。此后陆续有浙赣会战、鄂西会战、常德会战等，双方各有胜负。滇缅公路的关闭和上海租界、香港的沦陷，严重影响了后方的经济稳定。后方粮食生产仍在下降，北方小麦虽有增产，却又因为交通运输困难而难以运到大后方。直至 1944 年夏粮增产丰收后，本地粮食的价格涨幅才有所回落。更严重的是工业品价格的迅速上涨，由于生产所需原材料的缺乏，1943 年以后，工业消费品生产能力明显下降——1944 年面粉、肥皂和皮革生产分别下滑 19%、33%和 20%，耐用商品供给更是处于常年紧缺状态。滇缅公路失守后进口商品仅限于政府空运的少数商品，实际已经不存在正常的进口商品销售市场，所以其价格涨幅呈现滞后于国产商品的态势。政府支出压力在 1942 年至 1944 年中期较此前有所缓解，财政缺口占总支出比重从 1941 年的 86.9%下降到 75%左右(1943 年一度降到 65%)。政府的支出结构也发生了变化，军费占政府总支出比重从 1941 年的 68%降到 55%左右。②

---

① [日]宫下忠雄:《支那战时通货问题一斑》,东京:日本评论社 1943 年版,第 90 页。

② 吕芳上主编:《中国抗日战时史新编　肆　战时社会》,第 147 页。

但行政性支出却大幅增加,政府的行政和一般性支出占总支出比例则从 1940 年的 4%上升到 1944 年的 1/3 上下。之所以如此,最主要的原因一是公务员队伍的膨胀,二是通胀引致的公职人员薪资的提高。

在收入方面,从 1941 年年底开始,政府开始进行税收方面的系统改革,这也是公务人员数量增加的重要原因。经过税收改革,国家财政和地方自治财政的权责得到进一步明确,消费税逐步实行从价计征,新增战时消费税等税种,提高货物税税率,实行食盐专卖和田赋征实等。税收收入 1941 年达 6.66 亿元,1942—1944 年分别为 41.63 亿元、153.26亿元和 346.51 亿元,占总收入额比重也从 1941 年的 50.8%上升到 1944 年的 90%,进步不可谓不快。① 然而就税收占实际支出的比重(约 20%—30%)而言,微小的收入增加对巨额支出无甚补益,收入缺口仍然巨大,除去有限的外债收入外,政府只能依靠纸币增发。1942—1944 年,纸币同比上年增发比率分别为 127.8%、119.2%和 151.5%,远高于 1939—1941 年年均 87.3%的货币增发率。②

金融调控方面,为进一步提高发行效率,消除分散发行状态下的种种弊端并实现政府甚至蒋介石个人对国家行局的直接控制,四联总处进行了重要的第二次机构与职能调整,四行名义上实现了专业化分工,法币发行权由中央银行独占。发行体制的变化便利了法币的增发,巨额的发行,填补了政府越来越大的财政缺口。实际上,正是从 1942 年央行集中发行后,法币发行严重泛滥,增发量几乎等同于对政府的直接垫款和政府的财政赤字规模。另一方

---

① 财政部财政年鉴编纂处:《财政年鉴・第三编 1948 年》(上),1948 年,第 129—150 页。

② 杨荫溥:《民国财政史》,第 157 页。

面,世界范围内战争形势的变化为国民政府外援的争取带来了新的转机,来自英美的5亿美元和5 000万英镑的贷款给财政上几乎陷入绝境的国民政府注入了强心剂。政府开始尝试以此为基础回笼法币,以减轻通货膨胀的压力,这也是全面抗战时期国民政府最重要的积极调控举措。从1942年到1944年,美金公债和黄金存款先后发售,在四联总处协助下,中央银行在抗战后期开始在调控中逐渐发挥重要作用。1945年的通货膨胀情况比较特殊,通胀主要动力来源于政府战时短时间内军费支出的增加。下半年开始的全面反攻使军费急剧增加,当年前8个月政府的财政赤字上升了378%,纸币发行也相应增加。物价方面,因为1944年农业的丰收以及滇缅战的胜利影响,1944年下半年和1945年的物价较货币增发和财政赤字幅度有所收窄。抗战的最后一年,通货膨胀已经到了极其严重的程度,这也成为战后金融治理的一大难题。

以上是战时法币通货膨胀基本变化趋势,通胀的形成机理是综合性的,纸币发行规模的增长只是最终的结果。考察抗战时期的历史,不难发现战局的胜败、工农业生产、交通运输与商品贸易、政府的收支状况(举债、税收、军费支出、一般行政支出等)、银行信贷资金的调控、外汇市场的波动、对外援助的增减等都会影响法币的需求量。总体而言,全面抗战时期的通货膨胀在1939年以前较为温和,对外汇价也尚能维持。1939年以后持续的农业歉收、交通运输条件的恶化、战费支出的增长使得财政缺口越来越大,在内债乏力、外债无着的情况下,纸币的连年增发和无效的信贷管控使得通胀形势日趋恶化。1942年是战时恶性通胀阶段的一个关键节点,政府在增加税收收入(包括田赋征实)和举借外债方面都有了新的进展。但负面的因素也在增加,比如政府支出中行政经费占比加大、对私信贷制约无效、商品流通运输条件恶化、外汇市场被迫停顿等。收入的改善并未缓解通胀的形势,法币贬值进入了全面抗战时期最严重的阶段。金融调控方面,以美英等国外援资金为基础,代中央银行体制——四联总处和各国家行局不断调整运行机制,并开始了以直接的法币回笼为特征的通货膨胀治理实践。

二、代中央银行制下通货膨胀问题的治理及其局限

无论是战时的金融政策还是财政政策,其核心目标在于战费的筹集。国民政府在抗战中财政金融体制的构建,必须基于全面抗战前的基础,并立足于战时的需要,这是战时财政金融运作可运用政策工具的约束条件。战前财政的弱点很明显,首先,国民政府自建立以后财政始终处于赤字状态,连年的局部战事和收入结构的缺陷让政府在财力上捉襟见肘。所谓收入结构方面的缺陷,一是税收制度不合理,税收规模在收入中占比较小且高度依赖关税、盐税、统税等少数间接税;二是国内公债发行过度,政府债信和社会承债能力消耗过多。在金融体制方面,战前以分散为特征的"分立特许"的中央银行制度,限制政府金融调控的能力,纸币的多头发行和各国家行局间的业务协调是最大的问题。基于上述事实,到了全面抗战时期,政府经费筹集与财力动员自然不甚容易。在财政方面,沿海国土的沦陷影响了税收收入,新的税收体系的建立需要基于后方社会经济的发展和与之相适应的征税行政系统。政府对战时税收的改革直至1940年初才起步,1942年以后税收收入有了明显的增长。但在政府的收入构成中,税收是微不足道的,1937—1945年,税收总收入只有

1584.7 亿元，仅占战时总支出的 6%。[①] 公债收入的成绩更小，战时公债发行总计 150.22 亿法币，加上 10 亿关金、2 亿美元及 2 000 万英镑，仅占战时累计赤字的 5%。有限的公债收入中，公众实际认募比例很低，除了 1937 年的救国公债公众购买超过 50%以外，其他大多数年份，购买比例不超过 10%。在货币政策方面，政府的主要政策着力点，主要是信贷统制（主要是对私信贷）、利率管理、增加储蓄、维持汇率、出售外汇与黄金直接回笼法币等。

信贷统制看起来最容易实施。理论上，所有国家银行的贷款都要受到四联总处的审核，商业银行的信贷也受此限制。但实际这一方面的成效极为有限，除了 1940 年信贷限制对抑制通胀起到过短暂的作用外，其他都乏善可陈。因为四联总处很难真正控制信贷，在总体通胀的趋势下，各国家行局和商业行庄对放贷甚至直接参与商业投资有着强烈的冲动。国家行局可以向其众多的附属公司提供大量的贷款资金，商业行庄则更善于从事暗账贷款操作。以对私信贷为例，1942 年较 1941 年增加了 1 倍（实际的情况更多），此后两三年间也是逐年成倍增加，在存款增量相对信贷增量持续减少的情况下，信贷的增加主要来自新增发的法币。在利率调控方面，政府的作为更小。战时金融市场混乱，货币价格体系和价格结构复杂。战时大后方大致存在 5 种利率：中央银行利率、国家银行利率、商业银行利率、钱庄利率和当铺利率，只有中央银行利率和国家银行利率由政府控制，自发形成的多种市场利率自然会抵消官定利率政策调控的效果。在 1941 年以前，市场利率上涨较为温和，此后因为法币增发严重，利率持续走高。政府曾试图加强管控市场利率——要求商业行庄的拆息需要经过中央银行批

---

① 张嘉璈：《通胀螺旋：中国货币经济全面崩溃的十年（1939—1949）》，第 169 页。

准,但市场很快给出回应,众多需款的工商企业甚至绕开金融机构直接以市场利率吸收存款,利率管制规定形同虚文。

汇率调控方面,在短暂的无限制供应外汇之后,通过外汇平准基金的干预,政府希望将市场汇价维持在一个相对合理的水平。这种维持十分艰难,首先必须面临日本方面的反向操作的冲击,因为本质上说法币的内外价格是联系的,大规模的发行增加和敌伪恶意操作,致使法币汇价从 1939 年的每元 8 便士(美汇每百元 15.625美元)逐步下降到 1942 年的每元 3.156 便士(美汇每百元 2.28 美元)。随着法币购买力的下降,汇价走低不可阻挡。1942 年以后,随着上海租界的沦陷,外汇市场的维持基本停止。应该承认,全面抗战初期汇价维持具有重要意义,既关乎政府的信誉更关系到法币在沦陷区的地位。官定汇价远远高于市场汇价,这有利于国民政府对外援助的获取和国家间官方的贸易往来。市场汇率尽管一再下挫,但仍然是抑制法币通货膨胀的重要因素。法币是以外汇为本位的,政府的纸币增发行为必须考虑其对汇价的影响以及政府本身维持汇价的成本。在 1942 年以前,外汇都是法币内在价值的稳定器,尽管这种稳定作用越来越弱。到 1942 年以后上海外汇市场基本消失,除了名义上的官定汇价外,法币的对内价值与对外价值联系切断,法币发行则进入了一个"无所牵绊"的运行轨道。总之,国民政府面对严重通货膨胀,努力寻求并尝试各种可能的治理手段,在相应的政策空间中迂回盘旋,但这些空间实在太过有限。

财政政策难以为继,信贷统制、利率和汇率调控等金融手段,尽管有所成效,但影响甚小。对于战时金融调控大局,尤其是战费筹措目标而言,除了直接增发纸币以外,借债尤其是对外举债似乎是唯一的办法。外来援助确实是战时国民政府最重要的经济来源,1942 年以后更是主要依赖对外援助。因此,对外援款项金融运作的成效,成为国民政府抗战后期金融调控实效的主要评价指标。国民政府利用外援资金进行金融调控也就是治理通货膨胀的主要方式——出售美金公债和开办黄金存款,其本质在于通过外汇和黄金的预售回笼通货。在这一方面,国民政府的表现可以说十分糟糕,对外援资金运用的失当不仅无助于恶性通胀局面的缓解,更影响政府的形象和信誉。

抗战时期国民政府的经济援助主要来自苏联、英国、法国和美国,初期的援助或金额较小或被指定用于铁路等基础设施建设,甚至直接以军需品供应。除外汇平准基金外,早期外援对战时金融领域的帮助并不大。1941 年以后,政府面临的支出压力和通胀风险空前加剧,在中国请求之下,美国最终批准了对国民政府的最大一笔外援贷款——5 亿美元,而且这是一笔无偿还期限、无利率规定、无附加条件的直接借款。① 借款的迅速达成在当时得到了中国社会各界的赞许,甚至共产党领导的《新华日报》都认为借款协定"体现了真正的平等精神……体现了两个伟大国度的亲密关系"②。为缓解通胀,与贷款磋商同时,即 1941 年下半年,中国就开始筹划发行以吸收闲散资金为目的的公债,而巨额借款(自美国批准 5 亿美元借款后英国又批准了 5 000 万英镑的借款)的达成增加了政府发行新公债的信心。根据外交部部长宋子文与美方达成的协议,此援助将按以下原则使用:(1) 增强其币制、货币及银行制度;(2) 以资本供给生产事业,并促进一切必要物品之生产获得与分

① 洪葭管:《中国金融通史·第四卷·南京国民政府时期》,第 422 页。

② [美]阿瑟·N. 杨格:《抗战外援:1937—1945 年的外国援助与中日货币战》,第 237 页。

配;(3) 阻止物价上涨,并促进经济关系之稳定,制止通货膨胀;(4) 防止粮食与其他原料之囤积;(5) 改良运输及交通工具;(6) 实行促进中国人民生活之其他社会的及经济的措置;(7) 适应租借法案以外之军事需要。[①] 中英 5 000 万英镑的借款备忘录,也将"充实中国金融机构即经济之机构"列为援款第一项之用途。可见,维持法币,抑制通货膨胀,加强和改革金融机构是英美外援最重要的使用方向。关于 5 亿美元具体使用方式,朝野各界进行了广泛的讨论,杨雨青的研究已经对各种建议使用方式进行了梳理。[②] 就目的而论,大致分为回收法币、改革币制、增加生产和物资供给等,仅就回收法币方面,具体措施又包括以下几种:(1) 发行美金公债和美金储蓄券。宋子文、孔祥熙、行政院经济委员会秘书长贺耀祖、经济学家邹宗伊等都赞成此议。鉴于此前外币公债销售情况不佳,孔祥熙也曾担心美金公债得不到多数公众支持。杨格认为需要对有能力认购的个人和商事组织,尤其是那些囤积居奇和投机倒把分子施加各种压力,从而获得支持和推动。[③] 朱家骅则是明确反对发行美金公债和储蓄券,他认为中国民众素来缺乏对公债的信仰,一般需要折价发行,国家蒙损而金融界暴利,对民众强行摊派也得不偿失。(2) 向美国购买黄金在国内出售。此议最早由中央银行席德懋提出,他也是战后主持实物黄金出售的关键人物之一。(3) 无限制买卖外汇及在国内出售美钞。此议多为经济学家

---

① 《宋子文、摩根索联合声明》,洪葭管主编:《中央银行史料 1928.11—1949.5》,第 542 页。

② 参见杨雨青:《美援为何无效——战时中国经济危机与中美应对之策》,人民出版社 2011 年版,第 132—157 页。

③ [美]阿瑟 · N. 杨格:《抗战外援:1937—1945 年的外国援助与中日货币战》,第 250 页。

提出，主要针对当时僵化的外汇体制和不合理的外汇兑价，在当时普遍遭到批评，但战后宋子文开放外汇市场的操作发行基本遵循了这一思路。(4) 其他建议没有引起太多关注，如利用借款购买美国公司股票，在国内销售；由中国在美国设立股份公司，股票回国销售；利用一部分贷款投资外国证券；邀请美国银行到中国内地设立分行等。①

发售美金公债和储蓄券的意见在总体上得到了大多数人的支持，国民政府也可以直接运用此时已经十分完善的储蓄和公债推销劝储体系，于是折算汇率和公债期限就成了最大的问题。宋子文最早的方案拟定法币 100 元折合 4 美元，孔祥熙认为借款成功后法币不应过分低估(此前的官定汇率为 5.312 5 美分/法币)，最终储蓄券汇率确定为法币 100 元折合美金 5 元，10 年期公债券汇率定为 100 元折合 6 美元。② 公债还本付息最终被确定为 10 年，废除了抽签还本办法，为每半年还本一次。③ 1942 年 3 月和 5 月政府分别发行了“美金节约建国储蓄券”“民国 31 年胜利同盟美金公债”各 1 亿美元。美金储蓄券以法币收存，到期付给美元，美金公债直接以法币购买。关于“美金节约建国储蓄券”和美金公债的发行，规定“美金节约建国储蓄券”由财政部拨美金 1 亿元存入中央银行，由四行二局发售，各行局支付储蓄券本息时按规定支用；美金公债由美元贷款项下拨款 1 亿美元存入中央银行，其还本付息亦由中央银行经理。④

尽管国民政府已经拥有成熟的公债劝募体系，四联总处及各

① 杨雨青：《美援为何无效——战时中国经济危机与中美应对之策》，第 134—146 页。

② 洪葭管主编：《中央银行史料 1928.11—1949.5》，第 552 页。

③ 洪葭管主编：《中央银行史料 1928.11—1949.5》，第 555 页。

④ 洪葭管主编：《中央银行史料 1928.11—1949.5》，第 555 页。

国家行局也制定了专门的劝募鼓励办法,但美金储蓄券最初的销售十分不理想,重庆开售的第一周只卖出 36 390 美元,8 个月后还不足销售计划的 1/10。之所以如此,是因为当时所定汇价接近市场价格,资金的拥有者倾向于保有法币进行物资投资获取高利,加之民众对到期后能否如约支取法币也存在疑虑。12 月,因谣传年底要终止储蓄券销售,销量才有明显起色。[1] 1943 年以后因后方美元与法币官方汇价相对市场汇价差距越来越大,购买美金储蓄券无异于保值获利,才致使销售量猛增,到 1943 年 6 月销量达到 5 600万美元,1943 年 8 月 3 日,美金储蓄募足停售。在杨格看来,美金储蓄券发售最大的问题就是没有设定一个较短的完成期限,以用短期强制性方式集中回收纸币。政府的这一失误使得美金储蓄成了富裕阶层法币贬值的避风港,国家承受了损失且纸币回笼效果大打折扣。[2] 10 年期美金公债因为年限过长,市场反应极低。到 1942 年底仅销售 13 万美元,截至 10 月 12 日正式停止发行同盟胜利美金公债时,其出售额为 1 800 万美元,实际缴款仅 1 100 万美元(公众持有量为 45%)。经孔祥熙提请,蒋介石批准剩余公债由中央银行买进持有,结束了公开发售。[3]

从发售规模来看,可以认为美金公债基本是失败的。从技术上看,在法币不断贬值的背景下,政府以高估的固定汇率发售这两种债券,且发售时间过长,严重影响了货币回笼的政策效果,物价

---

① [美]阿瑟·N. 杨格:《抗战外援:1937—1945 年的外国援助与中日货币战》,第 253 页。

② [美]阿瑟·N. 杨格:《抗战外援:1937—1945 年的外国援助与中日货币战》,第 252 页。

③ [美]阿瑟·N. 杨格:《抗战外援:1937—1945 年的外国援助与中日货币战》,第 253 页。

上涨的情况也没有得到改善。对于美金储蓄券，政府原可以根据杨格等人的建议，以短期强制方式收效，顾问尼迈耶甚至建议在储蓄券发售同时出售田赋征实而来的大米以抑制粮价，此议也未被采纳。至于美金公债，尽管政府的劝募系统在积极工作，但最终销售情况和其他国币公债一样惨淡，民众已经失去了对政府债券的信心，而且在战事不明朗的情况下，10 年期限亦过长。国家行局最后以收拾残局的态势吃进了美金公债，其间所发生的暗箱操作又引起震惊一时的舞弊案。

到 1943 年秋，因通货膨胀，美金公债对法币一路走高，因此孔祥熙建议为维护债信并减轻政府将来偿付压力，以公债售罄为由停止发售，所余债券全部由央行收回。谁知央行业务局局长郭景琨、国库局局长吕咸、债券科科长熊国清竟获孔祥熙许可，将所余巨额美金债券由央行职员按 20 元的最初官价承购，实际当时美金债券市价已超过 250 元法币，从中获利之巨可想而知。吕咸等人先于 1942 年春孝敬孔祥熙美券 350 万元后又以各种手段侵占近 800 万元。[①] 1945 年 3 月，该案因国库局青壮派向政府检举而被蒋介石关注，经俞鸿钧核查确有舞弊，孔祥熙因此失去了行政院副院长之位。该案后经国民参政会陈赓雅提案，司法行政部长谢冠生到会报告，傅斯年质询并再次提案，蒋介石不得不再次深究。蒋以所得罪证一再与孔对质，孔却一面指示下属销毁罪证，一面巧言令色加以辩解。面对蒋言辞质问，孔祥熙终不承认有失，最终以蒋批

---

① 陈庚雅：《孔祥熙鲸吞美金公债的内幕》，寿充一：《孔祥熙其人其事》，北京：中国文史出版社 1987 年版，第 146 页。

准孔辞去中央银行总裁一职作为了结。[①]

节约建国储蓄券的发售也出现了弊案,四行二局行局突破存购数量限制,且以法定官价获得储券再于黑市售出,蒋介石同样要求俞鸿钧查明情形,四行除交通银行明确回复查无状外,其他 3 行均虽承认实情却多加辩护,有的钱款早已兑回,终也不了了之。[②]因此,依靠巨额美元进行的第一轮调控——美金储蓄券和美金公债的发售,不仅未能收政府预期之效,如最初所宣传"公债以美元为基金,本固息厚,稳如泰山;国人踊跃认购,功在国家,利在自己","这是收回法币的最好办法,这是不被冻结的自由美金",[③]而且无效的操作和舞弊案的发生极大损害了国民政府的声誉。美财长摩根索在向罗斯福汇报时直言,2 亿美元的付出"没有对遏制通货膨胀作出积极贡献","除了向内部人士、投机分子和囤积者输送利益并挥霍外国资金外,收效甚微"。[④]

5 亿美元资金之运用,除发行美金储蓄券与美金公债外,剩余款项中的 2 亿美元用于从美国购买黄金,运往中国,加上此前购置待运的2 000万美元黄金,计划运华的黄金价值高达 2.2 亿元。因为美国的延迟及运输问题,黄金运华实际开始于 1943 年秋天,到该年底累计抵华的黄金为 1 050 万美元。由于预期的黄金储备宽松,中国政府一改前期对黄金的管制态度,允许黄金私有,通过向

---

① 杨天石以蒋介石日记为主要史料,对美金公债舞弊案过程进行了详细的考证。参见杨天石:《杨天石亲自查处孔祥熙等人的美金公债舞弊案》,《寻找真实的蒋介石——蒋介石日记解读①》,重庆:重庆出版社 2015 年版,第 393—413 页。

② 洪葭管:《中国金融通史·第四卷·南京国民政府时期》,第 425 页。

③《节储成绩优良》,重庆《大公报》,1942 年 5 月 6 日。

④ [美]阿瑟·N. 杨格:《抗战外援:1937—1945 年的外国援助与中日货币战》,第 253 页。

公众出售黄金而回笼法币。中国的售金开始于 1943 年 4 月，由中国农民银行、国货银行负责，最初的黄金来源于重庆的自有储备（当时大约为 150 万美元），7 月以后改售黄金期货。1944 年 2 月以后，出售黄金业务由中央银行接手。黄金的购运和出售在当时被国民党财政当局认为是阻止法币贬值和物价高涨的良方，无论是对法币的实际回笼还是对民众信心的支撑都将发挥积极作用。

黄金的出售及其所带来的预期在初期对物价产生了正面影响，1943 年 11 月 30 日，孔祥熙给美国财政部的电文中就表示，物价上涨放缓，部分原因来自宣布中国对购买黄金的心理预期（尽管当时售出黄金还不足 25 万美元）。孔祥熙对美方代表一再申明美国黄金运华的积极意义，“您一定很高兴听到近期运输黄金一事是促使法币走强的一个突出因素，因为民众相信黄金的到来扩充了我国货币所需的巨额储备，由此起到了稳定物价的作用”①。然而，问题紧接着就出现了，美国并未能够按照原来磋商和承诺的那样加快向中国运输所购黄金，1943 年底运到黄金略超1 000万美元，1944 年上半年仅为 100 万美元，而 1944 年美财长摩根索却对总统虚报中国每月可获得 1 250 万美元黄金。摩根索对华黄金运输的迟疑，根本原因在于他并不完全相信黄金能够完全解决中国的问题，他认为中国通货膨胀的原因在于物资短缺。美财政部主管官员怀特也主张对中国尽快运输黄金的请求采取尽量拖延的态度，“我们认为，此时允许大量运输（黄金）将是一个严重的错误”。美国财政部态度的变化有着更复杂的背景，一则当时中美官方结算外汇比价长期固定在 20 ∶ 1，法币被严重高估，美方因其利益损失

① [美]阿瑟 · N. 杨格：《抗战外援：1937—1945 年的外国援助与中日货币战》，第 343 页。

有所不满。二则美方认为中国没有处理好美金债券的发行事宜。此外,当时中美双方因为美军在中国的军费结算问题也互有龃龉。国民政府财政顾问杨格还透露了一个重要消息:事后对美国这一时期政策的检讨和调查发现,黄金运输的主管官员怀特可能与共产党组织(苏联)有关联,有着强烈的反华倾向。①

中央银行负责黄金销售以后,出售数量激增,计划中的美国黄金援助迟迟不到,到 1944 年下半年重庆所存黄金几乎售罄。自开办至 1944 年 11 月底,计售黄金 85.8 万余两,除国家银行自有价值 2 000 万之黄金悉数售出外,尚欠未交 28.9 万余两。② 政府又改为开办黄金预购、黄金存款及"法币折合黄金存款"。黄金存款可以增加黄金储备(实际最终未能办理),折金存款则为回笼法币。③ 1944 年 8 月 7 日,四联总处为举办法币折合黄金存款事宜通过决议:"由中央银行委托中、交、农三行及中信、邮汇两局代办,列入储蓄范围,同予积极进行。"④9 月 15 日,该项存款在大后方的重庆、成都、昆明、桂林、贵阳、西安、兰州等 7 个城市同时开办。⑤ 法币折合黄金存款,具体做法是上一日银行营业时间终了以后,或当天银行开业以前,由财政部临时办文通知,再由中央银行对外挂牌令各行局遵照办理,财政部和中央银行根据法币—黄金比价随时调整。

黄金风潮即因 1945 年 3 月 29 日的一次金价调整而起。3 月

---

① [美]阿瑟 · N. 杨格:《抗战外援:1937—1945 年的外国援助与中日货币战》,第 430 页。

② 洪葭管:《中央银行史料 1928.11—1949.5》,第 840 页。

③ 中国银行行史编辑委员会:《中国银行行史 1912—1949》,北京:中国金融出版社 1995 年版,第 488 页。

④《四联总处理事会关于通过法币折合黄金存款委托办法之决议》(1944 年 8 月 7 日),重庆市档案馆、重庆市人民银行金融研究所:《四联总处史料》(中),第 323—324 页。

⑤《黄金存款今开办　分黄金及法币折金两种》,重庆《大公报》,1944 年 9 月 15 日。

29日金价由每两20 000元提高至35 000元(相当于法币贬值75%)的消息被提前泄露,金融系统及商界各方关系人员于3月28日抢做法币折合黄金存款,大发横财,一时震动重庆社会和国民政府。经查28日当天重庆黄金售出较平时多出1万两左右。据办案法官回忆,当时抢购黄金储蓄的有45家银行及数十家大企业、大公司。① 此案直接涉案人员包括财政部总务司长王绍斋、中央银行业务局局长郭景琨、中央信托局储蓄处长王华等十余人,但最终所受不过二三年的轻刑。不仅杜月笙、钟谔(时任中央信托局局长)等涉案人员逃脱法网,甚至连消息泄密经过都未能彻底查清。

出售黄金的计划宣告失败。黄金后援不继,虽是国民政府过分相信美国之过,一定程度上属不可抗力,但信息泄露与腐败问题确实为国民政府完全之责任。接连金融舞弊及处理不力令政府颜面扫地,引起美国方面的高度关注。1945年5月18日,宋子文就黄金舞弊案从美国致电蒋介石,称"日来美国各报及无线广播对重庆3月28日黄金案,大为张扬,共党亦乘机攻击中央,职意此时非由职正式声明经过详情,无以塞他人之口以免酿成国际上不名誉事件,且恐美财政部借此赖账……"19日宋再次电蒋:"建议设立委员会处理黄金发售事宜,以财政部长俞鸿钧为主任委员,另聘请美方驻渝之艾德勒为委员之一,俾使美财政部可随时明了售金详情。"②可见宋就美国对黄金案之态度非常关切,担心对后续美援有所影响,尽管当时宋子文与美国就黄金运输问题的交涉已基本完成。美金公债案和黄金舞弊案直接导致孔祥熙失去了国民政府的

① 于凤坡:《1945年重庆法院审理黄金储蓄案内幕》,全国政协文史和学习委员会:《回忆法币、金圆券与黄金风潮》,北京:中国文史出版社2015年版,第210页。

② 吴景平:《宋子文政治生涯编年》,第461页。

最高行政及金融权柄。1945 年 5 月 25 日,蒋电促孔回国处理黄金舞弊案,27 日又令其辞去行政院副院长职务,31 日国民党六届一中全会即选举宋子文为行政院长,7 月底孔之中央银行总裁职位又被俞鸿钧取代。至此,宋子文重新走向权力中心,成为战后金融改革的主角,开启了他战后金融治理与振兴之路。

以上是对抗战后期代中央银行体制第 2 次调整后金融运行与政府调控状况的简单论述。1942 年年中,政府改组四联总处并对 4 行进行所谓专业化改组,其根本目的即在于进一步集中金融权力尤其是对国家行局的直接控制。中央银行形式上统一了发行权,实现了自 1928 年创立以来的一大目标。无论是当时的国民政府还是后来的研究者,都对 1942 年四联总处的改组给予了极高的评价,认为是近代中国中央银行制度产生的重要标志,也是战时金融调控中的主要成绩。然而历史诡谲之处在于,正是在 1942 年四联总处改组、中央银行集中发行后,法币的发行量及国家行局对政府的财政垫款增幅越来越大,商品价格从结构性上涨到普遍性的急速飙升,恶性的通货膨胀发展成严重的社会问题。巨额外援的到来给国民政府的通胀治理带来了机会和底气,但事实表明,形式上职能日趋完善的中央银行并未能够实现有效的调控,改组后的代央行制仍是由四联总处主导的,关于美元运用和通胀治理的一切重要决策都出自财政部、四联总处乃至蒋介石、宋子文个人。而在调控的方式、手段等具体的技术操作上,四联总处和中央银行也是漏洞百出,更出现大范围的、连续性的腐败和权力寻租。这说明无论是代中央银行体制还是中央银行机构,不仅运行调控机制缺乏科学性,其本身的组织也是病灶重生。

在理论层面,集中发行是中央银行实现独立金融调控的重要前提条件,而战时中央银行集中发行的实现却从控制法币滥发的理想良方变为实际上加重通胀沉疴的毒药。四联总处主导的代中央银行制在战时实现了艰难的资源集聚,支撑了抗战并迎来了最终的胜利,但它不仅未能培育出更为强大完备的具有相对独立性的中央银行,而且造成了严重的通胀,使社会经济百病缠身,战后治理与重建举步维艰。

战时的通货膨胀问题延续到了战后,政府必须稳定法币价格,平抑金融市场。虽没有太多新手段,但不同的是,战后初期蒋介石拥有了战时难以想象的外汇、黄金和物资储备,这些都是调控的筹码。另外,国家金融体系的掌舵人也从孔祥熙再次换成了宋子文。为调整金融,恢复正常的发展秩序,宋子文以外汇市场开放为重点,开始了新的改革。这是对战时金融失控问题的纾解,也是对战时代央行制下金融调控问题的纠正。只不过,宋子文并未能够如愿以偿。抗战末期再次调整的代央行体制,以巨额的外汇资产,委以业务日趋完备,实力可称傲视群行的中央银行,还是败在了开足马力的印钞机之下。

第二节　金融的市场化改革

一、战后金融改革:中央银行复归的尝试

因为在美援运用上的失败并牵涉严重的腐败问题,孔祥熙和宋子文再一次进行了权力的转换。争取外援有功的宋子文重新获得蒋介石的垂青,执掌金融大局。1945 年 6 月 25 日,宋子文在重庆就任行政院长,7 月 25 日又以行政院长身份兼任四联总处副主席。实际上,因为孔祥熙问题不断,早在 1 月底,蒋介石就在日记

中表示“预定宋代理四联总处副主席”①。这一时期宋子文的主要任务是与苏联商谈解决中东路、旅顺、大连及蒙古问题。从6月27日到8月14日,宋子文两赴莫斯科,最终签订了《中苏友好同盟条约》及各项附属协定。8月15日,宋子文由莫斯科直赴华盛顿,一周后与美对外基金合作处处长克罗莱会商,希望美国为中国战后经济复兴计划提供20亿美元。② 宋子文对美方陈述的复兴计划为期3年,总计需要20亿美元,40%用于运输和交通项目,50%用于发展农业,推动机械化、训练专家人才等。③ 宋子文的另一项重要任务是谋求美国继续为中国提供大量的军事装备,以继续履行罗斯福总统在开罗会议和德黑兰会议期间的承诺。在9月14日与杜鲁门的会谈中,美方口头承诺将继续给予军事援助。至于借款,美方也表示原则上同意,答应先向中国贷款5.6亿美元,其余待提交国会,希望甚大。④ 美国承诺的巨额贷款给宋子文极大的信心,随后战后的一切经济事务筹划,也进入了实质性阶段。

对苏谈判的同时,宋子文已经开始人事上的安排。四联总处为蒋介石亲自掌管,人事问题自不能为其左右。国家行局方面,经过1942年的改组,中央银行在业务和地位上早已凌驾于其他各行之上。央行长期为孔祥熙主掌,在抗战中与宋子文的中国银行矛盾重重,几成水火。因此,实现对中央银行的掌控,对宋子文而言至关重要。关于央行行长的人选问题,蒋宋之间曾有过争论。早在1945年初,因本人不在国内,孔曾一度建议由蒋经国实际管理

---

①《蒋介石日记》(手抄本),1945年1月22日。

② 吴景平:《宋子文政治生涯编年》,第474页。

③ 吴景平:《宋子文评传》,福州:福建人民出版社1992年版,第451页。

④ 钱昌照:《十五年重工业假设的回顾——一个黄金时代的错过》(1949年3月),彭明:《中国现代史料选辑》第6册,北京:中国人民大学出版社1989年版,第435页。

央行，为蒋所拒，有意让张嘉璈代理。① 宋子文接掌行政院后，于7月19日向蒋提出，中央银行总裁必须由其推荐，否则其有不担任行政职责之意。② 蒋对宋之表态非常不满，7月25日，蒋约见宋子文称，中央银行总裁人选“非绝对服从余命令所能信任者不可，以此二十年来所得之痛苦经验，因此不能施展我建军、建政，而且阻碍我外交政策莫大也”，当天正午正式发布了俞鸿钧任央行总裁之命令。③ 俞鸿钧以财政部长兼央行总裁，实际与抗战时期孔祥熙之兼任相同，实为蒋希望财政部与央行能置于其绝对控制之下，且两部门在政策实施上也减少牵绊。俞鸿钧最初是由孔祥熙延揽进入中央信托局并推荐给蒋介石的，太平洋战争后开始担任财政部次长，后任代理财政部长。俞为人谨慎，忠于职守，尤以基督徒身份得蒋介石信赖。在接任央行行长后，俞利用兼任中央训练团第三期高级训练班财政金融组主任的机会网罗培植了一些干部，组建了自己的班底，如李立侠、林崇庸、陈述曾等都任职于央行总行核心处室，算是稳住了阵脚。④ 总之，在中央银行总裁的问题上，蒋介石任用了自己信任且亲孔祥熙的俞鸿钧，并未尊重宋子文的意见。宋子文属意的央行总裁人选是时任中国银行副总经理的贝祖诒，在宋子文出任央行董事长时，贝长期作为宋的副手，是中国银行行

---

①《蒋中正致孔祥熙电》(民国34年1月10日)，《蒋中正复宋霭龄电》(民国34年1月14日)，“蒋中正‘总统’文物”，典藏号：002-010300-00056-002-002-040400-00003-062。

②《蒋介石日记》(手抄本)，1945年7月19日。

③《蒋介石日记》(手抄本)，1945年7月25日。

④ 李立侠：《两度任职的俞鸿钧》，寿充一：《中央银行史话》，第58—59页。

务的实际负责人。① 贝是当时中国金融界著名的外汇问题专家,抗战时期先后出任中英外汇平准委员会、中英美外汇平准委员会的中方委员。贝被蒋视为宋之私人而未能出任央行,但在宋子文看来,贝祖诒是协助其进行战后的经济金融恢复和建设的合适人选。1945 年 11 月,旨在完成经济复原、促进经济建设的全国经济委员会成立,宋子文又以行政院长身份出任最高经济委员会委员长,真正集行政、金融、经济大权于一身,可谓一人之下,万人之上。他开始着手将自己在中国银行的亲信集中调往其他重要的经济部门,如中行总稽核霍亚民任战后救济总署署长,稽核束云章任中纺公司总经理,会计处长刘攻芸任苏浙皖区敌伪产业处理局局长。② 至于俞鸿钧,在宋子文随后主持的对敌伪产业的清理接收工作中,央行也是自然重要部门之一,俞给予了积极的配合。在财政部京沪特派员办公处特派员人选上,俞未在财政部遴选而是选中了老资格的中央银行副总裁陈行,这明显是对央行原有人员及宋子文的拉拢。

经济金融业务方面,宋子文首先要为孔祥熙失误的黄金政策收尾,但宋的做法即所谓的"黄金捐献办法",却引发了民众的强烈不满。1945 年 7 月 30 日,国民政府财政部颁布《黄金购户献金办法》,规定购入法币折合黄金存款的购存户,须于兑取时要一次献缴所存黄金的 40%,后又规定只能捐献黄金而不许按挂牌法币价

---

① 1935 年增资改组后,中国银行董事长为宋子文(1934.4—1944.1),继任者为孔祥熙(1944.2—1948.4),总经理长期由中行系德高望重的老资格银行家宋汉章挂名出任,实际行务由副总经理贝祖诒负责。参见《中国银行历任负责人名单及简历》,中国银行行史编辑委员会:《中国银行行史 1912—1949》,第 889—890 页。

② 李立侠:《宋子文、贝祖诒时期的中央银行》,寿充一:《中央银行史话》,第 32 页。

格以法币抵缴，盖因挂牌法币价格被严重高估之故。[1] 法币折合黄金存款共收存黄金2 195 553两，折合法币 62 437 502 500 元，截至1946 年底，捐献总数820 468.8两，捐献比率达到 37.4%，基本达到政府之目标。此种对民众财富的直接掠夺虽然可以惩罚一部分投机商人，但更多的是损害了升斗小民的利益，很多官僚权贵因为可以通过关系购买黄金现货而无需捐献，这是对民众战时爱国热情及政府信誉的严重践踏。然而对于这一政策，蒋介石竟大加赞许。抗战后期，政府在公债、黄金存款等方面的失误和失信，使得民众失去了对类似政策的信任。战后，当政府再需要以黄金、外汇为凭借回笼法币时，只能通过出售现货等直接形式来操作。

物价高涨和物资短缺问题成为抗战后期的主要问题，也是战后金融调控的主要任务。国民政府在 1944 年下半年对日发起反攻直至 1945 年全面反攻，军事支出陡然增加，政府赤字和纸币发行在 1945 年数倍于前一年。1945 年第四季度，主要在日本投降的八九月间，由于对抗战胜利预期以及粮食的丰收，物价曾出现过暂时断崖式的下跌。8 月的最后一周，全国物价突然下跌，重庆黄金价格下跌 60%，法币对美元升值 100%，上海跌幅竟达 90%。上海物价指数从 8 月的 43 200 下跌到 9 月的 34 508，重庆批发物价指数自 8 月至 10 月接连下跌，从179 500降至 118 417。[2] 这固然是巨大胜利带来的市场信心，也与战时物资尤其是美援物资涌向市场形成的物价平抑作用有关。

然而好景不长，因为国民政府开始实施宏大的恢复计划：增加

---

① 中国第二历史档案馆、中国人民银行江苏省分行、江苏省金融志委员会：《中华民国金融法规档案资料选编》，第 467—469 页。

② 张嘉璈：《通胀螺旋：中国货币经济全面崩溃的十年(1939—1949)》，第 65 页。

行政服务机构,提高公职人员及教师生活水平,重建沦陷区社会经济秩序,同时仍需维持巨额的军事开支,各军事单位自发大额本票一时风行,因而战后初期(1945 年第四季度)政府开支极大,该年底财政支出较 6 月底增加了约 40%,纸币发行的增加额高达 160%,上海和重庆的物价自 10—11 月间也开始反弹。11 月中旬,蒋介石曾亲自致电上海市市长钱大钧转沪上闻人杜月笙,要求其协助政府控制沪上物价,"沪市物价腾涨不已,影响民生甚巨,据闻系由渝东下若干不顾大体之商人,竞购囤积,冀图弋利,以致群相仿效,刺激市场,酿成物价高涨之现象……吾兄素负人望,熟悉沪市情形,务望发抒正论,联合各界正人,多方协助政府平抑物价,使之降低,不胜殷盼"①。

蒋介石将沪物价上涨归咎于后方东进商人的囤积投机,显然未能切中问题之要害。当时各地尤其是上海物价的陡升固然与资本、货物甚至消费需求的释放不无关系,但更受政府各项财经"复苏"政策的影响。首先,对敌伪货币的收兑极大高估了法币的价格,1945 年 9 月国民政府将中储券与法币的兑换率定为 200∶1,按物价指数可比价格,两者相差 30 倍左右。年底银联券与法币比价定为 5∶1,而北平与后方的平均物价实际基本相同。② 不合理的兑换价格不能不说是对沦陷区人民尤其是普通民众财富的剥夺

---

①《蒋中正致杜月笙电》(民国 34 年 11 月 13 日)《蒋中正"总统"文物》,台湾档案部门藏,"蒋中正'总统'文物",典藏号:002 - 090106 - 00017 - 172。

② [美]阿瑟・N. 杨格:《抗战外援:1937—1945 年的外国援助与中日货币战》,第 415 页。关于战后国民政府对伪政权货币收兑决策的形成及实施情况,参见郑会欣:《关于战后伪中储券兑换决策的制定经过》,吴景平、戴建兵:《近代以来中国金融变迁的回顾与反思》,第 312—334 页。郑会欣估计,法币与伪币的兑换率只及法币对伪币实际购买力的 1/4 或 3/10。

(同时设立了五万元法币的兑换上限),其直接后果就是鼓励人们尽快用低估的伪券购买商品,致使人为产生了两种法币之外,本已广泛流通的货币充斥市场。同时,在东北为收回苏联军用券开始发行"东北流通券",取代法币成为东北唯一流通的法定货币,可与法币按一定比价兑换流通。其他直接的原因还包括无序的敌产接收对物资生产的负面影响,"对敌伪生产机构及经济事业,只图接财产物资,未能配合需要积极利用,甚有借口资金缺乏不谋开展者,致生产萎缩,工人失业"①。

蒋介石认为,战争胜利后通货膨胀问题的治理以及经济的恢复与重建需要新的金融体系。早在1943年国民政府启动战后重建计划研究制定工作时,蒋就考虑到这个问题。如前所述,1945年1月22日,蒋就计划改任宋子文为四联总处副主席,又在2月上旬预定要确定四联总处改组的具体日期。随着胜利越来越临近,关于四联总处的存废问题又开始见诸报端,盖因四联总处金融调控权力和地位的获取始于1939年第1次改组,其法理依据为《战时健全中央金融机构办法》,随着战争的结束,理论上作为战时金融调控机构的四联总处也该撤销。然而蒋介石意见很明确,即是对四联总处进行新的改组而不是撤销,具体如何改组,蒋介石也不似前几次改组有相对明确的指向。1945年11月29日的四联总处理事会第295次会议上,宋子文及理事会议定,为协助适应战后环境,四联总处将继续存在,其主要职能定位为审核放款及经济金融政策的研讨,组织机构及人事等将依职能变化有所调整。②

---

①《蒋中正致宋子文电》(民国34年12月19日),台湾档案部门藏"蒋中正'总统'文物",典藏号:002-090105-00014-145。

② 尤云弟:《四联总处金融管理研究1937—1948》,第215页。

在还都南京前夕的1945年12月1日，四联总处正式改组，机构大为紧缩：原战时金融经济委员会改称金融经济委员会，原下设各小组委员会除保留“特种”“放款”两个小组委员会，“储蓄”“农贷”“土地金融”“放款考核”等小组委员会合并改组为普通业务小组委员会；秘书处原下设7个业务处室合并为“总务”和“业务”科，1943年新设会计处裁撤后其统计科改属秘书处。[①] 改组后的四联总处主要在贷款业务的指导审核及国家行局业务监督考核方面发挥一些作用，具体的金融调控职能转向了中央银行。

经过艰苦卓绝的抗日战争，战后的中国面临着空前艰巨的恢复和建设任务，超过5 000万流离失所的百姓等待返回故土，大量农田荒废，交通道路设施损毁，沿海工业设施的重建、行政机构的内迁、沦陷区的接收与民众安抚及货币收兑、通货膨胀与物价问题的治理千头万绪。工业体系的重建与社会秩序的恢复迫切需要大量的资本，政府的战时金融储备、巨额的国外援助以及敌伪资产的接收似乎正切时需。严重的通胀是战后治理的首要对象，1945年11月以后，还都、接收、清理、重建同时开始，经济形势异常复杂，通货膨胀卷土重来且势头凶猛。1946年初，全国尤其是上海等各大城市的物价上涨已经非常严重。1—2月，全国物价指数（关内）上涨29.2%，上海物价上涨竟高达70.6%。[②] 2月15日，蒋就上海物价高涨问题要求宋子文“不能只管收入，而不顾民生与社会实情”，应彻底更张以解决问题。[③] 23日亲自召见上海官员、金融界和学

---

① 黄立人：《四联总处的产生、发展和衰亡（代序）》，重庆市档案馆、重庆市人民银行金融研究所：《四联总处史料》（上），第45页。

② 张嘉璈：《通胀螺旋：中国货币经济全面崩溃的十年（1939—1949）》，第424页。

③《蒋中正致宋子文电》（民国35年2月15日），“蒋中正‘总统’文物”，典藏号：002-020400-00036-019。

界专家研究沪上物价问题。① 次日蒋自沪回渝又召见宋子文，谈稳定经济金融问题，拟"核定拨付外汇基金五亿美元"，以恢复对外贸易，以为平定物价之基本"②。至此以稳定物价、发展贸易、回笼通货为目的的金融改革在宋子文的主持下拉开序幕。

战后金融改革是以自由化为导向的，重点就是开放外汇的自由买卖，并通过黄金的无限制抛售来维持汇价，主要目标在于鼓励商品的进口以抑制物价，通过黄金的抛售回笼流通中的巨额法币，进而彻底解决通货膨胀问题。宋子文之所以一改全面抗战时期的统制政策而进行市场化改革，有着复杂的国际国内背景。包括金融在内的国际贸易自由化是当时美国积极倡导并推动的方向，渐成国际主流思潮，美方利用援助和中美商约签订等机会，一再敦促中国在战后进行经济自由化的改革。1944 年行政院副院长兼财政部长孔祥熙在布雷顿森林会议期间，呼吁美国更多地参与中国战后经济建设，"战后中国是一个拥有丰富工业计划的开放市场，中国欢迎美国工业界的参与"③，美方认为，中国必须工业化，而中国的工业化必须在外国资本的帮助下进行。④ 1946 年 1 月，美国国

---

① 2 月 23 日下午召见上海市长钱大钧、中央银行副总裁陈行、行政院驻沪办事处主任彭学沛，听取沪市物价变动情形，继而召见中国银行经理宋汉章、交通银行经理赵棣华、农民银行协理朱润生，查询物价问题。参见叶健青：《蒋中正"总统"档案：事略稿本 64》(民国三十四年十二月至三十五年二月)，台湾档案部门 2012 年版，第 659—660 页。

② 蒋介石日记(手抄本)，1946 年 2 月 24 日。

③《美国外交文件》，1944 年第 6 卷，第 1060—1064 页，转引自陶文钊：《1946 年〈中美商约〉：战后美国对华政策中经济因素个案研究》，《近代史研究》1993 年第 2 期，第 241 页。

④ 埃里克·赫莱纳：《布雷顿森林会议中中国的作用——一段被忽视的历史》。上海发展研究基金会编著：《国际货币体系再思考　布雷顿森林会议七十周年后》，上海：上海远东出版社 2014 年版，第 34 页。

际金融问题全国咨询委员会正式确定了战后援华的条件,包括:不歧视的贸易政策、广泛的私人投资领域、建立可接受的外汇汇率机制、稳定的通货及以促进国际贸易为目的的关税政策。① 加上当时国民政府国际地位的变化,国际事务参与度的提高,先后签署加入了以自由化为原则的《大西洋宪章》《关税与贸易总协定》等国际协议及国际货币基金组织。《大西洋宪章》中要求各国“都有机会在同等条件下,为了实现它们经济的繁荣,参加世界贸易和获得世界的原料”“希望促成所有国家在经济领域内最充分的合作”等原则被确立,1942年初中国就表示接受宪章的基本原则。国际货币基金组织更是要求保持国际汇率的稳定、多边贸易和货币的可兑换性成为战后各国金融调控的目标和责任。因此,无论是从争取美国援助还是履行国际义务角度,战后中国都有进行自由化改革的需求。

除国际因素外,宋子文进行金融市场化改革有一个更直接的动机,即对战时僵化不合理的外汇制度予以改革。太平洋战争后,国民政府将美元与法币汇价确定为1∶20(大约为战前的6倍),此后尽管法币急剧贬值,但是为有利于战时对外贸易和应收款项的结算,官定汇价再未调整过。到抗战胜利前夕,市场汇率已经到了战前的250倍左右,法币高估超过40倍。外汇市场早已有行无市,美方就美军在华军费结算汇率问题,与国民政府也多有争执。1945年8月19日以后,中央银行及其他指定银行开放外汇申请,到1946年3月3日总计核放6 420万元,工商业申请者只占11%,个人申请者只占2%,绝大多数仍为政府机关所用。② 由于官定汇

---

① 郑会欣:《从统制经济到开放市场:论战后初期国民政府对外贸易政策的转变及其原因》,《“中央研究院”近代史研究所集刊》2006年总第53期,第86页。

②《监察院外汇使用及各公司营业报告情形报告书》(1947年10月),吴大明等:《中国贸易年鉴(民国三十七年)》,1948年版,第443—444页。

价的严重不合理，政府无法正常供应外汇，进出口贸易大受影响。而此时由于上海光复，外商银行和中外企业复业，外汇黑市重新开启，政府已经无法也不可能维持战时的汇率制度。

宋子文改革的底气还来自战后初期国民政府丰厚的金银外汇储备。关于此时政府掌握的外汇、黄金储备规模，不同史料稍有差异。据时任中央银行稽核处处长李立侠回忆，抗日战争刚结束时，央行拥有外汇 8 亿至 9 亿美元，黄金(包括接收日伪储备银行在内) 600 万两。[①] 而后来负责处理黄金风潮案的国府监察委员何汉文的说法，战后央行有 900 多万两的库存黄金，10 亿美元的外汇。[②] 国府外籍经济顾问杨格的估计被更多的研究者征引，战后国民政府外汇资产约为 9 亿美元，包括 1 500 万英镑、中国官方持有和在途运华的黄金，减去"美金节约建国储券"和"同盟胜利美金公债基金"，剩余约为 7 亿元。杨格 9 亿元总额的估计包括 1942 年 5 亿美元的援助贷款，继而又以 3.92 亿美元解决了美军在华军费和中方修建机场的支出，加上美对外基金局花了至少 4 800 万美元对华购买战略物资。可以看出，所谓战后 9 亿美元的外汇储备实际上包括黄金和白银，因为至少 5 亿美元援助款中相当部分已经用于购买黄金了。[③] 张嘉璈给出了更具体的数字：一是 5 亿美元贷款除去购买物资和偿付公债的部分尚余 1.8 亿美元的黄金和 8 000 万美元的现汇。二是美军在华机场修建和军费支付 4 亿美元。三是央行持有的 1.4 亿美元外汇及接受敌伪资产约 6 000 万美元的黄金白银以及其他自有资产，三项合计资产折合美元 858 049 946.48

---

① 《宋子文、贝祖诒时期的中央银行》，寿充一、寿乐英：《中央银行史话》，第 40 页。

② 何汉文：《记上海黄金风潮案》，全国政协文史和学习委员会：《回忆法币、金圆券与黄金风潮》，第 163 页。

③ 王丽：《杨格与国民政府战时财政》，第 195 页。

美元。按资产类别计分别为外汇约 5.7 亿美元和约合 4 400 美元的英镑，1.99 亿美元的黄金和 4 300 美元的白银。① 对比可知，国民政府约 8.5 亿美元的资产包含黄金、白银及公债储备以外的外汇资产。此外，还有前文提到的美国已经承诺的战后 20 亿美元的新贷款，巨额的尚在接收中的敌伪物资以及联合国善后救济署的援华物资等，尽管 20 亿美元贷款尚未实现，但无疑也是宋对改革保持乐观的重要原因，甚至连非宋系的财政部长、前任央行行长俞鸿钧也对即将到来的改革表现出相当的期待。无论如何，战后国民政府的财富储备有了飞跃性的增长，要知道，抗战全面爆发前政府的外汇储备只有 3.79 亿美元，抗战最艰难的 1939 年，外汇储备跌至谷底时一度仅有 2 500 万美元。

1946 年 2 月 25 日，宋子文主持召开最高国防委员会会议，临时提出开放外汇市场案获得通过。与此同时，蒋介石在央行总裁人选问题上作出了一定的让步，接受宋子文原先的提议，2 月 26 日（一说 3 月 1 日）贝祖诒接掌央行，4 日外汇市场开放政策正式实施。新的外汇政策依据包括《中央银行管理外汇暂行办法》和《进出口贸易暂行办法》。《中央银行管理外汇暂行办法》政策要点包括：中央银行指定若干银行买卖外汇，现行官价外汇汇价（美元兑法币 1∶20）废止。中央银行根据市面需求实际情况随时供给或买入外汇，以供市场需求，汇率维持也由中央银行负责。与外汇使用相关的是对进口贸易品类和结算的规定，进口商品分为自由进口、申请许可进口和禁止进口 3 大类，具体目录由最高经济委员会下设的输入设计临时委员会负责。凡自由进口、申请获准进口的产品都可以申请结汇，其审核工作由中央银行外汇审核处负责。因

① 张嘉璈：《通胀螺旋：中国货币经济全面崩溃的十年（1939—1949）》，第 345 页。

为当时采取鼓励进口的原则，所以只有少量奢侈品被禁止进口，工业及民生需要物品可自由进口，烟草、汽油、汽车、纺织品等货物可经许可进口。① 根据宋子文的设想，"外汇开放以后，对外贸易便可畅通，各项物资尤可随人民的需要而增加；游资之流入投机市场，以助长物价之波动者，亦可纳入商业正轨；国外原料及机械也可因对外贸易之恢复，源源进口来配合国内工业之发展，足以增加生产，并收平定物价之效果"②。

3 月 4 日，中央银行调整后的外汇汇率正式挂牌，美金电汇以 1∶2 020元法币卖出(1945 年 12 月上海美金黑市徘徊在 1∶2 000 元左右，一般低于 2 000 元)，同时指定 29 家银行及 16 名外汇经纪人经营进出口外汇及外汇经济业务。作为回笼法币、维持法币汇价、稳定市场物价的配合政策，3 月 8 日，中央银行开始在市场上公开买卖黄金，每条(10 两 1 条)售价 165 万元法币。具体的销售方式根据《黄金买卖细则》规定分为明配和暗售两种。明配是每天上午 10 时由央行业务局根据当日上海黄金市场的金价规定牌价，由上海金号、银楼两业公会会员提出当日申购黄金数量，公会负责人报请央行业务局配给，待下午金市收盘后由配售者缴回价款。暗售即由央行业务局于明配之外，根据市场情形随时以黑市最高价格售出黄金，暗售由央行委托几家金号银楼进行，主要为平抑金价之波动。暗售的具体方法为：上午 10 时以后由代理行号根据市价涨落情况，以对讲电话报告央行业务局，业务局亦通过电话委托对

① 洪葭管：《中央银行史料 1928.11—1949.5》，第 975—980 页。

②《行政院长宋子文在国民党六届二中全会上的政治报告》(1946 年 3 月 8 日)，秦孝仪：《中华民国重要史料初编 · 对日抗战时期》第七编《战后中国(四)》，台北：中国国民党中央委员会党史委员会 1981 年版，第 454 页。

方抛售。[①] 此项金融改革,简而言之,就是外汇完全开放,法币汇价在一定时期保持固定,对内价格则通过抛售黄金进行调节。

不难发现,宋子文的改革是以中央银行为主阵地的,即将法币汇价随市场供给而自由浮动,由中央银行操控买卖市场;同时中央银行以官定价格将库存黄金在上海黄金市场售卖,通过刺激商品进口和回笼法币来抑制通货膨胀。在操作层面,无论是外汇的审核供应、黄金明售暗配一切决策与执行全部依赖中央银行。在四联总处第3次改组后,理论上业务职能完善的中央银行正式走向了前台,负起了金融改革与调控的主要责任。在制度层面,这是代央行制结束后规范意义上中央银行的复归,也是其作为金融调控主角的初次尝试。改革得以推行的关键是外汇的无限制供给和黄金的按需配售,其基本的政策思路与抗战初期维持无限制抛售外汇以维持法币汇价基本一致,抗战中期以后亦曾通过出售黄金回笼法币的做法。因此,宋子文所做的只是战时金融调控手段的延续,不同之处,一是中央银行的主动性有所加强,银行可根据市场价格调整对黄金的报价。二是外汇政策与贸易政策配合,以汇市开放引导大规模的物资进口。三是黄金全部为现货售出且不是完全固定的公开售出,央行可以通过委托机构秘密抛售,以相机调控价格。四是改革的主阵地从大后方转移到了全国金融中心上海,通胀压力也更大,政策调控难度远胜于前。为了保证央行能更好地贯彻宋子文的主张,贝祖诒入主央行后,其他重要岗位如业务局局长林凤苞、主管外汇业务的副局长邵曾华、外汇审核处长林维英、副处长徐光达都是从中国银行调入的,这些人自然成了改革的

① 何汉文:《记上海黄金风潮案》,全国政协文史和学习委员会:《回忆法币、金圆券与黄金风潮》,第172页。

中坚力量，贝祖诒的主要工作即主管外汇业务和黄金配售。①

黄金配售完全掌握在宋子文、贝祖诒等极少数人手中。黄金配售，在央行方面，主要是贝祖诒、林凤苞、杨安仁（业务局副局长），每天的抛售数量由3人确定，抛售价格由林、杨与金号、银楼两公会负责人商量。在公会方面，在65家会员行号中指定同丰余、泰润康、大丰恒3家金号及方九霞昌记、杨庆和发记两家银楼，负责综核会员申购黄金申请书及数量、经领和分配黄金。实际为金业公会主席同丰余号经理詹莲生负责。黄金牌价按规定由央行业务局和五行号商定，主要也由詹与方、杨联系，暗售黄金更是由詹一人承售。此外，詹莲生还负责央行全部待售金条的改铸与分配，每条3分的火耗几乎全为他的同丰余所得。据事后追查，前后一年时间央行抛售的黄金同丰余独占55%。经售利润加上火耗所得为20多万两。詹莲生是贝家的亲戚，原为颜料大王贝润荪（贝祖诒兄长）的经纪人，同丰余是战后成立的，而宋子文与贝润荪又是留美同窗。② 可见，外汇核准和黄金配售都是由宋、贝的亲信僚属掌握，不仅原中央银行的业务人员无从插手，甚至连当时的财政部长俞鸿钧都无法过问。

外汇开放与黄金配售相结合的政策，一定程度上起到了抑制物价、稳定法币的作用，金价长期在每条160万元左右盘旋，直至8月19日调整外汇汇率，金价最高不过190万元。物价虽然有所上涨，但幅度不大。上海重要商品批发价格指数1945年4月至8月的环比涨幅分别为0.8%、47%、－2.2%、9.3%、5.2%，同期食物

---

①《宋子文、贝祖诒时期的中央银行》，载寿充一、寿乐英：《中央银行史话》，第34页。

② 何汉文：《记上海黄金风潮案》，载全国政协文史和学习委员会：《回忆法币、金圆券与黄金风潮》，第175—178页。

价格一项变动与总体价格趋势基本一致，环比涨幅分别为5.6%、15.2%、−2.4%、10.3%、3.7%。可见这一时期除个别月份外，上海物价指数上涨幅度较小，较前期有明显改善（价格总指数2、3月环比增长分别为89.1%和39.5%，实物价格指数2、3月环比增长91.6%和52.6%），法币对外汇价也较平稳，促进物资进口与法币回笼的目标短期内部分实现。[①] 然而这种对物价的抑制是建立在对商品进口不合理的刺激基础上，为更多进口国外商品，央行公布的官定汇率对法币再次出现严重高估。当时，央行将外汇汇率固定在法币2 020元兑1美元的水平上，是战前的1/594，而同期上海物价指数较战前暴涨2 500倍，因此以购买力平价而论，法币汇率被认为高估了3倍。这就造成法币对内对外购买力平价差别悬殊，对外购买力虚高，进口商品成本过低，而在极度宽松的外汇审核条件下，政府就必须大量供应“廉价”的外汇，进口商尤其是少数有官方背景的特殊进口商大获其利。廉价的外汇造成了进口贸易的激增，对外贸易逆差必然陡增，入超急剧上升。进出口额从1946年1月的2∶1，2月底的5∶1，变为5月底的8∶1，6月份进出口之比已经到了10∶1，如果加上走私以及同期联合国善后救济总署进口物资，则进出口差距更大，中国对外贸易条件恶化的剧烈程度可想而知。[②]

1946年5月，国民政府还都南京，6月重启内战。国共和谈虽未完全中断，但和平的空气却日渐稀薄，还都的喜悦并未给市场带来多少信心。大量游资开始云集上海，到12月初，上海市面资金存量在8 000亿元左右，而从后方及全国各地流入的就达6 000亿

---

① 根据相关月份《中央银行月报》附表《上海基要商品趸售物价指数》数据计算。

② 左宗纶：《我国当前对外贸易问题的探讨》，《经济导报》1946年第1卷第4期，第5页。

元，如此大规模的资金给政府金融调控造成了极大的压力，披着外贸外衣的外汇投机商遍地，贸易逆差和外汇损失达到惊人的地步。因为外汇储备的惨痛损失，黄金抛售在这一时期尚属平稳，5—7 月间月净抛售不过万余条。财政部后来检讨这一阶段的过于放任的外汇政策，认为至少造成了以下后果：外货涌入，政府保存之美金大量浪费，而汇价过低，回收法币为数不多。复原期间，进口货物中生产工具与原料不多，以日常用品为主，国内工业受极大之打击。外汇黑市存在，侨汇走漏，出口萎缩。外汇供应被迫紧缩。①

在此情形下，中央银行不得不宣布法币贬值 60%（实际上是使得法币更加接近真实汇价）。8 月 19 日，美元兑法币汇价调整到 1∶3 350，同时取消出口税，实施出口低利贷款，其目的无非鼓励输出并减少输入，鼓励侨汇等，试图挽回局面。政府又开始收紧战后持续宽松的信贷政策，9 月政府决定除盐商信贷、跟单信用贷款及四联总处核准的贷款外，停办国家行局的其他信贷业务。② 在南京的财政部长俞鸿钧对外宣称，此次外汇汇率调整，全由宋子文决定，财政部 18 日才知晓。③ 政府的政策意图几乎全部落空，法币贬值表明政府无限制供应外汇和黄金的底气已经大不如前。消息传开，市场恐慌情绪骤起。上海金价暴涨了 40%，一举突破每条 200 万元的大关，一度攀升至 285 万元，黑市美元也涨至 4 000 元以上。市场价格跟风上涨，10 天内法币贬值超过 25%。央行随即入市干预，在两天里抛出黄金 14 000 多条（收回法币 230 亿元），同时政府

① 《财政部关于战后外汇政策研究报告稿》（1947 年 10 月），中国第二历史档案馆：《中华民国史档案资料汇编》第五辑第三编《财政经济（二）》，南京：江苏古籍出版社 2000 年版，第 229 页。

② 张嘉璈：《通胀螺旋：中国货币经济全面崩溃的十年（1939—1949）》，第 294—295 页。

③ 吴景平：《宋子文政治生涯编年》，第 507—508 页。

大量抛售大米和棉纱,国家行局暂时停止多种工业贷款,随后黄金和外汇价格才有所回落。①

到 9 月中旬,情况并未得到改善,进口未见减少,出口更未增加。因谣传法币将再次下调汇价,美钞自 9 月 9 日起,5 天狂涨至 4 450元,黑市法币汇价较官价高出 1/3 左右。② 贝祖贻无力应对局面,向蒋提出辞职。蒋介石回电宽慰称,"自兄主持中央银行以来,经济形势日渐进步,金融基础亦渐稳定,功效卓著,倚畀益深。务希勿辞劳怨,继续负责,努力奋勉,所称辞职一事,自毋庸议"③。可见这一时期,蒋介石对宋子文、贝祖诒的工作尚表示理解。在 9 月底日记的自我反省中,蒋认为"提高汇率以后,美钞大涨,物价波动,此乃经验与研究不足之过。如汇率待至新币制改革前数日提高,当不致发生此恶影响也"④。虽不明确蒋所称之"新币制"具体为何,但可以看出蒋犹认为外汇开放时机不对。实际上,在汇价变更前的 8 月 6 日,宋子文、贝祖诒曾向蒋汇报外汇及金价调整方针,得到蒋的认同,认为"正合心意",且此举是实行"新币制"之准备。⑤ 不到 1 个月,蒋前后态度之矛盾,说明他本人对外汇的合理调整并无良策。除继续抛售黄金之外,央行开始尝试实行强制的金融管

---

①《财政部关于战后外汇政策研究报告稿》(1947 年 10 月),中国第二历史档案馆:《中华民国史档案资料汇编》第五辑第三编《财政经济(二)》,南京:江苏古籍出版社 2000 年版,第 230—231 页。

② 资耀华:《国民政府法币的崩溃》,全国政协文史和学习委员会:《回忆法币、金圆券与黄金风潮》,第 53—54 页。

③《蒋介石致贝祖诒密电》(1946 年 9 月 15 日),台湾档案部门藏,"蒋中正'总统'档案·筹笔(戡乱时期)",档号 15928。转引自郑会欣:《从统制经济到开放市场:论战后初期国民政府对外贸易政策的转变及其原因》,第 76—77 页。

④《蒋介石日记》(手抄本),1946 年 9 月"本月反省录"。

⑤《蒋介石日记》(手抄本),1946 年 8 月 6 日。

制，规定美钞的交易价格不得超过官方汇率的5%，如果有人高价大量收购美元，可以由钱兑业公会向市政府秘密控告，政府依法予以惩办。① 当然，黄金都难控制的汇价仅凭一纸空文更难奏效。

汇价和黄金的损失使宋子文承受了巨大的压力。从1945年3月4日到11月中旬，中央银行与各指定银行共售出外汇计美金381 522 461.13元，英镑16 761 660镑，港币24 325 589.88元，折合美金共计45 500万美元，政府金银外汇家底损失大半。② 他开始寻求新的武器。10月3日，宋子文在与美国财政部代表艾德勒的会晤中表示，近几个月对他而言是度日如年。宋谈到准备对主要进口货物实施严格的配额制，尽管这样做会进一步助推国内物价，但如果中国的外汇储备继续承受压力的话，那也别无选择。艾德勒不同意宋子文的想法，表面的理由是声称这样做会与即将召开的世界贸易会议的基本原则相悖，实际上是顾及美国出口商的巨大利益。宋向蒋汇报后决定先采取进口许可制而不是配额制。③ 此时20亿美元的美援贷款已成泡影，对宋子文而言更是雪上加霜。11月17日，行政院公布《修正进出口贸易暂行办法》，实行输入许可与出口补贴，大幅度放宽出口限制。严格限制进口，除禁止进口物品外，所有其他物品进口亦需申领许可证，用行政手段压抑进口，缓和外汇供应压力。在最高经济委员会之下设立输入临时管理委员会，委员会设限额分配处、输入品管理处具体办理。④ 实行

---

① 汪朝光：《简论1947年的黄金风潮》，《中国经济史研究》1999年第4期，第66—67页。

② 吴大明、黄宇乾、池廷熹：《中国贸易年鉴（民国三十七年）》，第447页。中国人民银行总参事室：《中华民国货币史资料・第二辑1924—1949》，第835页。

③《美国对外关系文件》，1946年第10卷，1012—1013页。转引自吴景平编著：《宋子文政治生涯编年》，第510页。

④ 中国人民银行总参事室：《中华民国货币史资料・第二辑1924—1949》，第782页。

输入限额分配，首先要求进口商向输入临时管理委员会申请登记，委员会再根据各户以往对某一商品的进口实绩为标准分配。但此类行政核准管制措施，根本无法限制具有政府上层背景的特殊公司，反而因此造成对普通进口商的不公平。这些公司可以依仗特权获得进口额度，按官定价格套取外汇，囤积货物后再按市场价出售，获取巨额利润。主要进口货物也多以汽车等奢侈品及非必要生活用品为主，徒耗外汇而无益于生产。这些特殊公司的主要代表即宋家的中国建设银公司、孚中公司，孔家之扬子建设公司。[①] 进口准许制的推行并未减少外汇的消耗，反而增加了奢侈品的进口，也使社会公众进一步加深了对孔宋豪门的不满。

实施严格的外汇审核许可制后，外汇供给急剧减少，市场囤购黄金之风大涨。黄金价格基本稳定的局面自当年 11 月开始被打破，当月金条市场均价升至 256 万，一度飙升至 395 万。12 月 2 日，因市面传言汇价再次调整，金价一路飙升至 370 万元，美钞价格也上扬至 7 200 元的高位，当月黄金均价 316 万。金价高企的另一面是政府黄金储备的消耗，1946 年全年政府净售 25.47 万余条。[②]

国内通货管理方面，对信贷规模的限制严重影响了企业的生产活动，宋子文也不得不有所让步。1946 年底，工商界向政府提出增拨紧急工贷、扩大放款贷款范围及协助货物收购征订等请求。12 月 10 日，宋子文要求金融机构对于正当生产事业资金之贷助，须迅速简便，积极协助，但也强调对不正当及不紧要之放款须严格

① 中国人民银行总参事室编：《中华民国货币史资料 · 第二辑 1924—1949》，第 836—838 页。

② 中国人民银行总参事室编：《中华民国货币史资料 · 第二辑 1924—1949》，第 740 页。

限制。[①] 此次开办之生产贷款，由四联总处核发，数额甚巨，仅在农历年关前几天，该项贷款就高达650亿元，实际有相当部分被用于投机。加上当时内战不断升级，各军队机关因军费需要掌握了巨额的资金，各地军政长官收到巨额法币现钞后即先套购黄金和美钞，各地游资不断向上海集中，尽管黄金抛售规模可观，金价却一再升高。对信贷的放松进一步削弱了金融调控的效果。此时黄金外汇大量消耗、物价高企，生产事业举步维艰、市场投机风行，金融市场一片混乱。1946年法币发行额达3.7万亿，超过1945年3倍，外汇储备仅余3亿多美元。蒋对宋之不满与日俱增。时值年末，加之在1947年预算的安排上，宋对蒋之要求一再限制，蒋暗称宋之行为是“大开缸口而紧闭瓶眼”，即形容其在金融市场上消耗大量黄金外汇而对蒋认可之预算却一再设阻。[②]

1947年1月16日，央行突然宣布发行250元、500元两种大额关金券(1元关金券相当于法币20元)。消息一传出，“人心受其刺激”，黄金、股票价格进一步上涨。此时正值旧历年关，金价已突破400万元，美金价格超过7 000元。[③] 在1月底为平抑黄金和粮价的战斗中，中央银行曾单日抛售近20 000条黄金，几乎弹尽粮绝。到2月份，黄金抛售力度明显减小，开始停止暗售数日，结果市场迅速作出反应，金价由2月1日408万元猛涨至560万元。[④] 宋子文不得不宣布恢复暗配并大量抛售，但金价已不可遏制，市场高价

---

①《申报》，1946年12月11日。

②《蒋介石日记》(手抄本)，1946年12月5日。

③ 中国县银行年鉴社：《中国县银行年鉴》第6编《经济大事日志》，1948年版，第2—3页。

④ 杨培新：《旧中国的通货膨胀》，北京：生活·读书·新知三联书店1963年版，第79页。

竟超过 700 万元。

几乎同时，国防最高委员会通过了《鼓励输出贸易办法》，对出口货按起岸价格给予 100％的补贴，同时对于若干种进口商品按海关估价征收 50％的附加费。贸易保护政策甫一出台就遭到美国的强烈反对并采取对应反制措施，国民政府只得作罢。贸易政策的反复进一步刺激了金融市场，11 日，金价竟涨至 960 万元，美元也飞升至 19 000 元。到此时，宋子文已经是黔驴技穷。蒋介石则一味责备宋子文、贝祖诒限售黄金操作失当，称“经济形势严重已极，贝淞荪限售黄金以前不请示，且毫无准备，一人倒塌，子文强占其任中央银行总裁，而其不负责任，此可痛至极”①。气愤之下，向美驻华大使司徒雷登(John Leighton Stuart)表示：“对于上海之经济方针，至不得已时，余不再维持上海商埠，任其倒塌，以上海为万恶之首无异也。”②蒋所谓的“任其倒塌”即完全停售黄金，上海随即引起剧烈波动，引发了所谓又一次的“黄金风潮”。

二、金融改革的失败及其评价

2 月 11 日，蒋介石与宋子文、财政部长俞鸿钧、经济部长王云五研究平抑物价方案。10 日起黄金抛售实际停止，一时间法币狂跌，10 日、11 日两天，物价平均上涨 80％，11 日起上海连续多日白米有价无市，米店闭门拒售，各地米店、金号、银楼被抢砸、捣毁者不知凡几。13 日蒋再次召见宋子文，要求停止出售黄金、调整汇率、冻结物价尤其是要控制粮食、棉花、燃料等物品的价格。宋子文对蒋表示异议，因为他原先的方案是进一步加大对进口物品的

---

①《蒋介石日记》(手抄本)，1947 年 2 月第一周，“上星期反省录”。

②《蒋介石日记》(手抄本)，1947 年 2 月 7 日。

管控并请求美国的援助。蒋严令宋执行，并声称：我们正在为过去几个月的错误政策比如出售黄金，付出代价，我们不得不承受其后果！① 2月15日，央行正式公告停止抛售黄金。一时间沪上黄金只有黑市，没有牌价，游资进一步抢购黄金、美钞和重要物资，市场一片混乱。17日《国民政府经济紧急措施方案》出台，基本遵照蒋13日谈话之原则：禁止黄金买卖与外币流通；外汇牌价调整为法币12 000元合1美元，出口补助和进口附加税废除。严格执行进口限额及工资、物价限额。② 25日，宋子文对艾德勒表示，紧急措施在经济上未能产生重大影响，央行每日可回笼外汇25万美元，但对经济的武断管制肯定不能持久，情急之下，宋子文甚至催促美国财政部对征用中国在国外私人财产意向的意见。③ 26日，财政部致电资源委员会、中央信托局、邮政储金汇业局及中国、交通、农民3行，奉蒋命要求各行局将所有外汇移存中央银行。④

社会舆论和党内反对派开始对宋、贝等人发起攻击，傅斯年在《世纪评论》发表《这样子的宋子文非走开不可》一文，直接抨击其黄金政策与工商政策。17日国民参议会就黄金风潮形成决议，认为行政院长和有关当局未能预先防止，贻误国计民生至巨，要求国防最高委员会查明责任，认真处分；建议政府由参政会、立法监察两院联合调查。⑤ 2月22日和3月1日，傅斯年又连发《宋子文的

---

① 吴景平编著：《宋子文政治生涯编年》，第521页。

②《国民政府经济紧急措施方案》(1947年2月17日)，中国第二历史档案馆：《中华民国档案史料汇编》第五辑第三编《财政经济(一)》，南京：江苏古籍出版社2000年版，第46—47页。

③ 吴景平编著：《宋子文政治生涯编年》，第523页。

④ 中国人民银行总参事室：《中华民国货币史资料·第二辑1924—1949》，第786—787页。

⑤《大公报》，1947年2月18日。

失败》《论豪门资本必须铲除》两篇文章,舆论对宋子文的声讨已成主流。3月1日在立法院答复立法委员质询,宋子文声称其辞职已获批准,拒绝答辩以往各项政策,他不讳言政策之失败,而失败的原因主要是时局所致。他坦言自己所采取的政策并非都确当有效,但绝对没有私人利益的打算,在良心方面对得起国家民族。① 同月,何汉文等四名监察委员对宋子文提出弹劾案,财政金融政策失当、黄金政策失败、浪费外汇为所列主要失职之事实。后因宋子文去职,在形式上符合《公务员惩戒法》之处理而告终。② 当时许多部门都根据自己的职责发起了对黄金风潮的调查,计有监察院、审计部、上海市政府、上海经济监察团、国防部及财政部、中央银行联合组织的调查组等,多数不了了之。③ 监察院以违法渎职弹劾了贝祖诒,淞沪警备司令部奉蒋手谕逮捕了林凤苞、杨安仁,最终贝祖诒被免职,林凤苞被判无罪远走香港,杨安仁入狱于香港解放前被具保释放。④

宋子文历时一年的改革消耗了巨额的黄金和外汇,而通胀治理、实业发展可以说一无所成。对比金融市场开放前(1946年2月底)与黄金停售前(1947年2月底)国民政府金银外汇资产可知,仅一年时间,政府损失金融资产储备总额、黄金储备均接近6成,美元外汇损失更是接近64%,宋子文必须以下台作出交代。除此之外,宋子文与蒋在财政预算上也有所分歧,在开放金融市场的同时,宋还是想通过控制预算尤其是军费的方式限制法币的流通规

---

①《大公报》《申报》,1947年3月2日。

② 中国人民银行总参事室:《中华民国货币史资料·第二辑 1924—1949》,第743页。

③《宋子文、贝祖诒时期的中央银行》,寿充一、寿乐英:《中央银行史话》,第39页。

④ 沈日新:《记上海黄金风潮案》,全国政协文史和学习委员会:《回忆法币、金圆券与黄金风潮》,第163页。

模，而蒋则认为宋没有政治头脑和大局意识，他认为在当时情形下，满足军事和政治需求是第一位的，不应该在预算上“斤斤计较”。① 此外，宋子文自己认为，他的失势与国民党内的派系斗争有关。1947 年 3 月 3 日即辞职后，宋曾对司徒雷登表示，CC 系与政学系联合起来把他赶走，而他们的主要动机是为了追逐权力。② 宋子文去职后，蒋曾要求他出任台湾省主席，他最终选择了自己政治生涯最初的舞台——广东。9 月 20 日，国民政府任命宋子文为广东省政府委员兼主席，取代罗卓英。在此之前，他捐出了自己在中国建设银公司的全部股份以供阵亡党员家属救济基金之用。自此以后，宋子文再未进入国民政府的财政金融中枢。

表 7-2　1946 年 2 月底和 1947 年 2 月底中央银行持有金银外汇情况(折合美元)

	1947 年 2 月底	1946 年 2 月底	减少规模	减少比例
美元外汇	199 072 689	546 543 364	347 470 675	63.6%
英镑	31 093 208	44 652 795	13 559 587	30.4%
黄金	83 001 139	198 920 962	115 919 823	58.3%
白银	33 810 000	43 470 000	9 660 000	22.2%
合美元价值总额	346 977 036	833 587 121	486 610 085	58.4%

数据来源：张嘉璈，《通胀螺旋：中国货币经济全面崩溃的十年(1939—1949)》，第 355 页。

战后初期，宋子文重掌行政院、最高经济委员会和四联总处，一时风头无两，他自信满满的金融改革最终令自己声名狼藉。在此过程中，四联总处退居幕后，中央银行走向前台。自

① 叶健青：《蒋中正“总统”档案：事略稿本 66》(民国三十五年六月至八月)，台湾档案部门 2012 年版，第 344—348 页。

② 吴景平编著：《宋子文政治生涯编年》，第 524—525 页。

1928年至此,央行职能不断完善,地位逐步提升,直到成为战后金融体系的中心和改革的主要执行者,却在为期一年的改革中一败涂地。宋子文和他创建的中央银行,在分合聚散近20年后,一起迎来短暂的高光时刻,后又在各方激烈的责备声浪中走向失败。

宋子文要解决的是抗战时期留下的通胀恶果,所用的方式与抗战时期也并无二致——黄金和美元。所不同的是,抗战给宋子文留下了丰厚的金银外汇储备和至少在形式上业务职能不断完善的中央银行。宋子文的调控思路可以概括为:通过几乎无限制的外汇供应鼓励商品和生产资料进口,同时以黄金作为法币的稳定器,以相机抉择的黄金抛售回笼法币。从理论上讲,这一制度安排在逻辑上并没有明显的疏漏,甚至对法币执行钉住制的高估汇率也有其合理性。因为中国当时金融环境、储备状况及央行的调控能力都决定了不可能采取完全浮动汇率制度,为增强进口能力高估法币也无可厚非,一国货币内外价格不一致也是国际贸易中的常态。然而战后的新汇率制度也有明显的缺陷,在一个较长时期内外汇供给过于宽松,在鼓励进口的同时放松了对进口商品结构和规模的限制,这样不仅损失了外汇还有损于本国的生产发展。在改行严格的外汇审核制度之后,政策实施却又有失公允,具有特定关系或背景的申请人能够轻易获得批准,而这些人所从事的贸易大多不是政府所鼓励的。在具体操作中,汇率调整严重滞后,汇价变动的频率、幅度也没有紧跟市场,黑市汇价与官定汇价差距越来越大,政策执行的压力和成本极大。央行其他货币政策与汇率政策的配合也是问题百出,甚至在法币贬值严重加剧的情况下,央行还执行了一系列的宽松货币政策,如降低商业银行存款准备金、放松申汇限制、办理再贴现与转押汇业务等。有些宽松政策是有特定指向的，如转押汇业务是为了促进出口与扶持工商业，但央行对所放款项的具体用途并没有有效的审核和监管。黄金的抛售本身并没有太大的问题，但将如此重要的决策限于极少几个人，决策随意，只对宋子文负责，甚至连财政部长都被排除在外。如此机制，既不能保证操作本身的科学性，又容易引发少数人的腐败。

最后是四联总处、财政部及其他经济管理部门与中央银行的政策协调问题。四联总处在战后保留了大额信贷贴放的审核权，这也是四联总处保有的最重要的权力。问题在于，对于贷款的审批，四联总处存在着重审核轻监管的问题，对于那些以生产贷款名义取得而实际用于金银外汇买卖的巨额资金，四联总处并没有实质性的监管。而对于具体的每一笔贷款的审核程序又过于繁复且缺乏公正。“一段时间以来，四联总处对信贷事无巨细的统制，在银行家和商人中间招致广泛的不满。1947 年 4 月之前，国家银行单笔超过 5 000 万法币（约 18 000 美元）贷款，首先必须经四联总处分支机构同意，然后递交总部交由一个专家委员会审批。”规模较大、与四联总处较熟悉的人无论经营状况如何，其申请获得批准的概率要大得多。因为申请者都预期贷款审批时间很长，而法币贬值速度又极快，“借款人会就其贷款要求极尽夸大之能事，以便为等待期间的货币贬值及四联总处例行砍减申请金额留出空间。四联总处的这些弱点导致人们普遍要求取消四联总处并将信贷管理权移交给国家银行和大型私人银行”①。四联总处在放款审核方面的缺陷影响了工商业的资金需求，当需要对放款进行限制时，对那些具有正当资金需求的企业就会产生负面影响，四联总处也因此承受压力。因此，至少在改革的这一年中，严格的信贷紧缩政策从

① 张嘉璈：《通胀螺旋：中国货币经济全面崩溃的十年（1939—1949）》，第 296 页。

未被有效地实施过。其他如财政部,对私营金融机构审核过松,也使得新设金融机构泛滥,市场投机之风盛行。物资管理部门对物资限制或配给时,国营企业不分时机,随意加价,于市场风潮中推波助澜,徒增央行调控的难度和成本。

总而言之,金融改革中,无论是央行本身的业务运作还是其与其他部门的配合协调,中央银行都有很大问题。央行的确是金融改革的中枢,在黄金出售、外汇配给甚至贸易管制等方面拥有了巨大的权力,但这些权力尤其是具体的政策调整基本限于宋子文、贝祖诒及少数中央银行高层和特权商人之间,外人难窥其门径,其本身的运作并不出自科学规范的决策,而在于少数人的判断。况且,当时的状况还远未能称为规范的中央银行制度,代央行制解体,四联总处保留了部分放款核准的权力,金融市场直接调控的职能则属于中央银行。但四联总处的权力并不是完全虚化的,当时四联总处理事会的例会包括了财政部,对于生产贷款甚至汇率调整,它都有重要影响,而且始终保有对其他行局督导考核的权力,这更像是战后初期国民政府代中央银行制的异化而不是规范的中央银行制度。

在战后初期宋子文主导的金融改革中,中央银行作为一个机构被赋予了更多的责任甚至权力,这可以视为宋子文以所谓职能基本完善的中央银行进行金融调控的尝试和复归,开放外汇市场与黄金的公开市场操作也多少具有了规范中央银行宏观调控的色彩。然而在本质上,此时的中央银行只是徒有虚名,它既没有成熟的操作经验也没有独立的操作空间,战时的代中央银行制下没有办法培育出一个健康的中央银行——发行权的统一只是为了减少对发行本身的限制及效率损失。战后初期央行金融调控的事实证明,真正的中央银行制度在近代中国从未存在过。抗战时期构建起来特殊体制——代中央银行制,虽然对抗战胜利有贡献,但它不仅留给下了难以解决的通胀顽疾,也因此断送了晚清以后建立符合国际价值和理论规范的中央银行制度的追求与梦想。

结　语

一、战争催生“创新”:代中央银行制的诠释

战争与金融关系密切。一般来说,战时以满足战争需要为目的、为战争筹款和提供相关服务的金融体系和金融活动,构成战争金融的主要内容,其运作成效是战争金融能力的体现,也是一国战争综合能力的直接反映。在人类社会历史发展演进过程中,战争金融成为影响战争进程和结局的重要因素。

为满足战争需要,庞大的战费支出,各项生产建设所需资金等都主要依靠战时金融来筹集。正如美国经济学家查尔斯·金德尔伯格在撰写《西欧金融史》时发现的,“金融史免不了涉及战争。战争是一个温室,因为它对财力是一项极沉重的负担,而这些财力要通过金融来筹集”,正是在这样的前提条件下,他特别强调,“金融革新发生在战争期间”。① 也许,正因背负巨大的财政压力,金融才不得不做创新之举以图一搏,也就是,战争的温室对财政的需求呈欲壑难填之势,金融启动应急抗压反应系统,创新就此产生。仅从

① [美]查尔斯·金德尔伯格:《西欧金融史》(第二版),第5页。

这点来说，战争之于金融也并非完全负面。

考察中国抗日战争历史，从 1931 年 9 月 18 日开始，到 1945 年 9 月 3 日结束，日本发动历时 14 年之久的侵华战争。这次战争几乎完全打断了中国自晚清开启的现代化进程，陷中国经济于全面崩溃边缘，置中华民族于生死存亡关头。为了抗击日本侵略，挽救民族危机，全国上下同仇敌忾，经过艰苦卓绝的奋战，最终战胜了无论兵力还是财力都非常强大的入侵者，取得了伟大胜利，“这是战争史上的奇观，中华民族的壮举，惊天动地的伟业”①。抗战胜利源于多种因素，依靠多重保障，而战争金融的有效运作，无疑为其中制胜的重要力量。对此，世人早有共识。笔者以抗日战争时期国民政府中央银行体制研究为选题，通过对中央银行和四联总处及其相互关系的阐释，论述战时国民政府金融抗战运作体系中代中央银行体制模式，尽如前述各章节所示，以所建结构，铺陈内容，承上启下，左右呼应，阐述演绎，力求通达，彰显本意。

所谓代中央银行制，概括而言是由四联总处统御包括中央银行在内的主要国家行局，以战时国家最高金融管理和调控体制运作模式，发挥国际通行中央银行的功能作用，客观上弥补了战前建立的中央银行这一国家银行存在的功能缺陷和制度缺失，并成为抗战胜利最重要的金融体制保障。代中央银行制，或可谓 20 世纪 30 年代中国金融的“创新”成果。从词义本身解释，创新指以现有的思维模式提出有别于常规或常人思路的见解为导向，利用现有的知识和物质，在特定的环境中，本着理想化需要或为满足社会需求，而改进或创造新的事物、方法、元素、路径、环境，并能获得一定

---

① 毛泽东：《论持久战》(1938 年 5 月)，《毛泽东选集》第 2 卷，北京：人民出版社 1991 年第 2 版，第 474 页。

有益效果的行为。依照这样的定义规则,结合所研究问题,作创新评定应不为过,只是就其行为本身效果而言,非但不似形式上的光鲜表征,反而却尽收扼腕之痛,故而笔者在创新之上,权以引号装饰之。

代中央银行制是20世纪30年代,中国在抗击日本侵略的战争中采用的战争金融运作模式。就当时来说,表现为战时金融高度集权,是统制经济在金融领域的表现形式,适应抗战非常时期国家的特殊需要,对抗战胜利具有积极意义。这一模式与当时的客观环境和社会条件相呼应,也是当时战争压力下金融应战的创新性反应。

代中央银行之“代”并不意指代替,而是为区别于国际惯例通行的中央银行体制设计,其时中国的中央银行体制事实上是由最高金融行政管理机关——四联总处和多个金融业务机构有机合成、一体化运行。四联总处取代1928年建立的以“中央银行”命名然而在职能上却徒有虚名的国家银行,实际履行现代金融制度体系中中央银行的特定职责,或可视为战争这一特殊时期中国事实上的中央银行,只不过其金融业务职能的实现需要借助各国家银行;也可以说四联总处是中央银行的头脑,而各国家银行则为其机体,它们有机结合,不可分割。换言之,四联总处本身并非完全意义上的中央银行,而以中央银行命名的国家银行也不是国际惯例中真正意义上的中央银行,以四联总处为核心,包括其所辖各国家银行在内的有机联合体,才或可称为中央银行,故而为代中央银行制,这一称谓也能体现出战时的独创性和中国特色。考察四联总处留下的历史踪迹,可知从战争初期的创立及其所担负的角色逐步就位,到战争中期功能不断完善并逐渐发挥出最大功用,再到战争后期职能强化与使命完成,并在抗战胜利后终止运行,整个过程可谓随形势而进退。可以说,四联总处最终退出金融舞台的根本原因还是当时形势使然。

特别需要加以说明的是,代中央银行这一概念,并未出现在历史上任何制度文本里,也从没有作为一种建设目标成为时人致力效法的模板,甚至中央政府,包括蒋介石本人,以及宋子文、孔祥熙等金融要员,在主观意识上也没有确切的指向,只是当时战争在即,中国面临亡国灭种生死抉择之际,国民政府以中央银行的10年建设经验,意识到问题所在,并循着解决的方向一步步迈向四联总处这种体制构建模式,在战争非常时期收获实际功效而已,换句话说,正是因为非主观自觉的制度选择,才于实践中忽略了最关键的发行管控,以至于到通货膨胀严重关头,才以行政手段将发行集中这一政策真正落实。尽管如此,研究这一时期中央银行演变发展的历史,不能不作这样的概念性思考,似为学理逻辑使然。因为对于那一时代的践行者来说,就如同历史舞台上的表演者无法选择自身所扮演的角色,也无法评判演出的功力与实效,这一切唯有留给后世,让后人以观演者的视角和理念,总结其实践成果并给出评判。

进一步来讲,抗战时期以四联总处为核心的代中央银行制,是基于战前各国家行局分散执行中央银行部分职能这一现实,又为满足战时资源集中、金融御敌等目标而产生,是战前缓慢发展的中央银行制度在战争时期的特殊呈现形态,是战争环境中金融垄断的最高表现形式,即国家中央银行体制形态,其主要特征表现有以下几点:一是战争条件下促成的,不为主观意识自觉认知的客观存在。二是借助行政化力量推行金融政策,以实现最高经济目标为原则。三是在个人意志主导下,以四联总处为首脑的行政组织与中央银行等国家金融机构有机整合而成。其优势主要表现为,权力资源顶级配置，组织结构完善，网络连接通畅，职责功能齐全，由四联总处下设部门协同各银行等金融机构有机运行，其下办事组织设立周密，各部门各司其职，有利于快速有效地贯彻方针政策，提高办事效率。其缺陷主要表现为，决策传导机制容易受制于各组织间的行政阻隔，特别是对各个国家行局来说，更容易因传导机制不顺达导致信息不对称影响政策实施，再加上观念认识和思想主导上交互干扰等各种因素，其负面影响不容忽视。不管怎样，国民政府当时也只能基于现实条件建立这样一种更加便于集中和高效运作的中央银行体制，用以支撑抗战危局，并保证国统区经济金融基本上可常规运行。

对四联总处的两次改组，第一次确立起四联总处对国家四行的权威，第二次理顺了体制内部关系，提高了制度运行效率。由此伴生的作为国家四行之一的中央银行业务的完善和地位的提升，只是四联总处主导的中央银行体制内部的分工调整，并不能说明国民政府对于建立规范的单一中央银行体制有着迫切要求。无论如何，抗战时期代中央银行制的建立，为抗战胜利和战时生产建设提供了经济金融方面最根本的制度保障，其历史意义和功绩自不待言。

当然，作为同一事物的另一面，代中央银行制内部协调性与外部独立性问题，始终窒碍着这一体制运行的实效。理论上中央银行的相对独立性是中央银行制度呈现良好成效的体制保障，历史事实是恰恰在1942年四联总处第2次改组即中央银行统一发行和四行专业化实现后，财政支出对中央银行垫款依赖益深，法币发行如野马脱缰，发行增速和财政垫款均数倍于前，国民政府在恶性通胀泥潭中越陷越深。这一历史镜像所映射出的深层问题，提醒我们对政府财政压力下，四联总处与各行局独立性缺失这一体制最根本病灶的关注，要求我们深入思考，为什么集中发行从控制法币滥发的理想良方，变为实际加重通胀沉疴的毒药。四联总处主导的战时代中央银行制，尽管支撑了抗战，但未能培育出更为强大完备的具有相对独立性的中央银行，无论是管理发行还是控制通胀，都毫无建树。抗战胜利后，形式上的国家中央银行逐渐取代四联总处为核心的代中央银行制，但其时通胀已到骇人之境，以致为勉力维持更加庞大的军费开支需要，货币发行完全以政府财政支出为旨归，金融调控机制基础与中央银行运作空间已经丧失，中央银行政策操作进退失据，市场风潮进一步加剧。

二、西式金融示范：中央银行制度选择

20 世纪 30 年代，世界范围内全球化往来互通日益频繁，作为后发落后国家，中国正积极行进在以西方发达国家建制形态为取向的现代化发展道路上。追溯历史，早在世界地理大发现后，随着新的商品贸易交流通道的开辟，全球化经济潮流逐渐兴起，并猛烈冲击着处于男耕女织和闭关锁国状态的中国，强行将其带入现代化发展轨道。19 世纪中叶后，国际间相互影响愈益加深，当西方列强及其殖民地都先后确立了金本位制后，银本位制国家便与之发生货币大分流，在世界流通中处于劣势，殃及其国内经济。中国正是用银大国，其货币因此也沦为价格浮动的国际商品，白银货币经济因此面临极为强大的国际银价上涨所带来的致命冲击，表现为经济起伏跌宕，危机时起。为了顺应国际货币变动趋势，改变被动局面，自晚清之后中国一直在谋求币制改革，并渐趋形成“先银本位制，再金汇兑制”的货币转轨渐进主义方略，但是直到 1927 年南京国民政府建立以前，各方面制度建设仍在不断探索中，尚未形成规范、合理、有效的经济、金融体系。1929 年的世界经济大萧条首

次在全球范围内引发连锁性经济大衰退，继而促使全球通货紧缩，并由此触发了全球货币变革，将黄金逐出货币体系，瓦解了金本位，从此使国际货币进入管理通货和外汇管理时代。

处于上述时代背景之下，并同步进行“现代货币经济转型”的南京国民政府，深受全球化冲击，利用大萧条迟滞影响的有利时机，通过集权政体推动，系统性整肃经济金融，重新掌握了国民经济的主导权，开始了白银的“去货币化”改革，从废两改元到行用法币，统一了长期混乱无序的货币，建立起现代货币制度，以此融入管理通货制的全球货币体系中。同时完成了对金融业的国营化管制，并使新式银行按西方模式设计内部组织和操作程式，取得良好的运行效率，中央银行及其制度建设便是其中核心内容。从 1928 年开始，国民政府实施了一系列重大的金融现代化改革，特别关注现代技术性元素的学习和汲取，专门从英美等国聘请顾问提供帮助，譬如 1928 年，聘请了以甘末尔教授为首的美国财政顾问团。甘末尔教授本人大多数时间都在中国工作，顾问团中其他成员也长期在中国工作。及至整个三四十年代，包括在中国工作达 19 年的阿瑟·N. 杨格在内的美国财政、关税和会计专家、铸币专家等多人被邀请出任财政顾问、中央银行顾问等职，另如英国的弗雷德里克·W. 李滋·罗斯爵士和英格兰银行的西里尔·罗杰斯也在 20 世纪 30 年代应邀帮助国民政府进行币制改革，西里尔·罗杰斯后来还留任中国政府顾问。① 总之，以西式金融为示范，国民政府所进行的金融改革和建设的确卓有成效，不仅被认为是促进战前经济增长的关键因素，也是战时国民政府经济能够得以勉力支撑的重要条件。对此，作为当时金融界举足轻重的银行家和金融要员，

① [美]阿瑟·N. 杨格：《抗战外援：1937—1945 年的外国援助与中日货币战》，第 8 页。

张嘉璈就战前金融业有过这样的评价：

“1927至1937年间所有种种内忧外患，国民政府仍在货币金融制度上实施基本改革，并促进可观的全盘经济发展。抗战前十年是近代中国金融业蓬勃发展的时期，表现出金融业整体的繁荣与金融现代化的提升。同时以国家行局为核心的金融机构，快速发展茁壮、凝聚为现代性的中央银行、专业银行、商业银行之制度，此现代的银行制度体系，不仅支持金融业功能的发挥，也支持政府货币制度的改造。假如政府不曾被迫对日抗战，则中国可能在1927年以后的十年，早已发展了健全的货币银行制度。”①阿瑟·N.杨格时任国民政府财政顾问，也持同样看法，“如果中国的和平局势可以维持下去，中国进入空前发展时期的前景将十分光明”②。

如果论及银行制度现代化建设，中央银行当为其中国民政府一以贯之的制度选择。随着抗战的全面爆发，国民政府更加急迫地推进金融统制，以图集中可能的金融资源服务于抗战需要，而中央银行制度的酝酿、建立以及推行，正是其中最为重要的手段和途径。国民政府期望通过构建中央银行体制，集聚全国金融资源，增强国家对金融的管控力。拥有集中与垄断货币发行这一基本职权，是中央银行作为特殊金融机构的最基本特征。一个完全意义上的中央银行，除了独占货币发行权外，还应身兼特殊金融机构和国家最高金融管理机关双重身份，它通过国家立法所赋予的特权履行发行货币的特殊职责，并在此过程中实现稳定币值，调节金融，发展经济的终极目的。以上有关中央银行的理念在20世纪二

① 卓遵宏、姜良芹、刘文宾、刘慧宇：《中华民国专题史·第六卷·南京国民政府十年经济建设》，第288页。

② [美]阿瑟·N.杨格：《抗战外援：1937—1945年的外国援助与中日货币战》，第15页。

三十年代就基本达成国际共识，故 1948 年时任国民政府中央银行副总裁的陈行，在其所著《中央银行概论》一书中指出，“在二十世纪以前，各国中央银行业务之演进，尚无一有系统与一贯之技术可寻，故中央银行一辞之涵义亦模糊不清。数十年来由于各国中央银行业务之演进，及其性质之改变，有逐渐趋于一定形态之倾向，然后中央银行一词之涵义，方逐渐趋于明晰与确定焉”①；各国中央银行“其自始即设为中央银行者，即每参照先进国中央银行之成立，制定法案”②，“中央银行为金融活动之中心”，“掌握一国金融中心枢纽”，“以国家利益为前提”，其最高目的在于“管制通货，稳定经济，发展产业”。③

国民政府中央银行与其法律地位并不完全相符。从职能方面看，抗战前的中央银行距离作为“发行的银行”“政府的银行”“银行的银行”的目标都相去甚远；在货币发行、管理国库等核心业务上，既没有比中国银行更有优势，也没有实现任何一项应属中央银行业务的独占经营，更没有经济环境和相应的金融条件支持其利用存款准备金、再贴现、公开市场等操作手段对金融市场进行调控和管理。④ 事实上，虽然国民政府意识到中央银行在当时国家金融建设中发挥的作用有限，但对其发展定位却从未更易。几乎在法币改革进行的同时，孔祥熙就秉承国民政府意旨，计划筹设中央储备

---

① 陈行：《中央银行概论》，第 1 页。

② 陈行：《中央银行概论》，第 18 页。

③ 陈行：《中央银行概论》，第 195—198 页。

④ 卓遵宏、姜良芹、刘文宾、刘慧宇：《中华民国专题史·第六卷·南京国民政府十年经济建设》，第 298—315 页。

银行以改组提升中央银行制度，并积极争取美国的支持，[①]蒋介石甚至还亲自与孔祥熙、宋子文商谈“中央准备银行条规事”[②]。1937年6月25日，经过一年多的研究论证，立法院通过了《中央储备银行法草案》及改组中央银行过渡办法。国民政府计划经过4年左右的过渡和改组，建立一个职能完备、制度健全的中央银行。新的中央银行将依法享有集中其他银行法定存款准备金、发展金融市场、发行货币、稳定法币汇价、经理国库及政府内外债务等全部职能。根据《中央储备银行法草案》，国民政府对中央银行不合理的干预和管控将被限制，由此使中央银行得以保持相对的独立性。[③]从当时世界主要国家中央银行的组织和运行模式来看，国民政府的这一举措融合了中央银行国际通行的理念和运行经验，在当时富有积极意义。不过此后不久爆发全民族抗战，使得这份以单一制中央银行理论为蓝本的中央银行改组计划被搁置，成为中国金融现代化进程中一个令人痛心的永久遗憾。

三、中体西用藩篱：中央银行制度终结

在20世纪30年代国际经济危机的影响下出现的国有化思潮，客观上强化了南京国民政府集权统制的主导意识。1935年，国民政府对中央、中国、交通3行实行增资改组，意欲加强控制。与此同时，蒋介石曾致电时任中央银行总裁兼财政部长的孔祥熙，表示“弟意中中交之总裁与理事长之上应由一联合机关，总揽三行业

① 《孔祥熙致施肇基电》（1935年11月1日），洪葭管：《中央银行史料1928.11—1949.5》（上卷），第248页。

② 王正华：《蒋中正“总统”档案：事略稿本40》（民国二十六年一月至六月），第271页。

③ 《立法院通过的〈中央储备银行法〉草案及改组中央银行过渡办法》，洪葭管：《中央银行史料1928.11—1949.5》（上卷），第257页。

务,即以中国与交通之理事长及中央之总裁组织,而以财政部长兼任该机关之主席,对政府监督三行,负其全责”①。对于蒋介石的主张,未见孔祥熙正面回复,但财政部次长徐堪曾说,“自改组中交,施行法币后,委座屡令设立中中交三行总管理处,以孔兼部长负其全责,卒以见解各殊,未获实现”②。

由此可见,为了弥补因中央银行职能缺失而致客观上遗存的各种问题,蒋介石试图在 3 行之上建立联合机构,其旨在通过建设国际上通行的中央银行体制,控制全国金融资源,以便达成政府目标,这在 1937 年 2 月蒋介石提交给第五届国民党中央执行委员会第 3 次全体会议通过的《中国经济建设方案》中可以找到依据,那就是计划经济。“中国经济建设之政策应为计划经济,即政府根据国情与需要,将整个国家经济如生产、分配、交易、消耗诸方面制成彼此互相联系之精密计划,以为一切经济建设进行之方针。在此政策之下,全国人力与资源,得不分界域,为全盘适当之配置,以发挥最大之效率……政府应排除一切经济建设之政治的与社会的障碍,以期推行之顺利。”为此须确立金融制度。“社会经济之有金融,犹人身之有脉络。盖金融不仅为国有资金之挹注,尤须善用信用工具,以创造富有弹性之新资金。庶市场金融活泼,工商业得其灌溉而滋繁荣,是故经济建设首须有健全之金融制度以为基础。我国中央银行为全国金融事业之中枢,应专统一钞权,集中准备,调剂金融,代理国库之责,其普通商业银行业务,概不经营……”③

---

① 高素兰:《蒋中正“总统”档案:事略稿本 30》(民国二十四年三月至四月),第 324 页。

②《四联总处第 281 次理事会会议记录》,重庆市档案馆、重庆市人民银行金融研究所:《四联总处史料》(上),第 66 页。

③ 王正华:《蒋中正“总统”档案:事略稿本 40》(民国二十六年一月至六月),第 144—146 页。

由此或可推断，蒋介石规划中的“央行”，形式上可能与宋子文钟情的单一制国家央行无异，但实质上却是力图使其作为国家金融最高权力的化身，即“总揽三行业务”之联合机关。不过蒋介石这一计划还仅仅停留于战前的设想，缺乏理论支持与实施条件。应当说，筹划建立名副其实的国家中央银行制度，是国民政府财金管理高层人士对国家金融建设未来走势的期许；而实行计划经济下的金融管控模式，则应是国民党最高层应对严峻现实形势的设想。两者之间存在理念和认识的冲突与碰撞。不过这些差异最终因为卢沟桥事变的爆发而归于统一，此后国民政府开始策划四联总处。

显然，抗战全面爆发之初创设的四行联合办事处，是四行的协调联络机构，旨在协调各国家行局业务以配合抗战急需，弥补中央银行贴现业务的严重不足。随着战事扩大并迅速蔓延，国民党高层深刻认识到金融业对抗战的重要意义，并由此达成共识：金融业是抗战中最关键的环节，但它受到的冲击也最大，因而必须要有一个强有力的权威机构统一管理全国金融，四联总处正是在这种情境下诞生的。四联总处早期业务主要为联合各国家行局放款，对各银行贴现放款负审核之责。晚清以后金融市场调控的主要方式是各银行联合放款，或在金融风潮来袭时共同救市，随着国家行局的改组，原先银行间自主联合放款救市的行为实际上体现了政府意志，仅白银风潮发生前后，中央、中国、交通等国家银行联合其他商业银行对钱庄业、工商业就进行了多次救市和联合放款。① 1937年底四联总处组建后，对四大银行业务协调从贴放扩大到其他一般银行业务，贴放委员会除办理一般贴现及抵押放款外，也面向商

① 交通银行总行、中国第二历史档案馆：《交通银行史料・第一卷 1907—1949》（上），第613—620页。

业银行和钱庄办理再贴现业务。可见,四联总处在成立初期虽为各国家银行的联络协调机构,但也发挥了中央银行的部分功能作用,在业务审核尤其是再贴现业务方面功不可没,这一现象实际预示着所谓的"分立特许制"的中央银行制度开始发生变化。

全面抗战时期,国民政府在金融上积极有效运作,无疑是对抗日战争胜利的重要贡献,其中中央银行体制建构尤为突出。近代中国中央银行制度,在20世纪20年代世界中央银行兴起的潮流中应势而生。中央银行体制建构的模式选择方式,尽管理论界莫衷一是,各国实践也各有不同,但国民政府建立国家独资单一制中央银行的意图始终未有更张。一方面,国民党和国民政府崇尚集权主义,"节制私人资本,发达国家资本"的经济主张是国民政府经济金融思想的根基。1929—1933年世界经济大萧条之后,国际上主要资本主义国家政府干预主义声名大噪,中央银行国有化更据以成为潮流,这无疑对积极步入全球化的中国产生了影响。中央银行业务发展和制度建设,与国民政府金融统制目标的逐步实现相伴共生。国民政府一方面限制中国、交通等老牌商业银行并逐步实现对其管控,另一方面通过制度法规的颁布完善中央银行各项主要职能。在抗战全面爆发前,尽管国民政府有意于建立规范完备的单一制中央银行制度,但财政上的压力与危机四伏的时局延缓了这一进程,且其进展在实际推行中极为艰难,举凡理论上本应属于中央银行的业务或职权,实际长期为其他国家银行甚至更多商业银行所分占,职能分散是这一时期中央银行体制的主要特征。

抗日战争全面爆发后,国民政府需要建立一种与之关系更加紧密协调的中央银行体制,企望因之获得最充分的配合与战争支持,由此,四联总处作为联系、统御国家行局的机构应时诞生。中国金融步入战时阶段后,国民政府开始实施《非常时期安定金融办法》,逐渐建立和强化战时的金融垄断体制。1937 年 8 月四联总处成立,随后迁至重庆,依据 1939 年 9 月 8 日国民政府《战时健全中央金融机构办法纲要》,“负责办理政府战时金融政策有关各特种业务”,确立起金融垄断地位,并使重庆金融业因之居于全国主导地位,重庆成为战时金融中心。

经过 1939 年的改组,四联总处开始真正成为领导四行、发展战时金融事业的中心和枢纽,协同四行担负起本应由中央银行履行的全部职能,通过统一决议和分散执行,实现战时金融协调,弥补了中央银行制度的缺陷。战时金融运行要求国家行局在政策执行和资源运用方面高度协同,如此才能严格贯彻政府意志。改组后新的四联总处作为金融决策和各国家银行的协调中枢,是具有战时特色的国家最高金融管理机关,借助中央银行、中国银行、交通银行、中国农民银行等国家银行的职能和实力,实际承担了战时中央银行角色,这意味着四联总处主导的代中央银行制正式形成。此即本书的研究主题——欲通力阐述的抗战时期之“代中央银行制”。伴随着这一体制运行过程中各类问题的出现,为应对时局变化和争取战争的最后胜利,1942 年四联总处及四行进行了再次改组,“代中央银行制”在不断调整中表现出战时所特有的中国特征。

所谓“代中央银行制”,在组织机构上包括了四联总处与参与其中的各国家行局,在制度设计上可以视为战前“复合型中央银行”制的一种非常规发展。按照国际惯例,国家最高金融行政机关应是中央银行,但在“代中央银行”制之下,“四联总处”统御四行(包括 1940 年加入的邮政储金汇业局和中央信托局),成为真正的最高金融权力机构,代行国民政府战时金融运行的最高意志。四联总处的重要决策由理事会作出,而各行局通过各项具体业务运作执行理事会决策。至于本该属于中央银行的货币发行、经理国库、集中存款准备金及其他金融市场调控等金融业务的基本职能，则由四联总处决议并根据不同分工交由各行局执行。代中央银行制的突出特点是在国家行局之上设立新的权威机构——四联总处，而不是利用现成的中央银行代行战时政府意志，这既是基于对战前金融状况的判断，也是为战争需要而作出的理性选择，正好也契合了战前蒋介石对金融体制的制度设计理念，四联总处可以说正是蒋介石所想要的“央行”形态。

学术界一般认为四联总处培植了中央银行履职能力。事实上，中央银行作为代中央银行机制中的有机组成部分，从代中央银行体制中剥离出来后，在形式上确实具备了央行的规制。但是，当时的中国，中央银行存在的基础已不复存在：没有独立发行和货币运行能力，没有货币政策决策权限，没有金融调控机制运作空间，更没有据以监管金融进而发展金融的综合运行机制。抗战结束后，四联总处最终解散，而中央银行作为一个金融机构虽然得以保留并继续业务运行，但事实上已宣告国民政府之前以国际范式为标准建构的单一型一元式中央银行制度的失败。可以说，四联总处的弱化和解散并没有培植出更强大、更完备的中央银行，反倒是国民政府尝试构建中央银行制度的终结。

如果进行系统考察，可以发现，四联总处在领导金融抗战发挥效能的过程中，构建了一套符合现代行政组织一体化目标管理的科层化权力运作体系，以期发挥业务专、职责清、灵敏高效的国家最高金融中心的作用。但是，从四联总处的行政运转看，特别受制于战时集权政治体制下传统特权行为的影响，具体表现就是蒋介石个人权威的直接影响和粗暴干预，从而大大降低了金融管理的运转效率。抗战时期，蒋介石的个人权力和国民党的党治权威达到南京政府建立以来的顶点。在战争非常时期，战时集权体制及其赋予蒋介石个人的独裁权，虽然有其合理性和必要性，但蒋介石本人“缺乏法理型领袖利用现代型政权组织实现统治的素养，习惯于随心所欲地拨弄整部国家机器，在很大程度上不是作为最有权威的执法者在驱动法定组织的运转，而更像一个皇帝把一切权力攒在个人手中。置特权于法规之上，随意超越科层组织行动，给政治程序化过程带来无穷无尽的阻塞”①。到抗战结束前，四联总处统御下代中央银行系统，机构冗滥、业务不专、职责不清、指挥不灵的状况始终未能改变，其金融管理的高效目标更不敢期待。

从战争非常时期金融运作经验来看，实行金融统制体制似为世界各国常态化选择，如反法西斯战争中，英国战争金融运行实行国家统制，其发达的金融业和战时经济金融统制相结合，有力地支持了战时英国的军工生产及其对其他同盟国的援助，成为战争金融的基础和保证。同样，美国在 1941 年参战后即实施战时经济金融体制，虽不同于国民政府的统制内涵，但强调有计划地集中和运用所掌握的经济资源支持战争，也突出了政府战时集中运作金融的权威。不过，就中国而言，战时金融垄断体制的建立，与南京国民政府成立后，全力建设集权型政权如影随形。

从国民党政权在全面抗战时期以四联总处推行金融统制，联想到洋务运动倡导“中学为体，西学为用”的变革原则，两者可谓如出一辙，即丢弃支撑现代化的现代性要素，以“中学为体，西学为用”的惯有思维和思想范式，延续着中国传统文化模式基础上的所谓创新性建设。

四联总处统领国家银行形成战时代中央银行体制模式，是在战争非常时期，为战胜日本侵略，集聚全国资源，融通资金所采取

① 许纪霖、陈达凯主编:《中国现代化史　1800—1949　第 1 卷》，第 515 页。

的金融变革措施，也是金融统制体制的实现方式，在战时对确立金融秩序，强化中央金融制衡能力，发挥国家金融中枢作用以有效调节金融意义重大，作用据实可见。然而四联总处运行上过于行政化，对金融科学规律缺乏领悟和尊重，没有正确处理制度规范的理性要求与组织机构运行中行政干预甚至个人权威作用之间的平衡关系，更没有发挥好制度初设之时集聚优势、资源协调内部关系的整合作用，以代中央银行为实体建制，形制上具有现代化表现，运行中反而因为对这种形制的成规破坏而不得不承受其不以人的主观意志为转移的后果，归根结底表现为代中央银行制在运行中，非但没有建成富有活力的金融结构和经济结构这样一个设定目标，却催生出恶性通货膨胀，最终导致国家信用丧失，经济基础崩溃的悲剧。

抗战最终胜利，金融支持功不可没。但是，战时金融变革仅是应对战时之需，并非成熟建制，而且因为延续战前金融现代化改革尝试，又是在改革环境、条件保障等各项因素发生改变后进行的——早在中央银行制度引进时国内外培植环境本就有差异，引入后融入本国制度生态体系中的生存力也有改变，尤其是因为战时特殊性对制度本身需求急迫，更是超越了平时的建设程式而表现出简单化和表面化……因此种种，表现出错综复杂又相互矛盾的特点，应该看作中国金融现代化在抗战时期演进的特有方式，可与不可，能与不能，等等，任何的评判都应尊重历史事实，尊重时代特点。

参考文献

一、未刊档案

1. 台湾档案部门藏“蒋中正‘总统’文物”档案、“蒋中正‘总统’档案”。

2. 上海档案馆藏中央银行档案、中央银行上海分行档案、上海银行公会档案。

3. 南京图书馆藏中华民国财政部资料。

二、已刊档案与资料

（一）中华人民共和国成立前

1. 孙科:《建国大纲草案》,南京:国民政府铁道部,1928年编印。

2. 财政评论社:《战时财政金融法规汇编》,重庆:财政评论社1940年版。

3. 四联总处秘书处:《四联总处重要文献汇编》,1947年版。

4. 四联总处秘书处:《四联总处文献选辑》,1948年编印。

5. 财政部财政年鉴编纂处:《财政年鉴　第三编　1948年》,1948年版。

6. 吴大明等:《中国贸易年鉴(民国三十七年)》,1948年版。

7. 中国县银行年鉴社:《中国县银行年鉴》,1948年版。

（二）中华人民共和国成立后

1. 吴冈:《旧中国通货膨胀史料》,上海:上海人民出版社1958年版。

2. 中国人民银行上海市分行金融研究室:《上海钱庄史料》,上海:上海人民出版社 1960 年版。

3. 中国社会科学院近代史所:《辛亥革命资料》,北京:中华书局 1961 年版。

4. 中国人民银行总参事室金融史料组:《中国近代货币史资料》第一辑,北京:中华书局 1964 年版。

5. "中华民国建设委员会"丛刊编辑委员会:《"国家"建设丛刊》第六册,台北:中正书局 1971 年版。

6. 秦孝仪:《革命文献·第 73 辑·抗战前国内建设史料——财政方面》,台北:中国国民党中央委员会党史委员会 1977 年版。

7. 秦孝仪:《中华民国重要史料初编·对日抗战时期》第三编《战时外交》,台北:中国国民党中央委员会党史委员会 1981 年版。

8. 秦孝仪:《中华民国重要史料初编·对日抗战时期》第七编《战后中国》,台北:中国国民党中央委员会党史委员会 1981 年版。

9. 中国人民银行金融研究所:《中国农民银行》,北京:中国财政经济出版社 1980 年版。

10.《武汉金融志》办公室、中国人民银行武汉市分行金融研究室:《武汉近代货币史料》,武汉地方志编纂委员会办公室 1982 年版。

11. 西南政法学院法制史教研室:《中国法制史参考资料汇编》第 2 辑,内部油印本,1982 年。

12. 中国人民银行上海市分行金融研究室:《金城银行史料》,上海:上海人民出版社 1983 年版。

13. 中国人民政治协商会议全国委员会文史资料研究委员会:《工商经济史料丛刊》,北京:文史资料出版社 1983 年版。

14. 南开大学马列主义教研室中共党史教研组:《华北事变资料选编》,郑州:河南人民出版社 1983 年版。

15. 千家驹:《旧中国公债史资料》,北京:中华书局 1984 年版。

16. 复旦大学历史系日本史组:《日本帝国主义对外侵略史料选编

1931—1945》,上海:上海人民出版社 1985 年版。

17. 卓遵宏:《抗战前十年货币史资料》,台湾档案部门 1985 年版。

18. 中共中央党校党史教研室:《中国近代经济史资料选编》,1985 年。

19.《武汉金融志》办公室,中国人民银行武汉市分行金融研究所:《武汉银行史料》,1987 年。

20.《民国丛书》编辑委员会:《中华民国名人传》第 8 册,台北:近代中国社 1988 年版。

21. 彭明:《中国现代史料选辑》第 6 册,北京:中国人民大学出版社 1989 年版。

22. 中国第二历史档案馆、中国人民银行江苏省分行、江苏省金融志编委会:《中华民国金融法规档案资料选编》,北京:档案出版社 1989 年版。

23. 中国人民银行山西省分行、山西财经学院、《山西票号史料》编写组:《山西票号史料》,太原:山西经济出版社 1990 年版。

24. 中国人民银行上海市分行金融研究所:《上海商业储蓄银行史料》,上海:上海人民出版社 1990 年版。

25. 中国第二历史档案馆:《中国银行行史资料汇编上编(1912—1949)》,北京:档案出版社 1991 年版。

26. 中国人民银行总行参事室:《中华民国货币史资料》第二辑,上海:上海人民出版社 1991 年版。

27. 中国第二历史档案馆:《中华民国史档案资料汇编》第三辑《财政》,南京:江苏古籍出版社 1991 年版。

28. 中国第二历史档案馆:《中华民国史档案资料汇编》第五辑第一编《财政经济》,南京:江苏古籍出版社 1994 年版。

29. 中国第二历史档案馆:《中华民国档案史料汇编》第五辑第二编《财政经济》,南京:江苏古籍出版社 1997 年版。

30. 中国第二历史档案馆:《中华民国史档案资料汇编》第五辑第二编《政治》,南京:江苏古籍出版社 1998 年版。

31. 中国第二历史档案馆:《中华民国史档案资料汇编》第五辑第三编《财

政经济》，南京：江苏古籍出版社 2000 年版。

32. 重庆市档案馆、重庆市人民银行金融研究所编：《四联总处史料》，北京：档案出版社 1993 年版。

33. 财政部财政科学研究所、中国第二历史档案馆：《国民政府财政金融税收档案史料 1927—1937》，北京：中国财政经济出版社 1994 年版。

34. 交通银行总行、中国第二历史档案馆：《交通银行史料第一卷（1909—1949）》，北京：中国金融出版社 1995 年版。

35. 中国银行辽宁省分行等：《中国银行东北地区行史资料汇编 1913—1948》，1996 年。

36. 中共北京市委党史研究室：《北京地区抗日运动史料汇编》第 3 辑，北京：中国文史出版社 1996 年版。

37. 江苏省中华民国工商税收史料编写组、中国第二历史档案馆：《中华民国工商税收史料选编》第一辑《综合类（上）》，南京：南京大学出版社 1996 年版。

38. 中国第二历史档案馆：《四联总处会议录》，桂林：广西师范大学出版社 2003 年版。

39. 洪葭管：《中央银行史料》，北京：中国金融出版社 2005 年版。

40. 重庆市档案馆、重庆师范大学：《中国战时首都档案文献　战时金融》，重庆：重庆出版社 2014 年版。

41. 陈度：《中国近代币制问题汇编》，台北：学海出版社 2012 年版。

42. 韩君玲：《中华民国法规大全　1912—1949（点校本）》第 10 卷《补编（上）》，北京：商务印书馆 2016 年版。

43. 章义和、杨德钧：《交通银行史料续编（1907～1949）》，上海：复旦大学出版社 2018 年版。

三、报刊

（一）中华人民共和国成立前

《申报》《司法公报》《时事月报》《绸缪月刊》《申报月刊》《银行期刊》《银行月刊》《留东学报》《经理月刊》《勷勤大学季刊》《新中华》《银行周报》《银行杂

志》《交行月刊》《木铎》《银行月刊》《经济动员》《湖大季刊》《经济汇报》《立法院公报》《商业月报》《商学期刊》《时事月报》《社会科学研究》《中外商业新闻报》《中央日报》《中央银行月报》《钱业月报》《经济统计月志》《纺织时报》《新中华》《创进》《社会经济月报》《中国建设》《中外经济周刊》《南洋官报》《之罘报》《东方杂志》《山东官报》《北京杂志》《民国报》《陆海军大元帅大本营公报》《中央银行月报》《银行通讯》《新北辰》《海光》《金融周报》《新闻报》《经济汇报》《立报》《夜报》《东方日报》《西南实业通讯》、天津《大公报》《财政评论》《新经济》、香港《大公报》、北平《经济导报》

（二）中华人民共和国成立后

1. 金研:《清末中国自办的第一家银行——中国通商银行史料》,《学术月刊》,1961年第5期。

2. 胡德坤:《走向全面侵华战争之路——“七七”事变爆发前日本侵华政策初探》,《武汉大学学报(社会科学版)》1983年版第1期。

3. 石岛纪之:《国民政府的“统一化”政策和抗日战争》,《“民国档案与民国史国际讨论会”论文集》,南京:1986年编印。

4. 周希奋:《从“柳条湖”到“卢沟桥”——浅论经济危机与日本全面侵华》,《暨南学报(哲学社会科学)》1987年第3期。

5. 黄立人:《四联总处的产生、发展和衰亡》,《中国经济史研究》1991年第2期。

6. 高平平:《抗战初期工业内迁运动述评》,《同济大学学报(人文社会科学版)》1993年第1期。

7. 陶文钊:《1946年〈中美商约〉:战后美国对华政策中经济因素个案研究》,《近代史研究》1993年第2期。

8. 吴景平:《宋子文与中央银行》,《上海金融》1993年第9期。

9. 黄立人:《抗战时期工厂内迁考察》,《历史研究》1994年第4期。

10. 吴景平:《孔祥熙与宋子文》,《档案与史学》1994年第2期。

11. 邱一鸣、贾军:《凯恩斯财政动员思想初探》,《军事经济研究》1995年第12期。

12. 杨丹伟:《论南京国民政府的合法性》,《江苏社会科学》1999 年第 1 期。

13. 汪朝光:《简论 1947 年的黄金风潮》,《中国经济史研究》1999 年第 4 期。

14. 刘慧宇:《孔祥熙与中央银行发展》,《党史教学与研究》2000 年第 5 期。

15. 李桂花:《试论近代中国中央银行的形成时间、制度类型与功能演进》,《中国经济史研究》2001 年第 2 期。

16.《四明银行行史资料》,《档案与史学》2002 年第 6 期。

17. 陈礼茂:《论国民政府对中国通商、四明和中国实业三银行的改组》,《中国社会经济史研究》2005 年第 3 期。

18. 莫春香:《孙中山与广州中央银行》,《五邑大学学报(社会科学版)》2005 年第 1 期。

19. 郑会欣:《从统制经济到开放市场:论战后初期国民政府对外贸易政策的转变及其原因》,《"中央研究院"近代史研究所集刊》2006 年总第 53 期。

20. 张宁:《中国近代"货币竞争"现象论析》,《光明日报》,2008 年 9 月 14 日,第 007 版。

21. 黄玉军、陈海宏:《英美的对日绥靖与日本发动全面侵华战争》,《理论学刊》2009 年第 2 期。

22. 刘巍、郝雁:《一种有害的货币供给机制:不可控外生性——对近代中国 1910—1935 年的研究》,《江苏社会科学》2009 年第 5 期。

23. 谢茜:《日本海权的崛起与全面侵华战争》,《武汉大学学报(人文科学版)》2011 年第 1 期。

24. 许纪霖:《迷信"权力"的辛亥革命不会彻底》,《参花·文化视界》2011 年第 7 期。

25. 杜恂诚:《金融业在近代中国经济中的地位》,《上海财经大学学报》2012 年第 1 期。

26. 戴建兵:《抗日战争时期国民政府货币战时策略初探》,《抗战史料研究》2012年第1期。

27. 尤云弟:《四联总处的创建及初期运作——以蒋介石为中心的考察》,《史学月刊》2013年第8期。

28. 刘巍:《资本品短缺、货币紧缩与中国总产出下降(1914—1918)——基于"供给约束型经济"前提的研究》,《中国经济史研究》2015年第4期。

29. 吴景平:《抗战初期蒋介石与宋子文关系研究》,《抗日战争研究》2015年第3期。

30. 刘大禹:《论抗战时期国民政府经济行政机构的调整——以翁文灏主持的经济部调整改革为中心》,《军事历史研究》2015年第3期。

31. 吴景平:《财经视野下的抗日战争研究》,《抗日战争研究》2016年第1期。

32. 贺水金:《试论全面抗战爆发所引发的金融恐慌》,《上海经济研究》2018年第8期。

33. 宋佩玉:《清理与统制:太平洋战争爆发后上海日资银行功能的转向》,《晋阳学刊》2018年第2期。

34. 刘慧宇:《论四联总处战时金融运作与代中央银行制形成》,《中国经济史研究》2020年第2期。

四、日记与年谱

1. 美国斯坦福大学胡佛研究所藏蒋介石日记。

2. "蒋总统"言论汇编编辑委员会:《蒋"总统"言论汇编》,台北:正中书局1956年版。

3. 岑学吕:《三水梁燕孙(士诒)先生年谱》上册,台北:文海出版社1973年版。

4. 孙常炜:《蔡元培先生年谱长编》,台湾档案部门1981年版。

5. 孙常炜:《蔡元培先生年谱长编》,台湾档案部门1981年版。

6. 吴景平:《宋子文政治生涯编年》,福州:福建人民出版社1998年。

7. 夏东元:《盛宣怀年谱长编》,上海:上海交通大学出版社2004年版。

8. 姚崧龄:《张公权先生年谱初稿》,北京:社科文献出版社 2014 年版。

9. 黄自进、潘光哲:《蒋中正“总统”五记》,台湾档案部门 2011 年版。

10.《蒋中正“总统”档案:事略稿本》2、4、30、32、33、40、64、66 各册,台湾档案部门收藏,各册编者与出版年不同。

11. [美]史迪威著,郝金茹译:《史迪威日记:我与蒋介石的恩恩怨怨》,哈尔滨:哈尔滨出版社 2018 年版。

五、回忆录与文史资料

1. 张群:《我与日本七十年》,台北:财团法人“中日关系研究会”1980 年版。

2. [美]约瑟夫·C. 格鲁著,蒋相泽译:《使日十年》,北京:商务印书馆 1983 年版。

3. 寿充一:《中央银行史话》,北京:中国文史出版社 1987 年版。

4. 寿充一:《孔祥熙其人其事》,北京:中国文史出版社 1987 年版。

5. 无编者信息:《中华文史资料文库》第 12 卷《经济工商编》,北京:中国文史出版社 1996 年版。

6. 陈存仁:《抗战时代生活史》,桂林:广西师范大学出版社 2007 年版。

7. 容闳:《容闳自述》,合肥:安徽文艺出版社 2014 年版。

8. 唐德刚:《张学良口述历史》,台北:远流出版事业股份有限公司 2009 年版。

六、中文著作、译著

(一)民国时期

1. 大清银行总清理处:《大清银行始末记》,1915 年编印。

2. 陈灿:《欧战财政纪要》,上海:商务印书馆 1922 年版。

3. 张家骧:《中华币制史》,北京:民国大学出版社 1925 年版。

4. 杨德森:《英格兰银行史》,上海:商务印书馆 1926 年版。

5. 杨德森:《法兰西银行史》,上海:商务印书馆 1926 年版。

6. 马寅初:《马寅初演讲集》第3集,北京:北京晨报社1926年版。

7. 全国经济会议秘书处:《全国经济会议专刊》,财政部驻沪办事处1928年版。

8. 中国银行总管理处:《中国银行报告　民国十八年》,1929年。

9. 梁钜文:《中央银行制度概论》,上海:大东书局1931年版。

10. 何孝怡:《日本帝国主义侵略下东北的金融》,上海:中华书局1932年版。

11. [英]毕高著,温晋城译:《战争经济学》,上海:启智书局1933年版。

12. 吴承禧:《中国的银行》,上海:商务印书馆1934年版。

13. 崔晓岑:《中央银行论》,上海:商务印书馆1935年版。

14. 关吉玉:《中国战时经济》,国民政府军事委员会委员长行营编印,1936年。

15. 中国银行总管理处经济研究室:《全国银行年鉴》,1934、1935、1936、1937年各年印行。

16. 吴克刚:《战时金融与币制》,上海:文化生活出版社1937年版。

17. 林维英著,朱义析译:《中国之新货币制度》,上海:商务印书馆1937年版。

18. 莫萱元:《战时金融政策》,重庆:正中书局1938年版。

19. 杨荫溥:《杨著中国金融论》,上海:商务印书馆1939年版。

20. 朱世珩:《抗战中经济建设》,西南游击干部训练班编印,1939年。

21. 翁文灏:《抗战以来的经济》,重庆:胜利出版社1942年版。

22. 国民政府文官处印铸局:《国民政府法规汇编》,1943年编印。

23. [日]宫下忠雄:《支那战时通货问题一斑》,东京:日本评论社1943年版。

24. 寿进文:《战时中国的银行业》,出版者不详,1944年版。

25. 财政部统计处:《中华民国战时财政金融统计资料》,1946年编印。

26. 贾士毅:《中华民国财政史》,上海:商务印书馆1946年版。

27. 陈行:《中央银行概论》,上海:银行通讯出版社1948年版。

28. 朱斯煌:《民国经济史》,上海:银行学会编印 1948 年版。

（二）中华人民共和国成立后

1. 张维亚:《中国货币金融论》,台北:《台湾新生报》社 1952 年版。

2. 中国科学院经济研究所世界经济研究室:《主要资本主义国家经济统计集 1848—1960》,北京:世界知识出版社 1962 年版。

3. [英]威廉・配第著,陈冬野等译:《赋税论》,商务印书馆 1963 年版。

4. 杨培新:《旧中国的通货膨胀》,北京:生活・读书・新知三联书店,1963 年版。

5. 毛泽东:《毛泽东选集》,北京:人民出版社 1962 年版。

6. “中国”通商银行:《五十年来之“中国”经济》,台北:华文书局,1967 年版。

7. 《中国农民银行复业纪念》,出版者不详,1967 年编印。

8. 徐堪:《徐可亭先生文存》,台北:徐可亭先生文存编印委员会编印,1970 年。

9. [英]大卫・李嘉图著,郭大力等译:《政治经济学及赋税原理》,北京:商务印书馆 1972 年版。

10. 本书编委会:《蒋“总统”八十晋九诞辰纪念论文集》,台北:华冈出版有限公司 1975 年版。

11. [英]威廉・配第著,陈冬野译:《政治算数》,北京:商务印书馆 1978 年版。

12. 陈寅恪:《金明馆丛稿二编》,上海:上海古籍出版社 1980 年版。

13. [美]阿瑟・N. 杨格著,陈泽宪、陈霞飞译:《一九二七至一九三七年中国财政经济情况》,北京:中国社会科学出版社 1981 年版。

14. 南京大学历史系《中国历代名人辞典》编写组:《中国历史名人辞典》,南昌:江西人民出版社 1982 年版。

15. 孙中山:《孙中山全集》第 1 卷,北京:中华书局 1982 年版。

16. 郑友揆,陈麟苏译,蒋学桢、汪熙校:《中国的对外贸易与工业发展(1840—1948 年):史实的分析》,上海:上海社会科学院出版社 1984 年版。

17. 石毓符:《中国货币金融史略》,天津:天津人民出版社 1984 年版。

18.《中国近代经济史丛书》编委会:《中国近代经济史研究资料 4》,上海:上海社会科学院出版社 1985 年版。

19. 杨荫溥:《民国财政史》,北京:中国财政经济出版社 1985 年版。

20. 魏建猷:《中国近代货币史》,合肥:黄山书社 1986 年版。

21. [日]坂入长太郎,张淳译:《欧美财政思想史》,北京:中国财政经济出版社 1987 年版。

22. 张惠信:《中国银锭》,台北:齐格飞出版社 1988 年版。

23. [美]C. E. 布莱克著,景跃进、张静译:《现代化的动力:一个比较史的研究》,杭州:浙江人民出版社 1989 年版。

24. [美]M. J. 列维著,吴荫译:《现代化的后来者与幸存者》,北京:知识出版社 1990 年版。

25. 杜恂诚:《民族资本主义与旧中国政府　1840—1937》,上海:上海社会科学院出版社 1991 年版。

26. 洪葭管:《金融话旧》,北京:中国金融出版社 1991 年版。

27. 张耀先、张耀:《中央银行知识词典》,北京:中国经济出版社 1992 年版。

28. 郝晏华:《从秘密谈判到共赴国难　国共两党第二次合作形成探微》,北京:北京燕山出版社 1992 年版。

29. 吴景平:《宋子文评传》,福州:福建人民出版社 1992 年版。

30. 孔祥贤:《大清银行行史》,南京:南京大学出版社 1992 年版。

31. 北京图书馆:《民国时期总书目(1911—1949)经济》,北京:书目文献出版社 1993 年版。

32. 中外名人研究中心:《中华文化名人录》,北京:中国青年出版社 1993 年版。

33. [美]费正清主编,杨品泉等译:《剑桥中华民国史》(上卷),北京:中国社会科学出版社 1994 年版。

34. 许纪霖,陈达凯:《中国现代化史 1800—1949》第 1 卷,上海:生活·读书・新知三联书店 1995 年版。

35. 刘业础:《军事经济学说史》,北京:军事科学出版社 1995 年版。

36. 郭彦岗:《中国历代货币》,台北:商务印书馆 1995 年版。

37. 卜明:《中国银行行史(1912—1949)》,北京:中国金融出版社 1995 年版。

38. 罗荣渠:《现代化新论续编——东亚与中国的现代化进程》,北京:北京大学出版社 1997 年版。

39. [美]C. E. 林德布洛姆著,王逸舟译:《政治与市场:世界的政治—经济制度》,上海:上海人民出版社 1997 年版。

40. [美]费正清著,薛绚译:《费正清论中国》,台北:正中书局 1998 年版。

41. 叶世昌、施正康:《中国近代市场经济思想》,上海:复旦大学出版社 1998 年版。

42. 程霖:《近代银行制度建设思想研究(1859—1949)》,上海:上海财经大学出版社 1999 年版。

43. 刘佛丁等:《中国近代经济发展史》,北京:高等教育出版社 1999 年版。

44. 刘慧宇:《中国中央银行研究 1928—1949》,北京:中国财政经济出版社 1999 年版。

45. [美]费正清主编,刘敬坤等译:《剑桥中国史》第 12 册,台北:南天书局 1999 年版。

46. 张宪文:《中国抗日战争史》,南京:南京大学出版社 2001 年版。

47. 吴木生:《东亚国际关系格局 1894—1945》,天津:天津社会科学院出版社 2001 年版。

48. 张玉法:《中华民国史稿(修订版)》,台北:联经出版事业股份有限公司 2001 年版。

49. 郑会欣:《从投资公司到"官办商行":中国建设银公司的创立及其经营活动》,香港:中文大学出版社 2001 年版。

50. [英]E. E. 里奇、C. H. 威尔逊主编,高德步等译:《剑桥欧洲经济史》第

5卷《近代早期的欧洲经济组织》,北京:经济科学出版社2002年版。

51. 吴景平:《上海金融业与国民政府关系研究(1927—1937)》,上海:上海财经大学出版社2002年版。

52. [美]西拉、[德]蒂利、[德]托特拉编,吕刚译:《国家、金融体制与经济现代化》,成都:四川人民出版社2002年版。

53. [美]吉尔伯特·罗兹曼主编,国家社会科学基金《比较现代化》课题组译:《中国的现代化》,南京:江苏人民出版社2003年版。

54. 库桂生:《国防教育学说史》,北京:高等教育出版社2003年版。

55. 杨德才:《中国经济史新论(1840—1949)》,北京:经济科学出版社2004年版。

56. 罗荣渠:《现代化新论　世界与中国的现代化进程》(增订版),北京:商务印书馆2004年版。

57. 张宪文:《中华民国史》,南京:南京大学出版社2005年版。

58. 刘国铭:《中国国民党百年人物全书》,北京:团结出版社2005年版。

59. 朱伯康、施正康:《中国经济史》,上海:复旦大学出版社2005年版。

60. 戴建兵、陈晓荣:《中国货币金融史》,石家庄:河北教育出版社2006年版。

61. [美]易劳逸著,王建朗等译:《毁灭的种子:战争与革命中的国民党中国(1937—1949)》,南京:江苏人民出版社2006年版。

62. 黄自进:《蒋中正与近代"中日关系"》,台北县板桥市:稻乡出版社2006年版。

63. 宋佩玉:《抗战前期上海外汇市场研究1937.7—1941.12》,上海:上海人民出版社2007年版。

64. 刘秉麟:《近代中国外债史稿》,武汉:武汉大学出版社2007年版。

65. 王玉茹、燕红忠:《世界市场价格变动与近代中国产业结构模式研究》,北京:人民出版社2007年版。

66. 复旦大学中国金融史研究中心:《中国金融史集刊·第二辑·近代上海金融组织研究》,上海:复旦大学出版社2007年版。

67. 郭予庆:《近代日本银行在华金融活动——横滨正金银行(1894—1919)》,北京:人民出版社 2007 年版。

68. 上海市档案馆:《上海档案史料研究》第二辑,上海:上海三联书店 2007 年版。

69. 张朋园:《梁启超与清季革命》,长春:吉林出版集团有限责任公司 2007 年版。

70. 宋佩玉:《抗战前期上海外汇市场研究(1937.7—1941.12)》,上海:上海人民出版社 2007 年版。

71. 顾廷龙、戴逸:《李鸿章全集》,合肥:安徽教育出版社 2008 年版。

72. [美]阿瑟·N. 杨格著,陈冠庸译校:《中国的战时财政和通货膨胀(1937—1945)》,广州:广东省社会科学院原世界经济研究室 2008 年版。

73. [美]迪恩·克罗绍著,吕随启译:《货币银行学　银行系统的原理和货币政策对现实的影响》,北京:中国市场出版社 2008 年版。

74. 张燕萍:《抗战时期国民政府经济动员研究》,福州:福建人民出版社 2008 年版。

75. 洪葭管:《中国金融通史·第四卷·国民政府时期 1927—1949》,北京:中国金融出版社 2008 年版。

76. 冀春贤、闫国庆等:《浙商与中国近代金融制度的变迁》,北京:中国财政经济出版社 2008 年版。

77. 张天政:《上海银行公会研究 1937—1945》,上海:上海人民出版社 2009 年版。

78. [美]托马斯·罗斯基著,唐巧天、毛立坤、姜修宪译,李天锋、吴松弟校:《战前中国经济的增长》,杭州:浙江大学出版社 2009 年版。

79. [日]顾琳著,王玉茹等译:《中国的经济革命:二十世纪的乡村工业》,南京:江苏人民出版社 2009 年版。

80. [美]查尔斯·金德尔伯格著,徐子健等译,何健雄校:《西欧金融史》(第二版),北京:中国金融出版社 2010 年版。

81. [日]城山智子著,孟凡礼、尚国敏译,唐磊校:《大萧条时期的中国:市场、国家与世界经济 1929—1937》，南京：江苏人民出版社 2010 年版。

82. 杜恂诚：《中国近代经济史发展概论》，上海：上海财经大学出版社 2011 年版。

83. 上海档案馆：《上海档案史料研究》第十一辑，上海：上海三联书店 2011 年版。

84. 林满红：《银线：19 世纪的世界与中国》，南京：江苏人民出版社 2011 年版。

85. 杨雨青：《美援为何无效——战时中国经济危机与中美应对之策》，北京：人民出版社 2011 年版。

86. 李培德：《中国商业史：问题与方法》，香港：香港大学出版社 2012 年版。

87. 刘巍、陈昭：《近代中国 50 年 GDP 的估算与经济增长研究（1887—1936）》，北京：经济科学出版社 2012 年版。

88. 燕红忠：《中国的货币金融体系（1600—1949）——基于经济运行与经济现代化的研究》，北京：中国人民大学出版社 2012 年版。

89. 石涛：《南京国民政府中央银行研究 1928—1937》，上海：上海远东出版社 2012 年版。

90. 吴景平、戴建兵：《近代以来中国金融变迁的回顾与反思》，上海：上海远东出版社 2012 年版。

91. 王志军：《欧美金融发展史》，天津：南开大学出版社 2013 年版。

92. 徐侠：《清代松江府文学世家述考》，北京：生活·读书·新知三联书店 2013 年版。

93. 郑会欣：《民国政要的私密档案》，北京：中华书局 2014 年版。

94. 上海发展研究基金会：《国际货币体系再思考　布雷顿森林会议七十周年后》，上海：上海远东出版社 2014 年版。

95. 宋佩玉：《近代上海外汇市场研究 1843—1949》，上海：上海人民出版社 2014 年版。

96. [日]野村浩一著，张学锋译：《近代日本的中国认识》，南京：江苏人民出版社 2014 年版。

97. 卓遵宏、姜良芹、刘文宾、刘慧宇:《中华民国专题史·第6卷·南京国民政府十年经济建设》,南京:南京大学出版社2015年版。

98. 军事科学院军事历史研究部:《第二次世界大战史·第1卷·大战的起源、酝酿与爆发》,北京:军事科学出版社2015年版。

99. 吕芳上主编:《中国抗日战时史新编》,台北:台湾档案部门收藏,2015年印行。

100. 吴景平等:《抗战时期的上海经济》,上海:上海人民出版社2015年版。

101. 《交通银行史》编委会:《交通银行史》,北京:商务印书馆2015年版。

102. 李学通:《抗日战争时期后方工业建设研究》,北京:团结出版社2015年版。

103. [美]帕克斯·小科布尔著,蔡静仪译:《上海资本家与国民政府1927—1937》,北京:世界图书出版公司2015年版。

104. 周详编:《清代钱币珍藏》,上海:上海科学技术出版社2015年版。

105. 陈廷湘等:《中国抗日战争全景录·四川卷》,成都:四川人民出版社2015年版。

106. 《交通银行史》编委会:《交通银行史》,北京:商务印书馆2015年版。

107. 杨天石:《寻找真实的蒋介石——蒋介石日记解读1》,重庆:重庆出版社2015年版。

108. 全国政协文史和学习委员会:《回忆法币、金圆券与黄金风潮》,北京:中国文史出版社2015年版。

109. 彭信威:《中国货币史》,上海:上海人民出版社2015年版。

110. [美]罗伯特·L.黑泽尔著,曾刚、陈婧译:《美联储货币政策史》,北京:社会科学文献出版社2016年版。

111. 吴国培:《英国金融制度》,北京:中国金融出版社2016年版。

112. 杨涛:《交通系与清末民初经济变迁》,北京:中国社会科学出版社2017年版。

113. 王丽:《杨格与国民政府战时财政》,上海:中国出版集团东方出版中心2017年版。

114. 王湘穗:《币缘论:货币政治的演化》,北京:中信出版社2017年版。

115. 徐瑾:《白银帝国:一部新的中国货币史》,北京:中信出版集团股份有限公司 2017 年版。

116. 张嘉璈著,于杰译:《通胀螺旋:中国货币经济全面崩溃的十年(1939—1949)》,北京:中信出版集团 2018 年版。

117. [日]板谷敏彦著,王宇新译:《世界金融史:泡沫、战争与股票市场》,北京:机械工业出版社 2018 年版。

118. 杜恂诚:《中国的民族资本主义 1927—1937》,上海:上海财经大学出版社 2019 年版。

119. [美]阿瑟·N. 杨格著,李雯雯译,于杰校译:《抗战外援:1937—1945 年的外国援助与中日货币战》,成都:四川人民出版社 2019 年版。

120. 尤云弟:《四联总处金融管理研究 1937—1948》,杭州:浙江大学出版社 2019 年版。

121. [美]威廉·戈兹曼著,张亚光、熊金武译:《千年金融史》,北京:中信出版集团 2019 年版。

122. 黄仁宇:《黄仁宇的大历史观》,新北:联经出版事业股份有限公司,2019 年版。

七、外文论著

1. Eh-chienWang: "Evolution of the Chinese Monetary System, 1644—1850", in Ching-ming Houand Tsong-shian Yu ed., *Modern Chinese Economic History*, Taipei, The Institute of Economics, Academia Sinica, 1979.

2. Michiko Ikeda: "Japan in Trade Isolation 1927—37&1948—85", Tokyo: I-House Press, 2008.

后　记

书稿杀青之时，竟忘记了今夕何夕，恍惚间，《采葛》仿佛随着风铃从露台飘来，绵绵入耳畔——“彼采葛兮，一日不见，如三月兮。彼采萧兮，一日不见，如三秋兮。彼采艾兮，一日不见，如三岁兮”——幻听中，心间陡然涌起一股热流，在水凉的月夜，竟泪目涟涟……

笔耕写作，其中滋味，何止三月三秋三岁！然而，即便“知我者谓我心忧，不知我者谓我何求”，岂敢自问于意云何？“过去心不可得，现在心不可得，未来心不可得。”如此如此。

只是稍可自怡的是，廿余载倾注心血于中央银行史的研究，今所成书稿亦是对早期以《中国中央银行研究 1928—1949》(北京：中国经济出版社 1999 年版)为代表的相关成果的审视和反思，也因此或可称为近现代金融史研究领域的创新性尝试。

“新竹高于旧竹枝，全凭老干为扶持”，感恩之情深藏心中，万语千言不足表达之一分。借此宝贵机会，真诚致谢：

真诚感谢教育部人文社会科学研究项目规划基金的资助！

真诚感谢南京大学中华民国史研究中心的支持！

真诚感谢福建江夏学院的支持！

真诚感谢为本书出版给予各种帮助的专家学者、同仁门生以及编辑的辛勤付出！

此外，还要将一份特别的敬爱和感恩呈献给如父恩师张宪文教授，真诚感谢恩师经年不弃的培养和鞭策！

2020 年 9 月 29 日 福州自怡斋